国际工程发展报告
（2024）

DEVELOPMENT REPORT ON INTERNATIONAL ENGINEERING (2024)

组织编写 / 中国施工企业管理协会

主　　编 / 尚润涛
副 主 编 / 马玉宝　王　锋　张国义　李醒冬　刘永红

社会科学文献出版社
SOCIAL SCIENCES ACADEMIC PRESS (CHINA)

图书在版编目(CIP)数据

国际工程发展报告 . 2024 / 尚润涛主编 . --北京：社会科学文献出版社，2025. 2. --（国际工程黄皮书）.
ISBN 978-7-5228-5083-2

Ⅰ. F746. 18

中国国家版本馆 CIP 数据核字第 20250GP227 号

国际工程黄皮书
国际工程发展报告（2024）

组织编写 / 中国施工企业管理协会
主　　编 / 尚润涛
副 主 编 / 马玉宝　王　锋　张国义　李醒冬　刘永红

出 版 人 / 冀祥德
责任编辑 / 路　红
文稿编辑 / 张　爽 等
责任印制 / 岳　阳

出　　版 / 社会科学文献出版社 · 皮书分社（010）59367127
　　　　　地址：北京市北三环中路甲 29 号院华龙大厦　邮编：100029
　　　　　网址：www. ssap. com. cn
发　　行 / 社会科学文献出版社（010）59367028
印　　装 / 三河市东方印刷有限公司

规　　格 / 开 本：787mm × 1092mm　1/16
　　　　　印 张：28. 5　字 数：426 千字
版　　次 / 2025 年 2 月第 1 版　2025 年 2 月第 1 次印刷
书　　号 / ISBN 978-7-5228-5083-2
定　　价 / 198. 00 元

读者服务电话：4008918866

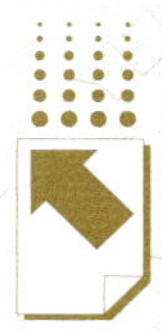

权威·前沿·原创

皮书系列为

“十二五”“十三五”“十四五”时期国家重点出版物出版专项规划项目

智库成果出版与传播平台

《国际工程发展报告（2024）》
编　委　会

主要编撰者简介

张兆祥　中国施工企业管理协会轮值会长、中国南水北调集团有限公司外部董事，曾任中国建筑集团有限公司党组副书记、董事、总经理。长期在工程建设领域从事管理工作，作为一名资深工程建设行业老兵，注重企业战略研究、人才培养、科技创新、合规经营等工作，政治素质过硬，实践经验丰富。

尚润涛　中国施工企业管理协会党支部书记、副会长兼秘书长，主要研究方向为工程建设行业信用体系建设、人才建设、企业管理、企业文化建设等，负责工程建设行业信用体系建设、理论研究、标准建设、质量管理、绿色建造、数字化建设、供应链建设等工作。曾主持中国能效市场机制项目"工程建设项目设计、建造和运营绿色水平评价指标体系研究"等。主持或参与编写《新时代工程建设企业党建工作实务与创新手册》、《中国工程建设行业发展报告》和《工程建设企业境外合规经营指南》系列丛书。

主要单位简介

中国施工企业管理协会（CACEM）成立于1984年2月，是工程建设企事业单位、社会组织和有关专业人士自愿结成的全国性、行业性社会团体。协会现有会员企业4055家，涉及工程项目投资、建设、设计、施工、监理、运营及工程设备制造等单位，分布在除台湾以外的33个省、自治区、直辖市和特别行政区，覆盖冶金、有色、煤炭、石油、石化、化工、电力、核工业、军工、民航、林业、建材、铁路、公路、水运、水利、通信、市政和房屋建筑等行业（专业）。

协会定位是反映施工企业诉求、改善其发展环境的“代言人”，促进施工企业科技进步与创新的平台，提升工程施工安全质量的“助推器”，政府制定工程建设行业发展规划和政策法规的参谋，推动工程建设行业发展的智库，培养和造就优秀施工企业家的“摇篮”。

协会宗旨是提供服务、反映诉求、规范行为、促进行业发展。坚持中国特色社会主义理论体系，秉承“服务为本、市场导向、改革创新、合作共赢”的理念，维护国家利益和企业合法权益，开展行业发展问题研究，加强行业自律，发挥桥梁纽带作用，促进交流与合作，为国家、社会、行业和会员服务，引领工程建设行业持续健康发展。协会倡议，广大工程建设企业自强自立，为中华民族伟大复兴努力奋斗。协会被民政部授予“全国先进社会组织”称号，协会党支部被评为“国家发展改革委机关党委先进基层党组织”，协会党建工作荣获“中央国家机关社会组织党建工作优秀案例”。

摘 要

国际工程是积极主动践行国家“走出去”开放战略的重要举措，对工程建设企业适应更大范围、更宽领域、更深层次的对外开放格局，提升“走出去、走进去、走上去”的核心竞争力，进一步推动“一带一路”高质量发展具有重要意义。根据2024年美国《工程新闻纪录》数据，中国企业上榜数量与2023年持平，蝉联榜首。土耳其以40家上榜企业居第二，美国以39家上榜企业居第三。中国上榜企业2024年国际营业额合计1229.7亿美元，同比提高4.3%，占全部上榜企业国际营业额的24.6%；法国上榜企业以849.0亿美元位居第二，占比为17.0%；西班牙上榜企业以593.8亿美元位列第三，占比为11.9%；美国上榜企业以342.7亿美元位列第四，占比为6.9%。

本书紧紧围绕世界经济发展形式，以国际工程建设与承包市场为研究对象，通过对国际工程发展趋势的研究，分析建设投资政策，研究不同国家的工程建设环境，对重点国别、重点行业提出工程承包建议和对策，围绕国际工程建设中出现的热点和难点问题展开讨论，以中资企业承建的具有国际影响力的重大工程为案例，分析国际工程建设与承包市场存在的普遍问题，通过典型企业的国际化发展为更多想“走出去”的工程建设企业提供参考。

国别篇围绕老挝、沙特阿拉伯、阿尔及利亚、马来西亚、印度尼西亚等重点国际工程市场展开，通过分析经济形势、法律法规、经贸政策、营商环境、建筑市场发展态势等，推动企业参与国际竞争。政策篇对中国国际工程对外投资政策、中国对外承包工程政策、中国对外劳务合作政策等展开研

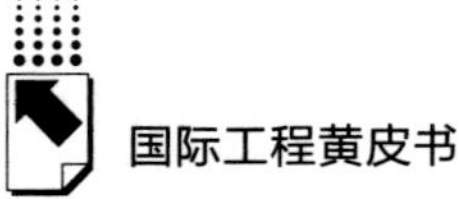

究，通过政策解读促进对外承包工程行业健康、有序、高质量发展，保障对外经济合作的合规性与安全性。行业篇对石油行业、交通行业、电力行业等展开研究，通过国际工程的建设促进国际能源合作，提升能源利用率，保障全球能源安全；通过国际工程的建设提升交通行业智能化、绿色化、多元化水平，从而进一步促进全球经济一体化，实现全球可持续发展。专题篇围绕国际工程风险及应对建议、国际工程人才培养探索与实践、国际工程建设标准等内容展开研究，通过培养具备国际视野、跨文化沟通与管理能力、专业高技能复合型人才，提高企业在国际市场的核心竞争力，推动中国标准“走出去”；促进企业有效规避风险、防控风险、化解风险，不断提高企业的国际化经营水平。重大工程篇对老挝南欧江六级水电站项目、非洲疾控中心总部项目、印尼雅万高铁项目、阿联酋巴布油田综合设施项目、卡塔尔卢赛尔体育场项目等展开研究，通过加强基础设施建设，带动中国技术、中国标准、中国装备“走出去”，促进贸易便利化和产业升级，推动共建“一带一路”国家经济发展。

关键词： 国际工程　“一带一路”　工程建设企业　高质量发展

目 录

Ⅰ 总报告

Ⅱ 国别篇

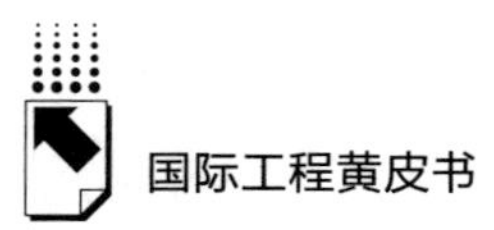

Ⅲ 政策篇

Ⅳ 行业篇

Ⅴ 专题篇

Ⅵ 重大工程篇

皮书数据库阅读使用指南

总报告

Y.1
国际工程发展报告（2024）

中国施工企业管理协会*

摘　要：　本报告梳理了2013~2023年中国对外承包工程企业在国际工程市场的发展情况，着重分析了过去5年尤其是2023年的发展情况，主要内容包括中国对外承包工程企业在国际工程市场的地位以及在不同区域市场的发展情况，着重介绍了巴基斯坦等10个主要国家市场的发展情况，详细分析了中国对外承包工程企业呈现的10个特点。中国对外承包工程企业已形成以亚洲、非洲为主要市场的全球经营格局，随着欧美市场的逐步发展，全球市场发展不平衡的状况正在逐步改善。本报告还对国际工程市场最新形势进行了分析，提出中国投资者（包括中外合资）在境外投资的矿业、工业项目是中国对外承包工程企业的新机遇。

* 执笔人：尚润涛，中国施工企业管理协会副会长兼秘书长，研究方向为工程建设行业信用体系建设、人才建设、企业管理、企业文化建设、绿色建造、国际工程管理等；韩磊，中国施工企业管理协会一带一路工作联络部主任，高级工程师，研究方向为工程建设行业、企业与项目管理、项目质量评价等；翟绍燚，中国施工企业管理协会一带一路工作联络部主任科员，研究方向为企业与项目管理、国际工程合规经营等。

关键词： 国际工程　境外投资　对外承包工程企业

2023年，国家主席习近平在人民大会堂出席第三届“一带一路”国际合作高峰论坛开幕式并发表题为《建设开放包容、互联互通、共同发展的世界》的主旨演讲，宣布中国支持高质量共建“一带一路”的八项行动，强调中方愿同各方深化“一带一路”合作伙伴关系，推动共建“一带一路”进入高质量发展的新阶段，为实现世界各国的现代化做出不懈努力。

从2013年习近平主席提出“一带一路”倡议，已过去十余年。过去十余年是“一带一路”蓬勃发展的十余年，中国企业贯彻落实“一带一路”倡议，在共建“一带一路”国家开展一系列互联互通项目，这些项目建成后带动了当地社会经济发展，并取得了举世瞩目的成就。

本报告根据商务部、对外承包工程商会数据和美国ENR杂志全球最大250家国际承包商（ENR Top250）数据[①]，对2013~2023年中国对外承包工程企业贯彻“一带一路”倡议，及其发展历程和发展特点进行简要回顾，并根据高质量发展的要求，着重分析2023年的发展情况。

一　中国对外承包工程企业在国际工程市场所处的地位

根据商务部数据，2015年中国对外承包工程新签合同额首次达到2000亿美元，2024年达到2673亿美元的峰值。2013~2024年，新签合同额年均增速为3.66%。2015~2022年，共建“一带一路”国家的新签合同额约占同期我国对外承包工程新签合同额的52.51%，并一直持续增长。

2015年，中国对外承包工程企业完成营业额达1540.7亿美元，其中，

① 《工程新闻记录》（*Engineering News-Record*，简称ENR）是全球工程建设领域的权威学术杂志。ENR榜单是国际工程界公认的，较为全面反映年度国际工程市场发展状况的权威排名，具有极高的权威性和广泛的影响力。ENR“全球最大250家国际承包商”的排名则是以该企业在本土以外的海外工程业务总收入为依据，重在体现企业的国际业务拓展实力。

我国企业在共建"一带一路"的 60 个国家完成营业额 692.6 亿美元，占同期总额的 45.0%，同比增长 7.6%。2019 年，中国对外承包工程企业完成营业额达到 1729.0 亿美元的峰值，其中，我国企业在共建"一带一路"的 62 个国家完成营业额 979.8 亿美元，占同期总额的 56.7%，同比增长 9.7%。2021~2022 年，受新冠疫情影响，中国对外承包工程企业完成营业额呈现下降态势。自 2023 年以来，中国对外承包工程企业完成营业额呈现上升态势，2023 年完成营业额达 1609.1 亿美元，同比增长 3.8%。2024 年，中国对外承包工程企业完成营业额达 1659.7 亿美元，同比增长 3.1%。

ENR Top250 数据显示，2014 年（2013 年业绩，下同）62 家上榜的中国企业完成营业额 790.1 亿美元，国际工程市场份额为 14.5%；2023 年（2022 年业绩，下同）81 家上榜的中国企业完成营业额 1179.3 亿美元，国际工程市场份额为 27.5%。2014~2023 年，上榜的中国企业在国际工程市场营业额增加 389.2 亿美元（增速为 49.3%），市场份额增加 13.0 个百分点。而同期国际工程市场规模从 5438.4 亿美元降至 4285.0 亿美元，减少 1153.4 亿美元。中国企业完成营业额的增长是在国际工程市场规模萎缩的情况下取得的，也就是说中国企业的增长是逆势增长，实属不易。

在 2023 年度全球十大国际承包商中有 4 家中国企业，它们分别是中国交建（第 3 位）、中国建筑（第 6 位）、中国电建（第 8 位）和中国铁建（第 9 位）。2022 年中国交建、中国建筑、中国电建和中国铁建在国际工程市场完成营业额分别为 235.3 亿美元、143.0 亿美元、113.5 亿美元和 97.6 亿美元。2023 年排名第一的国际承包商是法国万喜，国际营业额为 356.6 亿美元，排名第二的是西班牙 Grupo ACS/Hochtief，国际营业额为 341.4 美元。

2023 年有 81 家中国企业进入 ENR Top250 排行榜，中国再次成为全球最大的国际工程承包国家。

二　中国对外承包工程企业在全球不同区域的发展情况

中国企业走出国门开展国际工程承包业务始于改革开放，最早进入国际工程市场的4家企业分别是中国建筑工程公司、中国公路桥梁工程公司、中国土木工程公司和中国成套设备出口公司。1979年上述4家企业以“守约、保质、薄利、重义”为经营原则，率先开展国际工程业务，在伊拉克、也门、埃及、索马里、马耳他等国家和地区签订24项承包工程合同，总金额达3352万美元，由此揭开了中国国际工程业务发展序幕。随后中国企业在国际工程市场经历了起步和稳步发展阶段（1979～2004年）、快速发展阶段（2005～2018年）和高质量发展阶段（2019年至今）。目前，中国企业在全球180多个国家和地区开展承包工程业务，形成以亚洲与非洲地区市场为主、全球经营的良好局面。

1. 亚洲市场是规模最大的区域市场，54.3%的工程由中国对外承包工程企业实施

根据ENR Top250数据，2014年62家入榜的中国企业在亚洲市场（不含中东、含大洋洲）完成营业额253.9亿美元，市场份额为17.3%；2023年81家入榜的中国企业在亚洲市场（不含中东、不含大洋洲）完成营业额454.6亿美元，市场份额为54.3%。十年间中国企业在亚洲市场营业额增加200.7亿美元，市场份额提高37.0个百分点。而同期亚洲市场规模从1464.7亿美元减少到838.9亿美元，减少625.8亿美元（降幅为42.7%）。

根据中国对外承包工程商会的数据，2022年中国企业在亚洲市场完成营业额602.7亿美元，2023年ENR Top250入榜的81家中国企业完成营业额454.6亿美元，占全部完成营业额的75.4%，可以认为ENR Top250数据代表了中国企业在亚洲市场的经营状况。

2022年，中国企业在亚洲地区10个主要国家（地区）市场完成营业额为477.4亿美元，占全部完成营业额的79.2%。这10个主要国家（地区）市场完成营业额情况如表1所示。

表1　2022年中国企业在亚洲地区10个主要国家（地区）市场完成营业额情况

单位：亿美元，%

序号	国家(地区)	完成营业额	占比
1	中国香港	89.4	14.8

续表

序号	国家(地区)	完成营业额	占比
2	印度尼西亚	68.4	11.3
3	马来西亚	64.0	10.6
4	孟加拉国	55.4	9.2
5	巴基斯坦	45.6	7.6
6	新加坡	42.9	7.1
7	菲律宾	33.9	5.6
8	越南	29.0	4.8
9	泰国	26.3	4.4
10	柬埔寨	22.5	3.7

资料来源：《中国对外承包工程国别（地区）市场报告》。

2016 年，中国企业在亚洲市场的规模首次超过非洲市场，亚洲成为中国企业最大的区域市场。过去 3 年的数据表明，亚洲市场的规模是非洲市场的 1.50 倍左右，具体来看，2020 年为 1.51 倍，2021 年为 1.49 倍，2022 年为 1.50 倍。

根据 ENR Top250 数据，2023 年入榜的 81 家中国企业完成国际营业额 1179.3 亿美元，其中在亚洲市场完成 454.6 亿美元，占比为 38.5%。东盟的印度尼西亚、马来西亚、柬埔寨、老挝，南亚的巴基斯坦、孟加拉国，中亚的哈萨克斯坦都是中国企业竞争优势和规模增长均特别明显的国别市场。

在 2023 年亚洲市场十大国际工程承包商中，有 7 家中国企业，分别是中国建筑、中国交建、中国电建、中国中铁、中国铁建、中国能建、中国中冶。

中国企业在亚洲市场能取得这样的好成绩，主要归功于中国企业在过去十余年积极践行“一带一路”倡议，而共建“一带一路”国家主要在亚洲，其中中巴经济走廊建设是“一带一路”样板工程。此外，亚洲地区政治稳定、经济持续发展、城市化和工业化不断推进带动了国际工程承包业务的发展。

2. 非洲的市场占有率最高，中国对外承包工程企业拥有63.0%的市场份额

根据 ENR Top250 数据，2014 年 62 家入榜的中国企业在非洲市场完成营业额 303.4 亿美元，市场份额为 48.7%；2023 年 81 家入榜的中国企业在非洲市场完成营业额 303.1 亿美元，市场份额为 63.0%。十年间中国企业在非洲市场营业额基本保持不变，但市场份额增加 14.3 个百分点。同期非洲市场规模从 622.4 亿美元减少到 480.9 亿美元，下降 22.7%，这是中国企业营业额没有增加但市场份额增加的原因。

根据中国对外承包工程商会的数据，2022 年中国企业在非洲市场完成营业额 378.4 亿美元，ENR Top250 入榜的 81 家中国企业完成营业额 303.1 亿美元，占全部完成营业额的 80.1%，可以认为 ENR Top250 数据代表了中国企业在非洲市场的经营状况。

2022 年，中国企业在非洲 10 个主要国家市场完成营业额 234.6 亿美元，占全部完成营业额的 62.0%。2022 年中国企业在非洲地区 10 个主要国家市场完成营业额情况如表 2 所示。

表 2　2022 年中国企业在非洲地区 10 个主要国家市场完成营业额情况

单位：亿美元，%

序号	国家	完成营业额	占比
1	尼日利亚	45.9	12.1
2	安哥拉	28.9	7.6
3	阿尔及利亚	28.4	7.5
4	埃及	27.3	7.2
5	刚果(金)	25.6	6.8
6	肯尼亚	21.1	5.6
7	埃塞俄比亚	15.8	4.2
8	科特迪瓦	15.7	4.1
9	坦桑尼亚	13.0	3.4
10	加纳	12.9	3.4

资料来源：《中国对外承包工程国别（地区）市场报告》。

另外，几内亚或将成为非洲市场“黑马”，2021 年和 2022 年中国企业在几内亚新签合同额分别高达 92.5 亿美元和 53.1 亿美元，估计在矿山建设、铁路建设、港口建设以及配套设施等方面，投资额将达 200 亿美元，这将给中国企业带来巨大的工程承包机会。

在 2023 年非洲市场十大国际工程承包商中，有 6 家中国企业，它们分别是中国交建、中国铁建、中国电建、中国中铁、中国建筑、中国建材。

非洲市场不仅缺少基础设施，更缺少资金，有限的国际招标项目吸引大量中国企业参与竞标，市场竞争激烈。尽管如此，中国企业在非洲基本生存不错，这表明中国企业能够适应非洲市场，而非洲也需要中国工程承包企业。未来中国工程承包企业应把包括中国投资者在内的全球投资者在非洲的投资项目作为重点发展方向。

3. 中东市场份额提升较快，既要抓住机会又要防范市场风险

根据 ENR Top250 数据，2014 年 62 家入榜的中国企业在中东市场完成营业额 137.8 亿美元，市场份额为 16.4%；2023 年 81 家入榜的中国企业在中东市场完成营业额 177.8 亿美元，市场份额为 35.6%。十年间中国企业在中东市场完成营业额增加 40.0 亿美元，市场份额提高 19.2 个百分点。而同期中东市场规模从 841.3 亿美元减少到 499.0 亿美元，减少 342.3 亿美元（降幅为 40.7%），这既值得我们欣喜，更需要我们警惕，为什么在市场规模缩小的情况下，中国企业的市场份额却在扩大？过去十年 ENR Top250 入榜的韩国企业在中东市场份额由 2014 年的 25.8%下降到 2023 年的 14.6%；ENR Top250 入榜的欧洲企业在中东市场份额由 2014 年的 30.6%下降到 2023 年的 16.6%。这提醒我们在中东市场既要抓住机会，又要防范风险。

根据中国对外承包工程商会的数据，2022 年中国企业在中东市场完成营业额 221.6 亿美元，ENR Top250 入榜的 81 家中国企业完成营业额 177.8 亿美元，占全部完成营业额的 80.2%，可以认为 ENR Top250 数据代表了中国企业在中东市场的经营状况。

2022 年，中国企业在中东地区 5 个主要国家市场完成营业额 185.4 亿美元，占全部完成营业额的 83.7%。2022 年中国企业在中东地区 5 个主要国家市场完成营业额情况如表 3 所示。

表 3　2022 年中国企业在中东地区 5 个主要国家市场完成营业额情况

单位：亿美元，%

序号	国家	完成营业额	占比
1	沙特阿拉伯	66.4	30.0
2	阿拉伯联合酋长国	53.9	24.3
3	伊拉克	33.8	15.3
4	以色列	17.3	7.8
5	科威特	14.0	6.3

资料来源：《中国对外承包工程国别（地区）市场报告》。

在中东市场，沙特阿拉伯和伊拉克无疑是两个最值得关注的国家。在 2023 年中东市场十大国际工程承包商中，有 3 家中国企业，它们分别是中国电建、中国能建、中国国机。

4. 拉美加勒比市场，需要继续探索发展模式

根据 ENR Top250 数据，2014 年 62 家入榜的中国企业在拉美加勒比市场完成营业额 59.5 亿美元，市场份额为 10.5%；2023 年 81 家入榜的中国企业在拉美加勒比市场完成营业额 71.1 亿美元，市场份额为 24.8%。十年间中国企业在拉美加勒比市场完成营业额增加 11.6 亿美元，市场份额提高 14.3 个百分点。而同期拉美加勒比市场规模从 565.3 亿美元减少到 287.0 亿美元，减少 278.3 亿美元，这一数据显示，中国企业在拉美加勒比市场取得的成就来之不易。

根据中国对外承包工程商会的数据，2022 年中国企业在拉美加勒比市场完成营业额 113.3 亿美元，ENR Top250 入榜的 81 家中国企业完成营业额 71.1 亿美元，占全部完成营业额的 62.8%，可以认为 ENR Top250 数据代表了中国企业在拉美加勒比市场的经营状况。

2022 年，中国企业在拉美加勒比地区 6 个主要国家市场完成营业额

81.4 亿美元，占全部完成营业额的 71.8%。2022 年中国企业在拉美加勒比地区 6 个主要国家市场完成营业额情况如表 4 所示。

表 4　2022 年中国企业在拉美加勒比地区 6 个主要国家市场完成营业额情况

单位：亿美元，%

序号	国家	完成营业额	占比
1	秘鲁	22.9	20.2
2	巴西	16.6	14.7
3	墨西哥	14.1	12.4
4	阿根廷	11.4	10.1
5	智利	8.5	7.5
6	哥伦比亚	7.9	7.0

资料来源：《中国对外承包工程国别（地区）市场报告》。

在 2023 年拉美加勒比市场十大国际承包商中，有 3 家中国企业，它们分别是中国交建、中国铁建、中国电建。

5. 大洋洲市场，合作经营是主题

根据 ENR Top250 数据，2020~2022 年入榜的中国企业在大洋洲市场的规模由 12.7 亿美元增加到 50.4 亿美元，市场份额由 7.6%增加到 19.9%。同期大洋洲市场规模由 168.0 亿美元增加到 253.6 亿美元。①

2015 年，中国交建以 11.5 亿美元收购了澳大利亚建筑公司 John Holland 100%股权，进入澳大利亚市场。2021 年，中国建筑联合意大利 Webuild、韩国 GS、澳大利亚 CPB 组成联合体签订澳大利亚墨尔本东北干线项目 EPC 合同，合同额达 110 亿澳元。其他业务来自南太平洋岛国和巴布亚新几内亚等，规模均较小。中国企业在大洋洲市场的业务主要来自国际并购和合作经营。合作经营是中国在大洋洲市场开展国际工程业务的主要经营模式。

① ENR 自 2020 年起单独统计大洋洲市场数据，之前数据合并在亚洲市场的统计数据中。

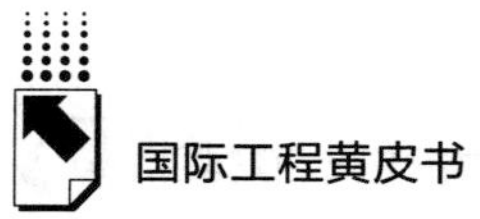

6. 欧洲市场份额较小，但营业额增加快，要发挥比较优势

根据 ENR Top250 数据，2014 年 62 家入榜的中国企业在欧洲市场完成营业额 24.8 亿美元，市场份额为 2.2%；2023 年 81 家入榜的中国企业在欧洲市场完成营业额 106.8 亿美元，市场份额为 9.5%。十年间中国企业在欧洲市场完成营业额增加 82.0 亿美元，市场份额提高 7.3 个百分点。而同期欧洲市场规模从 1118.6 亿美元增加到 1127.6 亿美元，基本维持不变，这一数据显示欧洲市场是存量市场，中国企业在欧洲市场取得的业绩来之不易。中国企业在欧洲市场取得的业绩主要来自俄罗斯和中东欧市场，以及中国企业拥有的差异化竞争优势。

欧洲市场是全球国际工程规模最大的区域市场，2023 年以 1127.6 亿美元、26.3%的全球占比居第 1 位，市场容量巨大，中国企业要珍惜近几年在欧洲市场取得的成绩，继续发挥好比较优势，进一步扩大规模。

根据中国对外承包工程商会的数据，2022 年中国企业在欧洲市场完成营业额 159.5 亿美元，ENR Top250 入榜的 81 家中国企业完成营业额 106.8 亿美元，占全部完成营业额的 67.0%，可以认为 ENR Top250 数据代表了中国企业在欧洲市场的经营状况。

2022 年，中国企业在欧洲 5 个国家市场完成营业额 113.7 亿美元，占全部完成营业额的 71.3%。2022 年中国企业在欧洲地区 5 个主要国家市场完成营业额情况如表 5 所示。

表 5　2022 年中国企业在欧洲地区 5 个主要国家市场完成营业额情况

单位：亿美元，%

序号	国家	完成营业额	占比
1	俄罗斯	65.3	40.9
2	塞尔维亚	19.2	12.0
3	法国	11.1	7.0
4	西班牙	11.1	7.0
5	德国	7.0	4.4

资料来源：《中国对外承包工程国别（地区）市场报告》。

上述数据显示，俄罗斯市场对中国企业营业额贡献最大，有必要进一步研究俄罗斯市场的发展模式。

在 2023 年欧洲市场十大国际承包商中，有 1 家中国企业，是中国化学工程。

7. 北美地区市场份额很小，需耐心等待时机

根据 ENR Top250 数据，2014 年 62 家入榜的中国企业在北美市场完成营业额 10. 8 亿美元，市场份额为 1. 3%；2023 年 81 家入榜的中国企业在北美市场完成营业额 15. 4 亿美元，市场份额为 1. 9%，十年间中国企业在北美市场并没有明显发展。

北美市场规模远大于非洲，2022 年北美市场规模为 798. 2 亿美元，而非洲为 480. 9 亿美元。面对北美这一巨大的潜在市场，中国企业要耐心等待时机。

下面对中国对外承包工程企业在国际工程市场的发展情况进行总结。

一是 2013 ~ 2022 年，国际工程市场规模持续萎缩。二是中国是入榜 ENR Top250 企业数量最多、国际工程承包额最大的国家，国际工程市场占有率达 27. 5%。三是中国企业在国际工程市场发展不平衡，根据 2023 年 ENR Top250 数据，非洲市场占有率为 63. 0%，亚洲市场占有率为 54. 3%，中东市场占有率为 35. 6%，拉美加勒比市场占有率为 24. 8%，大洋洲市场占有率为 19. 9%，欧洲市场占有率为 9. 5%，北美市场占有率为 1. 9%。四是非洲市场是最具竞争力的市场。五是亚洲是规模最大的市场，占中国企业海外营业额的 38. 5%。六是中东市场份额逆势增加，中国对外承包工程企业面临机遇与风险并存的局面，不可掉以轻心，要增强风险防范意识。七是拉美加勒比市场不同于非洲市场，也不同于亚洲和中东市场。八是大洋洲市场，合作发展是主题。九是欧洲市场营业额持续增加，要保持比较优势，继续扩大规模。十是北美市场，需耐心等待时机。

三　中国对外承包工程企业在10个主要国家市场的发展情况

2013~2022 年中国对外承包工程企业开展国际工程业务较多的 10 个国家分别是巴基斯坦（人均 GDP 为 1558 美元）、沙特阿拉伯（人均 GDP 为 23311 美

元）、阿尔及利亚（人均 GDP 为 3765 美元）、印度尼西亚（人均 GDP 为 4349 美元）、马来西亚（人均 GDP 为 11407 美元）、安哥拉（人均 GDP 为 1771 美元）、尼日利亚（人均 GDP 为 1994 美元）、孟加拉国（人均 GDP 为 2462 美元）、伊拉克（人均 GDP 为 5035 美元）、俄罗斯（人均 GDP 为 12192 美元）。

1. 巴基斯坦

2013~2022 年，巴基斯坦是中国企业最大的国际工程市场，十年间完成营业额 712.7 亿美元，完成营业额从 2013 年开始逐渐上升，在 2017 年达到顶峰，自 2018 年逐年下降，具体数据如表 6 所示。

表 6　2013~2022 年中国企业在巴基斯坦市场完成营业额情况

单位：亿美元

序号	年份	完成营业额
1	2022	45.6
2	2021	67.3
3	2020	73.2
4	2019	96.7
5	2018	112.7
6	2017	113.4
7	2016	72.7
8	2015	51.6
9	2014	42.5
10	2013	37.0

资料来源：《中国对外承包工程国别（地区）市场报告》。

巴基斯坦能够成为中国企业最大的国际工程市场，主要贡献是中巴经济走廊建设。巴方公开数据显示，30 个主要中巴经济走廊项目合同额合计达 292.5 亿美元，中巴经济走廊是“一带一路”倡议示范性项目，中巴两国政府高度重视并持续推进中巴经济走廊建设，预计未来中巴经济走廊将进入高质量发展阶段，将更加尊重市场规律，更加重视项目的经济性和可持续性。

2. 沙特阿拉伯

2016 年，沙特阿拉伯推出“2030 愿景”，旨在将国家经济发展由依赖石油转向多元化发展，政府计划为“2030 愿景”投入 10000 亿美元，市场机会巨大。2013~2022 年中国企业在沙特阿拉伯完成营业额 640.9 亿美元，具体数据如表 7 所示。

表 7　2013~2022 年中国企业在沙特阿拉伯市场完成营业额情况

单位：亿美元

序号	年份	完成营业额
1	2022	66.4
2	2021	51.6
3	2020	61.9
4	2019	62.1
5	2018	52.2
6	2017	63.4
7	2016	94.8
8	2015	70.2
9	2014	59.5
10	2013	58.8

资料来源：《中国对外承包工程国别（地区）市场报告》。

要关注沙特阿拉伯市场快速增长带来的窗口期，特别是超大规模的项目。

3. 阿尔及利亚

2013~2022 年，阿尔及利亚是中国企业在非洲最大的国际工程市场，十年间合计完成营业额 619.4 亿美元，虽然近年来阿尔及利亚市场规模有所下降，但阿尔及利亚的未来是非常值得期待的，具体数据如表 8 所示。

表 8　2013~2022 年中国企业在阿尔及利亚市场完成营业额情况

单位：亿美元

序号	年份	完成营业额
1	2022	28.4
2	2021	38.2
3	2020	46.9
4	2019	63.3

续表

序号	年份	完成营业额
5	2018	75.2
6	2017	78.5
7	2016	91.2
8	2015	82.4
9	2014	63.3
10	2013	52.0

资料来源：《中国对外承包工程国别（地区）市场报告》。

4. 印度尼西亚

2013~2022 年中国企业在印度尼西亚表现不俗，合计完成营业额 595.2 亿美元，具体数据如表 9 所示。

表 9　2013~2022 年中国企业在印度尼西亚市场完成营业额情况

单位：亿美元

序号	年份	完成营业额
1	2022	68.4
2	2021	69.8
3	2020	71.2
4	2019	87.1
5	2018	61.0
6	2017	55.6
7	2016	40.9
8	2015	48.2
9	2014	45.8
10	2013	47.2

资料来源：《中国对外承包工程国别（地区）市场报告》。

中国企业在印度尼西亚市场的发展得益于其在当地的投资，由于印度尼西亚政府强力推进“产业下游化”政策，自 2014 年起禁止原矿出口，迫使大量中国企业到印度尼西亚投资矿山和建设以冶炼为主的工业园。2014~

2022年，中国对印度尼西亚的投资累计达308亿美元，孕育了15906个项目，中国为印度尼西亚第三大投资来源国。

5. 马来西亚

2013~2022年，中国企业在马来西亚合计完成营业额569.3亿美元，具体数据如表10所示。

表10　2013~2022年中国企业在马来西亚市场完成营业额情况

单位：亿美元

序号	年份	完成营业额
1	2022	64.0
2	2021	63.3
3	2020	68.5
4	2019	73.0
5	2018	79.6
6	2017	81.5
7	2016	47.5
8	2015	35.6
9	2014	31.0
10	2013	25.3

资料来源：《中国对外承包工程国别（地区）市场报告》。

马来西亚积极优化营商环境，推出“第12个马来西亚计划”，推动交通、可再生能源等领域发展。外国承包商很难直接从马来西亚政府获得一手的工程项目，不少中国企业分包当地承包商的工程。受到马来西亚市场的限制，中国企业拿到的分包工程又只能再分包给当地分包商，中国企业处于当地总包和当地分包夹击的状态，盈利难度大。

6. 安哥拉

2013~2022年中国企业在安哥拉市场完成营业额437.3亿美元，具体数据如表11所示。

表 11　2013~2022 年中国企业在安哥拉市场完成营业额情况

单位：亿美元

序号	年份	完成营业额
1	2022	28.9
2	2021	21.0
3	2020	15.1
4	2019	28.7
5	2018	45.4
6	2017	66.9
7	2016	43.3
8	2015	49.5
9	2014	64.0
10	2013	74.5

资料来源：《中国对外承包工程国别（地区）市场报告》。

2003 年，中安两国政府签署框架协议，中国进出口银行与安哥拉财政部随后签署贷款协议。2004 年中方向安方提供了第一笔 20 亿美元的贷款，全部用于安哥拉国内基础设施建设，协议规定使用该贷款的建设项目中，70%的项目应该由经过中国商务部核准的 35 家承包企业来竞标承包，承建过程中及完成之后，由承包企业向安哥拉政府提供费用清单和凭据，在安政府核准之后，由中国进出口银行直接支付给这些承包企业，该笔贷款以安哥拉石油出口来支付，安哥拉提供主权担保。安哥拉政府在十分困难的情况下，利用中国开发金融迅速重建了大量基础设施和生产性项目，利用“贷款换资源”的信贷模式把本国的自然资源真正投入经济和人民福利增长中，2012 年人均 GDP 达到 4000 美元。

7. 尼日利亚

2013~2022 年尼日利亚是中国企业在非洲取得不俗业绩的国别市场，十年间合计完成营业额 388.5 亿美元。尼日利亚同时是非洲人口最多的国家，发展潜力巨大，具体数据如表 12 所示。

表 12　2013~2022 年中国企业在尼日利亚市场完成营业额情况

单位：亿美元

序号	年份	完成营业额
1	2022	45.9
2	2021	41.1
3	2020	35.1
4	2019	46.0
5	2018	40.5
6	2017	31.0
7	2016	26.1
8	2015	34.8
9	2014	45.3
10	2013	42.7

资料来源：《中国对外承包工程国别（地区）市场报告》。

8. 孟加拉国

2013~2022 年，中国企业在孟加拉国完成营业额 361.3 亿美元，具体数据如表 13 所示。

表 13　2013~2022 年中国企业在孟加拉国市场完成营业额情况

单位：亿美元

序号	年份	完成营业额
1	2022	55.5
2	2021	59.8
3	2020	55.0
4	2019	53.0
5	2018	43.2
6	2017	31.5
7	2016	19.2
8	2015	17.5
9	2014	17.8
10	2013	8.8

资料来源：《中国对外承包工程国别（地区）市场报告》。

从表 13 的数据可见，近几年孟加拉国市场规模保持稳定，这得益于孟加拉国政局的稳定，政府致力于发展经济，GDP 和人均 GDP 稳步提升，市场开放，营商环境得到改善。

9. 伊拉克

伊拉克是近几年复苏的市场。2013~2022 年，中国企业在伊拉克市场完成营业额高达 347.6 亿美元，具体数据如表 14 所示。

表 14　2013~2022 年中国企业在伊拉克市场完成营业额情况

单位：亿美元

序号	年份	完成营业额
1	2022	33.8
2	2021	29.4
3	2020	32.9
4	2019	41.4
5	2018	25.6
6	2017	27.4
7	2016	34.5
8	2015	39.8
9	2014	49.0
10	2013	33.8

资料来源：《中国对外承包工程国别（地区）市场报告》。

10. 俄罗斯

俄罗斯是一个值得关注的市场，2013~2022 年中国企业在俄罗斯完成营业额达到 292.0 亿美元。中国化学工程所做的贡献巨大，波罗的海化工综合体项目规模巨大，而俄罗斯远东开发也将为中国企业带来巨大的商业机会。2013~2022 年，中国企业在俄罗斯市场完成营业额的具体数据如表 15 所示。

表 15　2013~2022 年中国企业在俄罗斯市场完成营业额情况

单位：亿美元

序号	年份	完成营业额
1	2022	65.3
2	2021	55.7
3	2020	42.6
4	2019	27.7
5	2018	23.5
6	2017	19.9
7	2016	14.9
8	2015	17.1
9	2014	11.6
10	2013	13.7

资料来源：《中国对外承包工程国别（地区）市场报告》。

在俄罗斯开展承包工程业务，由于俄罗斯政府以卢布支付承包商工程款，卢布兑美元的汇率变动是重大风险。俄罗斯中央银行汇率显示，2015 年 5 月 1 美元兑换 52.29 卢布，2024 年 5 月 1 美元兑换 88.44 卢布，十年间卢布贬值，波动幅度较大。

四　中国对外承包工程企业的发展特点

回顾 2013~2022 年中国企业在国际工程市场的发展情况，可以归纳出以下十个特点。

1. 共建"一带一路"国家业务逾八成

2023 年，中国企业在 150 多个共建"一带一路"国家实现新签合同额 2271.6 亿美元，占同期合同总额的 85.9%；完成营业额 1320.5 亿美元，占同期总完成营业额的 82.1%。

2022 年，中国企业在 65 个共建"一带一路"国家实现新签合同额 1296.2 亿美元，占同期合同总额的 51.2%；完成营业额 849.4 亿美元，占

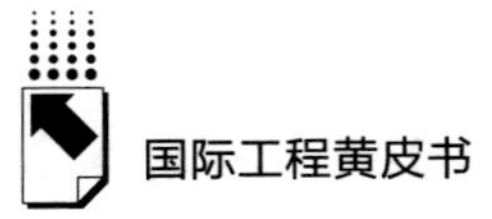

同期总完成营业额的54.8%。

2. 主要市场在亚非（含中东）地区

中国企业已经实现全球经营，在180多个国家和地区开展工程承包业务。中国企业国际工程市场主要在亚非（含中东）地区。根据ENR Top250数据，2023年入榜的81家中国企业在全球完成营业额1179.3亿美元，在亚洲市场完成营业额454.6亿美元，在非洲市场完成营业额303.1亿美元，在中东市场完成营业额177.8亿美元，三个区域市场合计完成营业额935.5亿美元，占比为79.3%。

亚洲和非洲市场主要是人均GDP在4000美元以下的国家，这些国家接受或认同中国技术标准，中国技术、产品、施工工艺和工法易于接受，因此中国企业在这些国家的市场拥有较强的竞争力。同时，人均GDP在4000美元以下的国家又是世界银行等国际多边金融开发机构援助的对象，因此来自世界银行等国际多边金融开发机构的贷款项目较多，而世界银行等国际多边金融开发机构的采购原则是公开招标，市场准入门槛相对较低，为中国企业参与竞标提供了便利。中国政府的经援项目，中国银行的“两优”贷款项目、商业贷款项目主要支持的是人均GDP在4000美元以下的国家，这些项目均由中国企业实施。

3. 新签合同额排名前十国家（地区）市场份额占1/3

根据《中国对外承包工程发展报告（2022—2023）》的数据，2022年新签合同额排名前十的国家（地区）分别是印度尼西亚（142.5亿美元）、伊拉克（105.4亿美元）、菲律宾（105.1亿美元）、尼日利亚（99.6亿美元）、中国香港（98.6亿美元）、沙特阿拉伯（97.1亿美元）、马来西亚（90.3亿美元）、越南（63.8亿美元）、加纳（54.3亿美元）、新加坡（53.2亿美元），十个国家（地区）合计909.9亿美元，占当年全部新签合同额（2645.1亿美元）的34.4%。

根据《中国对外承包工程发展报告（2022—2023）》的数据，2022年完成营业额排名前十的国家（地区）分别是中国香港（89.4亿美元）、印度尼西亚（68.4亿美元）、沙特阿拉伯（66.4亿美元）、俄罗斯（65.3亿美元）、马来西亚（64.0 亿美元）、孟加拉国（55.4 亿美元）、阿拉伯联合酋长国（53.9 亿美元）、澳大利亚（46.2 亿美元）、尼日利亚（45.9 亿美元）、巴基斯坦（45.6 亿美元），十个国家（地区）合计 600.5 亿美元，占当年全部完成营业额（1609.1 亿美元）的 37.3%。

据此，中国企业要高度重视排名前十的重点国家（地区）市场的经营开发情况，即到“鱼多的地方去打鱼”，以实现事半功倍的效果。

4. 行业头部企业已经形成

2020 年，中国对外承包工程新签合同额为 2555.4 亿美元。其中，排名前十的头部企业新签合同额合计 1553.7 亿美元，占全部新签合同额的 60.8%；排名前 100 的骨干企业新签合同额合计 2368.6 亿美元，占全部新签合同额的 92.7%。据此可以得出如下结论：一是大多数企业是作为分包商跟着头部企业“走出去”的；二是总、分包模式是中国企业之间主要的合作模式。

中国企业的分包商分为外部分包商、内部分包商。外部分包商包括国际公司、当地公司、属地化的中国企业和业主指定分包商。内部分包商指其他中国企业和系统内兄弟单位。总包商为分包商提供了国际工程市场资源，分包商为总包商提供了专业价值和竞争力，双方的差异是合作的基础，要发挥好各自的优势，实现优势互补、合作共赢。

5. 龙头企业带动全产业链“走出去”作用明显

随着国际工程业务逐渐向头部企业集中，龙头企业带动全产业链出海的壮观局面逐渐形成。以南亚某国轻轨项目为例，中国某企业承揽该项目 EPC 工程后，带动设计、施工、供货企业共同“走出去”。在项目建成后，该企业又承接了该项目的运营维护任务，带领国内运营企业“走出去”。据不完全统计，共有 60 多家企业参与该项目。

6. 合作经营渐成趋势

随着中国企业逐步进入发达国家市场和越来越多投建营一体化项目的实施，合作的重要性日益凸显。合作可以提升企业的市场/项目准入能力，可以增强企业的竞争力，防范风险，为业主提供全产业链服务。

2021 年，中国建筑联合意大利 Webuild、韩国 GS 集团、澳大利亚 CPB 组成联合体签约澳大利亚墨尔本东北干线项目设计施工总承包合同，合同额达 110 亿澳元，成功进入发达国家市场，在业内引起广泛关注。

中国企业与国际知名承包商联合实施大型项目，不仅可以提高其在发达市场的中标率，分散或有效规避项目履约过程中的风险，而且可以提升自身的国际化水平和竞争力。

7. 投建营一体化成为新的增长点

2018 年中国对外承包工程新签合同额为 2418.0 亿美元，比 2017 年（新签合同额为 2652.8 亿美元）下降 8.9%，这是自 1993 年以来新签合同额首次出现负增长，预示着对外承包业务发展模式做出调整，进入转型升级阶段。

2019 年有实力的企业开始在投建营一体化项目上发力，当年中标签约的 10 个投建营一体化项目新签合同额就占到全部新签合同额的 11%，投建营一体化项目进入中国企业国际工程项目范畴。

中国企业参与投建营一体化项目最早可追溯到 2001 年的柬埔寨基里隆水电站维修运营项目和 2006 年的柬埔寨甘再水电站 BOT 项目，但大面积开展投建营一体化项目始于 2019 年。中国企业投建营一体化项目呈现如下特点：以电力项目为主，交通基础设施项目也有参与；以亚洲和非洲人均 GDP 在 4000 美元以下的国家为主，发达国家尤其是中东欧等国家也有参与；发起人和参与者多为中国企业，与国际企业和当地企业合作不多；项目融资主要来自中国银行，且真正实现融资落地的项目不多。

8. 大型基础设施项目建成后的运营维护带来新商机

由于中国企业承揽的项目建成后东道国缺少运营维护人员，以及历史上有不少项目因维护不当没有发挥作用，中国公司出于建设者责任，以及把握商机的需要，积极介入运维业务，这是主动参与运维。同时，近年来中国企业参加的投建营一体化项目，陆续进入 O&M 阶段，这是自然参与运维。

中国企业主动参与运维的项目有喀麦隆—克里比港 25 年运维（特许经

营）、刚果（布）—国家1#公路30年运维（特许经营）、亚吉铁路6年运维（技术服务）、蒙内铁路10年运维（技术服务）、巴基斯坦—拉合尔橙线轻轨8年运维（技术服务）等。

中国企业自然参与运维的项目有尼日利亚莱基港PPP项目运维、柬埔寨金港高速公路BOT项目运维、孟加拉国帕亚拉燃煤电站BOT项目运维、老挝南欧江梯级水电站BOT项目运维等。

据媒体报道，当地时间2024年6月19日18时，由中国铁建承担的沙特阿拉伯麦加轻轨项目2024年运营任务圆满完成。麦加轻轨项目是当前全球设计运能最大、运营模式最复杂、任务最繁重的轨道交通项目之一。中国企业创造性地将中国铁路“春运”运营管理技术经验与麦加轻轨运营需求相结合，自6月13日4时开始，麦加遭遇极端高温天气，室外温度高达51.8℃，项目团队持续工作158小时，运营里程累计5万多公里，累计开行列车2206列、乘客209.4万人次。

9. 属地化成为重要发展方向

近年来，中国企业开始重视属地化。属地化和投建营一体化并列，成为重要的发展方向。开展属地化经营的企业应在当地注册有限公司（独资或合资），成为当地的外国企业，而不是外国企业在当地的分公司；企业在当地开展生产经营活动所需的各种要素，如人员、设备、材料、技术、土地、资金等，应主要从当地获取；企业实现在当地市场长期、全面、深度经营，企业的发展与当地经济社会发展情况关系密切。

不同的企业开展属地化经营的目的不同。对于近年来刚“走出去”的企业来说，通过属地化经营降低项目成本乃是当务之急；对于已经在海外闯荡多年的企业来说，通过属地化经营以实现在当地的持续发展；而最早“走出去”的企业面临更高级的属地化经营挑战，如“工程+运营类”“投资+工程类”项目，以谋求长期发展。

企业开展属地化经营要做好以下几方面工作：人力资源属地化、供应链属地化、资金管理属地化、技术管理属地化、在当地合规经营、与当地社区和谐相处、做当地政府的合作伙伴。

10. 合规经营得到更多重视

中国企业海外合规经营是指遵守企业内部规章，遵守国家相关法律法规，遵守社会道德规范，遵守东道国风俗习惯和法律法规，遵守国际行业准则和相关法律法规。以世界银行合规为例，1999 年被世界银行制裁的中国企业仅有 4 家，2015 年有 20 家，2018 年有 40 家，2022 年达 200 家，受制裁的企业逐年增加。被制裁的原因主要是一些所谓指控。世界银行根据投诉内容启动调查，根据调查结果确定制裁等级。中国现在是最大的工程承包国，关键是自身要行得正，经得起监督和检查。

五　国际工程市场形势分析

1. 以10年跨度和5年跨度分别来看，ENR Top250完成营业额均在减少，这表明国际工程市场规模整体持续萎缩

2023 年 ENR Top250 完成营业额合计 4285.0 亿美元，比 2014 年 ENR Top250 营业额（合计 5438.4 亿美元）减少 1153.4 亿美元（降幅为 21.2%），比 2019 年 ENR Top250 完成营业额（合计 4872.9 亿美元）减少 587.9 亿美元（降幅为 12.1%）。

2019~2023 年中国企业在各区域市场完成营业额变化情况如表 16 所示。

表 16　2019~2023 年中国企业在各区域市场完成营业额变化情况

单位：亿美元，%

序号	区域市场	完成营业额变化	增速
1	中东	-310.2	-38.3
2	非洲	-119.9	-20.0
3	亚洲	-66.2*	-7.3
4	拉美加勒比	-10.9	-3.7
5	欧洲	49.5	4.6

注：* 为 2021~2023 年数据。

资料来源：《中国对外承包工程国别（地区）市场报告》。

中国企业的主要市场是亚洲、中东、非洲，这些区域的市场规模均不同程度地缩小。

2. 国际工程市场是买方市场，承包商承担较大风险

第一，业主借机将更多责任转移给承包商，合同条件越来越苛刻。

第二，承包商为获取项目，除了降低投标价格，还要主动为业主免费完成项目规划与可行性研究，以及协助融资等，以增强竞争力。

第三，承包商利润越来越低，抗风险能力也越来越弱。Global Power of Construction 数据显示，过去 5 年欧洲前 30 家国际工程承包商实施项目的息税前利润（EBIT）为 2.6%~3.7%，加上特许经营等其他经营活动后能达到 5.4%~7.3%。

第四，一些国际设计、施工企业因现金流断裂而破产重组，国际工程市场并购交易活跃。

3. 国际工程市场繁荣与否，不仅取决于需求，更取决于资金

比较 ENR Top250 在非洲和欧洲的完成营业额可知，2019~2023 年欧洲市场规模与非洲市场规模的比值从 1.79 倍增加到 2.34 倍。非洲比欧洲更需要基础设施方面的投入，但由于缺少资金，非洲市场规模持续缩小。这说明国际工程市场繁荣与否，不仅取决于需求，更取决于资金。

4. 中国是第一大工程承包国家，美国是第一大工程设计咨询国家

在 2023 年 ENR Top250 中，入榜的中国承包商有 81 家，拥有 27.5%的市场份额，入榜的美国承包商有 39 家，拥有 6.2%的市场份额。

在 2023 年 ENR Top250 中，入榜的美国设计咨询公司有 81 家，拥有 23.4%的市场份额，入榜的中国设计咨询公司有 23 家，拥有 6.2%的市场份额。

这是一组非常有意思的对比数据，说明中国是第一大工程承包国家，美国是第一大工程设计咨询国家。

5. 中国对外承包工程企业在国际工程市场发展不平衡

从市场份额的分布情况来看，中国对外承包工程企业在国际工程市场发展是不平衡的。2023 年入榜的 81 家中国企业在亚洲市场完成的营业额占 ENR Top250 的 54.3%，在非洲市场完成营业额占比为 63.0%，中东市场占比为 35.6%，拉美加勒比市场占比为 24.8%，欧洲市场占比为 9.5%，北美市场仅占 1.9%。

这表明，中国企业在一些区域的市场有很强的竞争力，而在另一些市场面临较大风险，《中国对外承包工程国别（地区）市场报告》数据显示，中国对外承包工程企业的市场主要为人均 GDP 在 4000 美元以下的国家。

中国对外承包工程企业在国际工程市场发展不平衡的事实提示我们，国际工程市场需要细分，可将国际工程市场按人均 GDP 和中国技术标准被接受的程度划分为四类。第一类市场为人均 GDP 在 4000 美元以下的国家，基本接受中国的技术标准；第二类市场为人均 GDP 位于 4000（含）~10000 美元的国家，可以接受中国的技术标准；第三类市场为人均 GDP 位于 10000（含）~20000 美元的国家，基本不接受中国的技术标准；第四类市场为人均 GDP 在 20000 美元及以上的国家，不接受中国技术标准。

中国企业的竞争力在不同的细分市场是不一样的，因此不同的细分市场要采用不同的经营策略，而不能用一把钥匙去开启全球所有国家工程市场的大门。

6. 中国对外承包工程企业在国际工程市场积极寻求突破

以 10 年跨度来看，中国企业在国际工程市场发展状况良好。2014 年 ENR Top250 入榜的 62 家中国企业海外完成营业额合计 790.1 亿美元，市场份额为 14.5%，2023 年 ENR Top250 入榜的 81 家中国企业海外完成营业额合计 1179.3 亿美元，市场份额为 27.5%。

以 5 年跨度来看，中国企业在国际工程市场发展呈现徘徊、寻求突破的态势。2019 年 ENR Top250 入榜的 75 家中国企业海外完成营业额合计 1189.7 亿美元，市场份额为 24.4%；2023 年 ENR Top250 入榜的 81 家中国企业海外营业额合计 1179.3 亿美元，市场份额为 27.5%。上榜中国企业的营业额变化不大，市场份额的增加是因为 ENR Top250 完成营业额减少。

根据商务部数据，2018 年中国对外承包工程企业新签合同额由 2017 年的 2652.8 亿美元下降到 2418.0 亿美元，下降 8.9%，这是多年持续增长后首次下降，此后新签合同额呈波动下降态势。2023 年新签合同额为 2549.1

亿美元，与 2017 年相比下降 3.9%。完成营业额由 2017 年的 1685.9 亿美元下降到 2023 年的 1609.1 亿美元，下降 4.6%。

2018 年以来中国企业海外完成营业额规模呈波动下降态势的原因有以下几个方面。第一，全球地缘政治局势的变化。第二，“两优项目”政策转向“小而美、惠民生”。第三，新冠疫情发生。第四，国际工程市场持续下行。

自 2019 年《商务部等 19 部门关于促进对外承包工程高质量发展的指导意见》发布，对外承包工程企业开始转型升级、积极寻求突破，走高质量发展之路。

7. 中国对外承包工程企业加大在国际工程市场的经营力度

2024 年 1~6 月，中国对外承包工程完成营业额 722.5 亿美元，同比增长 2.2%；新签合同额为 1155.4 亿美元，同比增长 22%。这表明 2024 年中国企业明显加大了在国际工程市场的经营力度。

六　中国对外承包工程企业新发展商机

长期以来，中国企业承担的国际工程项目主要为东道国政府服务，项目资金来源：世界银行等国际多边金融机构贷款；双边或多边经济援助项目，如日本海外协力基金、阿拉伯基金等；中国政府经援项目、中国进出口银行“两优”贷款和商业贷款项目等；东道国政府预算。

后来，中国企业开始为外国投资者服务，如 ACWA 新能源项目。此外，中国企业开展投建营一体化项目。

现在，中国企业开始为中国投资者服务，这是中国企业的新发展机遇。这些新发展机遇包括但不限于：矿业开发项目新商机、矿业开发带来的物流项目新商机、汽车工业投资项目新商机、钢铁工业投资项目新商机、一般工业投资项目新商机、园区开发运营项目新商机。

1. 非洲矿业开发项目新商机

非洲矿业开发由于需要大量基础设施建设，迟迟未能完全开采，给中国

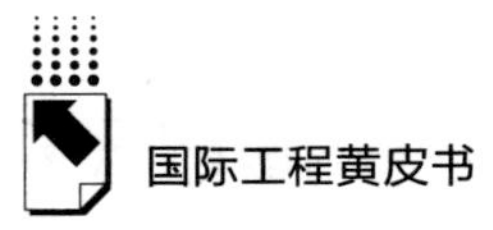

公司带来新机遇。如几内亚西芒杜铁矿、刚果（金）卢本巴希铜钴矿和科卢韦齐铜钴矿、喀麦隆刚果（布）边境的姆巴拉姆—纳贝巴铁矿、阿尔及利亚南部廷杜夫高磷铁矿等，这些矿业开发都有中国企业积极参与和推动的身影。

几内亚西芒杜铁矿分北部1#2#矿区和南部3#4#矿区，1#2#矿区由赢联盟主导开发，赢联盟（新加坡韦力和魏桥各持股50%）持股85%，几内亚政府持有15%的干股。3#4#矿区由Simfer（力拓持股53%、中铝铁矿联合体持股47%）联合体持股85%，几内亚政府持有15%的干股。

2022年7月27日，几内亚政府、赢联盟和Simfer组建跨几内亚公司CTG，其中赢联盟、Simfer各持股42.5%，几内亚政府持15%的干股。

万事俱备，只欠东风。2023年9月5日，中国宝武钢铁集团有限公司与赢联盟在北京签署西芒杜铁矿北部1#2#区块项目投资合作协议，中国宝武钢铁集团有限公司将在项目建设期持有赢联盟49%的股份，并在运营期增持至51%。中国宝武钢铁集团有限公司的加入，是几内亚西芒杜铁矿开发的重大利好消息。

几内亚西芒杜铁矿铁路（连接矿区和马瑞巴亚港口）干线土建施工单位早在2021年8月10日就已经由赢联盟招标确定，《新建几内亚马瑞巴亚港至西芒杜矿区铁路土建工程施工总承包中标公告》显示，中铁一局、中铁四局和中铁十局中标额为116.5亿元，中铁十七局、中铁十六局和中铁十四局中标额为47.8亿元，中国水电三局中标额为11.4亿元，中建五局中标额为16.7亿元，山东高速中标额为16.3亿元，山西一建中标额为12.7亿元，中国企业项目累计中标额为221.4亿元。而该铁路监理标分别由中国第五勘察设计院集团有限公司和河南长城铁路工程建设咨询公司中标。而连接干线与1#2#矿区的16公里支线、连接干线与3#4#矿区的75公里支线也将确定施工单位，目前铁路建设正如火如荼地进行。

中国港湾连续中标Simfer西芒杜港口EPC1包、EPC2包、EPC3包和进港航道及港池疏浚工程。EPC1包主要工程包括在马瑞巴亚河口建设3个4.18万吨矿石泊位码头，工期31个月。EPC2包主要工作内容为港区运营配套房建设，工期29个月。EPC3包主要工程内容为新建一座翻车机房及配套的皮带机廊道和转运站，工期为40个月。

2. 矿业开发带来的物流项目新商机

刚果（金）卢本巴希和科卢韦齐地区有丰富的铜钴资源，近几年有多达20家矿业企业同时在此地开发，其中主要是中国企业，预计年产精铜200万吨，但是运输通道不畅。向东经坦赞铁路运至达累斯萨拉姆港，由于坦赞铁路年久失修，此条运输通道暂时不通畅。目前，主要是向南运输，约90%的精铜用汽车运至南非德班港出海，运输距离长、耗时长、成本高。

成立于2005年的上市物流企业嘉友国际以提供高效物流服务，在关键节点投资建设陆路边境口岸、口岸连接道路以及物流基础设施为己任，在刚果（金）卢本巴希和科卢韦齐地区开展物流及与物流相关的业务，干得风生水起。

2019年，嘉友国际与刚果（金）政府签署《特许授权协议》，建设刚果（金）科卢韦齐、卢本巴希地区的进出口通道“卡松巴莱萨—萨卡尼亚道路与陆港的现代化与改造项目”，这是中国企业首次以BOT模式参与刚果（金）基础设施建设。该项目特许经营期限为25年，投资额为2.3亿美元。2022年陆港项目的公路和口岸陆续投入运营，现已形成非洲区域市场物流运输通道，公路运营收入以及陆港物流设施运营口岸服务收入成为嘉友国际业绩增长点。

2023年10月，第三届“一带一路”高峰论坛期间，嘉友国际与赞比亚财政与国家规划部、公路发展局和商业、贸易与工业部签署《萨卡尼亚口岸、恩多拉至穆富利拉公路以及通往萨卡尼亚边境道路的设计、融资、建设、运营特许权合同》，投资额为7600万美元，特许权期限为22年。

2023年3月，嘉友国际拟与紫金矿业组成联合体，投资、建设、运营刚果（金）坎布鲁鲁至迪洛洛道路与迪洛洛陆港现代化改造项目，特许权期限为30年，投资额约为3.6亿美元。

此外，还有一家西方公司联合体正在开展连接科卢韦齐和安哥拉洛比托港的铁路开发，联合体由托克Trafigura（股份占比为49.5%）、造船商Mota-

Engil（股份占比为 49.5%）和铁路运营商 Vecturis（股份占比为 1.0%）组成。据了解，联合体资金来源是一大难点。这或许给中国公司带来参与的机会。

坦赞铁路振兴或会给科卢维奇和卢本巴希的精铜运输带来新的东向通道，坦桑尼亚和赞比亚两国政府有意邀请中国企业共同振兴坦赞铁路，我们也期待中国、坦桑尼亚和赞比亚三国政府早日做出决策。

3. 境外工业投资项目新商机

2023 年 5 月 1 日，宝钢与沙特阿美石油和沙特主权基金 PIF 设立合资公司，将建设年产 250 万吨铁、167 万吨钢、150 万吨厚板的绿色低碳工厂，计划 2026 年底投入运营，主要应用于中东地区和北非地区的油气、造船、海工和建筑行业。2024 年 7 月 25 日，宝钢宣布其沙特厚板工厂项目投资翻番，从 4.385 亿美元追加至 10 亿美元，项目整体投资规模达到 20 亿美元。

2023 年 11 月 8 日，长安汽车在泰国罗勇府举行泰国制造基地奠基仪式，这是长安汽车首个海外生产基地，将建成涂装、总装、发动机组装、电池组装生产车间以及相关配套设施。一期项目设计产能达 10 万辆/年，计划 2025 年初投产。二期项目建设投产后，基地总产能将达到 20 万辆/年。

马来西亚柔佛州新山市郊欧圣超级工厂项目一期总建筑面积约 19 万平方米。一期二标段总建筑面积为 11 万平方米，工程主要内容为主厂区内 4 号、5 号、6 号工业厂房和办公楼、食堂、宿舍及配套设施等。

4. 园区开发运营项目新商机

园区是承载产能转移的重要平台，近年来愈发活跃，其中三类园区值得参与投资与建设：一是非洲的园区，主要承接中国成熟的产能；二是中东、泰国等地的园区，主要承接钢铁、汽车等寻求增量市场的产能；三是墨西哥、东南亚地区的园区，中国投资者主要应对中美贸易“脱钩”的挑战。

20 年来浙江华立在海外布局 3 个工业园。2005 年，浙江华立在泰国设立泰中罗勇工业园；2015 年，华立在墨西哥设立北美华富山工业园；2024 年，华立在乌兹别克斯坦设立中亚华塔工业园。中亚华塔工业园总规划面积为 3 平方千米，产业定位包括汽车及零部件、建材五金、电子电器、机械、金属加工等，以及政府鼓励投资的其他行业，产品可辐射中亚、中东、俄罗斯、欧洲等市场。中亚华塔工业园作为平台型综合园区，为入园企业提供标准熟地、标准厂房、保税仓及一站式全方位服务，助力每一个入园企业以高效率拓展新市场。

由于园区实现盈利不易，所以并购或入股成熟园区是一条捷径。以莱基自贸区为例，2006 年尼日利亚一共向莱基自贸区投入资金 2.67 亿美元。2022 年，莱基自贸区实现盈利。

园区开发运营将带来项目投资和项目施工机会，如在园区内投资发电厂、水厂、办公楼、酒店等。

国 别 篇

Y.2
老挝国际工程发展报告（2024）

中国水电建设集团十五工程局有限公司*

摘 要： 截至2024年，老挝已经成为中国在东盟重要的工程承包市场，中国是老挝第一大投资来源国和第二大贸易伙伴。老挝依赖中国的重大基础设施投资和技术支持，中国则需要老挝广阔的建筑市场，并将老挝视为“一带一路”倡议的重要合作伙伴。中老铁路的通车运营，为中南半岛铁路运输互联互通奠定了坚实基础，也为中资企业拓展老挝工程承包市场创造了机遇。本报告对老挝的基本国情、法律政策、人文环境、经济社会、营商环境、工程承包市场现状及典型工程实施案例等进行较为详细的介绍，并对老

* 执笔人：郭瑞，中国水电建设集团十五工程局有限公司国际工程公司总工程师，高级工程师，研究方向为国际工程施工管理；杨丹涛，中国水电建设集团十五工程局有限公司工程技术带头人，国际工程公司质量科技部负责人，研究方向为工程施工行业质量与科技管理等；李宜田，中国水电建设集团十五工程局有限公司国际工程公司党委书记，首席技术专家，研究方向为国际工程施工管理、面板堆石坝施工等；王浩然，中国水电建设集团十五工程局国际工程公司法务合规风险管理部副主任，三级企业法律顾问，研究方向为国际项目合规管理、风险内控管理等；贺立伟，中国水电建设集团十五工程局有限公司国际工程公司老挝国别财务总监，助理会计师，研究方向为国际项目财务管理和税务管理等。

挝工程承包市场发展前景做出展望，在电力领域、矿业领域总结市场机会。

关键词： 营商环境　建筑市场　老挝

一　老挝概况

（一）老挝的人口与民族

根据老挝统计局数据，截至2022年，老挝人口总数为744.3万人，其中，女性有371.5万人。从年龄看，老挝人口呈“倒金字塔”形分布，25岁以下人口占总人口的约50%。2022年老挝各省人口分布如表1所示。

表1　2022年老挝各省人口分布

单位：万人

名称	人口数量	名称	人口数量
万象市	98.9	华潘省	31.5
琅勃拉邦省	47.4	乌多姆赛省	35.6
川圹省	27.2	南塔省	20.6
丰沙里省	19.6	万象省	47.4
波乔省	21.0	沙耶武里省	43.4
波里坎赛省	32.6	甘蒙省	44.6
沙湾拿吉省	110.2	沙拉湾省	45.7
色贡省	13.4	占巴塞省	77.2
阿速坡省	16.6	赛宋本省	11.4

资料来源：老挝统计局。

根据2005年老挝政府出版的《老挝人民民主共和国各族群》，老挝有50个民族，大致划分为老—泰语族系（约占全国人口的60%）、孟—高棉语族系、汉—藏语族系和苗—瑶语族系。

（二）老挝的经济发展

老挝经济以农业为主，工业基础薄弱。1986 年起老挝推行革新开放，调整经济结构，促进农林业、工业和服务业相结合，优先发展农林业；取消高度集中的经济管理体制，转为经营核算制，实行多种所有制形式并存的经济政策，逐步完善市场经济机制，努力把自然和半自然经济转为商品经济；推动对外开放，颁布外资法，改善投资环境；扩大对外经济关系，争取引进更多的资金、先进技术和管理方式。从 20 世纪 90 年代开始，除 1997 年亚洲金融危机使老挝经济增速放缓外，其余年份老挝国内生产总值（GDP）均保持稳定增长。

根据世界银行的数据，2010~2019 年老挝 GDP 由 71.3 亿美元增长至 187.4 亿美元，年均增长率为 11.3%；人均 GDP 由 1141.2 美元增长至 2613.9 美元，年均增长率为 9.6%。2020 年，受新冠疫情影响，老挝 GDP 增速大幅下滑，同比增长 0.5%。2021 年全球经济复苏，老挝 GDP 实现 2.5%的增长，低于政府设定的 4%的经济增长目标。2022 年初，老挝经济进一步复苏。2018~2022 年老挝宏观经济数据见表 2。

表 2　2018~2022 年老挝宏观经济数据

年份	GDP(亿美元)	GDP 增长率(%)	人均 GDP(美元)
2018	181.4	6.2	2569.1
2019	187.4	5.5	2613.9
2020	189.8	0.5	2609.0
2021	188.3	2.5	2551.3
2022	154.7	2.7	2054.4

注：表内 GDP 以及人均 GDP 均以现价美元为基准。

资料来源：世界银行。

财政收支方面，老挝自 2000 年以来一直存在财政赤字，占 GDP 的比重曾一度超过 5%。2021 年老挝财政收入为 271783.4 亿基普，占 GDP 的 14.69%；财政支出为 295074.2 亿基普，占 GDP 的 15.95%。

政府债务方面，高额财政赤字、国有企业的大量借贷以及 GDP 增长的逐渐放缓都导致老挝债务比率上升。尽管 2021 年老挝政府财政赤字下降且新增外部借款有限，但公共和公共担保债务在 2021 年底达到 145 亿美元，高于 2020 年的 133 亿美元。

通货膨胀方面，老挝通货膨胀率在 2017～2020 年从 0.8%逐步上升至 5.1%。2021 年，受国内食品价格下跌影响，老挝通货膨胀率下降至 3.8%。2022 年，老挝通货膨胀率持续上升，从 1 月的 6.25%上升至 11 月的 38.46%，为 20 年来最高水平。通货膨胀率居高不下的主要原因包括国际油价上升、疫情导致物资供应短缺、黄金价格上涨以及老挝货币持续贬值等。

对外贸易方面，2023 年 1～9 月，中老双边贸易额达 49.8 亿美元，同比增长 23.7%。其中，中国对老出口额为 22.7 亿美元，同比增长 39.2%；自老进口额为 27.1 亿美元，同比增长 13.1%。中老贸易额在东盟十国中位列第九。

（三）老挝的发展规划

2016 年，老挝国会批准十年社会经济发展战略（2016～2025 年）和 2030 年愿景，为政府发展提供纲领性指导。2021 年，老挝国会通过第九个五年社会经济发展计划（2021～2025 年），助力国民经济持续稳定发展。

1. 十年社会经济发展战略（2016～2025年）

该战略提出，要实现可持续绿色经济增长，加强人力资源开发，高效利用自然资源，强化政府社会管理职能，积极融入国际一体化，推动实现工业现代化。同时提出，到 2025 年，老挝贫困率将降至 10%，农业、工业和服务业产值分别至少提高 3.2%、9.3%和 8.9%，商品和服务出口总额占 GDP 的比重不低于 15%。

2. 第九个五年社会经济发展计划（2021～2025年）

该计划提出六大奋斗目标。一是国民经济高质量、稳定、可持续发展，5 年实现经济年均增长 4%以上，到 2025 年人均年收入达到 2887 美元。二是开发可以满足发展需要、具备研究和运用科技能力的高素质人才资源，提升生产和服务的效率和附加值。三是逐步提高人民物质和精神生活水平。四是保护环境，维护生态平衡，降低自然灾害风险。五是强化基础设施建设，利用国家地理优势和发展机遇，加强与地区和国际的合作及互联互通。六是严格按照法治国家建设方针实现国家高效治理，确保社会公平公正。

3. 2030年愿景

该愿景提出，到 2030 年，老挝将成为中高收入的发展中国家，GDP 较 2015 年增长 4 倍以上，实现经济平稳可持续增长，财政实现独立自主，社会主义市场经济体制逐步形成。

二　老挝营商环境

（一）营商环境优化举措

完善投资法规。2016 年，老挝颁布实施新修订的《投资促进法》。修订后的《投资促进法》完善了投资促进政策、投资形式和种类、投资程序等内容，扩大了投资者特许权范围，以吸引外国企业赴老挝投资。

提高营商便利度。为实现营商便利指数争取进入全球前 100 名的目标，老挝政府在跨境贸易、企业开办和电力供应等方面采取了一系列改革措施。在跨境贸易方面，老挝政府通过简化通关程序、建立单一窗口，在一定程度上提高了跨境贸易效率。在企业开办方面，老挝取消了部分手续，简化企业开办流程。在电力供应方面，老挝通过部署用于停电监测和恢复服务的自动监督控制和数据采集（SCADA）系统，提高了电力供应可靠性。

设立“一站式”服务办公室。2018 年 4 月，老挝计划与投资部设立“一站式”服务办公室，通过建立可检查、可追溯的投资审批机制，简化投资审批手续，协调国内各部门集中审批，为投资者营造方便快捷、公平公正的投资环境。

（二）中国和老挝的经贸合作关系

随着中老经贸合作的不断发展，中国已成为老挝重要的经贸合作伙伴。“一带一路”倡议与澜湄合作机制等为中老经贸合作提供了广阔的空间。截至 2024 年，中国是老挝第一大投资来源国和第二大贸易伙伴。

1. 中老经贸合作机制

（1）中国—老挝经济、贸易和技术合作委员会

1997 年 6 月，为增进中老传统友谊以及加强经济、贸易和技术领域的合作，两国政府决定成立中国—老挝经济、贸易和技术合作委员会，旨在积极推动、指导和协调重大合作项目顺利实施，为投资者营造更加便利的投资环境。中国—老挝经济、贸易和技术合作委员会定期举行会议，就进一步深化双边经贸合作、推动解决存在的问题交换意见，为中老经贸关系发展提供良好保障。

（2）中国—东盟自由贸易区

中国—东盟自由贸易区是中国对外商谈的第一个自由贸易区，于 2010 年全面启动，旨在促进中国与东盟各国之间的对话合作、贸易投资以及经济发展。在中国—东盟自贸协定框架下，中老两国于 2015 年取消所有正常类税目中的关税。

（3）澜湄合作机制

2014 年 11 月，在第 17 次中国—东盟领导人会议上，时任中国国务院总理李克强提出建立澜湄合作机制的重要倡议，旨在进一步深化中国与澜湄国家的全方位友好合作，提升区域整体发展水平。该合作机制的参与成员包括中国、柬埔寨、老挝、缅甸、泰国、越南 6 国。2019~2020 年，老挝担任澜湄合作共同主席国。

澜湄合作机制建立了包括领导人会议、外长会、高官会和各领域工作组会等在内的多层次、宽领域合作架构，确立了“3+5 合作框架”，即以政治安全、经济和可持续发展、社会人文为三大支柱，优先在互联互通、产能、跨境经济、水资源、农业和减贫五大领域开展合作。

（4）中国云南—老挝北部合作工作组机制

2004 年 10 月，在中老两国领导人的倡议下，中国云南—老挝北部合作工作组机制正式成立。该机制成立以来，中国云南与老挝积极推进交通、通信等基础设施互联互通，双边合作从最初的边境贸易逐步拓展到金融、农林、科技、旅游、文化、边境管理和警务等领域，合作方式更加多元化、制度化。

（5）中老贸易投资协定

自 1988 年中国与老挝签署《中老贸易协定》和《中老边境贸易的换文》以来，两国陆续签署了多个与贸易投资相关的协定或协议。

2016 年 9 月 8 日，中国与老挝签署《中华人民共和国和老挝人民民主共和国关于编制共同推进“一带一路”建设合作规划纲要的谅解备忘录》。双方商定，在两国《共同推进“一带一路”建设合作规划纲要》中纳入基础设施、农业、产业集聚区、文化旅游、金融、商业与投资等合作领域。

2. 双边贸易

近年来，中老经贸关系发展顺利，经贸合作不断深化，双边贸易额稳步增长。2021 年，中老双边贸易额为 43.5 亿美元，其中中国向老挝出口 16.7 亿美元，同比增长 11.9%；自老挝进口 26.8 亿美元，同比增长 28.2%。2022 年 1~4 月，中老双边贸易额为 18.3 亿美元，同比增长 19.4%，其中中国向老挝出口 6.6 亿美元，同比增长 11.8%；自老挝进口 11.7 亿美元，同比增长 24.3%。中国主要自老挝进口铜、木材、农产品等，主要向老挝出口汽车、摩托车、纺织品、钢材、电线电缆、通信设备、电器及电子产品等。

3. 中国对老挝投资

中国是老挝第一大投资来源国。近年来，中资企业对老挝的投资热情不断升温，2016 年中国超过越南成为对老挝直接投资最多的国家，投资行业和领域主要包括交通基础设施、金融、开发区建设、电力、矿产开发、农业合作、加工制造、商业地产等，代表项目包括中老铁路、中老高速、万象赛色塔综合开发区、中国老挝磨憨—磨丁经济合作区、老挝国家输电网项目、南欧江流域梯级水电站项目等。

据商务部统计（见表3），2021年中国对老挝直接投资流量为12.82亿美元；截至2021年末，中国对老挝直接投资存量为99.40亿美元。2022年中国对老挝直接投资流量为25.34亿美元；截至2022年末，中国对老挝直接投资存量为98.78亿美元。

表3　2018~2022年中国对老挝投资情况

单位：亿美元

指标	2018年	2019年	2020年	2021年	2022年
年度流量	12.42	11.49	14.54	12.82	25.34
年末存量	83.10	82.50	102.01	99.40	98.78

资料来源：《2023年度中国对外直接投资统计公报》，商务部网站，2023年10月3日，http://perth.mofcom.gov.cn/article/jmxw/202310/20231003445672.shtml。

4. 境外经贸合作区

（1）万象赛色塔综合开发区

2012年7月11日，中老双方在北京签署《中华人民共和国政府和老挝人民民主共和国政府关于万象赛色塔综合开发区的协定》。赛色塔综合开发区位于老挝首都万象，距主城区东北17公里，占地面积为10平方公里。万象赛色塔综合开发区是中老两国政府共同确定的国家间合作项目，是中国在老挝唯一的通过商务部、财政部确认考核的境外经贸合作区，是“一带一路”倡议的早期成果。

万象赛色塔综合开发区由云南省建设投资控股集团有限公司（以下简称“云南建设集团”）的海外投资平台云南省海外投资有限公司与老挝万象市政府共同出资组建的老中联合投资有限公司负责运营。2018年8月，由云南建投集团和招商局集团有限公司共同出资组建的老挝万象赛色塔运营管理有限公司正式在园区内揭牌运营，开始承担开发区的运营和招商工作。开发区以生产制造业为主导，以房地产开发和综合服务业为支撑，以产城融合为目标，打造万象新城的核心区域。

（2）中国老挝磨憨—磨丁经济合作区

2015 年 8 月，中老双方签署《中国老挝磨憨—磨丁经济合作区建设共同总体方案》。2016 年 4 月，该合作区正式获得国务院批复同意设立，成为中国西南方向建设的第一个跨境经济合作区。2017 年 3 月，中老双方在北京签订了《中国老挝磨憨—磨丁经济合作区建设总体规划》。

中国老挝磨憨—磨丁经济合作区是继中国与哈萨克斯坦建立中哈霍尔果斯国际边境合作中心之后，中国与毗邻国家建立的第二个经济合作区。中方区域位于中国云南省西双版纳州磨憨镇内，老方区域位于老挝南塔省磨丁经济专区内。其中，老挝境内的磨丁开发区计划总投资约 100 亿美元，可自主开发建设面积为 16.4 平方公里，建设用地总面积为 750.06 公顷。城市建设用地主要分布在沿老昆曼公路一带和磨丁湖以西区域，北抵老挝国门，南至老挝海关的经济带，串联了国际商业金融中心区、国际文化旅游度假区、国际保税物流加工园区和火车站综合体等经济核心区域，推动营造可持续发展的社会环境。

三　老挝工程承包市场分析

（一）工程承包市场概况

1. 中资企业在老挝市场的发展情况

近年来，赴老挝投资的中资企业加快业务转型，除投资传统的水电站、输变电线路和路桥等项目外，还以 BOT 模式①加大对矿产、酒店等项目的投资力度。中国在老挝承包建设的典型项目有南立水电站、洪沙火电站、南俄 3 水电站、东萨宏水电站、南屯 1 水电站、500 千瓦骨干电网等。目前，老挝工程承包市场上主要中资企业有中国电建、中水对外、北方国际、云南能

① BOT 模式即建设-经营-转让（Build-Operate-Transfer）模式，是一种企业参与基础设施建设并向社会提供公共服务的模式。

投、东方电气、中国电工、广东水电三局、大唐海投、中广核、南网国际、河北建投、葛洲坝、中国路桥等。

2022 年，中国企业在老新签工程承包合同额达 20.5 亿美元，完成营业额 7.3 亿美元。随着中老两国在多领域的合作不断深化，大量基础设施建设需求持续涌现，老挝工程承包行业还将继续快速发展。老挝已经成为中国在东盟重要的工程承包市场，将为中资企业拓展工程承包市场创造机遇。

2. 老挝的投资吸引力

近年来，老挝政府重视通过招商引资带动国内经济社会发展，2016 年颁布实施新修订的《投资促进法》并进一步优化本国营商环境，取得积极成效。在 2024 年 6 月召开的老挝九届国会第七次会议上，总理宋赛·西潘敦向国会表示，政府将加大力度改善商业环境，简化审批程序并吸引更多投资。同时，在老挝九届国会第七次常会上，老挝计划与投资部部长佩·蓬皮帕提出《投资促进法》修订草案，供国会议员研究审议。他指出，《投资促进法》自 2016 年实施以来，吸引国内外私营部门投资超 280 亿美元，为经济持续增长做出巨大贡献。但目前施行的《投资促进法》面临许多挑战，如经济部门在不断发展和变化，部分投资项目不遵守合同规定的义务、影响社会和环境等。因此，要修订法案以适应新阶段国家发展形势，进一步促进国内外私营部门投资。

（二）工程承包行业竞争态势

近年来，随着中老两国经济快速发展，双方经贸合作成果显著，一批有实力的中资企业进入老挝市场，投资领域不断扩大。老挝工程建设市场的承包商大多是境外企业，本地企业在资金、施工、技术等方面实力较弱。老挝水电工程项目大多由亚洲银行、世界银行投资，为世界各国承包商所瞩目，竞争十分激烈。

由于老挝工程建设项目的大量涌现，老挝企业在工程建设过程中积累了大量债务，承受着越来越大的财务压力。为此，老挝政府制定了一系列措施减轻国有企业的财务负担。在这种情况下，预计中短期内外国承包商获得的市场份额可能会有所提升。

2023 年，老挝新增注册企业 21285 家，与 2022 年相比，注册企业数量增长了 17.75%。2023 年中国在老挝注册的企业占比为 8%。目前，老挝大型基础设施项目通常由国外承包商承担，其中中国承包商占据了较大的市场份额。

（三）工程承包特征

1. 外资准入相对开放，但仍有一定限制

老挝《投资促进法》规定了外国投资者可以选择的两种投资方式，一是和老挝国内投资者成立合资企业（外国投资者的出资额不得少于注册资金的 30%）；二是成立独资企业。外国投资者有权租用、转让老挝的土地并有权转让在自己所租用土地上兴建的动产和不动产，老挝政府不干涉外国投资者的行政、经营管理。在招聘劳务人员时，要优先招聘老挝公民，如果专业特殊，也可招聘外国人。外国投资者可以通过设在老挝的银行把自己的合法收入汇至其他国家。

老挝政府设有外国投资管理委员会，日常管理外国投资的机构是老挝国内国外投资管理局。投资管理局审批外国投资申请后，向投资管理委员会提出意见，并按政府的计划和法定程序直接代表政府和外国投资者签订合同。

2. 投资企业的形式多样

近年来，中资企业赴老挝投资经营时多根据老挝《企业法》和《投资促进法》及自身实际，采取设立有限责任公司、分公司和代表处的形式。如设立有限责任公司，一般需要至少 2 名股东和 1 名董事，且根据投资性质和公司经营范围，每名外资股东须至少投入 125000 美元作为实缴资本。如设立分公司，则一般是从事特定行业，如航空、银行、保险等，需要 10 周左右时间履行行政手续并注册当地银行账户。如设立代表处，则不能开展实质经营业务并获取营业收入，注册资本为 50000 美元，办理手续时间也为 10 周左右，但注册流程较前两者明显简单。代表处营业执照的有效期为 1 年，可以续签两次，总运营时间原则上不超过 3 年。

3. 项目资金筹集方式多样，倾向于公私合营模式

在业务模式探索方面，老挝政府为解决自身财力不足问题，逐步探索和发展公私合营模式，于 2018 年发布 PPP 法案草案，并在万象城市停车系统建设中首次采用 PPP 模式。中国企业在老挝的项目建设资金主要来源包括自有资金和中方银行贷款。

中国企业在老挝承接项目的主要模式包括：EPC 模式，这是在老挝进行水电站等电力项目建设的业主和承包商采用的主流模式；PPP/BOT 模式，典型项目如万象赛色塔综合开发区和万万高速等；DBMOT 模式，2019 年建设老挝北 13 号公路时首次采用该模式，预计未来将进一步推广。

4. 设计主要遵循中国标准，部分项目认可欧美标准

设计需要遵循合同要求，并明确相应的设计规范。老挝的规范标准较少，部分项目认可欧美标准，由中国投资建设的工程项目设计采用中国标准。对消防、环保等有特殊要求的，需要遵循老挝的一些规范。

四　中老工程承包典型项目

（一）中老铁路

中老铁路是第一个以中方为主投资建设并运营、与中国铁路网直接连通的境外铁路项目，全线采用中国技术标准、使用中国设备。中老铁路由昆玉段（昆明—玉溪）、玉磨段（玉溪—磨憨）、磨万段（磨丁—万象）组成，全长 1035 公里，于 2021 年 12 月 3 日全线贯通。

中老铁路的建成有助于实现两国在贸易、投资、物流运输等领域更高程度的便利化，不仅造福当地百姓，促进减贫脱贫，还将实现老挝与中国西南地区经济的深度融合，形成现代农业、旅游、能源、物流、加工制造协同发展的格局。截至 2023 年底，中老铁路磨万段累计发送货物 572. 56 万吨，其中跨境发送 481. 66 万吨；发送旅客 348. 52 万人次，其中跨境发送 3. 97 万人次。

中老铁路是中老合作的标杆项目，对实现老挝“陆锁国变陆联国”发展战略、深化中老务实合作具有重要意义。同时，中老铁路是中国铁路在国际市场上的一大突破性创新，象征着中国铁路建设能力和标准在国际市场上获得了高度认可。

（二）南欧江流域梯级水电站

南欧江是湄公河在老挝北部的最大支流，发源于中国云南江城与老挝北部丰沙里省接壤地区，为典型山区河流，全流域面积为2.6万平方公里，水能指标优良，是老挝政府大力推进开发的水能资源基地之一。南欧江流域梯级水电站项目是践行“一带一路”倡议、推进澜湄合作的重点项目，也是中国电建在海外的首个全流域整体规划和BOT投资开发项目，对老挝打造“东南亚蓄电池”和改善老挝北部民生具有重要意义。

南欧江流域规划7个梯级水电站，分两期开发，一期开发一级、五级和六级水电站，二期开发一级、三级、四级和七级水电站，总装机容量达127.2万千瓦，年均发电量约50.17亿千瓦时，总投资约28亿美元。2007年10月15日，中国水利水电集团国际公司与老挝政府在老挝首都万象签署了“南欧江流域BOT项目”开发协议。2014年2月6日，老挝能源政策与计划司批复了中水电海外投资有限公司提交的一级、三级、四级、七级水电站最终可行性研究报告。中国水电建设集团十五工程局有限公司承建南欧江六级、七级水电站工程，均位于老挝丰沙里省。

（1）南欧江六级水电站工程

南欧江六级水电站工程主要工作涉及复合土工膜面板堆石坝、引水系统、发电厂房、溢洪道、导流洞、业主营地、场内永久交通等。坝高85米，库容为4.1亿立方米，装机容量达180兆瓦，实际投资3.50亿美元。

南欧江六级水电站于2012年10月1日开工，2016年10月30日完工并具备发电条件，2016年11月30日通过完工验收，2017年1月1日正式进入29年商业运行期。该项目刷新3项纪录：采用无覆盖复合土工膜面板新坝型，坝高85米，为同类大坝最高；坝体全断面软岩填筑比例达81%，为世界最高；大坝无覆盖复合土工膜防渗技术国际领先。

（2）南欧江七级水电站工程

南欧江七级水电站工程主要工作涉及混凝土面板堆石坝、溢洪道、导流洞、引水隧洞、厂房工程、永久机电设备及金属结构等。坝高 143.5 米，库容为 17.8 亿立方米，装机容量达 210 兆瓦，实际投资约 6.50 亿美元。

南欧江七级水电站于 2016 年 4 月 8 日开工，2021 年 9 月 30 日两台机组全部具备发电条件，2021 年 10 月 1 日正式进入 29 年商业运行期，2023 年 2 月 1 日通过完工验收。

在南欧江六级、七级水电站建设过程中，中国水电建设集团十五工程局有限公司认真贯彻绿色发展理念，严格落实“一库七级、两期开发”方案，以“尽量减少居民搬迁，尽量减少耕地、林地淹没损失，尽量减小对生态环境的影响”为原则，通过全周期环保管理，严控施工工艺，科学有序实施生物多样性补偿，项目生态环保效益显著。项目为老挝提供了稳定优质的电能，保障着老挝全国 12%的电力供应，助力电力出口创汇和电力区域一体化，为老挝经济社会发展及中老铁路等重大项目提供稳定优质的电源。

五　老挝工程承包市场发展前景展望

老挝水资源、矿产资源等较为丰富，营商环境不断改善，大型基础设施建设需求较为旺盛，工程承包市场仍有较为广阔的发展空间。多年来，中资企业在老挝交通、能源领域重点发力，先后为老挝建成了公路、电网、铁路等基础设施及公益援助性项目，为进一步拉动当地就业、促进经济社会发展奠定了坚实基础，得到了老挝社会各界的广泛赞誉，也在澜湄合作、中国—东盟合作领域做出了示范。

近年来，中国向老挝提供的出口信贷及优惠性贷款稳步增长，进一步助力提升中国企业在老挝工程承包市场中的份额。未来，老挝工程承包市场既面临机遇，又面临挑战。本报告从市场驱动因素、市场制约因素及市场机会方面展开分析。

（一）市场驱动因素

政府基础设施项目：老挝政府对基础设施发展的重视一直是工程承包市场发展的主要驱动力，房建、道路、市政、光伏、水电站、桥梁等项目为承包商、供应商和服务提供商创造了机会。

城市化和人口增长：随着越来越多的人搬到城市，人们对住宅和商业物业的需求不断增加，推动了工程承包市场的发展。

外国直接投资：老挝不断增长的经济、坚实的消费基础和政府的激励措施吸引着外国投资者，这些投资有助于市场扩展和技术转让。

住房需求：人口的增加和城市化导致住房需求增加，开发商正致力于提供住房解决方案来满足这一需求，这有利于推动工程承包市场的发展。

政府政策和法规：老挝政府出台了一系列支持基础设施发展的政策和法规，包括简化许可程序、提供税收优惠和鼓励公私合作等，这有利于进一步刺激市场拓展。

（二）市场制约因素

基础设施挑战：有限的交通网络和不稳定的电力供应等可能会阻碍项目执行并导致延迟完成。

监管复杂性：许可证、执照等手续办理耗时、费用昂贵。

缺乏熟练劳动力：老挝的工程承包市场面临熟练劳动力短缺问题，特别是在工程和项目管理等专业领域，这种短缺会影响项目执行的时间和质量。

财务限制：获得融资对中小型工程承包公司来说可能是一个挑战，有限地获得信贷的机会和高利率会阻碍公司参与大型项目。

环境问题：随着可持续性变得越来越重要，平衡经济增长与环境保护对市场参与者来说可能是一个挑战。

（三）市场机会

1. 电力领域

水力方面，老挝河流众多、落差较大、水资源丰富，理论水电蕴藏量为

26000兆瓦，技术可开发容量为23000兆瓦，其中湄公河干流及其主要支流占全国技术可开发容量的90%以上。目前，老挝水电资源利用程度较低，开发潜力较大。煤炭方面，老挝探明可开采储量为2.26亿吨，其中褐煤1.70亿吨、烟煤0.56亿吨，主要分布在北部和中部地区，具备一定的发展燃煤电站的潜力。

2. 矿业领域

矿业为老挝第一大出口创汇产业。2022年，老挝矿业产值为21.3亿美元，同比增长55%；矿产品出口额为18.1亿美元，同比增长11%。2023年前5个月，老挝矿业产值为8.0亿美元，同比增长11%。预计到2025年，老挝矿业产值将达73.3亿美元，矿石和矿产品销售额将达83.6亿美元，其中国内销售额将达19.7亿美元，出口额将达63.9亿美元；新建19个矿产开发和加工项目；继续建设金矿开采、加工和冶炼项目，实现年产黄金25万盎司。

参考文献

中国施工企业管理协会、中国水电建设集团十五工程局有限公司编著《工程建设企业境外合规经营指南——老挝》，中国市场出版社，2023。

《对外投资合作国别（地区）指南：老挝》，商务部网站，2023年，https://www.mofcom.gov.cn/dl/gbdqzn/upload/laowo.pdf。

马建春：《积极应对中国对外承包新问题》，《国际商报》2012年8月27日。

段文：《中国建筑企业跨国经营的竞争力研究》，硕士学位论文，复旦大学，2009。

赵文宇：《老挝承包工程市场概览》，《国际工程与劳务》2011年第7期。

任茂君：《我国对外承包工程企业竞争力分析》，《现代经济信息》2015年第10期。

杨沐：《云南省与老挝经济技术合作前景分析》，《云南科技管理》2007年第4期。

Y.3 沙特阿拉伯国际工程发展报告（2024）

中国五冶集团有限公司*

摘　要： 沙特阿拉伯市场规模大、领域宽、标准高、竞争激烈。中资企业进入沙特阿拉伯市场普遍时间较短、经验不足，多数企业对当地的法律法规、行业标准、技术规范及商业惯例了解掌握不够，项目前期准备和调研不足，企业所走弯路较多。本报告全面、客观地反映沙特阿拉伯对外投资合作经济形势、法律法规、经贸政策、营商环境、建筑市场发展态势等，结合案例进行深度剖析，助力有意开展对外投资合作的企业提升国际化经营能力，应对各类风险挑战，推动对外投资合作高质量发展。

关键词： 营商环境　建筑市场　沙特阿拉伯

一　沙特阿拉伯概况

沙特阿拉伯（以下简称“沙特”）位于亚洲西南部阿拉伯半岛，国土面积为225万平方公里。沙特东濒波斯湾，西临红海，平均海拔为665米，同约旦、伊拉克、科威特、阿联酋、阿曼、也门等国接壤，海岸线长2437

---

* 执笔人：叶晓青，五冶集团上海有限公司质量环保部部长，正高级工程师，一级建造师，研究方向为智能土木工程施工技术；敖宇航，五冶集团上海有限公司质量环保部部长助理，高级工程师，一级建造师，研究方向为智慧化项目质量环保管理；王俊芳，五冶集团上海有限公司质量环保部科长，正高级工程师，一级建造师，研究方向为智能钢结构建造技术及项目创优创奖管理，国际工程管理；郭晓宇，五冶集团上海有限公司质量环保部副科长，高级工程师，研究方向为现代化企业四标三体系管理；吴雅馨，五冶集团上海有限公司质量环保部科员，工程师，一级建造师，研究方向为智能建筑综合管理。

公里，地势西高东低。沙特出口以原油和石油产品为主，约占出口总额的90%。沙特是世界上最大的淡化海水生产国，其海水淡化量占世界总量的21%左右。

（一）沙特的人口

截至2022年底，沙特人口约为3217万人，其中沙特籍人口约为1879万人，外籍常住人口约为1338万人，沙特籍人口占比约为58%。劳动力（15~65岁）人口占总人口的比重约为73%。沙特95%的人口集中分布于利雅得、吉达等大城市。沙特的华人华侨数量约为3万人，主要居住在首都利雅得、东部的达曼及西部的塔伊夫、吉达、麦加等地。

（二）沙特的经济发展

2016~2019年，沙特的经济规模基本保持稳定。2020年，受新冠疫情和国际油价波动的影响，沙特GDP同比下降3.6%。2022年，随着石油价格高涨，沙特经济复苏加快，扣除价格因素后，全年实际GDP同比增长7.5%，人均GDP达34445美元。2023年，沙特人均GDP达31492美元，实际GDP下降0.8%。2023年，沙特三次产业增加值占GDP的比重分别为2.9%、49.7%、47.4%；投资、消费、净出口占GDP的比重分别为29.3%、63.3%、7.4%。

根据沙特财政部数据，2023年沙特实际财政收入为12120亿里亚尔，实际财政支出为12930亿里亚尔，财政赤字为810亿里亚尔。2023年沙特通货膨胀率为2.3%。

二　沙特营商环境

（一）整体营商环境概述

近年来，沙特对外国投资领域的限制逐步减少，通信、交通、银行、保险及零售业陆续对外国投资者开放。为减少对原油产业的过度依赖，沙特推出“2030 愿景”社会经济转型计划（以下简称“2030 愿景”），国内改革力度有所加大。政治社会环境保持稳定，各项经济指标向好。政府加大基础设施建设力度，优化财政收支结构，提高外商投资便利化水平，营商环境有所改善。世界知识产权组织发布的《2024 年度全球创新指数》显示，在 133 个国家（地区）中，沙特排第 47 位，比上年上升 1 位。

沙特重视提升数字化管理和服务水平，在“2030 愿景”中明确提出增加数字化服务种类，简化行政手续。全面开展透明度和责任制改革，通过专门设立的政府行为监督机构对失职行为追责。“2030 愿景”提出的 96 项战略目标中，一半以上与人工智能有关。早在 2019 年 8 月，沙特就专门成立了数据与人工智能局，负责监督国家数据管理办公室、国家信息中心和国家人工智能中心，协调推动相关战略的实施。2020 年，沙特推出一项国家数据和人工智能战略。根据该战略，到 2030 年，沙特将在人工智能领域吸引约 200 亿美元的国内外投资，培训 2 万余名数据和人工智能专家，创建 300 多家企业。

沙特大力推动知识产权保护，促进企业创新发展。2018 年，沙特成立知识产权局，负责提供知识产权保护、监管和执法等相关事宜的“一站式”服务，旨在让更广泛的人群受益于不断涌现的新技术和创意产品以及经济繁荣带来的优势。

（二）中沙投资合作相关政策

《中华人民共和国政府和沙特王国政府关于对所得和财产避免双重征税和防止偷漏税的协定》（以下简称《协定》）自 2007 年 1 月 1 日起执行。《协定》在税种、居民、不动产所得、营业利润、联属企业等方面做出了明确规定，并明确了中沙两国消除双重征税方法、相互协商程序等，有利于进一步促进中沙两国贸易发展、规范征税程序，进而改善营商环境、扩大合作市场。2022 年，中沙签署了《中华人民共和国和沙特阿拉伯王国政府关于共建“一带一路”倡议与“2030 愿景”对接实施方案》，为两国在经济、工业等领域加强合作奠定了坚实基础。

三 沙特建筑市场及工程承包行业

（一）沙特建筑市场分析

沙特建筑市场分散且竞争激烈，政府将重点放在基础设施以及能源和公共事业建设项目上，为沙特建筑市场带来了难得的发展机遇。预计到2029年，沙特建筑市场规模达913.6亿美元，在预测期内（2024～2029年）复合年增长率为5.37%。

沙特建筑市场中超过一半的承包商是本国国有企业，涉及高速公路、铁路、港口（码头）、机场等领域，在资金、施工、技术等方面拥有一定实力。根据惠誉关键项目数据库（KPD）2022年数据，沙特超过70%的工程建设项目由国有企业承揽。在外国承包商中，日本和中国承包商占据的市场份额较大。

（二）工程承包行业分析

1. 工程承包相关制度

沙特工程承包市场受政府保护，在沙特商务部门成功注册并持有沙特投资部颁发的投资许可证的外国承包商，可以直接参与沙特政府和私人工程承包项目投标。沙特工程承包市场实施资质管理制度，由沙特城乡事务部统筹管理。该部门根据市场特点划定29个专业类别，并由下属的承包商评级署依照企业注册资金、累计承揽项目总额等指标，将承包商分为五个等级，一级为最高。根据专业及等级的不同，承包商能够承揽的项目规模也有严格限制。以房建领域为例，如果单个项目总额不超过420万里亚尔，对参与企业无等级要求；如果超过420万里亚尔但低于700万里亚尔，参与企业须具备五级以上资质。随着项目总额的增长，对企业资质的要求也越来越高，一旦项目总额超过2.8亿里亚尔，参与企业必须具备一级资质。在中沙两国政府

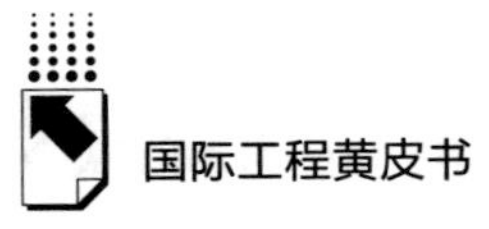

签署的相关协议项下，有 39 家中国企业可以不受资质分级限制，直接参与沙特城乡事务部主管的所有基础设施建设领域的项目投标。

除资质管理以外，沙特相关政府机构和主要行业的国有垄断企业（如沙特阿美石油公司、沙特电力公司等）还通过各种形式的资格短名单（Short List of Qualification）控制进入市场的承包商和主要设备材料供应商的资格，对供应商资质和产品服务有严格要求，从而构成进入沙特主流工程承包市场的技术壁垒。

2. 招标方式

（1）政府项目

总额为 100 万里亚尔以上的政府项目必须公开招标，建筑工程是主要招标领域之一。此外，政府在紧急情况下可以直接采购总额在 100 万里亚尔以下的项目，但采购时必须“货比三家”。3 万里亚尔以下的项目可按政府认为妥当的方式实施。沙特政府在招标和采购环节比较重视价格，一般情况下遵循低价中标原则。虽然根据沙特《政府招标采购法》的规定，政府应平等对待参加投标的企业，但一般情况下，沙特政府倾向于按照国内优先原则执行，在同等价格与条件下优先考虑本国企业，其次是沙特拥有多数股份的合资企业。

（2）国有企业项目

沙特境内的国有企业项目一般由企业自行组织招标，也有部分国有企业项目通过招标网站进行招标。一般情况下，沙特大型国有企业均会对潜在的供应商、承包商等进行资格审查，并确定相应的短名单或供应商列表，其招标和采购行为一般也只是有限公开，仅针对短名单或供应商列表中的企业进行。

（3）私营企业项目

沙特境内的私营企业项目一般由企业自行组织招标。

（4）资格审查

沙特市场常见的资格审查方式有资格预审和资格后审两种。其中，资格预审在正式招标以前或与正式招标同时进行，资格后审在招标结果公布之后、正式授标之前进行。为防止个人利益影响招投标，确保公平竞争，沙特制定了有关利益冲突监管的规定。根据规定，合同额超过 2000 万里亚尔的项目必须进行资格预审，若资格预审和授标间隔超过一年，允许竞标者资格延续。

4. 工程建设材料采购

涉外项目中，建筑材料的选用受到重视。沙特的工业基础较为薄弱，很多物资无法采购。另外，当地对材料的环保要求很高，部分材料禁止进口，如项目中使用的石棉、氯化橡胶防腐油漆等。因此在涉外工程中，应尽可能采用大众化、宜采购或加工的材料，以免因材料问题影响进度。如果供应商提供的材质保证书中缺少设计部门提出的部分性能要求，应做补充试验，合格后才能应用。另外一定要注意的是，材料代用必须通过业主和监理的书面认可。

四　沙特工程建设项目实施

（一）依法用工

总体来说，沙特劳务用工风险主要是未按照沙特劳工法管理相关事宜，应详细研究法律规定的用工要求。申请签证配额时，需注意公司的沙籍员工比例和签证的发放比例要满足沙特政府的要求，提前按照用工计划做好沙籍员工的相关工作，同时关注签证到期时间，注意与所有员工（无论何种国籍、工种）签订劳动合同或用工合同。

（二）环保管理规范

沙特主要环境保护法规有《环境修复条例》《土地污染防治实施条例》等。污染环境行为将受到严厉处罚，处罚措施包括清理污染物、没收致污财产、罚款、停业整顿、吊销营业执照、判处有期徒刑等。沙特气象和环境保护总局及其他相关政府部门可以根据自己的判断，对任何违反环境标准的行为进行处罚。

（三）工程技术标准

沙特本地的建筑工程体系规范起步较晚，主要以美国标准和欧洲标准为基础发展而来，大部分规范要求均沿袭美国标准或欧洲标准，仅针对特殊地理气候环境对部分条目进行适应性调整。

沙特当地大部分工业和民用建筑均以沙特建筑规范（Saudi Building Code）作为建筑工程施工和质量管理蓝本。在此基础之上，部分特殊业主单位（如皇家委员会、工业城等）均有自己的质量管理体系，往往标准更高、要求更严苛。在验工计量方面，当地常采用国际通行的 CCEMS 计量体系，同时部分业主单位基于行业领域特色进行适应性调整，在国际惯用标准的基础上制定自己的计量准则和规范。近年来，沙特政府大力推行本地化，对部分具有本地化要求的重点项目，除了对工程质量进行验收，还组织专业事务所对本地化成分进行审计，对未达标的项目进行相应罚款。

对承包商的免责条款通常体现在工程项目的商务合同中。根据沙特政府招标采购法规，对于政府招标项目，推荐使用政府提供的工程合同范本，但允许针对实际项目进行适应性更改。业主单位在进行项目招标时，往往对范本中偏向承包商的条款进行调整，而且业主单位通常较为强势，基本不允许承包商对其提供的合同文本提出修改意见。对于工程项目出现的质量缺陷，除一般意义下的不可抗力因素外，基本不会有对承包商免责的规定。对于项目出现的质量或工期问题，承包商应负责修复或弥补并承担相应费用，有时甚至出现即使业主拖延付款，承包商也不得延误工期的条款。

（四）依法保护生态环境

近年来，沙特的环保要求越来越高，中资企业应了解沙特的环境保护法规，实时跟进当地的环保标准。企业要事先对生产经营可能产生的废气废水和其他环保影响进行科学评估，在规划设计过程中选好解决方案。

以中石化延布炼厂为例，该厂位于生态环境相对脆弱的红海岸边，在建设和运营中始终坚持高标准开展环保工作：一是在环保装置技术选择和项目投资保证等方面给予重点关注；二是注意保护当地红树林资源，优化管廊走向设计，将项目施工对红树林的影响降至最低；三是强化日常环保监测，外排污水和废气在炼厂实际运行中全部达到沙特政府的排放要求；四是积极生产高标准汽（柴）油产品，所有产品均达到国际最高标准的质量要求。

（五）项目竣工验收

1. 竣工验收条件

沙特政府部门和各业主单位都有自己相对独立的验收流程，不同业主单位的验收流程在细节上可能略有不同。沙特业主单位的组织机构通常较为复杂，项目管理可能涉及工程部门、财务部门、预算部门等多个平行部门；工程部门下设文件接收部门，这是承包商和业主单位的联系窗口，承包商和业主单位沟通来往均通过文件流转进行。在实际运行过程中，各部门之间权限相对独立，沟通效率相对较低，导致项目验收和移交周期往往较长。

根据当地工程建设项目验收一般流程，承包商应该在项目开工后，根据施工区域、项目性质和工作范围编制移交清单，说明项目施工内容、移交计划等。计划获批后，由承包商向业主发送项目初步移交申请，并根据项目业主或监理单位要求提交相应材料，主要包括项目施工图、竣工图、现场验收记录、实验报告、材料样品报批资料等。在业主单位正式发函确认项目移交时间后，业主单位将安排咨询工程师或业主代表对项目现场和承包商所提交资料进行查验，查验通过后，将按照合同要求向承包商下发初始移交证明（项目初步验收证书）。当项目所有工作均获得初始移交证明后，业主单位将向承包商签发项目完工证明或类似文件，标志着工程全部结束。承包商可按照合同要求清理退场，项目进入质保阶段。

根据以往经验，沙特重视项目过程文件以及验收程序，经过整理的项目过程文件可汇总为竣工资料，不需要专门制作。但是验收程序往往较为严格，对项目过程管控能力要求较高。当地重视工程质量，要求承包商具有较强的施工管理能力。

2. 竣工验收流程

沙特项目竣工验收流程主要包括以下 8 个步骤。

(1) 质量检查

在项目完成之后，需要对项目进行全面的质量检查，目的是确保项目的所有方面都符合当地法规和标准，以及确保项目的安全、可靠和稳定。质量检查应该记录在质量检查报告中，并作为竣工验收手续的一部分。

(2) 文件整理

项目所需的文档和资料必须进行整理和保管。这些文档和资料应该包括项目计划、合同、设计图纸、施工记录、测试报告等。在竣工验收之前，必须确保所有必要的文档和资料都是完整、准确和可追溯的。

(3) 试运行验收

在项目完成之后，需要对项目进行试运行验收，目的是在正式运行之前检查项目的各个环节是否正常工作，以及是否满足设计要求。试运行验收应该记录在试运行验收报告中，并作为竣工验收手续的一部分。

(4) 合同履行

在项目完成之后，需要对合同履行情况进行审查，目的是确保所有合同条款都已履行完毕，以及确保所有款项都已按时支付。合同履行审查应该记录在合同履行报告中，并作为竣工验收手续的一部分。

(5) 现场清理

在项目完成之后，需要对施工现场进行清理，目的是确保施工现场整洁，符合当地环保法规和施工标准。现场清理应该记录在现场清理报告中，并作为竣工验收手续的一部分。

(6) 设备检验

在项目完成之后，需要对使用的设备进行检验，目的是确保所有设备都符合当地安全标准和规范。设备检验应该记录在设备检验报告中，并作为竣工验收手续的一部分。

(7) 培训工作

在项目完成之后，需要对项目人员进行培训，目的是确保项目人员了解项目的运行和维护方法，以及确保项目能够顺利交付给操作人员。培训工作应该记录在培训报告中，并作为竣工验收手续的一部分。

（8）保修期维护

在项目完成之后，需要制定保修期维护计划，目的是在保修期内对项目进行定期检查和维护，以确保项目的安全、可靠和稳定。保修期维护计划应该记录在保修期维护报告中，并作为竣工验收手续的一部分。

（六）项目资金跨境结算

1. 在沙特国内进行跨境结算需要满足的要求

第一，所有跨境交易必须通过授权外汇银行进行，以确保符合外汇管制规定。第二，在授权外汇银行开立清算账户，用于存放海外交易资金。第三，提供必要的交易文件，如发票、提单等，以便授权外汇银行跟进跨境资金流动情况。第四，遵守反洗钱和反恐怖主义资金筹集规定，防止非法资金流入。

2. 从沙特向海外国家进行跨境结算需要满足的要求

第一，获得授权外汇银行的许可，以确保符合沙特的外汇管制规定。第二，在授权外汇银行开立沙特里亚尔账户，用于存放本国货币。第三，在目标国家寻找合适的授权外汇银行，并开立目标货币账户，用于存放跨境资金。第四，提供必要的交易文件，如发票、提单等，以便授权外汇银行跟进跨境资金流动情况。第五，遵守目标国家的相关法规和规定，确保资金安全和合法性。

需要注意的是，以上要求仅为一般性指导，实际操作中可能因国家、交易方式、金额等而有所不同，建议在实际操作前详细咨询当地授权外汇银行或专业律师。

（七）项目投产运营

1. 保修、回访、后续服务

（1）项目保修

沙特通常要求项目提供一定期限的保修服务，期限根据项目类型和合同规定而有所不同。保修期限可能包括建设期和运营期，涉及的保修范围也各不相同。在签订合同时，建议详细咨询当地律师或专业机构，以确保保修条款符合当地法律法规和行业惯例。

（2）项目回访

沙特对于项目回访没有具体规定，但建议在合同中约定相关回访条款，以便对项目实施过程中出现的问题进行及时处理和跟进。在项目完成后，也可以进行一次全面的回访，了解项目的运行情况和服务满意度，为今后的合作提供参考。

（3）后续服务

沙特对于项目后续服务的要求比较重视，在合同中应该约定相关的后续服务条款，包括服务范围、服务期限和服务费用等。后续服务可能包括设备维护、技术支持、员工培训等方面，需要针对项目的特点和需求进行定制化服务。在提供后续服务时，需要确保服务质量符合合同约定和当地标准，以保障项目的稳定运行、提升客户满意度。

需要注意的是，以上要求仅为一般性指导，具体要求可能因项目类型、合同条款、法律法规等而有所不同。建议在实际操作中详细咨询当地律师或专业机构，以确保服务要求符合当地法律法规和行业惯例。

2. 项目后评估

（1）项目目标达成情况评估

评估项目是否按照预定的时间表和预算完成，并实现项目的主要目标。分析项目未能达到预期目标的原因，提出改进措施。审查项目的可持续发展目标是否已经实现，以及是否与国家的长期发展规划相符。

（2）项目管理过程评估

评估项目的决策过程是否科学、合理，并符合沙特政府的相关规定。分析项目实施过程中出现的管理问题，包括项目进度、质量、成本等方面的控制情况。评价项目团队的合作和协调情况，以及如何优化项目管理流程。

（3）项目经济效益评估

分析项目的投资回报率、内部收益率等经济指标，以评估项目的经济效益。评估项目对沙特的贡献，包括经济、就业、技术进步等方面。分析项目的经济效益与社会成本之间的关系，以确定项目的经济效益优势。

（4）项目环境和社会影响评估

评估项目对当地环境的影响，包括空气质量、水资源、生物多样性等方面的变化。分析项目对当地社会的影响，包括文化传承、社区发展、社会稳定等方面。提出环境保护和社区发展建议，以促进项目的可持续发展。

（5）项目可持续性评估

分析项目的可持续性，包括项目的长期运营和维护成本以及在技术更新、市场变化等方面的影响。评估项目对环境和社会的长期影响，以及如何确保项目的可持续发展。提出增强项目可持续性的建议，以促进项目的长期发展。

（6）项目风险控制和应对措施评估

评估项目在实施过程中遇到的风险，以及如何进行控制和应对。提出应对未来可能出现的风险的建议，以确保项目的稳定运行。

（7）项目沟通和透明度评估

评估项目各利益相关者之间的沟通和协作情况，以及如何提高沟通效率。分析项目的信息披露情况，以提高公众对项目的信任度和参与度。提出提高项目透明度的建议，以促进项目的有效实施。

（8）项目受益者和利益相关者评估

分析项目对不同受益者的影响，包括直接受益者和间接受益者。评估项目对利益相关者的影响，包括政府、投资者、社区等。提出优化项目利益分配的建议，以实现可持续的项目收益。

（9）项目文件和记录管理评估

审查项目文件和记录的完整性、准确性和合法性，确保项目信息的可靠性和可追溯性。分析项目文件和记录管理存在的问题和不足，提出改进措施。提出加强项目文件和记录管理的建议，以促进项目的有效管理。

（10）项目综合评估和建议

提出对项目各方面的综合评估，根据评估结果，提出有针对性的改进措施和建议。总结项目经验，以促进未来项目的成功实施。

（八）中国工程承包企业在沙特面临的工程合同风险

沙特总承包合同基本由项目所在地区政府部门根据沙特采购法制定，合同条款变更的可能性几乎为零。这就要求中资企业在投标阶段对合同的风险进行有效识别。目前，中资企业在沙特面临的工程合同风险可以分为资金风险、安全风险、技术标准风险、补充合同风险 4 类。

1. 资金风险

国际石油价格下跌导致沙特业主支付能力下降，在建工程项目延期支付问题逐渐突出。在项目延期支付问题产生后，中资企业面临项目继续开工还是停工的两难选择。选择继续开工，要进行大额垫资，后续还存在无法收款的风险；选择停工，除停工期间损失确权面临困难外，还可能面临沙特政府收回项目、项目易主等问题，并有损企业形象。

2. 安全风险

出于预算压力，沙特业主在对外招标时，会通过逼近设计安全标准最低值的方式缩减项目预算，却在项目实施中要求承包商对设计安全承担责任，导致承包商为满足业主安全责任要求而产生的安全成本不能列入支付项，造成企业安全生产支出远超项目投标官方预算。如紧邻红海的沙特西部地区某地下道项目，在项目前期施工打桩阶段，承包商发现该地区地质结构非常复杂，为保证项目的安全，承包商额外增加了基坑支护系统作为项目安全辅助措施。该项费用不纳入业主支付条款，属于承包商的安全措施费，由承包商承担。

3. 技术标准风险

承包商在投标报价中对技术规范的重视程度和严谨程度，对项目实施效益起到决定性作用，忽略个别关键项会对项目造成不可挽回的损失，尤其是在设备选定、计价规则和技术规格要求等方面。如沙特某临海地下道项目，在基坑围护系统设计中，承包商需要根据混凝土最大允许裂缝宽度进行支撑系统轴力设计等工作，但项目规范中未直接指出混凝土最大允许裂缝宽度。为达到设计安全目的，同时尽快获得业主批复开展施工，承包商只能参考与项目无合同关联并且不利于承包商的英国规范中的数值进行设计，对项目造成较大间接损失。

4. 补充合同风险

沙特业主有在招标前最后阶段下发补充合同的案例。补充合同下发时间通常与投标截止时间非常接近，导致承包商无法深入研究合同，风险较大，易造成损失，中资企业务必对补充合同内容高度重视，并将其融入整个投标方案进行考虑，以免落入补充合同陷阱。例如，某项目在递交标书前收到业主增加单项工程的补充合同，表面上此单项工程相比整个工程结构而言简单易行，但在实际施工中发现施工复杂程度远超想象，面临高水位、复杂地质和大量交通导流工作等困难。

（九）中资工程承包企业典型项目

1. 沙特 YAMAMA 水泥厂项目

沙特 YAMAMA 水泥厂（见图 1）坐落于沙特西南部，距沙特首都利雅得以东约 80 公里。项目新建 2 条日产 1 万吨水泥的生产线，年产水泥 700 万吨，主要包括原料装卸系统、生料制备系统、熟料生产系统、水泥生产系统、包装和装载系统、公用设施系统等，项目占地面积为 2.04 平方公里，总投资为 10.67 亿美元。

项目投产以来运行稳定，产品已认证合格，产能已达到合同约定标准；项目大量使用中国机械设备和材料，中国驻沙特大使馆经济商务参赞处给予了高度评价。

2. 沙特 PCQ-2 化学储罐项目

沙特 PCQ-2 化学储罐项目（见图 2）位于沙特朱拜勒新工业区港区，总投资约 5.8 亿美元。项目所执行的质量标准是 SABIC 标准及欧美标准。SABIC 标准对工程的技术质量要求非常具体，甚至对施工的具体方法、程序都有非常严格的要求。该项目是中国进入沙特化工领域的一次重要合作，标志着中资企业在拓展沙特建筑市场方面迈出了坚实的一步。

图 1　沙特 YAMAMA 水泥厂项目

资料来源：中国五治集团有限公司。

图 2　沙特 PCQ-2 化学储罐项目

资料来源：中国五治集团有限公司。

五　沙特国际工程发展前景展望

惠誉报告显示，未来，沙特围绕“2030 愿景”的基建活动将持续增加，预计 2024 年沙特基建行业增长率将从 2023 年预期的 2.8%小幅增长至 3.1%。2024~2032 年，预计沙特基建行业的年均增长率将达到 3.9%，发展势头十分强劲。

（一）交通基础设施领域

惠誉预测，沙特交通基础设施行业将继续保持增长。一系列大型交通基础设施项目特别是 NEOM 新未来城的公路和铁路项目，将有力推动沙特交通基础设施行业的发展。未来几年，沙特的交通基础设施将受益于“2030 愿景”，沙特政府将在城市道路现代化方面进行大量投资，在主要城市建设地铁等基础设施，旨在将沙特打造为智能城市。利雅得地铁将于 2030 年完工，这是目前全球在建的最大的城市地铁项目之一，拥有长达 176 公里的轨道和 85 座车站。吉达和麦加也在开发新的地铁和公交网络，麦加公共交通计划将为 88 座车站提供服务。

随着经济多元化和私营部门投资的增长，高效的交通运输网络被视为沙特发展工业、减少对原油出口依赖的关键因素。尽管有些项目的规模受到油价下跌的影响，但沙特人口的增长提升了对交通基础设施的需求，公路和桥梁成为重点领域。

（二）能源和公共事业基础设施领域

惠誉预测，沙特能源和公共事业基础设施领域将在短期内保持稳定增长，2024~2032 年的年均增长率预计为 3.6%。可再生能源特别是太阳能是一个投资亮点。根据国家可再生能源计划（NREP），沙特的目标是将其可再生能源产能提升至 58.7 吉瓦，包括太阳能光伏和风能等。由 ACWA Power 牵头的财团已经完成了对 Al Shuaiba 1 和 Al Shuaiba 2 太阳能光伏项目的融资，该项目预计将于 2025 年第 4 季度开始商业运营。

此外，随着全球对低碳燃料需求的日益增长，沙特在氢能基础设施建设方面表现出强大的发展潜力，将成为氢能行业的地区领导者。为摆脱现有的以石油为中心的经济模式，沙特努力促进经济多元化，这也为氢能产业发展提供了有力的投资支持。中东和北非地区以及欧洲地区绿氢的互联互通将为可再生能源市场扩张创造空间，沙特能源部提出，沙特计划成为世界上最重要的绿氢生产国，通过与欧盟签订自由贸易协定向欧洲出口绿氢。

为了缓解缺水的状况，沙特水资源相关设施的建设也在持续进行。目前，沙特50%的饮用水来自海水淡化，40%来自不可再生地下水开采，只有10%来自地表水。随着太阳能成本越来越低和城市化对水资源的需求日益增长，预计太阳能将更广泛地用于海水淡化过程，NEOM新未来城计划与英国Solar Water公司合作建设一座太阳能海水淡化厂，沙特在太阳能海水淡化方面将成为佼佼者。

（三）房屋建筑领域

沙特房屋建筑行业将保持强劲增长，2024~2032年的年均增长率预计达到4.3%。未来几年，在沙特各地大力开发的娱乐综合体、酒店及其他旅游项目将成为房屋建筑行业发展的关键驱动力。为实现“2030愿景”，公共投资基金和国家发展基金将为NEOM新未来城等大型项目提供更多投资，NEOM新未来城的目标是为100万名居民提供住房。除此之外，沙特政府和住房部还出台了78个相关建设计划，旨在继续推动城市住房数量的增长。比如，位于吉达的Murcia项目将以PPP模式开发3500套住房。沙特政府的目标是到2030年将住房拥有率提高到70%，这也是“2030愿景”的重要组成部分。

参考文献

《对外投资合作国别（地区）指南：沙特阿拉伯》，商务部网站，2024年，https：//www. mofcom. gov. cn/dl/gbdqzn/upload/shatealabo. pdf。

《沙特阿拉伯建筑市场规模和份额分析——增长趋势和预测（2024~2029）》，https：//www. mordorintelligence. com/zh-CN/industry-reports/construction-sector-in-the-kingdom-of-saudi-arabia-industry。

Y.4
阿尔及利亚国际工程发展报告（2024）*

中材建设有限公司**

摘　要： 阿尔及利亚与中国有着传统友好关系，两国在工程承包领域的合作开始于20世纪80年代，目前阿尔及利亚是我国在海外重要的工程承包市场。在"一带一路"倡议背景下，中资企业积极参与阿尔及利亚的基础设施建设，涵盖交通、能源、水利、工业等领域，承建了一批高质量工程，促进了当地经济社会发展，受到了广泛赞誉。但受国际环境影响，国际工程承包市场风急浪高，中资企业只有把握政策优势和行业发展形势、不断提升内在竞争力，才能保持在阿尔及利亚工程承包领域的优势。本报告重点介绍阿尔及利亚工程承包市场，分析发展状况，提出面临的风险及应对措施，并对阿尔及利亚工程承包市场的未来提出展望，以期助力中资企业在阿尔及利亚拥有更好的发展前景。

关键词： 工程承包市场　风险应对　阿尔及利亚

一　阿尔及利亚概况

阿尔及利亚全称阿尔及利亚民主人民共和国，位于非洲西北部，北临地中海，东临突尼斯、利比亚，南与尼日尔、马里、毛里塔尼亚接壤，西与摩

---

* 报告中数据如无特殊说明，均来自《对外投资合作国别（地区）指南：阿尔及利亚》《工程建设企业境外合规经营指南——阿尔及利亚》。

** 执笔人：高洪昌，中材建设阿尔及利亚公司总经理，高级工程师，研究方向为境外属地经营管理；成功，中材建设阿尔及利亚公司副总经理，研究方向为境外市场营销；胡团辉，中材建设阿尔及利亚公司副总经理，工程师，研究方向为项目管理；霍守华，中材建设摩洛哥SOUSS项目经理，高级工程师，研究方向为项目管理；李高伟，中材建设阿尔及利亚OGGAZ项目经理，高级工程师，研究方向为项目管理。

洛哥、西撒哈拉交界，国土面积约为 238.17 万平方公里，海岸线长约 1200 公里，是非洲面积最大的国家。

阿尔及利亚地形可分为地中海沿岸的滨海平原与丘陵、中部高原和南部撒哈拉沙漠三部分。阿尔及利亚国土广袤，然而大部分地区被沙漠、森林和细茎针茅植被覆盖，沙漠面积逾 200 万平方公里，约占国土总面积的 85%。耕地面积约为 800 万公顷，淡水资源相对紧缺，渔业资源较为丰富。另外，阿尔及利亚拥有丰富的矿产资源，涵盖品类逾 30 种，其中最为重要的资源包括石油、天然气和页岩气。

（一）阿尔及利亚的人口

截至 2023 年，阿尔及利亚人口为 4560 万人，其中阿拉伯人约占总人口的 80%，其次是柏柏尔人、图瓦雷格人和姆扎布人。阿尔及利亚官方语言为阿拉伯语，塔马兹特语（柏柏尔人方言）从 2002 年起定为国语，法语是通用语言。

（二）阿尔及利亚的经济发展

阿尔及利亚经济规模在非洲位居前列。石油与天然气产业是阿尔及利亚国民经济的支柱，多年来产值一直占阿尔及利亚 GDP 的 30%左右。根据世界银行统计，2023 年阿尔及利亚 GDP 为 2241.10 亿美元，增速为 2.3%。

阿尔及利亚 2024 年财政法案预计，受益于能源、服务业、建筑业等行业的良好表现，2024 年阿尔及利亚经济增长率将达 4.2%，外贸出口额和进口额将分别达到 498 亿美元和 435 亿美元。阿尔及利亚政府积极采取措施增强经济韧性，推动经济加快发展，取得积极成效。

（三）阿尔及利亚的发展规划

阿尔及利亚的主要发展规划包括《2030 年国家愿景》《2030 年国家地区发展计划》《国家可持续消费和生产行动计划》，其中《2030 年国家愿景》为阿尔及利亚经济长期发展提供框架性指导。

阿尔及利亚的发展规划以实现经济长期增长为目标，围绕经济、政治、社会和环境等多个方面展开。首先，经济多样化和知识经济转型被视为关键目标，以减少对油气的依赖，并努力提高经济增长率，确保经济的稳定发展。其次，政府治理体系和国家机构改革也被重视，旨在加强政府与人民之间的沟通，推动社会经济发展。再次，教育改革被看作提高人口素质的重要手段，以培养更多满足知识经济转型需求的人才。最后，土地发展规划的制定旨在协调各地区的可持续发展，并加大对不发达地区的开发力度。此外，促进经济稳定发展和提高投资吸引力至关重要，通过政策措施确保经济的稳定增长，促进外商投资，推动基础设施建设和工业园区开发。可持续消费和生产行动也被纳入国家发展规划，通过提高能源效率、发展可再生能源等措施，为经济可持续发展提供支持。整体而言，以上发展规划旨在提高阿尔及利亚的经济水平、人民生活质量，并促进国家的可持续发展和社会进步。

二　阿尔及利亚营商环境

（一）整体营商环境政策概述

阿尔及利亚于 2001 年 8 月 20 日颁布了《投资法》第 1～3 号法令，并于 2006 年 7 月 15 日颁布了《投资法》第 4～6 号法令，加大了对外国投资的开放力度。2016 年 8 月，为实现经济多元化发展、进一步吸引投资，阿尔及利亚出台了新《投资促进法》，新《投资促进法》重新制定了各项投资优惠政策，简化了办事手续，将促进投资的各项措施进行整合，旨在最大限度地为投资者提供便利和支持。2020 年 6 月，阿尔及利亚通过《2020 年财政法补充法》第 49 条规定，取消外国投资者股比限制，除商品买卖活动或具有战略性质的活动外，所有从事生产和服务的活动均向外国投资者开放。2022 年 7 月 24 日，阿尔及利亚颁布第 22-18 号投资法，旨在积极吸引国内外投资，努力营造稳定透明的投资环境。整体来说，阿尔及利亚通过各种途径改善投资环境，在贸易、投资和工程领域颁布了一系列优惠政策，以鼓励外商和本国私人资本参与国内经济发展和基础设施建设。

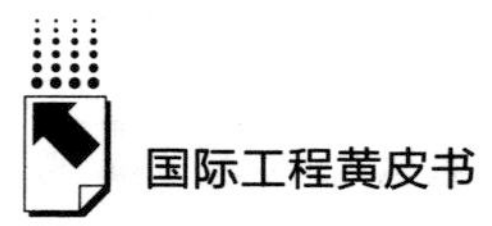

（二）中国和阿尔及利亚的经贸合作关系

中国是阿尔及利亚第一大进口来源国和主要外资来源国。近年来，中阿两国不断加强沟通交流，经贸合作日益密切。2014 年，中阿建立全面战略伙伴关系，两国关系进入新的发展阶段。2018 年，中阿签署了共建“一带一路”谅解备忘录，双方在政治、经贸、文化等领域开展了富有成效的合作。

根据中国海关总署统计，2017~2022 年，中阿货物贸易总额呈波动趋势（见图 1）。2019~2020 年，受阿尔及利亚国内政治局势等因素影响，两国贸易总额显著下降。2021 年，中阿货物贸易总额为 74.30 亿美元，同比增长 12.70%。其中，中国向阿尔及利亚出口货物总额为 63.50 亿美元，同比增长 13.47%；中国自阿尔及利亚进口货物总额为 10.80 亿美元，同比增长 8.32%。2022 年，中国与阿尔及利亚货物贸易总额为 74.20 亿美元，同比下降 0.13%。其中，中国向阿尔及利亚出口货物总额为 62.80 亿美元，同比下降 1.10%；中国自阿尔及利亚进口货物总额为 11.40 亿美元，同比增长 5.56%。中国主要向阿尔及利亚出口机电产品、纺织及其制品、金属及其制品、化工产品和家具等杂项制品，这五大类产品合计占出口总额的 92.70%

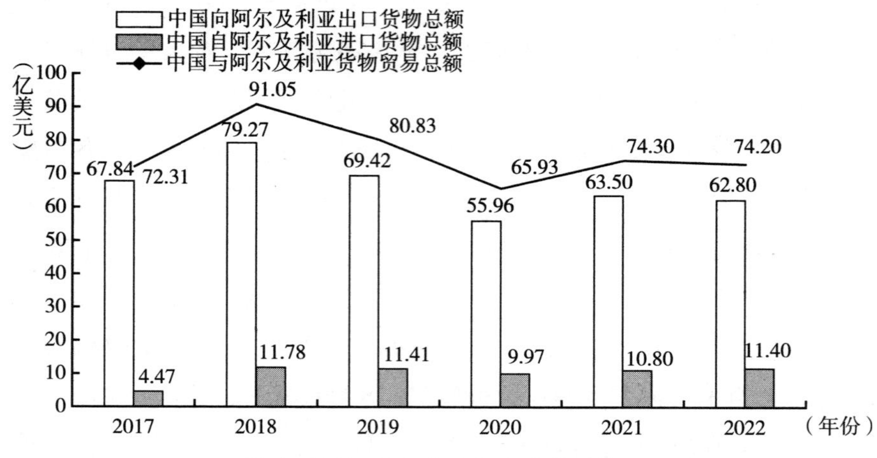

图 1　2017~2022 年中阿双边贸易情况

资料来源：中国海关总署。

（见图 2）。中国主要自阿尔及利亚进口矿物燃料、矿物油及其制品和钢铁，这两类产品合计占进口总额的 98.98%（见图 3）。

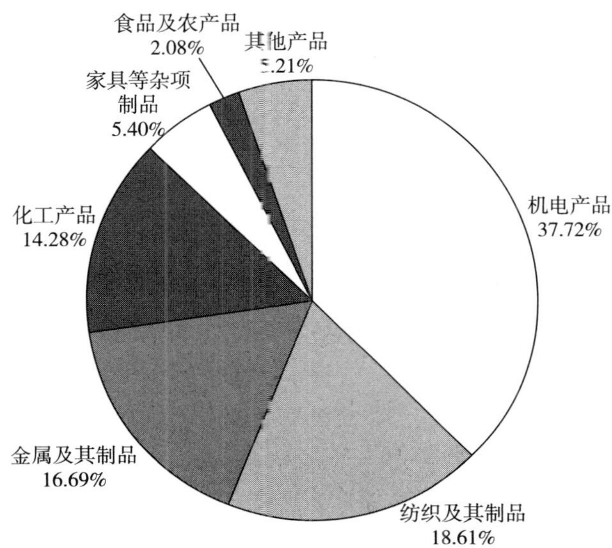

图 2　2021 年中国向阿尔及利亚出口主要商品结构

资料来源：中国海关总署。

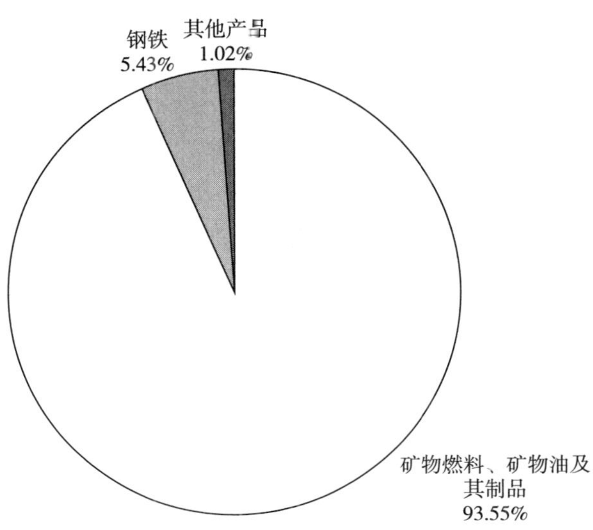

图 3　2021 年中国自阿尔及利亚进口主要商品结构

资料来源：中国海关总署。

2017~2021 年，中国对阿尔及利亚整体投资规模呈波动趋势。《2021 年度中国对外直接投资统计公报》显示，2021 年，中国对阿尔及利亚直接投资流量为 1.85 亿美元，较 2020 年显著增长；中国对阿尔及利亚直接投资存量为 17.16 亿美元，同比增长 4.38%。2022 年，中国对阿尔及利亚直接投资存量为 16.20 亿美元。中国在阿尔及利亚的投资主要集中在油气、矿业领域，钢铁、餐饮、纺织等领域也有少量私人投资。

三 阿尔及利亚工程承包市场分析

（一）阿尔及利亚工程承包市场概况

阿尔及利亚作为一个新兴经济体，亟须建设大量基础设施，但由于内部资源有限，依赖外部公司的承包工程成为必然选择。此外，阿尔及利亚拥有丰富的能源资源，但需要外部技术和资金支持进行开发和利用，这也需要外国公司的参与和承包。阿尔及利亚政府希望通过引入外国公司的承包工程来促进本国经济的多样化发展，尤其是在工业和制造业领域。

在许可制度方面，阿尔及利亚颁布了《公共合同法》，针对外国公司承包当地公共工程做出了具体规定。根据该法规，当地公司控股、使用当地产品和服务的企业在公共合同授标中享有 25%的优惠。此外，外国企业参与投标，必须承诺在相关领域与阿尔及利亚企业开展投资合作，并与阿尔及利亚企业组成联合体共同投标。工程验收分为临时验收和最终验收两部分，临时验收在工程完工后进行，最终验收在工程保质期到期时进行。

在禁止领域方面，目前阿尔及利亚对外国承包商在当地承包工程并没有明确规定的禁止领域。然而，有关阿尔及利亚公共交通部门的表态显示，除特殊情况外，公共交通领域项目仅允许当地公司参与竞标，不允许外国公司参与，但具体细则和落实情况尚未公布。

在招标方式方面，阿尔及利亚规定了不同金额项目的招标标准，并提出了多种招标方式，包括公开招标、有限招标、选择性咨询招标、拍卖招标和竞赛招标等。其中，公开招标是最普遍的方式。此外，针对特定情况，公共工程项目还可以通过议标形式授予特定企业，应标企业不受《公共合同法》关于投资承诺的限制。

（二）阿尔及利亚工程承包行业相关规定

近年来，阿尔及利亚本土工程企业的综合实力逐渐增强，且政府通常会在项目招标中给予本土企业优惠报价，以支持和鼓励其参与各领域的工程建设。Cosider 集团是该国知名的大型工程承包企业。此外，许多跨国企业也活跃在阿尔及利亚的工程承包市场，如道路设计建设领域的土耳其公司 Özgun、运输领域的德国公司 Dywidag、港口设计建设领域的西班牙公司 Pointe、铁路建设领域的土耳其公司 YepiMerkezi 和意大利公司 Astaldi 等。

1. 外国公司开展工程承包业务须获取相应资质

承包阿尔及利亚政府工程项目依据的法律主要是《公共合同法》。该法适用于工程或供货合同标的金额在 1200 万第纳尔以上、设计或服务合同标的金额在 600 万第纳尔以上的项目。《公共合同法》规定，招标分为公开招标、具备最低能力要求的公开招标、限制招标和竞标 4 种方式。各个部委和地方省（市镇）须组建部委或区域性的公共采购委员会，以对相关项目进行审查和监督。外国公司如果单独参与投标，需要将占合同总金额至少 30%的任务分包给阿尔及利亚本土公司。

2. 外资准入相对开放，但仍有一定限制

阿尔及利亚对外国投资者实行国民待遇，除相关法律限制或不符合环保规定的投资活动外，没有专门针对外国投资者的限制领域。政府鼓励非碳氢领域的投资，尤其是工业、农业领域的投资。外国投资者除受双边投资保护协定保护，还可与阿尔及利亚投资发展局商签投资协议。

外国投资者在阿尔及利亚可以设立的实体类型主要包括有限责任公司、股份公司、合伙企业、两合公司以及外国公司联络处等。

有限责任公司最低注册资本为 10 万第纳尔，允许以现金或固定资产方式出资。如果以固定资产方式出资，需要在公司章程中注明固定资产的估值。股东人数最低为 2 人，最高不超过 20 人，股东以其认缴的出资额对公

司承担有限责任。股东人数如果超过 20 人，需要在 1 年内将公司形式转为股份公司。股份转让需要获得其他股东同意，前提是同意的股东所持有的资本份额不低于 75%。由一个自然人股东或者一个法人股东设立的有限责任公司为一人有限责任公司。

股份公司最低注册资本为 100 万第纳尔，如果是公开发行股票的上市公司，则最低注册资本为 500 万第纳尔。股东人数不少于 7 人，股东以其认购的股份对公司承担有限责任。设立股份公司时，公司名称必须体现公司性质。股份公司需要设立董事会、监事会、管理委员会以及股东大会等机构，其设立过程和部门职责与国际通用形式基本一致。董事会成员最少为 3 人，最多不超过 12 人。

合伙企业没有最低出资限额，合伙人数最少为 2 人，合伙企业的名称中需要包含至少 1 名合伙人的姓名。合伙企业根据是否包括有限合伙人（根据出资份额承担有限责任）分为有限合伙企业和普通合伙企业。其中，普通合伙企业的股份转让需要获得全体合伙人同意。在阿尔及利亚，合伙企业通常为家族企业。

两合公司的一部分股东对公司债务承担连带责任，而另一部分股东对公司债务承担有限责任。两合公司根据公司是否为股份公司分为简单两合公司和股份两合公司。简单两合公司最低注册资本为 3 万第纳尔，股东人数不得少于 2 人。股份两合公司的有限责任股东人数不得少于 3 人。

外国公司可以在阿尔及利亚设立联络处，为后续开展业务做辅助和准备工作。设立外国公司联络处需要经过阿尔及利亚贸易和出口促进部批准，有效期为 2 年，到期可以申请续期。外国公司联络处不得从事商业活动。

3. 设计主要遵循欧洲标准，部分项目也认可中国标准

在满足业主的招标文件、合同及合同规定执行的相关标准及规范的前提下，阿尔及利亚业主通常对中国建筑设计院表示认可。除了某些重点结构、特殊建筑需要欧洲设计公司设计，其他车间都可以采用中国建筑设计院的设计，且符合中国技术标准和技术规范。

由中材建设总承包建设的阿尔及利亚 BC 2×6000 吨/天熟料水泥生产线项目就是非常典型的案例，鉴于当地 CTC 设计要求及结构关键性，除大型混凝土筒仓库和塔架预热器采用欧洲设计公司的图纸外，其他均采用中国标准进行设计。

4. 外籍劳工雇佣规定及程序

阿尔及利亚对外籍劳工的雇佣相对严格。除了不需要工作许可（Work Permit）或临时工作许可（Temporary Work Authorization）的突尼斯和法国籍劳工，其他国家的劳工在阿尔及利亚从事有薪活动需遵守工作许可签发规定，并且具备所需的专业资格。各地劳动部门向希望招聘外籍劳工的雇主和外籍劳工提供获得工作许可的程序、就业条件、报酬、社会保障等相关信息。

阿尔及利亚法律规定，在本地缺少生产或项目所需的熟练工人时，雇主可以雇用外籍劳工。一般来说，外籍劳工包括至少有 10 年工作经验的技术工人、有 5 年以上工作经验的工程师及适当比例的翻译人员。可就业的岗位有工程技术管理、翻译等。雇用外籍劳工时，雇主需向地方劳动部门提交申请以获得指标，办理签证还需经过劳动部和外交部批准，手续较为复杂。外籍劳工入境后需办理劳动证，劳动证有效期为 2 年，可申请延期；另外，还应向当地警局申请办理居住证。

在阿尔及利亚申请外籍劳工指标存在一定难度，如果未得到批准，则相关准备无效。在阿尔及利亚招聘外籍劳工不需要进行市场需求测试，但是要具备一定的条件，包括体检合格，管理人员要提供大学学历证书公证件，技术人员要提供技术资格证书公证件。

5. 工资标准

2020 年 6 月 1 日起，阿尔及利亚最低工资标准从 18000 第纳尔/月上调为 20000 第纳尔/月，劳动力薪资范围一般为 21239~69426 第纳尔/月。

四　中国工程承包企业在阿尔及利亚的发展现状

（一）业务开展概况

1. 总体业务规模呈递增趋势，但近几年业务规模减小

2000~2019 年，中国企业完成了阿尔及利亚发起的多个重大项目，包

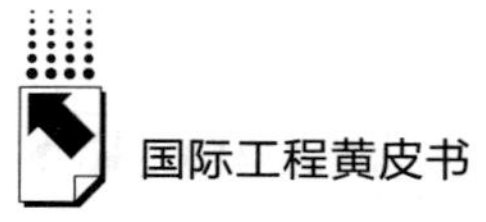

括中建承建的 CHERCHELL 绕城高速公路项目、阿尔及利亚大清真寺项目、南北高速路 53 公里项目、阿尔及尔国际机场新航站楼项目等；中石油承建的阿尔及尔炼油厂改扩建项目；中材建设承建的 CILAS、BISKRA、ZAHANA、BECHAR 等多个水泥厂项目；中信建设承建的东西高速公路东标段项目；中铁建承建的贝贾亚高速公路连接线项目；中国港湾承建的斯基克达油气码头改扩建工程；中国土木承建的 55 公里铁路项目、175 公里电气化铁路项目；等等。这些项目进一步提升了阿尔及利亚的基础设施水平，同时进一步加强了中阿在基础设施领域的合作，推动双方经济的持续发展。

2020 年以来，受政局动荡及新冠疫情的影响，阿尔及利亚新上项目减少，政府不断为本土企业提供优惠政策，外国公司竞争愈加激烈。基于以上因素，中国企业在阿尔及利亚的业务逐步减少。根据商务部统计，2020 年，中国企业在阿尔及利亚新签工程承包合同额为 20.57 亿美元，同比下降 44.9%；完成营业额 46.88 亿美元，同比下降 26.0%；累计派出各类劳务人员 3457 人，年末在阿尔及利亚的劳务人员共有 18078 人。在公路、铁路、桥梁等领域的大型工程项目减少，在阿新签项目与劳务人员减少。2023 年 12 月以来，此情况有所好转，中国企业相继签约一批项目，如中国铁建与阿尔及利亚国家铁路投资设计与实施监督管理局签约阿尔及利亚西部矿业铁路项目、中钢国际与 TOSYALY 集团签约阿尔及利亚 1780 毫米酸洗冷轧联合机组总承包项目、中国电建联营体签约阿尔及利亚光伏项目、中国建筑签约阿尔及利亚光伏发电厂项目等。

2. 业务领域蓬勃发展，取得成效

近年来，阿尔及利亚与中国企业的合作项目已经成为阿尔及利亚基础设施建设的关键组成部分。这些合作项目涵盖了多个领域，如光伏发电、住房建设等。

在光伏发电领域，阿尔及利亚政府启动了“2000 兆瓦光伏发电项目”，以推动可再生能源的发展。在这个项目中，中国企业扮演了关键角色，成功中标 1410 兆瓦的项目容量，占总中标容量的 73.74%。这一项目旨在减少阿尔及利亚对传统能源的依赖，提高能源安全性，同时促进可持续发展。

在住房建设领域，阿尔及利亚政府着力解决民众的居住问题，通过开展住房建设项目提高居民的生活质量。中国企业积极参与了相关项目，为改善阿尔及利亚民众的居住条件做出了贡献。

此外，中国企业在阿尔及利亚的铁路领域承包了多个重要项目，包括连接铁矿石开采点和重要城市的铁路建设。这些项目对于提高阿尔及利亚的铁路网络覆盖率、促进经济发展和资源利用至关重要。中国企业在这些项目中发挥了关键作用，为阿尔及利亚的资源开发和运输提供了专业技术和经验支持。

（二）工程承包典型项目

1. 中材建设承建阿尔及利亚多个水泥熟料生产线项目

中材建设在阿尔及利亚承建多个水泥熟料生产线项目，打造了一批斩获国内外建筑奖项的经典水泥工程，在当地市场树立了良好的品牌形象。

CILAS 项目：项目为 1 条日产熟料 5000 吨的完整新建水泥生产线，年产水泥 270 万吨，位于阿尔及利亚比斯克拉省，业主为拉法基在阿尔及利亚成立的水泥股份公司 Spa CILAS，合同价格为 2. 04 亿欧元。合同内容包括设计、供货、物流、土建及机电安装、调试、性能考核等，工程范围涵盖完整水泥生产线，含机修车间、备件库及行政楼。项目于 2014 年 3 月签约，于 2017 年 1 月提前完成临时验收。

BISKRA 项目：该项目是中资企业在阿尔及利亚承建的唯一的两条生产线同时建设的现代化水泥工厂，是阿尔及利亚规模最大的现代化绿色水泥工厂，拥有行业内领先的生产技术和工艺设备。项目位于阿尔及利亚比斯克拉省，业主为阿尔及利亚比斯克拉水泥有限公司。该项目采用 EPC 总承包模式，合同包含设计、施工、供货、调试 4 个方面。合同工期为 24 个月，实际完成期为 20 个月。

ZAHANA 项目：项目为一条完整的日产熟料 4500 吨的水泥生产线，位于阿尔及利亚马斯卡拉省，由阿尔及利亚水泥工业集团 GICA 旗下 ZAHANA

水泥公司投资建设，中材建设负责设计、采购、物流、土建及机电安装、调试、性能考核等。该项目是中材建设首个在境外采用人民币结算的项目，合同金额为17.58亿元。2017年4月合同正式生效，2020年2月项目一次性点火成功，同月生产出合格熟料及水泥，并于同年3月以优于合同指标的成绩完成可靠性测试。

BECHAR项目：项目为一条日产熟料3200吨的水泥生产线，位于阿尔及利亚撒哈拉沙漠北部边缘的贝沙尔省。业主为阿尔及利亚水泥工业集团GICA旗下SSC水泥公司，合同金额为13.13亿元，中材建设负责设计、供货、物流、土建及机电安装、调试、性能考核等。项目于2016年5月签约，2017年7月15日正式动工，提前完成了点火、生产熟料及水泥的目标，获得了业主的高度肯定，于2020年11月完成项目临时验收并进行工程移交。

2. 中国电建承建阿尔及利亚233兆瓦光伏电站项目

2013年12月，中国电建承建阿尔及利亚233兆瓦光伏电站项目。该项目业主为阿尔及利亚南部电网和新能源建设公司（SKTM），合同采用EPC总承包模式，合同金额为5.24亿美元，主要工程内容包括设计、设备材料采购、建筑与安装以及调试验收4个部分。2018年1月，项目所有电站成功并网发电；同年4月，项目完成竣工验收。

阿尔及利亚233兆瓦光伏电站项目由中国水电建设集团国际工程有限公司、中国水电工程顾问集团有限公司和英利能源（中国）有限公司联合中标，并委托中国电建市政建设集团有限公司和中国水电工程顾问集团有限公司组成联营体，以标段整体分包方式实施。项目共建设15个电站，其中一标段4个电站（90兆瓦），由中国水利水电第三工程局有限公司负责实施；三标段4个电站（90兆瓦）、五标段7个电站（53兆瓦）均由中国水利水电第十三工程局有限公司负责实施。

该项目是阿尔及利亚国内首个大规模光伏发电项目，也是中国电建在阿尔及利亚承接的首个新能源项目，推动了中阿在新能源领域的合作。项目拉动中国产品出口4.2亿美元，为阿尔及利亚节省石油消耗34.92万吨、减少二氧化碳排放87.29万吨，创造直接经济效益12.22亿元，同时提供了3000

多个工作岗位，缓解了当地就业压力，得到了当地政府及人民的赞扬和肯定。

3. 中石油阿德拉尔上下游一体化项目

2003 年 7 月，中石油与阿尔及利亚国家石油天然气公司（Sonatach）正式签署阿德拉尔上下游一体化项目框架协议、上游风险服务合同以及下游炼厂股东协议，在阿德拉尔从事原油开发与生产、炼厂建设与经营等业务。2007 年 4 月，中方承建的阿德拉尔炼厂一次投产成功，原油加工能力为 60 万吨/年。2014 年 9 月，中石油阿德拉尔上下游一体化项目完成转股谈判，项目圆满收官。

该项目总投资约 3.7 亿美元，其中中方投资占 70%，阿方投资占 30%；中方收益分配占 49%，阿方收益分配占 51%。项目主要分为油田开发、炼油厂建设和经营、炼制产品销售 3 个部分。油田开发部分为中阿合作开发萨巴油田，合同期限为 23 年，每年生产规模为 60 万吨；炼油厂建设和经营部分包括建设炼厂与常压蒸馏、重油催化等装置，生产丙烷、丁烷、柴油、高级汽油等产品；炼制产品销售部分包括双方组建合资销售公司，在阿尔及利亚南方 4 省销售炼制产品。

中石油阿德拉尔上下游一体化项目是阿尔及利亚重点建设项目，也是海外第一个由中方主导操作运行、实现 100%本土员工运行的炼厂合作项目。该项目让阿尔及利亚原本无法使用的 10 个小油藏得以充分利用，基本满足了阿尔及利亚南方 4 省成品油市场的需求。同时，项目还带动了阿尔及利亚南方 4 省的基础设施及工业建设，创造就业机会超过 2500 个，对改善地方就业、促进经济发展发挥了重要作用。

五　中国企业在阿尔及利亚工程承包市场面临的风险和应对措施

（一）竞争压力较大

近年来，阿尔及利亚本土工程企业的综合实力逐渐增强，依据阿尔及利亚《公共合同法》，政府在招标中给予本地工程承包企业 25%的投标报价优惠，支持和鼓励其主动参与各工程领域建设。同时，阿尔及利亚政府为维护本国经济利益，出台了一些保护措施，如限制外国承包商的承包范围，规定外国公司和当地公司联营或雇佣当地代理人才能取得承包资格，规定外国公司承揽阿尔及利亚工程项目时雇用阿籍劳工的比例。由于部分中国企业的资质、技术和能力有限，在很多大型项目上无法竞争过欧洲老牌企业，中国企业面临的竞争压力增大。

在房建领域，近年来土耳其公司大力进军阿尔及利亚房建市场，其低成本和属地化优势对中国企业形成较大冲击；在输水管道建设领域，加拿大水利工程承包商凭借雄厚的资金实力承揽了较多项目；在能源领域，欧美和日本承包商拔得头筹。

（二）市场主要制约因素

政治环境不确定性：阿尔及利亚政治环境的不确定性可能影响投资者的信心，导致一些项目推迟或搁置，影响工程承包市场的稳定性。

监管复杂性：阿尔及利亚监管流程耗时，给工程承包公司带来了一些麻烦。

技术和人才短缺：工程承包行业需要大量的技术和管理人才，而当地可能存在技术和人才短缺的问题，这限制了市场的发展。

资金供给不足：部分项目可能受到资金供给不足的影响而推迟，从而影响工程承包市场的发展。

环境问题：工程承包市场面临环保压力。

（三）应对措施

1. 联合经营以应对市场竞争

中国企业可以与阿尔及利亚企业组建联营体，虽然会在项目实施的主导性方面受到影响，但可以享受招投标优惠政策，大大提高中标率，有利于经营承揽。通过联合经营，中国企业可共享阿尔及利亚企业的社会资源，规避属地化方面的劣势。

2. 引入国际化技术管理人才

阿尔及利亚在国际招标时以法语为指定语言，投标时编制的工程招标文件、合同、技术规范等均使用法语，而中国企业精通法语又了解国际工程的复合型人才比较欠缺，限制了企业在当地的发展。因此，中国企业应主动引入在欧洲设计监理单位、阿尔及利亚业主机构有工作经验的高级人才，消除语言和技术障碍，快速提升企业的国际化管理水平。

3. 多方调研，摸清市场规则

阿尔及利亚工程承包市场有特定的规则，对包括中国企业在内的外国承包商常常附带一些限制措施，如在国际贸易、物流清关、用工签证、当地劳工维权等方面存在地方保护主义，在一定程度上限制了中国工程承包企业的发展。企业要加强对当地政策的研究，充分学习当地法律法规及惯例，做好市场调研，了解市场动态，对技术标准、施工工艺、施工资源配置、工程项目管理等进行考察和可行性论证，对可能面临的困难做好充分准备。

4. 充分预估项目的管理风险

阿尔及利亚工程承包项目业主对项目质量的要求比较严格，项目审批程序较为复杂，非承包商原因的工期延误、成本增加现象较为常见。中国企业在项目实施过程中要树立维权意识，同时要具体研判问题，多从业主角度思考和权衡，以推动项目顺利进行。

5. 加强法律和诉讼风险防范

考虑属地化和降低劳工成本的需要以及当地法律法规的要求，中国企业需要聘用大量阿尔及利亚劳工。由于部分中国企业在劳工涉诉方面的法律意识淡薄、管理不到位，常常面临劳动诉讼以及被巨额罚款的风险。阿尔及利亚劳工诉讼案件需由当地律师介入、了解具体案情后才能应诉。因此，中国企业要加强对员工的管理，尊重阿尔及利亚的文化、习俗等，遵守当地法律法规，切实维护好企业形象，为中国企业发展营造更好的外部环境。

六 阿尔及利亚工程承包市场发展前景展望

作为北非地区的重要国家之一，阿尔及利亚一直以来在地缘政治和经济领域扮演着重要角色。近年来，阿尔及利亚政府致力于推动经济结构转型，减少对石油和天然气的依赖，以实现经济的多元化和可持续发展。

（一）阿尔及利亚工程承包市场未来发展态势

政府基础设施项目方面：阿尔及利亚政府致力于提升国家基础设施水平，大力投资道路、桥梁、港口、机场等项目，这些项目为工程承包商提供了较多的业务机会。

城市化和人口增长方面：随着城市化进程加快和人口增长，对基础设施的需求也在增加，如公共交通系统、住房等，这将推动工程承包市场的发展。

外国直接投资方面：阿尔及利亚吸引了大量外国直接投资，尤其是在能源、基础设施和房地产等领域。外资的注入将刺激工程承包市场的发展。

住房需求方面：阿尔及利亚存在大量的住房需求，政府鼓励私人部门参与住房建设，这为工程承包商提供了丰富的商机。

政府政策法规方面：政府出台的支持基础设施建设和工程承包行业发展的政策法规为市场提供了稳定的发展环境和法律保障。

（二）中国工程承包企业可关注领域

2022 年 12 月，中国政府与阿尔及利亚政府签署了《中华人民共和国政府与阿尔及利亚民主人民共和国政府关于重点领域三年（2022—2024）合作计划》，主要聚焦交通、能源矿产、制造业及研发、信息技术、金融服务、医疗服务 6 个重点领域的投资合作。中国工程承包企业要把握政策机遇，密切关注相关规划进展，在巩固传统优势领域合作的基础上，充分发挥技术优势和产能及装备优势，积极拓展与阿方在建筑业、移动网络以及交通领域的合作；充分利用当地企业熟悉市场、环境、政策的优势，加强与当地企业的沟通和合作，探索属地化经营模式，不断根据市场变化和需求进行业务创新，拓展在阿市场空间。

1. 交通基础设施领域

阿尔及利亚政府致力于升级交通基础设施，包括公路、铁路、港口和机场等。公路方面，公路交通是阿尔及利亚最主要的运输方式，该国现有公路总里程超过 11.2 万公里，但高速公路和快速公路合计里程仅 2200 公里，占比不足 2%，公路设施老旧问题突出，道路改造升级需求较大。铁路方面，阿尔及利亚现有的 4498 公里铁路线主要集中在北部地区，线路设施陈旧、运力不足、配套设施不健全等问题较为突出，铁路运载能力相对有限。港口方面，阿尔及利亚 90% 的对外贸易依靠海运方式实现，已建成的 45 个港口年总吞吐量约为 1.23 亿吨，频繁发生的交通拥堵、环境污染以及各港口间协同不足等问题已成为港口效能发挥的主要制约因素。

阿尔及利亚政府积极规划交通基础设施建设，未来市场空间广阔。公路方面，阿尔及利亚拟在中部建设一条长达 1300 公里、与北部东西高速公路平行的高原高速公路；同时新建一条全长 3000 公里、直通尼日尔的中部南北高速公路。铁路方面，阿尔及利亚政府致力于加快建成有效覆盖全国并能够满足经济社会发展需要的现代化铁路网络，该国交通部门已将建设总长 12500 公里的铁路线设定为中期发展目标。港口方面，阿尔及利亚积极推动港口改革，以期通过不断升级和扩容，提高港口整体吞吐量。

中阿企业合作成果丰硕，未来仍有较大合作空间。近年来，中国企业深度参与阿尔及利亚交通基础设施建设，在公路、铁路、港口等多个领域均有标志性项目。例如，2022 年 11 月，中国建筑阿尔及利亚分公司顺利承揽安纳巴至 OZ 的复线铁路项目，铁路建成后将大幅提升沿线地区运输效率，还将促进阿尔及利亚东西经济互联，推动周边就业及社会发展；2023 年 1 月，由中国港湾承建的阿尔泽港扩建项目正式启动，建成后将显著提升阿尔泽地区集装箱货物、散杂件货物等的吞吐量。

2. 房屋建筑领域

住房建设需求激增，未来投资空间较大。人口快速增长和城市化进程加快导致阿尔及利亚住房供应短缺，阿尔及利亚政府估计住房赤字达 100 万套。当前，阿尔及利亚政府公共支出能力有限，政府鼓励私营资本积极参与住房建筑市场，未来住房建设投资增长潜力较大，中国企业可在房地产开发项目中发掘商机，满足市场需求。

3. 通信领域

通信产业发展基础较好，技术升级带动市场扩容，催生发展契机。阿尔及利亚光纤铺设里程约为 25 万公里，通信产业已成为继油气产业之后的第二大产业。未来，随着政府进一步推进新技术应用，5G 网络将逐步成为阿尔及利亚移动网络的主流，随之而来的移动金融、物联网和大数据等业务需求将加速释放，为各国承包商创造更多项目机会。

政府鼓励多渠道投资，中阿在通信领域的合作空间较大。阿尔及利亚鼓励外国投资与私人投资进入通信领域，允许其参股经营阿尔及利亚通信公司。2023 年，中建阿尔及利亚公司与知名移动通信企业签署战略合作协议，加强在通信基础设施领域的合作。长期来看，数字经济和绿色经济正成为全球发展新动能，未来中国企业或可在 5G 网络建设、人工智能、大数据、区块链等领域持续挖掘与阿尔及利亚的合作机会。

Y.5

马来西亚国际工程发展报告（2024）*

中国二十二冶集团有限公司**

摘　要： 开展境外经营是中国企业实现发展战略，参与“一带一路”建设，推进中国与世界各国互利共赢的重要方式。马来西亚是东盟较为发达的经济体，同时是东盟经济增长较快的经济体。近年来马来西亚政府一直致力于改善投资环境、完善投资法律、加强投资激励，以吸引外资进入马来西亚的相关行业。由于马来西亚投资法律体系完备、与国际通行标准接轨、各行业操作流程较为规范，加之其邻近马六甲海峡，辐射东盟、印度、中东市场等独特的地缘优势，吸引了包括中国企业在内的各国企业赴马来西亚投资经营。2024年马来西亚建筑市场规模估计为385.5亿美元，预计到2029年将达到581.0亿美元，在预测期内（2024～2029年）复合年均增长率为8.55%。由于主要国际参与者占据了整个市场的很大份额，马来西亚建筑市场的竞争力较弱。

关键词： 境外经营　工程承包市场　中国工程建设企业

* 如无特殊说明，本报告数据均来源于《工程建设企业境外合规经营指南：马来西亚》。

** 执笔人：马刚，中国二十二冶集团有限公司企业管理部（战略与投资管理部）部长，高级工程师，研究方向为企业战略管理、经营业绩考核、市场开发管理、经营预算管理、项目履约与质量评价、内部控制与全面风险管理、合规经营管理等；郭孔松，中国二十二冶集团有限公司海外事业部总经理，教授级高级工程师，研究方向为市场开发管理、项目履约管理、国际化战略管理、境外经营管理、国际化人才培养等；孟秀莲，中国二十二冶集团有限公司海外事业部党委书记，高级工程师，研究方向为企业战略管理、市场开发管理、境外党建管理、境外合规经营管理、企业干部人才队伍建设管理等；李瑛，中国二十二冶集团有限公司企业管理部（战略与投资管理部）副部长，高级经济师，研究方向为战略规划管理、国企改革、激励机制、党建研究等；徐晓雯，中国二十二冶集团有限公司企业管理部（战略与投资管理部）科长，高级经济师，研究方向为企业制度与流程管理、体系与产品认证、内部控制与全面风险管理、合规管理等。

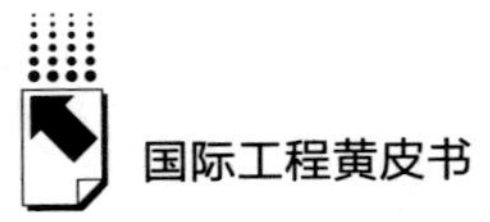

一　马来西亚概况

马来西亚地处东南亚地区，由马来半岛南部的马来亚和位于加里曼丹岛北部的砂拉越、沙巴组成，北与泰国接壤，南与新加坡隔柔佛海峡相望，东临中国南海，西濒马六甲海峡，半岛上共 11 州属。马来西亚的主要农产品有棕榈油、橡胶、可可、木材和胡椒等，是世界第二大棕榈油及相关制品的生产国和出口国、世界第三大天然橡胶出口国。马来西亚是一个多民族、多元文化的国家，官方宗教虽然为伊斯兰教，但国民于马来西亚宪法下享有宗教自由的权利，政府系统仿照了英国的议会制度。国家对内和对外的最高代表被称为元首，而政府首脑是首相（总理）。

（一）马来西亚的人口

截至 2023 年底，马来西亚总人口超过 3340 万人，人口年增长率为 2.1%，平均年龄为 30.7 岁。马来西亚是个多民族国家，马来裔占总人口的 70.1%，华裔占比为 22.6%，印度裔占比为 6.6%。

（二）马来西亚的经济发展

马来西亚是相对开放的、以国家利益为导向的新兴工业化经济体，先后提出“新经济政策”“2020 宏愿”“国家发展政策”“多媒体超级走廊”“生物谷”等计划。

马来西亚的经济发展计划是《第十二个马来西亚计划》，旨在重振经济、增进社会福祉、提高安全性和包容性，并推动环境可持续发展，以实现建设繁荣、包容、可持续的马来西亚的目标。该计划的主要发展目标：2021~2025 年，国内生产总值年均增长率保持在 4.5%~5.5%。

2024 年吉隆坡的经济增长率为 5.9%。2024 年第二季度，马来西亚的 GDP 同比增长 5.9%，超出市场预期与政府初步预测值。尽管通货膨胀率略有上升，但仍保持在可控范围内。2024 年上半年，马来西亚的经济增长率为 5.1%，明显高于 2023 年同期的 4.1%。第二季度的经济增长率为 5.9%，主要由家庭支出、积极的劳动力市场状况以及出口和投资复苏推动。此外，马来西亚央行预计 2024 年经济将增长 4%~5%，通胀率不会超过 3%。

马来西亚的主要产业包括农业、采矿业、制造业、建筑业和服务业。服务业是该国的重点产业，农业和采矿业的产值也占一定比例。2023 年，马来西亚的经济总量为 3996.5 亿美元，服务业在 GDP 中占比最高，为 59.4%。

2023 年，马来西亚第一产业的产值占 GDP 的 6.4%。尽管这一比例相对较低，但农业部门在马来西亚经济中仍占据重要地位。具体来说，马来西亚的农业部门在 2023 年实现了 0.7%的增长率，这一增长主要得益于几个关键州的贡献。彭亨州成为该行业的领先者，实现了 2.5%的增长率；其次是砂拉越州，增长率为 2.0%；马六甲州的增长率为 6.5%。这些数据表明，尽管全球对原油的需求疲软和地缘政治冲突影响了采矿业，但农业部门仍然保持了稳定的增长态势。

此外，马来西亚的农业部门还包括橡胶和棕榈油等重要农产品。马来西亚是世界第三大天然橡胶生产国和出口国，同时是全球最大的棕榈油生产国和出口国。这些农产品在全球市场中占据重要地位，对马来西亚的经济发展和出口额有重要贡献。

马来西亚的采矿业是该国经济的重要支柱之一，尽管面临国际市场竞争和环保政策的压力，采矿业仍然为创业者提供了众多机会。马来西亚的采矿业以开采石油、天然气为主，也出口高纯石英砂等矿产。尽管锡矿的储量和产量逐年下降，但其他矿产资源较为丰富。马来西亚政府高度重视基础设施建设，为采矿业提供了广阔的市场空间。同时，政府积极推行税收优惠等扶持政策，降低了创业者的经营成本。

马来西亚的制造业现状表现为其在经济中占据重要地位，并且近年来呈现积极的发展态势。2023 年，制造业产值在马来西亚 GDP 中的占比为 23.4%，对经济增长有显著贡献。具体来看，马来西亚制造业的增长率为 0.7%，这一增长主要得益于电子、石油、机械、钢铁、化工等主要产业部门的良好表现。此外，马来西亚政府在新能源汽车领域吸引了大量投资，进一步推动了制造业的发展。在产业结构方面，服务业和制造业是马来西亚经济的两大支柱产业，合计占 GDP 的 82.6%。

此外，马来西亚的制造业发展得到了政府的支持。政府通过采取一系列政策措施，如税收优惠和投资促进，吸引了大量外资，进一步推动了制造业的增长。

马来西亚的电子制造业表现出强劲的增长势头。2023 年，马来西亚电子和电气集群的批准投资承诺与上年相比增长了近 3 倍，投资额达到 73 亿美元。这种增长势头延续至 2024 年第一季度，投资额同比增长近 20 倍。马来西亚在东盟的半导体出口中占据重要位置，2022 年该国在全球芯片出口中所占比例达到 7.0%。此外，马来西亚已成为美国最大的芯片组装品进口来源国和世界第六大半导体出口国，具有一定的关税优势。

马来西亚电子制造业的增长得益于其强大的供应链、丰富的人才库、充足的土地和能源资源以及合理的商业成本。这些因素吸引了大量的外国直接投资，特别是在半导体芯片领域。马来西亚在下游组装、测试和包装（ATP）方面占据重要地位，占全球 ATP 产能的 7.0%。

为进一步推动电子制造业发展，马来西亚政府实施了多项策略，包括成立国家电子商务委员会，推进国家电子商务战略路线图 2.0（NeSR2.0）的有效执行，并得到了国家数字经济委员会和关于第四次工业革命的相关机构的支持。此外，政府通过提供税收优惠、促进基础设施建设以及优化监管环境，为电子制造业的发展创造了有利条件。

马来西亚的电子制造业不仅在国内经济增长中扮演重要角色，还对全球电子市场产生了显著影响。作为美国最大的芯片组装品进口来源国和世界第六大半导体出口国，马来西亚的电子制造业对保持全球供应链的稳定起到重要作用。此外，马来西亚在承接中国精密制造和高端制造产能方面具有其他东南亚国家难以替代的优势。

马来西亚是东南亚第三大经济体，也是东南亚唯一拥有本土汽车品牌宝腾（Proton）和北鹿大（Perodua）的国家。2024 年，马来西亚赶超泰国，成为东南亚第二大汽车市场，仅次于印度尼西亚。马来西亚汽车产业以宝腾、北鹿大和本田为主要产能贡献者，其余多为 KD 组装，代工企业众多。国际零部件巨头在马来西亚布局较少，但多家半导体企业在当地设立封测基地。马来西亚政府对新能源汽车持积极态度，2023 年新能源汽车销量大幅增长，市场渗透率接近 5%。2024 年，马来西亚新增 268 座充电站，并计划到 2025 年达到 10000 座充电站。政府出台多项支持政策，包括税收减免和关税优惠，以推动新能源汽车发展。尽管如此，马来西亚的新能源汽车基础设施尚不完善，充电网络稀疏，且燃油价格低廉，这些都制约了新能源汽车的快速普及。

在旅游业，马来西亚吸引了大量国际游客，酒店入住率和航班客流量显著提升。根据东盟旅游协会的最新报告，2024 年第一季度，马来西亚接待的外国游客人数大幅增长，特别是中国游客的数量显著增加。由于对中国游客实施免签政策，2024 年 1~7 月，赴马中国游客突破 200 万人，超过 2019 年同期水平。

服务业在马来西亚经济中占据主导地位，吸收的就业人数占马来西亚雇用员工总数的六成以上。旅游业是服务业中的重要部门，对经济增长有重要的推动作用。2024 年第二季度，马来西亚 GDP 的增长率为 5.8%，超出预期，服务业的增长率也将远高于第一季度。具体到服务业的各个领域，旅游业在服务业中占有重要地位，对经济增长有显著贡献。此外，批发和零售业、交通运输业、金融服务业等也是服务业的重要组成部分，这些行业的表现对服务业有重要影响。

（三）马来西亚的发展规划

马来西亚的发展规划是《第十二个马来西亚计划》，该计划旨在重振经济、增进社会福祉、提升安全和包容性，并推动环境可持续发展，以实现建设“繁荣、包容、可持续的马来西亚”的目标。该计划的主要发展目标包括：2021~2025 年 GDP 年均增长率为 4.5%~5.5%，到 2025 年家庭平均月收入达到 1 万林吉特，缩小国内不同区域发展差距及实现节能减排等。

具体来说，该计划包括以下发展举措。

一是经济增长与收入提升：该计划旨在通过促进技术创新应用和加快基础设施建设提升经济增长率，预计到 2025 年家庭平均月收入达到 1 万林吉特。

二是区域发展差距缩小：通过政策和项目支持，缩小国内不同区域的发展差距，确保经济和社会均衡发展。

三是节能减排与环境保护：致力于减少碳排放和促进可持续发展，通过政策和项目推动绿色经济和环境保护。

四是社会福祉与安全：增进社会福祉和提高安全性，包括提高教育、医疗和社会保障水平，确保公民的基本生活质量和安全。

最新的经济数据显示，2024 年上半年马来西亚经济表现强劲，GDP 同比增长 5.9%，超出市场预期。上半年整体经济增长率为 5.1%，明显高于 2023 年同期的 4.1%。服务业和制造业的表现尤为突出。这些数据表明，马来西亚有望实现 2024 年 GDP 增长 4%~5%的目标。

二　马来西亚营商环境

（一）整体营商环境概述

马来西亚的营商环境总体上具有较高的国际化水平和较为完善的法律体系，为外国投资者提供了良好的投资环境。马来西亚政府重视外商投资，致力于完善投资法律，简化注册程序，降低最低资本额，改革公司破产机制，马来西亚的营商环境逐步改善。根据世界银行发布的《2020 年全球营商环境报告》，马来西亚营商环境在全球 190 个经济体中排第 12 位，在东盟国家中仅次于新加坡。世界知识产权组织发布的《2023 年度全球创新指数》显示，在 132 个国家和地区中，马来西亚综合指数排第 36 位。

马来西亚的经济结构以服务业和工业为主，农业占比较小。服务业、制造业和采矿业产值在 GDP 中的占比分别为 59.4%、23.4%和 6.0%。马来西亚的主要产业包括电子、石油、机械、钢铁、化工等制造业部门，以及棕榈油、橡胶等农业产品。制造业是马来西亚国民经济发展的主要动力之一。发达的交通网络、现代化的通信设施和高效的物流系统，为马来西亚商业活动提供了良好的基础设施支持。此外，马来西亚还与多个国家签署了自由贸易协定，降低了贸易壁垒，具有市场准入优势。马来西亚的商业文化受益于其多元文化背景和广泛使用的英语环境。

在投资政策方面，马来西亚政府推行多种投资激励政策，特别是鼓励在高科技和生物技术领域的投资。马来西亚具有基于英国法律的成熟法律系统，维护投资者合法权益和保护知识产权。此外，马来西亚设立了马来西亚投资发展局等机构，为外国投资者提供商业战略咨询和其他便利服务。

（二）中国和马来西亚的经贸合作关系

中国和马来西亚的经贸合作关系非常紧密，两国在多个领域开展了广泛的合作。

自 1974 年建交以来，中马关系一直走在地区国家前列。近年来，中马高质量共建“一带一路”稳步推进，数字技术、绿色能源等领域的合作出新出彩，人文交流日益深入。2024 年 1～6 月，中马双边贸易额达到 1002. 3 亿美元，同比增长 10. 6%，马来西亚继续保持中国在东盟第二大贸易伙伴的地位和第一大进口来源国。经贸合作已成为中马双边关系发展的“压舱石”和“动力源”。在具体合作项目方面，中马两国在马来西亚东海岸铁路（马东铁）项目、关丹港—北部湾港—中国川渝多式联运航线、马中关丹国际物流园等项目中取得了显著成果。这些项目不仅促进了双方的贸易和投资，还带动了相关地区经济发展，提升了铁路沿线地区的互联互通水平。

在这一背景下，由马来西亚国际投资贸易工业部主办，马来西亚对外贸易发展局联办，中国马来西亚商会支持，QUBE Integrated Malaysia 执行，浙江德纳国际展览有限公司组展的 2024 年马来西亚国际贸易与投资博览会于 12 月 17～19 日在马来西亚国际贸易展览中心盛大举行。本次展会旨在探索和建立中马两国在油气化工、泵阀管件领域深化合作模式，助推两国在共建“一带一路”方面取得丰硕成果。

三　马来西亚工程承包市场分析

（一）马来西亚工程承包市场概况

马来西亚建筑市场竞争力较弱，国际参与者占据整个市场的很大份额，住宅和交通建筑行业在预测期内具有巨大的增长潜力，这给了其他市场参与者机会。马来西亚建筑市场的一些主要参与者包括杨忠礼机构有限公司、IJM 有限公司、金务大有限公司、UEM 集团有限公司和马来西亚资源有限公司。

1. 马来西亚工程承包市场规模

2024 年马来西亚建筑市场规模估计为 385.5 亿美元，预计到 2029 年将达到 581.0 亿美元，在预测期内（2024～2029 年）年均复合增长率为 8.55%。

疫情期间，马来西亚的建筑业受到严重冲击。在行动控制令（MCO）期间，除那些被列为关键或基本服务的建筑，大多数建筑工程都已停工。即使在解除限行令后，承包商仍继续受到干扰，例如，必须在建筑工地采用严格的健康和安全措施标准操作程序（SOP）。这种干扰使他们无法按照最初设想的方式开展工作。

目前，马来西亚通过创造收入和创造就业机会，支持社会经济发展。阻碍马来西亚建筑业扩张的主要因素是财政援助。由于其较高的财务要求，建设项目阻碍了私人投资者的投资。政府为降低国家债务而削减重大基础设施项目开支，是当前马来西亚建筑业面临的主要挑战。

预计建筑业将在大型交通和能源项目投资的推动下实现增长。2021 年 9 月，政府宣布计划建立公私伙伴关系（PPP）3.0 模式，这是一种专门机制，为 2021～2025 年第 12 个马来西亚计划（12MP）中的基础设施项目提供资金。

由于基础设施和绿色建筑的不断建设，马来西亚建筑市场规模预计在未来几年将不断扩大。许多交通、电信和能源项目均对建筑设备有巨大需求。与传统的建筑技术不同，绿色建筑可以节约自然资源，减少废物的产生，并为居住者提供健康的环境。

2021 年 12 月，马来西亚议会通过了政府 2022 年预算，批准支出 3321 亿林吉特（约合 818 亿美元）。该预算包括 756 亿林吉特（约合 186 亿美元）的发展支出拨款，以及提高就业率和支持企业的多项激励措施。

2. 马来西亚国际工程业务

根据 Fitch Solutions 数据库，马来西亚基础设施项目主要集中于交通领域，占比约为 55%；其次是建筑业，占比约为 31%；再次是能源领域，占比约为 13%。现阶段，马来西亚国内承包商以本地企业为主，根据 Fitch Solutions 的统计，马来西亚国内承包商市场份额达到 60%，外国承包商以中国、日本和韩国的企业为主。

3. 马来西亚建筑业企业

2019 年，马来西亚建筑业产值达 662.5 亿林吉特，同比增长 0.1%，占 GDP 的 4.7%。中国在马来西亚交通基础设施建设领域发挥重要作用。当前马来西亚政府大力推进铁路等基础设施建设，为中国企业投资提供了市场机会，也契合了“一带一路”倡议关于互联互通的目标，中马双方在铁路建设方面合作潜力巨大。在马来西亚交通基础设施领域较为活跃的中国公司包括中港公司、中铁十一局集团有限公司、中石化宁波工程有限公司、中铁九局集团有限公司等。马来西亚由于建筑业起步较早，培养了一大批本地有实力的承包商，其中以 UEM、Sunway、IJM、YTL、Gamuda、MRCB、WCT、PutraPerdana 等大型上市公司的实力最为强劲。这些企业均成长于马来西亚的快速发展期，在管理体系、人才队伍、资源储备和施工经验方面具有优势。

但是由于马来西亚本地工程承包企业数量众多，再加上“本地保护政策”（如政府项目只能授标给土著公司或土著股份占比超过 50%的联合体、

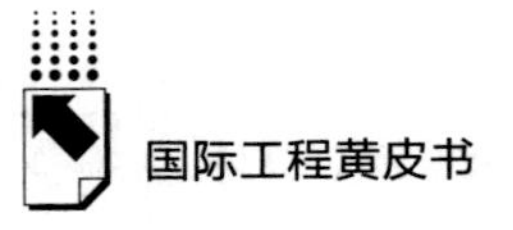

国有企业的项目承包商必须确保 30%以上合同额授标给本地分包或者供应商）的实施，工程承包市场上本地企业占比超过 80%。

（二）工程承包行业竞争态势

近年来，马来西亚积极参与中国的“一带一路”倡议，为中国企业参与马来西亚基础设施领域带来机遇。根据 Fitch Solutions 的统计，中国公司在马来西亚铁路、港口、可再生能源和水电等基础设施建设中获得 22 个承包合同。其中，由中国交通建设股份有限公司承建的马来西亚东海岸铁路线项目，是中国最大的海外“一带一路”项目之一；中国葛洲坝集团和中国水电获得了马来西亚 1285 兆瓦巴勒大坝项目。

2023~2024 年中国西电成功中标马来西亚砂拉越州 SAMLAJU B 275kV 变电站项目，合同总金额约 1700 万美元，旨在提高 Samalaju 工业园电网电力传输的稳定性和可靠性。此外，中国西电还与埃及国家输电公司签署了 ND 变电站和 Mallawy 变电站总包项目，这些项目将极大地改善当地的电力状况，提供稳定的电力供应。中国电建参与马来西亚巴贡水电站、沐若水电站等多个项目，这些项目不仅提升了马来西亚的电力供应能力，还在一定程度上促进了当地的经济和社会发展。

中国能建在马来西亚的项目包括霹雳州 24.5 兆瓦水电项目、沙巴州 100 兆瓦双燃料调峰电厂项目等，这些项目有助于马来西亚能源结构转型升级，提高电力生产能力和供电质量。

此外，国家电网与马来西亚一马公司签署了合作框架协议，进一步加深了两国在电力领域的合作。

中国在马来西亚交通基础设施建设领域发挥重要作用。当前马来西亚政府大力推进铁路等基础设施建设，为中国企业投资提供了市场机会，也契合“一带一路”倡议关于互联互通的目标，中马双方在铁路建设方面合作潜力巨大。其中，中国交通建设集团有限公司作为总承包商承接马来西亚最大的项目之一——价值 440 亿林吉特（约合 102 亿美元）的东海岸铁路线（ECRL），该项目预计于 2026 年 12 月完工。根据 Fitch Solutions 数据，在马来西亚交通基础设施项目中，占比最大的是铁路项目，约占 42%；其次是港口项目，占比为 38.2%。近 3 年，中马在交通领域签署多个项目合作协议，涵盖铁路、公路、桥梁等多个细分领域。2020 年至 2021 年上半年，中国在马来西亚新签的超过 500 万美元的交通项目有 9 个，新签合同总额达 43.6 亿美元，主要集中在铁路领域。

马来西亚基础设施建设行业竞争十分激烈。马来西亚本土承包商及美国、日本和韩国等国家知名承包商在马来西亚深耕多年，实力强劲，中资企业在该领域面临的竞争压力较大。由于市场参与者众多，大型基础设施项目的竞争极为激烈，同一项目往往有数家甚至数十家公司或联合体参与。本地公司与外国公司既竞争又合作，外国公司往往需要发挥自身技术或资金优势与本地公司组成联合体，方有中标可能。

（三）工程承包特征

1. 外国公司开展承包业务须获取相应资质

马来西亚虽为亚洲市场，但其市场环境、法律框架和商业行为规范深受西方影响，工程规范与项目管理普遍执行英国国家标准和美国机械工程师协会标准。在项目施工过程中，马来西亚政府仅认可本国或国际施工技术标准，工程项目进度常因此受到影响。

2. 项目资源可获取途径少，程序复杂

项目招标中可能存在偏向本国企业的情况，且项目许可程序复杂。马来西亚本土承包商实力不俗，能够执行大部分基础设施建设项目。大多数本土承包商还具备海外基础设施建设项目的资质。但需要注意的是，马来西亚政府可能会采取一系列偏向本土企业的措施，只支持国外承包商参与一些本土承包商无法承接的项目。具体表现为项目招标环节不透明，政府时常有选择性地进行招标投标、国内外承包商之间信息不对称等。在马来西亚主管承包工程的政府部门是建筑业发展局。承包商与当地发展商签订承包合同后，需要向该局申请办理施工许可证，并由其查验承包公司资质和监督审查项目进展情况。一般情况下，承包公司还需申请各类许可。

3. 缺少专业管理人员和劳务人员

马来西亚的工程承包领域普遍缺少专业管理人员和劳务人员，劳务人员主要来自印度尼西亚和孟加拉国。马来西亚对中国普通劳务市场没有开放，即使是中国的专业管理人员进入马来西亚也十分困难。承包商要解决这些外籍劳务人员的工作准证十分困难。有时一个项目会由于工地上的外籍劳务人员被警察调查而停工，这种情况在马来西亚经常发生。

4. 员工办证程序复杂，外国劳务的输入限制较多

中国公司在马来西亚普遍存在办理工作准证难的问题。不仅费力，而且费时费钱，管理和技术人员的准证一般要 3 个多月的时间才能获得批准。另外，马来西亚对外国劳务的输入限制十分严格，对中国普通劳务人员没有开放市场。因此，中国公司在马来西亚大多雇用印度尼西亚或孟加拉国劳工。

四　中国工程承包企业在马来西亚的发展现状

“一带一路”倡议是中国与共建国家共享发展机遇、增进相互理解与合作的重要平台。

马来西亚作为东南亚地区的经济重镇、21 世纪海上丝绸之路的重要节点、参与共建“一带一路”的重要国家之一，为中国企业提供了一个多元化、充满活力的市场。因其独特的地理位置、丰富的资源以及与中国紧密的经贸联系，成为众多中国企业出海考察的首选之地。近年来，随着中马两国经贸合作的不断深化，马来西亚建材市场展现出巨大的潜力和吸引力，为中国企业提供了广阔的发展机遇。

2020 年马来西亚开设“中资特别通道”，旨在吸引高附加值、高科技、高影响力的中资企业进入马来西亚，建立区域总部或智能制造基地。据统计，2020 年，中国获批的投资总额达 178 亿林吉特，中国连续 5 年保持马来西亚制造业领域最大投资国的地位。中马经济的互补性为中资高科技企业赴马投资创造了条件，中国对马来西亚投资合作的提质升级正重塑中马经贸合作格局，成为马来西亚经济复苏的强大动力。中马深度参与经济全球化背

景下的国际分工，两国间贸易越来越成为全球产业链的有机组成部分，如在电气电子领域，中马两国企业的合作已十分密切。

五　中国工程建设企业在马来西亚开展业务的情况

目前，我国在马来西亚开展承包工程的公司众多。亚洲金融危机爆发前，大部分公司经营基本盈利。一些具备专业技术优势、拥有丰富管理经验的中国公司，取得了良好的经济效益，如中国路桥、中国港湾、中国水利水电工程总公司、中国机械设备进出口总公司、西安电力、南昌国际。它们不仅经受住了亚洲金融危机的冲击，而且不断扩大业务范围。

马来西亚的基础设施较为完善，政府向来重视对高速公路、港口、机场、通信网络和电力等基础设施的投资与建设。2023 年，马来西亚基础设施发展指数得分为 129 分，在共建“一带一路”国家中排名第 4。其中，交通基础设施质量排第 11 位，能源及公用事业基础设施质量排第 35 位，位居东南亚榜首。其现有的基础设施能较好地为各类投资者服务。目前，马来西亚政府正在开展的基础设施计划使公路、铁路、港口及电信等项目的投资不断增加，未来首都吉隆坡周边的基础设施将得到进一步完善。

在交通基础设施建设领域，马来西亚公路质量整体较好，但部分地区道路连通性有待提升。铁路部门是拉动交通基础设施增长的主要动力，马来西亚着力推动铁路建设。马来西亚能源及电力基础设施较为完善。在发电厂建设方面，马来西亚发电厂绝大部分仍依赖天然气，通过建设联合循环燃气机组，取代效率较低的发电设施。

近年来，马来西亚越来越多地参与中国的“一带一路”倡议，为中国企业参与马来西亚基础设施领域带来机遇。根据 Fitch Solutions 的项目统计，中国公司在马来西亚铁路、港口、可再生能源和水电等基础设施建设中获得 22 个承包合同。其中，由中国国有建筑公司、中国交通建设股份有限公司承建的价值 107 亿美元的马来西亚东海岸铁路线项目，是中国最大的海外“一带一路”项目之一；中国葛洲坝集团和中国水电获得马来西亚1285兆瓦巴勒大坝项目。中国企业在马来西亚基础设施建设市场的份额不断增加，但与此同时，马来西亚也较为担心中国承包商会扰乱现有的竞争格局。

六　马来西亚中资工程承包企业典型项目情况

（一）马来西亚吉隆坡标志塔项目

马来西亚吉隆坡标志塔项目：一是建设高度高，地下5层、地上97层，标准层高为4米；二是工程体量大，总建筑面积超过40万平方米，主要工程量为混凝土15万立方米、模板32万平方米、钢筋3.3万吨、钢结构2.5万吨、电梯59部；三是采用典型核心筒外框结构形式，筏板基础，主楼地下部分为混凝土框架核心筒结构，地上部分为钢框架混凝土核心筒结构，裙楼为框架结构。600天施工顺利实现核心筒结构封顶、完成塔吊支撑梁安装；80天完成地下室5层结构施工、顺利实现“7·23”钢柱吊装大节点计划；53天完成2800吨塔冠结构施工；27天完成3200吨大底板钢筋绑扎；60个小时完成2万立方米底板大体积混凝土浇筑，创下马来西亚一次性成功浇筑大体积混凝土的新纪录；由于项目团队的突出表现，项目施工获得业主和政府部门大力支持。该项目是马来西亚为数不多的允许24小时施工的项目之一，且是极少数允许使用中国工人的项目。标志塔项目核心筒墙体厚1.6米，每层钢筋重达200余吨，马来西亚本地无法提供如此大承载力的施工平台。

（二）吉隆坡国际机场菜鸟网络物流仓储设计施工项目

中建三局一公司承建项目位于马来西亚雪兰莪州雪邦区吉隆坡国际机场城29号，总建筑面积为11.5万平方米，承包模式为“设计+建造”，是菜鸟网络国际化布局的首个项目。项目包括3座分拣中心及相关配套设施。项目属于阿里巴巴集团与马来西亚政府共同打造的数字自由贸易区的重要组成部分，为马来西亚中小企业跨境贸易提供物流、仓储、通关、贸易、金融等一系列供应链设施和商业服务项目。工程响应“一带一路”倡议，是中国产能国际合作典范，同时是中国菜鸟网络科技公司、马来西亚吉隆坡机场管理公司、马来西亚政府三方合作的结果。马来西亚 3 个主要港口巴生港西港、巴生港北港和新山丹戎帕拉帕斯港都设有菜鸟吉隆坡国际机场仓储中心。

七　马来西亚工程承包市场发展前景展望

（一）抓住市场机遇

马来西亚工程承包市场发展前景总体向好。2024 年，马来西亚建筑领域预计将有 1800 亿林吉特的合约投入市场，其中 900 亿林吉特来自私人领域，900 亿林吉特来自 2024 年财政预算案的支出。建筑领域是马来西亚经济增长的基石，已连续 7 个季度保持增长态势。未来，马来西亚政府将陆续规划和实施高速公路、铁路、港口等大型基础设施项目，为中国承包工程企业创造一定的机遇。

（二）选好经营方式

马来西亚推行大型政府私营化工程，这类项目往往需要政府提供担保，向银行、金融公司或外国机构借款。因此中国企业如果想参与，必须选择有实力、讲信誉的当地公司作为项目合作伙伴，共同实施项目。中国工程企业进入马来西亚承包工程项目，为跟踪项目和实施现场管理，建议在当地注册公司。

（三）培养专业管理人员

马来西亚外籍劳工数量庞大，主要集中在建筑业、服务业、制造业、种植业、农业以及家政服务业。因外籍员工的用工成本较低，且马来西亚政府未对华开放普通劳务市场，外籍员工成为中国企业承包工程项目的必然选择。中方人员应主要负责工程项目的统筹管理，并在商务谈判、对外协调、现场管理等岗位聘用马来西亚本地人员，利用其熟悉本地政策法律和工程实践的优势，服务于项目的实施。

（四）量力而行

业主会根据项目情况要求承包商具备一定的资质，项目执行需要一定的管理能力、融资能力和人力资源，跟踪谈判项目需要较强的交涉和谈判能力，洽谈项目合约需要良好的人际关系，否则会遭遇很多困难。中国企业刚进入马来西亚时要客观评估自身实力，总结以往中国公司的经验教训，量力而行，找好市场切入点，不要盲目行动，贪大求全，一味追求大型或施工难度大的项目，以免让企业蒙受不必要的经济损失。

Y.6

印度尼西亚国际工程发展报告（2024）

山东电力工程咨询院有限公司*

摘　要： 近年来，印度尼西亚与中国经贸合作关系不断深化，实现互利共赢。随着基础设施投资的增加及政府对大型建设项目的推动，印度尼西亚国际工程市场快速发展。工业化需求的增长、国际资本的涌入，以及印度尼西亚在改善交通、能源、住房、劳工领域的政策支持进一步推动了当地国际工程市场规模扩大。同时，国际工程发展还面临项目管理复杂性增加、劳动力短缺、材料成本波动、市场竞争激烈和法律法规的复杂性等挑战。总体而言，随着经济的持续增长和政策支持的不断加强，印度尼西亚国际工程市场预计将保持稳健增长，为行业参与者带来机遇。

关键词： 国际工程　项目管理　市场竞争　能源基础设施　可持续发展

一　印度尼西亚概况

印度尼西亚（以下简称“印尼”）地理位置优越，处于亚洲大陆和澳大利亚大陆之间，其中马六甲海峡是扼守太平洋和印度洋进出的门户，是全球航海物流的枢纽，在全球战略中的地位举足轻重。印尼拥有丰富的资源，

---

* 执笔人：殷香奎，山东电力工程咨询院有限公司国际事业部项目经理，研究方向为电力建设行业项目管理、国际工程项目管理；董鹏，山东电力工程咨询院有限公司国际事业部主管工程师，研究方向为电力建设行业项目管理；成虎，山东电力工程咨询院有限公司国际事业部商务部副主任、印度尼西亚公司总法律顾问、首席合规官，研究方向为国际工程商务组织、经营与管理；亓波，山东电力工程咨询院有限公司国际事业部市场部主任，研究方向为国际工程市场发展趋势及开发策略。

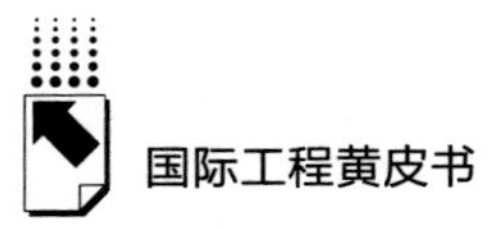

主要包括棕榈油、橡胶、石油、天然气、煤和锡等。印尼是 G20 和 RCEP 成员国，是东盟的创立国之一，也是东南亚最大的经济体。截至 2024 年 10 月，印尼人口 2.81 亿人，是世界人口第四大国。

据印尼中央统计局数据，2023 年印尼 GDP 为 13704.6 亿美元，同比增长 5.05%，全年通货膨胀率为 2.61%。从生产方面来看，2023 年印尼经济增长主要来自制造、贸易、运输、仓储、采矿和建筑业。从支出方面来看，经济增长主要来自家庭消费、资本投资以及商品和服务出口。这与社会流动性增加、生产活动依然强劲、旅游业复苏以及投资实现额增长等趋势是一致的。但印尼的经济发展仍面临一些挑战，如基础设施不足、教育质量不高、贫困、环境污染、自然灾害频发和地区发展不平衡等。

印尼是一个中等收入国家。2023 年人均 GDP 为 4919.7 美元，高于东南亚国家平均水平；基尼系数为 0.38，说明印尼收入分配不均，存在一定的社会不公平问题。2023 年印尼主要经济数据如表 1 所示。

表 1　2023 年印度尼西亚主要经济数据

指标	数值	备注
GDP(亿美元)	13704.6	/
GDP 增长率(%)	5.05	/
人均 GDP(美元)	4919.7	/
年通货膨胀率(%)	2.61	/
失业率(%)	5.32	2023 年 8 月
外汇储备(亿美元)	1464	2023 年 12 月

资料来源：印度尼西亚中央统计局、Trading Economics。

2023 年 7 月，标普全球评级预期印尼经济将在 2026 年前保持稳健增长，这是印尼“在收入稳健增长和政策调整良好的支持下，迅速实现财政整顿”的结果。2023 年印尼公布的《创造就业综合法》将进一步改善营商环境，推动经济与投资成长。同时，标普全球指出，随着“全球需求降温和国内货币条件收紧”，印尼的经济增长可能会放缓。

二 印度尼西亚营商环境

（一）整体营商环境概述

由于印尼人口结构年轻、内需强劲、政治局势相对稳定、自然资源丰富，以及外向型经济特征明显，投资者更多关注印尼的基础设施发展、出口导向型制造业、采矿炼油业和绿色投资。

为进一步改善投资环境，印尼政府于2020年10月颁布了《创造就业综合法》，进行税制改革，制定更灵活的劳动法规，并建立优先投资清单，简化地区一级的商业许可程序，极大地优化了营商环境。

2021年2月，印尼发布《新投资清单》，取消2016年投资负面清单。这意味着除了七个由中央政府控制的战略行业，其他所有行业都对外国投资开放。在新一轮投资重点清单（DPI）中，有245个业务领域可以享受财政和非财政方面的优惠政策，包括先锋产业、出口导向型制造业、资本密集型产业、国家基础设施项目、数字经济、劳动密集型产业及研发活动等。

2021年2月，印尼成立了一个主权财富基金（印尼投资局，即INA），其目标是为交通、石油和天然气、卫生、旅游和数字技术等领域的政府基础设施项目吸引外国投资。INA与印尼国有企业部（BUMN）有很大联系。

2021年8月，印尼政府建立了基于风险的在线单一提交系统（OSS），以简化营业执照和进口许可证办理流程。

中国社会科学院世界经济与政治研究所、国家全球战略智库发布的《中国海外投资国家风险评级报告（2023）》显示，印尼在120个经济体中排名第30位，评级为A，属于中等风险国家。印尼的评级主要受益于其经济基础较好、偿债能力较强、对华关系良好、社会弹性稳定等因素，但也受到政治风险、技术法规风险和基础设施落后等方面的制约。根据中国对外承包工程商会等发布的《“一带一路”共建国家基础设施发展指数

（2023）》，印尼发展环境、发展潜力、发展趋势等指标连续多年位居前列。本报告对印尼营商环境的SWOT分析见表2。

表2　2024年印度尼西亚营商环境SWOT分析

优势(S)	劣势(W)
• 强劲的经济增长和良好的投资环境 • 政府关注基础设施建设 • 不断增长的中产阶级人口和住房需求 • 有力的政府政策和激励措施 • 不断增长的外商直接投资	• 基础设施不足和监管复杂性 • 专业领域熟练劳动力短缺 • 中小公司融资机会有限 • 环境问题和可持续发展挑战
机会(O)	**威胁(T)**
• 基础设施开发项目 • 百万房屋计划 • 新都迁建计划 • 可持续建筑实践 • 旅游和酒店业 • 智慧城市和数字基础设施	• 经济和政治不稳定 • 来自国内外参与者的激烈竞争 • 不断变化的政府政策和法规 • 原材料价格波动 • 环境法规和合规要求

资料来源：中国对外承包工程商会。

（二）中国和印尼的经贸合作关系

中印尼经贸合作关系是中印尼全面战略伙伴关系的重要组成部分，是中印尼共建“一带一路”和“全球海洋支点”的重要内容。近年来，两国经贸合作不断深化、规模不断扩大、质量不断提高，成为两国互利共赢和共同发展的重要引擎。

中国企业积极参与印尼的基础设施建设、工业园区开发和数字经济发展等，为印尼的经济增长和就业创业做出了重要贡献。雅万高铁、印尼中部矿产综合加工产业园、印尼北加里曼丹工业园等一批重大合作项目的成功交付，为两国经贸合作增添了新的亮点。

两国经贸合作还得到了多边和区域合作的有力支持。两国积极推动《区域全面经济伙伴关系协定》（RCEP）的签署和生效，为双方经贸合作提供了广阔的市场空间和便利的营商环境。两国还在亚太经合组织（APEC）、东盟和中日韩（10+3）、东亚峰会（EAS）等多边和区域合作机制中，就共同维护多边贸易体制、反对单边主义和保护主义、推动构建开放型世界经济保持良好沟通与协调。中国—东盟自贸区 3.0 谈判正在加速推进，中印尼务实合作不断站上标准更高、条件更优的发展平台。印尼着眼“黄金印尼 2045”愿景建设，大力推进数字化、下游化、国产化战略，得到中资企业积极响应。印尼支持中国《数字经济与绿色发展国际经贸合作框架倡议》，双方在数字、绿色等新兴领域开展务实合作，产业转型升级迎来新一轮机遇期。

截至 2023 年，中国已连续十年成为印尼第一大贸易伙伴。在中国出口印尼的产品中，智能手机、履带式挖掘机、便携式自动数据处理设备、钢铁结构体、液晶平板显示模组、焦炭及半焦炭、摩托车、锂离子电池等产品规模较大。

在直接投资领域，中国蝉联印尼第二大外资来源地（第一是新加坡）。2022 年中国在印尼各领域的直接投资达 215 亿美元，占印尼吸引外资总额的 1/4。两国央行建立本币结算机制，双方就本币互换进行了多次续签，规模扩大到 2500 亿元人民币。丝路基金同印尼主权财富基金签署投资框架协议，向印尼主权财富基金注资 200 亿元人民币。2021 年，中国与印尼在北加里曼丹共建青山绿色产业园，该产业园聚焦钠离子、锂离子、半导体、石化、工业硅和太阳能电池板等新能源和再生能源成品生产。

在基础设施领域，中国广泛参与印尼各类基础设施互联互通建设，包括电站、公路、铁路、桥梁和港口等。中国企业在印尼承建的电厂发电量占印尼全部发电量的 1/4。除了雅万高铁，东南亚最长的跨海大桥——泗马大桥、印尼最长钢拱桥——塔园桥、印尼第二大水坝——佳蒂格德大坝等一系列工程都为印尼的“连通千岛”贡献了力量。

三　印度尼西亚国际工程市场概况

印尼是一个新兴经济体，拥有旺盛的基础设施建设需求。印尼人均收入不断提高，住宅和商业地产市场不断扩大，这些因素使该国成为国际工程市场关注的焦点。同时，印尼低廉的劳动力价格、不断增加的政府投资和政策支持，使其成为世界上最重要的国际工程市场之一。

1. 印尼建筑业市场规模

近年来，高水平的公共投资使印尼建筑业增速超过其整体经济增速，建筑业成为该国 GDP 的重要贡献领域。随着住房需求的增长（印尼百万住房计划）和公共基础设施计划（如交通基础设施和新都迁建计划）的实施，建筑业增长趋势必将继续。

据印尼中央统计局数据，2023 年建筑业产值（现价）为 2072. 38 万亿印尼卢比，约合人民币 9400 亿元，同比增长 4. 91%，建筑业产值占 GDP 的比重达 9. 92%（见表 3）。

表 3　2022~2023 年印度尼西亚建筑业产值情况

类别	2022 年					2023 年				
	第一季度	第二季度	第三季度	第四季度	总额	第一季度	第二季度	第三季度	第四季度	总额
建筑业产值(现价)(万亿印尼卢比)	470. 44	449. 49	480. 86	512. 18	1912. 98	501. 23	492. 78	522. 25	556. 13	2072. 38
占 GDP 比重(%)	10. 43	9. 18	9. 49	10. 01	9. 77	9. 88	9. 43	9. 86	10. 49	9. 92
建筑业产值(不变价格)(万亿印尼卢比)	284. 58	267. 37	279. 99	292. 78	1124. 73	285. 48	281. 37	297. 88	315. 26	1179. 99
同比增长(%)	4. 83	1. 02	0. 63	1. 61	2. 01	0. 32	5. 23	6. 39	7. 68	4. 91

资料来源：印度尼西亚中央统计局。

印尼将工程建设活动分为三大类：建筑工程、土木工程和专业工程。建筑工程是指建筑物如住宅、办公室、工业建筑、购物中心、卫生基础设施、教育基础设施、娱乐建筑及其他建筑物的施工。土木工程包括修建道路、桥梁、隧道、铁路、机场、港口等大型公共建筑，以及灌溉系统、污水处理系统、工业设施、管线、电力等。专业工程指机电各个专业的安装工程，包括管道、供暖和空调系统，智能化、警报系统，消防、照明、信号系统，以及电梯和自动扶梯等的安装活动。

2. 印尼国际工程业务

印尼积极对接中国“一带一路”倡议，推动了其建筑业发展。相较于印尼当地建筑业企业，国际承包商具有专业的技术、先进的设备和成熟的管理体系，这对于提升印尼工程建设能力、满足印尼不断增长的基础设施建设需求至关重要。

2023 年，印尼国际工程业务国际承包商完成合同额达 19.62 亿美元。中国、日本和韩国是印尼最大的工程承包来源国，三者在印尼工程承包合同总额占印尼国际承包商工程承包合同总额的 90%以上。2016~2020 年，中日韩三国在印尼的工程承包合同额均呈上升趋势，其中增长最为显著的是中国，从 2016 年的 913.92 亿印尼卢比增至 2020 年的 7169.83 亿印尼卢比，增幅近 7 倍，占比从 12.5%上升到 54.9%。中国成为印尼最大的外资工程承包来源国。

据中国商务部统计，2021 年中国企业在印尼新签工程承包合同 1286 个，新签合同额 161.68 亿美元，完成营业额 69.77 亿美元，累计派出各类劳务人员 15399 人次。

2022 年，中苏拉威西省的外国直接投资居首位，达 74.86 亿美元，占印尼外国直接投资总额的 16%。西爪哇省以 65.35 亿美元紧随其后，占 14%。2023 年第一季度至第三季度，西爪哇省外国直接投资领先，中苏拉威西省紧随其后（见表 4）。从投资来源地看，2022 年新加坡投资最多，投资额为 132.81 亿美元。中国内地紧随其后，为 82.26 亿美元（见表 5）。2022 年外国直接投资最高的行业是基本金属、金属制品、非机械设备，投资额为 109.61 亿美元，占印尼外国直接投资总额的 24%（见表 6）。

表 4　2021 年至 2023 年第三季度印度尼西亚各省实现外国直接投资情况

单位：百万美元，%

省份	2021 年		2022 年		2023 年（第一季度至第三季度）	
	投资额	占比	投资额	占比	投资额	占比
西爪哇	5218	17	6535	14	6310	17
中苏拉威西	2718	9	7486	16	5440	14
雅加达	3331	11	3744	8	3757	10
北马古鲁	2820	9	4488	10	3717	10
万丹	2190	7	3411	7	3440	9

续表

省份	2021 年		2022 年		2023 年(第一季度至第三季度)	
	投资额	占比	投资额	占比	投资额	占比
东爪哇	1849	6	3134	7	3097	8
廖内	1921	6	2749	6	1932	5
南苏拉威西	1260	4	1226	3	1224	3
中爪哇	1466	5	2362	5	1159	3
其他	8320	27	11472	25	7733	20
合计	31093	100	46605	100	37809	100

资料来源：印度尼西亚中央统计局。

表 5　2021 年至 2023 年第三季度按投资来源地分外国直接投资情况

单位：百万美元，%

投资来源地	2021 年		2022 年		2023 年(第一季度至第三季度)	
	投资额	占比	投资额	占比	投资额	占比
新加坡	9390	30	13281	29	12141	32
中国内地	3160	10	8226	18	5588	15
中国香港	4609	15	5514	12	5215	14
日本	2263	7	3563	8	3263	9
美国	2537	8	3026	7	2447	6
马来西亚	1364	4	3343	7	2410	6
韩国	1640	5	2298	5	1983	5
荷兰	1762	6	1220	3	857	2
其他	4367	14	5133	11	3935	10
合计	31093	100	45605	100	37809	100

资料来源：印度尼西亚中央统计局。

表 6　2021 年至 2023 年第三季度按行业分外国直接投资情况

单位：百万美元，%

行业	2021 年		2022 年		2023 年(第一季度至第三季度)	
	投资额	占比	投资额	占比	投资额	占比
基本金属、金属制品、非机械设备	6974	22	10961	24	8678	23

续表

行业	2021 年		2022 年		2023 年(第一季度至第三季度)	
	投资额	占比	投资额	占比	投资额	占比
运输、仓储和电信	3159	0	4125	9	4240	11
化工和制药	1657	5	4506	10	3662	10
采矿	3817	12	5145	11	3488	9
造纸和印刷	953	3	1630	4	2266	6
电力、天然气和供水	2939	9	3763	8	2242	6
住宅、工业区和办公楼	2186	7	3015	7	1973	5
食品	2337	8	2425	5	1756	5
其他行业	7071	23	10037	22	9504	25
合计	31093	100	45605	100	37809	100

资料来源：印度尼西亚中央统计局。

3. 印尼建筑业企业

近年来，印尼城市化发展进程加快，政府大力推动基础设施建设，加大对房地产业的投资，工程建设行业得到了较大的发展。相较于 2018 年，2023 年印尼建筑业企业数量增长了 18.7%，达 190677 家（见图 1）。

按企业规模划分，2023 年印尼建筑业企业以小型和中型为主，两者合计占 98.98%，大型企业占 1.02%。① 按企业性质划分，以 CV 公司（股份联合公司）为主，占 76.52%；外资企业有 205 家，占 0.11%，其中大多数企业属于国际工程承包企业在印尼的分/子公司或代表处。按企业开展的业务类型划分，施工企业占 92.05%，工程咨询（含设计服务）企业占 0.78%，工程总承包企业占 0.27%（见表 7）。

① 印尼工程主管部门根据企业融资能力、专家数量和年合同承包额等维度划分建筑业企业规模。一般认为年合同承包额超过 1000 亿印尼卢比的外资工程企业和超过 500 亿印尼卢比的本地工程企业为大型企业，超过 25 亿印尼卢比的为中型企业，小于 25 亿印尼卢比的为小型企业。

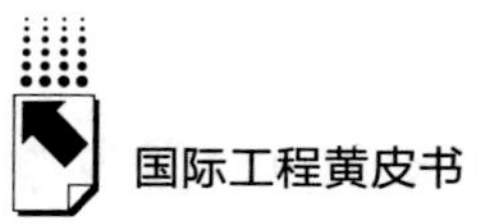

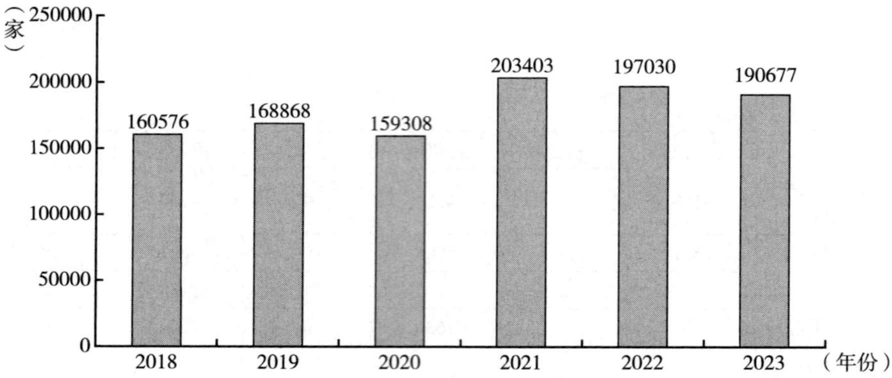

图 1　2018~2023 年印度尼西亚建筑业企业数量

资料来源：印度尼西亚中央统计局。

表 7　2023 年印度尼西亚建筑业企业统计

单位：家，%

类别	数量	占比
按企业规模划分		
小型	157322	82.51
中型	31413	16.47
大型	1942	1.02
按企业性质划分		
有限责任公司（PT 公司）	43572	22.85
股份联合公司（CV 公司）	145903	76.52
合伙	380	0.20
外资	205	0.11
其他	617	0.32
按业务类型划分		
施工	175513	92.05
工程咨询（含设计服务）	1483	0.78
工程总承包	515	0.27
其他	13166	6.90

资料来源：印度尼西亚中央统计局。

2023 年，在 205 家外资建筑业企业中，来自亚洲国家/地区的企业占绝大多数，达到 166 家，占比为 80.9%。中国内地是印尼最大的外资建筑业企业来源地，有 67 家，占比为 32.7%，远超其他国家和地区，反映出中国内地在印尼建筑市场上的强势地位。日本和韩国分别是印尼第二和第三大外资建筑业企业来源地，分别有 43 家和 35 家，占比分别为 20.9%和 17.07%。欧美国家总计 22 家，占比为 10.7%（见图 2）。

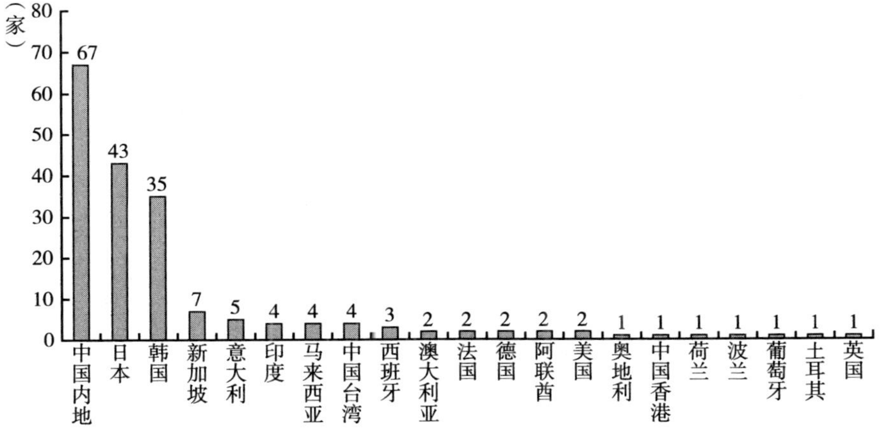

图 2　2023 年印度尼西亚外资建筑业企业来源地情况

资料来源：印度尼西亚中央统计局。

四　中国工程承包企业在印度尼西亚的发展现状

GDP 的持续增长、稳定的宏观经济政策和国内政治以及良好的投资环境，令印尼成为一个极具吸引力的贸易和投资地。中印尼两国有着良好的双边关系，近年来在贸易、投资、工程承包等领域的合作快速发展。印尼在中国企业开展工程承包的海外市场中长期稳居前十位。

（一）中国工程承包企业在印尼开展业务概况

1. 业务规模依然保持发展势头

中国是印尼最大的贸易伙伴和外国直接投资的主要来源地。印尼依赖中国的基础设施投资和技术支持，中国则需要印尼的矿产资源，并将其视为“一带一路”倡议的重要合作伙伴。印尼工程承包市场受益于中国“一带一路”倡议，已经与中国在多个领域开展合作。2022 年，中国企业在印尼工程承包合同额超过 140 亿美元，中国企业在印尼承建并相继完成了印尼最大跨海大桥泗马大桥、最长钢拱桥塔园桥、第二大水坝佳蒂格德大坝、首条高铁雅万高铁以及雅苏高速公路等一批重点项目。

印尼多年来一直是中国企业海外工程承包的重要市场之一，2016 年中国企业在印尼工程承包新签合同额首次突破 100 亿美元、达 107 亿美元，2017 年达 172 亿美元。此后，历年工程承包新签合同额均不低于 100 亿美元（见图 3）。

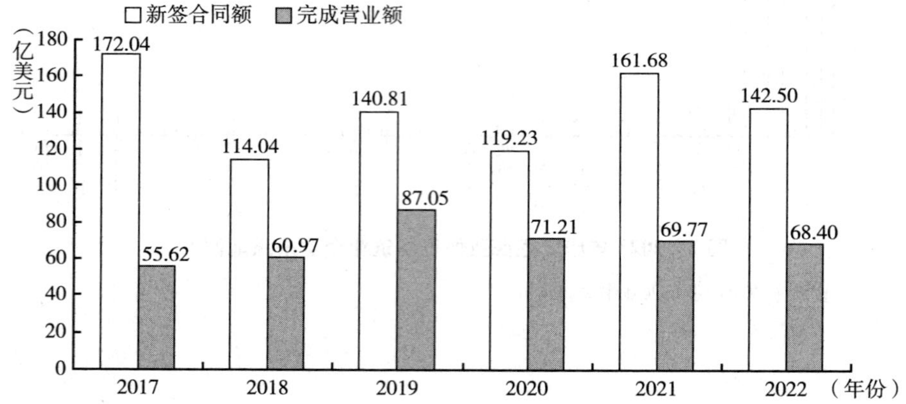

图 3　2017~2022 年中国企业在印度尼西亚工程承包新签合同额和完成营业额

资料来源：中国商务部。

2. 业务领域蓬勃发展，多面开花

近年来，中国与印尼在基础设施建设领域合作广泛，围绕中资重大工程项目，国内配套企业也随之“走出去”发展。截至 2021 年，中国在印尼完成投资备案的工程企业达 139 家，涉及工程项目 300 余个，项目集中在大型水坝、现代化港口、机场及高速公路、铁路、桥梁、电站等基础设施建设领域，形成了以国投印尼巴布亚水泥、印尼红狮水泥为代表的建材产业集群，

以太原重工、恩科斯机械为代表的工程机械产业集群，以东方电气、巨力电子、闽东电机为代表的电力电气产业集群。从新签合同额来看，2021 年中国在印尼工程承包项目主要集中在通信工程领域（见图 4）。

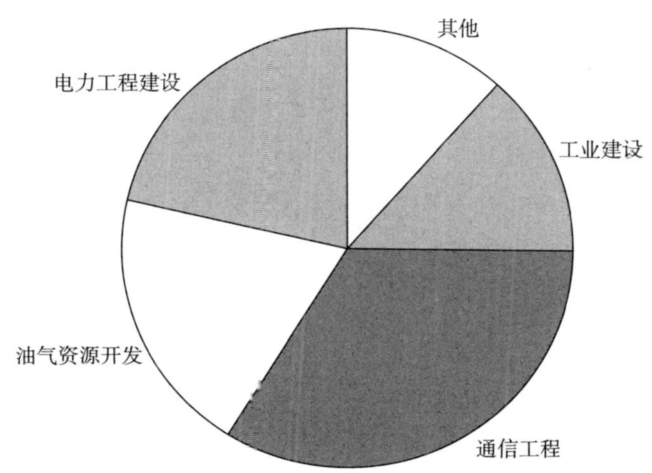

图 4　2021 年中国在印度尼西亚工程承包项目分布

资料来源：中国商务部。

3. 由工程总承包向多种承包方式转变

面对印尼工程承包行业的激烈竞争，中资企业通常联合印尼本土企业，通过承包进行投资建设。承包方式由工程总承包（Engineer - Procure - Construct，EPC）逐步向建设-移交（Build-Transfer，BT）、建设-经营-移交（Build-Operate-Transfer，BOT）、建设-拥有-经营-移交（Build-Own-Operate - Transfer，BOOT）及政府与社会资本合作（Public Private Partnership，PPP）等转变。如巨港电站项目采用 BOOT 模式，基建领域多采用 BOT 或 PPP 模式。

（二）印尼中资工程承包企业典型项目情况介绍

1. 中国国家铁路集团有限公司——雅万高铁项目

雅万高铁是由中国“一带一路”和印度尼西亚“全球海洋支点”对接

的标志性工程项目，线路正线全长 142.3 公里，全线设计 4 座车站，是东南亚第一条时速达 350 公里的高铁。建成通车后，雅加达到万隆的列车运行时间由之前的 3 个多小时缩短至 40 分钟。

雅万高铁项目在投融资、企业合作中创新性采用了 BOOT 运作方式，即由中国国家铁路集团有限公司所属中国铁路国际有限公司牵头的中方企业联合体与印尼企业联合体合资建设、拥有、运营、移交，该模式不需要印尼政府使用主权担保，是企业对企业的合作经营模式，这也是中国企业能击败日本企业获得印尼雅万高铁项目建设权的重要原因。项目总投资约 60 亿美元，25%的项目资本金筹措采用“实物+现金”模式（“实物”即部分资本金由土地、物权等折价得到），其中印尼方持股 60%，中方持股 40%；其余投资采用中国国家开发银行贷款。

2023 年 9 月 7 日，雅万高铁开通运行。印尼雅万高铁项目在提供产品服务时采用中国标准，即按中国成熟的高铁标准设计、施工，按中国高铁设计及维修标准提供配件。这是中国铁路在国际市场上的突破，象征着中国高铁的技术和标准在国际市场上获得了高度认可。

2. 国家能源集团中国神华能源股份有限公司——爪哇7号项目

印尼爪哇 7 号项目位于爪哇岛万丹省，项目总投资 18.83 亿美元，总装机容量 2×1050 兆瓦。由国家能源集团所属子公司中国神华能源股份有限公司与印尼国家电力公司所属子公司 PJBI，按照 70∶30 的出资比例共同组建神华国华（印尼）爪哇发电有限公司（以下简称“国华爪哇电厂”）作为项目主体，由中国神华能源股份有限公司国华电力分公司全面管控、组织实施。项目整体投运后，年发电量约 150 亿千瓦时，将有效改善印尼区域电力供应现状，大大缓解爪哇地区用电紧张局面，助力当地经济增长和社会发展。项目建设期累计纳税约 1.1 亿美元，直接吸纳当地人员就业逾 3000 人；预计运营期年纳税约 0.4 万美元，将提供近 700 人的就业机会，第三方服务人员逾 500 人。

爪哇 7 号项目作为国家能源集团积极响应中国“一带一路”倡议与印尼“全球海洋支点”对接的重要举措，是中国制造成体系、高水平、大协作“走出去”的大型火力发电项目，提供中国工程建设方案，集成先进低碳环保数字化火力发电技术，拥有成熟的自主知识产权海水淡化技术等强大科技内核，是汇聚中国电力工程设计、装备制造、施工建设、管理运营的优秀范例。

作为大型国际化合作项目，印尼爪哇7号项目建设充分体现了“共商、共建、共享”的合作精神，在项目许可、项目融资、外事签证、劳工风险、资源协调等方面得到中国国务院国资委、商务部、国家金融监督管理总局、驻印尼大使馆的高度重视；印尼总统佐科亲临开工仪式并提出了高度期望，印尼政府出台了一系列优化投资环境和税务优惠政策、简化行政审批程序的措施，印尼矿能部、国企部、经济统筹部、投资协调委员会等在建设过程中给予大力支持。在各方努力下，爪哇7号项目成为第一个在PPA合同生效后6个月内完成融资关闭的项目，国华爪哇电厂成为第一个按照印尼投资协调委员会“3小时投资证照申请通道”一次性办结11项注册成立证照的公司。

五　印度尼西亚国际工程市场发展前景展望

基础设施建设促进了印尼的经济增长，增加了就业机会，改善了物流网络，提升了国家竞争力。同时，这些举措为印尼提供了更具吸引力的投资环境，为经济可持续发展奠定了基础。然而，基础设施建设还需要与其他领域的发展相互配合，才能实现更持久的经济增长和社会发展目标。

多数国际评估机构预计，印尼政府机构将在2025年前后陆续迁入新首都，以继续推动下一届政府更广泛的基础设施建设和新首都开发工作。这会使外国投资大幅增长，给基建领域带来大量投资机会。

（一）市场驱动因素

基础设施项目：印尼政府对基础设施发展的高度重视，一直是建筑业发展的主要驱动力，道路、机场、港口和发电厂项目为承包商、供应商和服务提供商创造了机会。

城市化和人口增长：城市人口不断增长，对住宅和商业的需求也在增长，推动了国际工程市场的发展。

外国直接投资：印尼不断增长的经济、庞大的消费基础和政府的激励措施，对外国投资者的吸引力较大，这些投资有助于国际工程市场增长和技术转让。

住房需求：中产阶级人口的增加和城市化推动了经济适用房需求的增长，开发商致力于提供住房解决方案以满足这一需求，从而推动建筑业的发展。

政府政策和法规：印尼政府出台了支持建筑和基础设施发展的政策和法规，包括简化许可程序、税收优惠和公私合作，从而刺激国际工程市场发展。

（二）市场制约因素

基础设施挑战：有限的交通网络和不稳定的电力供应等可能会阻碍项目执行并导致延迟完成。

监管复杂性：许可证、执照和合规性要求办理耗时、费用昂贵。

缺乏熟练的劳动力：印尼建筑业面临熟练劳动力短缺的问题，特别是在工程和项目管理等专业领域，这可能影响项目执行的时间和质量。

财务限制：获得融资对中小型建筑企业来说可能是一个挑战，获得信贷机会受限和高利率会阻碍建筑企业拓展大型项目市场。

环境问题：随着可持续发展的深入人心，建筑业面临的环保压力越来越大，平衡经济增长与环保要求对市场参与者来说可能是一个挑战。

（三）市场机会

1. 交通基础设施建设领域

公路和铁路建设。跨岛公路和铁路项目将推动印尼基础设施建设持续增长。印尼政府确定的 245 个国家战略项目中有 97 个与公路和铁路基础设施相关，大多数项目还处于建设或规划阶段。城市化的不断推进对城市交通基础设施建设提出更高的要求。例如，环线、支线等公路建设将加强郊区道路的连通性，城市铁路网的扩大将提高公共交通效率，从而缓解城市的交通拥堵。

机场建设。印尼政府计划扩建现有机场并建设更多新机场以满足不断增长的航空运输需求，包括计划新建南万丹机场和扩建雅加达苏加诺—哈达国际机场等。

港口建设。为提高港口的使用效率和竞争力，印尼政府计划耗资约 554 亿美元开发 24 个商业海港，还计划开发 1000 多个国内港口，并通过海上航运采购所需船只。

2. 能源和公用事业基础设施建设

人口增长和宏观经济发展等因素将推动印尼能源和公用事业基础设施需求不断增长，印尼需要继续对该行业加大投资。虽然印尼政府计划逐步淘汰燃煤发电，但由于印尼庞大的煤炭储量和成熟的技术，惠誉预测未来十年燃煤发电仍将继续主导印尼的电力结构，太阳能增长不会十分显著；地热发电将以强劲的速度增长，可能会引领印尼非水电可再生能源行业的发展。

天然气发电。为减少碳排放，印尼计划新增天然气发电超过 13 吉瓦，其中约 3/4 的天然气发电项目将集中在爪哇岛、苏门答腊岛和苏拉威西岛。项目主要由印尼国家电力公司主导，这将为开发岛屿周围的潜在天然气项目提供机会。预计到 2032 年，天然气发电将占印尼全国发电量的 18%左右。

水力发电。印尼水力发电发展缓慢，但潜力巨大，目前仅占总发电量的 6.8%，预计到 2032 年水力发电量将达到 8.7 吉瓦。在电力输送方面，印尼国家电力公司目前拥有各种电压级别的输电线路 6 万多公里，以及低压配电线路 97.98 万公里。作为新增发电量计划的配套部分，印尼国家电力公司已启动一项大规模输电网络扩张计划，该网络覆盖的大部分人口位于爪哇岛，约占印尼总人口的 55%。

绿色和可再生能源转型。“废物变能源电厂/站计划”被列为国家战略项目的 12 个计划之一，印尼已采取行动，在 2060 年前实现净零排放目标，

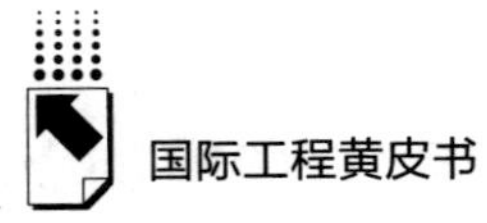

并致力于绿色和可再生能源转型。印尼颁布《印尼加快可再生能源发展以促进电力供应》法案，能源和矿产资源部承诺放宽印尼绿色投资监管事项，都为上述目标的实现提供了支持。印尼国家电力公司已从 8 家跨国银行就绿色和可再生能源转型项目获得 7.5 亿美元的资金支持，并与日本国际协力事业团（JICA）签署了谅解备忘录。

除了关闭煤电厂，印尼还通过其国有企业 Pertamina 新能源和可再生能源公司与沙特阿拉伯电力公司 ACWA Power 合作开发清洁能源发电厂。此外，印尼启动了 Cirata 漂浮式太阳能光伏发电项目，这是东南亚最大、世界第三大漂浮式太阳能光伏发电项目。该项目投资达 1.7 万亿印尼卢比，是 PLN 与阿联酋一家清洁能源公司合作的成果。印尼政府加快制定有关绿色和可再生能源转型的法律法规，并为绿色和可再生能源开发尤其是发电厂提供税收优惠。印尼拥有巨大的可再生能源开发潜力，如地热能潜力居世界第 2 位。此外，印尼还蕴藏着丰富的铀和钍元素，可用于核电燃料，以核能为基础的清洁能源已成为印尼进一步发展的能源优先事项。

3. 房屋建筑

房屋建筑领域将成为印尼建筑业的亮点之一。基于有力的货币政策和不断增长的住房需求，惠誉预测 2023～2032 年印尼建筑业产值年均增长 5.7%。受益于印尼年轻的人口结构、较高的城市化率和实际 GDP 增长率，惠誉预测 2023～2025 年印尼建筑业增长 4.9%。

在重点项目上，可以关注印尼新首都努山塔拉项目。截至 2024 年 2 月，新首都中央政府核心区几栋建筑已颇具规模，政府要求在印尼成立 79 周年之际，核心区块可供使用。目前新首都正在建设酒店、住宅、物流、办公、教育、卫生、能源、交通及城市绿地等设施。新首都第一阶段开发总投资已达 47.5 万亿印尼卢比，其中私人投资达 35.9 万亿印尼卢比。新首都管理局计划吸引 100 万亿印尼卢比公共和私人投资，公共投资可来自国有企业或非政府组织。

总体来看，印尼国际工程市场在未来几年将继续保持积极的发展态势。随着基础设施建设需求的增长、政府支持政策的落地及国际投资的不断涌入，印尼国际工程市场将为承包商和相关企业提供广阔的机遇。然而，企业在进入市场时仍需充分考虑当地的法规、文化差异及市场竞争情况，深入了解市场动态，以制定合理的战略和应对措施，建立稳固的合作关系。

参考文献

崔健：《深化中印尼港口合作的挑战及对策研究》，硕士学位论文，华中师范大学，2020。

郭怡汝：《中国与印尼基础设施建设合作的机遇、挑战以及对策分析》，《商业经济》2024 年第 3 期。

韩美拉：《印尼中资企业国际工程承包发展研究》，硕士学位论文，广西大学，2017。

林晓芳、程超、方玲：《“一带一路”背景下我国与沿线主要国家服务贸易竞争力的比较研究》，《商场现代化》2023 年第 22 期。

刘安琪：《人民币国际化的空间拓展：影响因素与未来潜力》，硕士学位论文，江西财经大学，2019。

鲁潇：《印尼雅万高速铁路项目建设模式创新研究》，硕士学位论文，北京交通大学，2021。

麻常雷等：《国际海洋能技术进展综述》，《海洋技术学报》2017 年第 4 期。

潘玥：《“一带一路”背景下印尼的中国劳工问题》，《东南亚研究》2017 年第 3 期。

丘俭裕：《“一带一路”视域下制度距离对中国对外直接投资的影响研究》，博士学位论文，吉林大学，2022。

汪涛等：《RCEP 背景下中国对外直接投资在印尼的潜力和挑战》，《长安大学学报》（社会科学版）2022 年第 5 期。

王涛、一卓：《爪哇 7 号：印尼能源“新地标”》，《走向世界》2020 年第 15 期。

吴冠驹：《印尼承包工程风险与挑战》，《江西建材》2016 年第 13 期。

杨红俊、侯芳、王文霞：《“一带一路”沿线国家知识产权现状与态势分析》，《江苏科技信息》2020 年第 21 期。

政 策 篇

Y.7
中国国际工程对外投资政策报告（2024）

中国施工企业管理协会　杭州新睿智业有限公司*

摘　要：　随着我国企业对外投资步伐的加快，中国政府适时出台了一系列法律法规和指导性文件来规范企业的对外投资行为，确保投资活动能够有序开展、安全运行且高效推进。本报告深入归纳和分析了中国国际工程对外投资政策的架构及其演进历程，为全面理解中企对外投资的监管环境提供了一个全方位的视角。本报告详细梳理了商务部、国家发展和改革委员会、国家外汇管理局等核心部门出台的一系列规范性文件，涉及对外投资的备案、核

* 执笔人：尚润涛，中国施工企业管理协会副会长兼秘书长，研究方向为工程建设行业信用体系建设、人才建设、企业管理、企业文化建设、绿色建造、国际工程管理等；韩磊，中国施工企业管理协会一带一路工作联络部主任，高级工程师，研究方向为工程建设行业、企业与项目管理、项目质量评价等；翟绍燚，中国施工企业管理协会一带一路工作联络部主任科员，研究方向为企业与项目管理、国际工程合规经营等；胡博，杭州新睿智业有限公司咨询总监，高级工程师，一级建造师，信息系统项目管理师（高级），PMP，研究方向为工程建设行业、企业与项目管理、境外工程项目合规经营等；顾玲萍，杭州新睿智业有限公司咨询顾问，PMP，研究方向为工程建设行业、企业与项目管理、境外工程项目合规经营等；黄舒婷，杭州新睿智业有限公司咨询顾问，研究方向为工程建设行业、企业与项目管理、境外工程项目合规经营等。

准或注册流程，并强调了金融机构和国有企业在对外投资中的特殊要求。本报告进一步对对外投资监管、对外投资方向指导、对外统计与报告、对外融资与金融支持、对外安全风险防范、对外经营合规及指引、对外国资管理与监督等关键领域的政策展开了分析，并对未来的政策导向进行了展望。本报告通过分析得出：中国对外投资监管政策体系正逐年趋于完善，逐步构建起了多维度、精细化的管理框架，引导企业理性且安全地“走出去”，同时强调合规性以及风险防控的重要性。

关键词： 对外投资　监管框架　合规性　风险防控

引　言

我国在国家立法层面尚未颁布针对包含工程投资业务在内的企业对外投资的专项法律，现行的监管框架主要依托于政府及其相关部门发布的多份规范性文件，共同搭建起一套完备的管理生态系统。当前，中国企业在进行对外投资时，需遵循由商务部、国家发展和改革委员会（以下简称“发改委”）以及国家外汇管理局（以下简称“外汇管理局”）所设定的备案、核准或注册流程。值得注意的是，若投资主体为金融机构，那么还需获得行业监管机构的批准或无异议函；国有企业在进行对外投资前，则必须获得国有资产监督管理部门的认可。

发改委于2017年发布的《企业境外投资管理办法》、商务部于2014年推出的《境外投资管理办法》，以及外汇管理局的相关外汇管理规定，共同构筑起了中国企业对外投资行为的三重监管框架。这一框架确保发改委、商务部与外汇管理局能够协同配合、高效运作，对中国企业对外投资活动进行全面监管。在这一监管框架之下，国内企业在启动对外投资时，首先，需获得发改委的审批或向发改委备案；其次，获得商务部对于对外投资企业的设立审批或向商务部备案，并领取相关证书；最后，完成在外汇管理局的外汇登记手续。

除了上述核心部门规章，发改委、商务部、中国人民银行、外交部等还推出了一系列指导性文件，包括指导意见、操作指引和投资指南等。这些指导性文件与部门规章相辅相成，共同构筑起了中国企业国际化战略的政策法规坚实基石。其中，部分文件具有法律约束力，例如《关于进一步引导和规范境外投资方向的指导意见》。该文件明确了境外投资的鼓励、限制和禁止清单，显著提升了境外投资的标准，促使中国企业在对外扩张时采取更加理智和谨慎的态度。

在当今全球经济一体化的宏大背景之下，中国企业“走出去”的步伐持续加快，对外投资已然成为推动企业国际化战略实施和国家经济发展的重要途径。然而，基于国际环境的复杂多变，如何在遵循国际规则与市场规律的同时，切实保障对外投资活动的有序、安全与高效，成为政策制定过程中的核心议题。以下是中国企业在对外投资过程中需遵循的核心法规以及主要指导性文件的概览（见表1），它们共同构筑起了我国企业进行对外投资以及合规经营的重要遵循框架。

表1　对外投资核心政策

对外投资监管相关政策	
序号	颁布机构及政策名称
1	发改委《企业境外投资管理办法》(发改委令第11号)
2	发改委《关于发布企业境外投资管理办法配套格式文本(2018年版)的通知》(发改外资〔2018〕252号)
3	发改委《关于发布境外投资敏感行业目录(2018年版)的通知》(发改外资〔2018〕251号)
4	商务部《境外投资管理办法》(商务部令2014年第3号)
5	商务部《关于做好境外投资管理工作的通知》(商办合函〔2014〕663号)
6	商务部等7部门《关于印发〈对外投资备案(核准)报告暂行办法〉的通知》(商合发〔2018〕24号)
7	商务部《关于印发〈对外投资备案(核准)报告实施规程〉的通知》(商办合函〔2019〕176号)
8	商务部《关于印发〈对外投资合作“双随机、一公开”监管工作细则(试行)〉的通知》(商办合规函〔2021〕289号)
9	外汇管理局《关于发布〈境内机构境外直接投资外汇管理规定〉的通知》(汇发〔2009〕30号)

续表

对外投资监管相关政策	
序号	颁布机构及政策名称
10	外汇管理局《关于进一步改进和调整资本项目外汇管理政策的通知》（汇发〔2014〕2号）
11	外汇管理局《关于进一步简化和改进直接投资外汇管理政策的通知》（汇发〔2015〕13号）
12	外汇管理局《关于进一步推进外汇管理改革完善真实合规性审核的通知》（汇发〔2017〕3号）
13	外汇管理局《国家外汇管理局行政许可实施办法》（国家外汇管理局公告2021年第1号）

对外投资方向指导相关政策	
序号	颁布机构及政策名称
1	发改委等13部门《关于印发鼓励和引导民营企业积极开展境外投资的实施意见的通知》（发改外资〔2012〕1905号）
2	发改委、商务部、中国人民银行、外交部《关于进一步引导和规范境外投资方向指导意见的通知》（国办发〔2017〕74号）
3	商务部、生态环境部《关于印发〈对外投资合作绿色发展工作指引〉的通知》（商合函〔2021〕309号）
4	商务部、中央网信办、工信部《关于印发〈数字经济对外投资合作工作指引〉的通知》（商合函〔2021〕355号）
5	发改委、外交部、生态环境部、商务部《关于推进共建"一带一路"绿色发展的意见》（发改开放〔2022〕408号）

对外统计与报告相关政策	
序号	颁布机构及政策名称
1	商务部、国家统计局、外汇管理局《关于印发〈对外直接投资统计制度〉的通知》（商合函〔2022〕16号）及《关于公开征求〈对外直接投资统计制度〉修订意见的通知》

对外融资与金融支持相关政策	
序号	颁布机构及政策名称
1	发改委、国家开发银行《关于进一步加强对境外投资重点项目融资支持有关问题的通知》（发改外资〔2005〕1838号）
2	外汇管理局《关于境内居民通过特殊目的公司境外投融资及返程投资外汇管理有关问题的通知》（汇发〔2014〕37号）

对外安全风险防范相关政策	
序号	颁布机构及政策名称
1	商务部、外交部、国资委《关于加强境外中资企业机构与人员安全保护工作的意见》（国办发〔2005〕48号）

续表

对外安全风险防范相关政策

序号	颁布机构及政策名称
2	商务部等7部门《关于印发〈境外中资企业机构和人员安全管理规定〉的通知》(商合发〔2010〕313号)
3	商务部《关于印发〈对外投资合作境外安全风险预警和信息通报制度〉的通知》(商合发〔2010〕348号)
4	商务部等5部门《关于进一步加强中资企业安全生产监督管理工作的通知》(商合函〔2014〕226号)
5	商务部、中国对外承包工程商会《境外中资企业机构和人员安全管理指南》(2023年第3版)

对外经营合规及指引相关政策

序号	颁布机构及政策名称
1	商务部《关于印发〈规范对外投资合作领域竞争行为的规定〉的通知》(商合发〔2013〕88号)
2	发改委等7部门《关于印发〈企业境外经营合规管理指引〉的通知》(发改外资〔2018〕1916号)
3	发改委等5部门《关于发布〈民营企业境外投资经营行为规范〉的通知》(发改外资〔2017〕2050号)
4	生态环境部、商务部《关于印发〈对外投资合作建设项目生态环境保护指南〉的通知》(环办环评〔2022〕2号)
5	商务部等7部门《关于印发〈中国境外企业文化建设若干意见〉的通知》(商政发〔2012〕104号)
6	商务部《关于印发〈境外中资企业商(协)会建设指引〉的通知》(商合函〔2013〕620号)
7	商务部、外交部、国资委、全国工商联《关于印发〈境外中资企业(机构)员工管理指引〉的通知》(商合发〔2011〕64号)

对外国资管理与监督相关政策

序号	颁布机构及政策名称
1	国资委《中央企业境外国有资产监督管理暂行办法》(国资委令第26号)
2	国资委《中央企业境外国有产权管理暂行办法》(国资委令第27号)
3	国资委《关于加强中央企业境外国有产权管理有关工作的通知》(国资发产权〔2011〕144号)
4	国资委《中央企业境外投资监督管理办法》(国资委令第35号)
5	财政部《关于印发〈国有企业境外投资财务管理办法〉的通知》(财资〔2017〕24号)
6	国资委《关于进一步加强中央企业境外国有产权管理有关事项的通知》(国资发产权规〔2020〕70号)

资料来源：笔者根据相关网站官方信息整理所得。

一　对外投资监管相关政策

面对日益增长的对外投资活动，我国政府通过《企业境外投资管理办法》《境外投资管理办法》等一系列监管政策，建立了从项目备案（核准）到过程报告、随机抽检的全方位监管体系，旨在规范企业对外投资行为，防范投资风险，促进资源合理配置。相关政策的核心内容如下。

（一）《企业境外投资管理办法》

2017 年 12 月，发改委正式发布《企业境外投资管理办法》，于 2018 年 3 月 1 日起施行，《境外投资项目核准和备案管理办法》（发改委令第 9 号）（以下简称“9 号令”）同时废止。

相较于 9 号令，该办法进一步体现“简政放权、放管结合、优化服务”的监管理念，推出多项改革措施，包括：修正境外投资的定义、核准和备案要求、敏感行业范围等关键细节；取消“小路条”[①] 及“20 亿美元以上的国务院审批”；要求增加投资均报发改委审批，引入项目完成情况报告、重大不利情况报告、重大事项问询报告；等等。该办法的核心内容如下。

①管理原则。该办法强调“放管服”改革思路，即“简政放权、放管结合、优化服务”。这意味着对于非敏感类项目，政府将更多地采用备案管理，减少前置审批，提高效率；而对于敏感类项目，则要求遵循更为严格的核准手续。

②敏感类项目界定。涉及特定国家和地区、特定行业的境外投资被定义为敏感类，这些通常与国家战略安全、外交政策、国际义务等因素相关。具体标准由发改委随国家政策调整而更新。

① 根据 9 号令，中方投资额 3 亿美元以上的境外收购或竞标项目，投资主体在对外开展实质性工作之前，应向发改委报送项目信息报告。发改委收到项目信息报告后，对符合国家境外投资政策的项目，在 7 个工作日内出具确认函。这个确认函，就是“小路条”。

③监管强化。该办法强调了事中事后监管，要求企业定期报告境外投资实施情况，增加了对境外投资的真实性、合规性审查，以及对重大事项变更的管理要求。

④法律责任。该办法明确了违规企业的法律责任，包括警告、罚款、纳入信用记录、限制或禁止境外投资等处罚措施，增强了法规的约束力。

⑤服务与指导。除了管理与监管，该办法还强调提供境外投资服务与指导，如信息发布、风险提示、政策咨询等，帮助企业更好地适应国际市场环境。

相较于之前的 9 号令，该办法凸显了对境外投资管理全面性和系统性的强化，通过宏观指导和全程监管，为企业提供明确的境外投资指导和规范，促进企业合理有序开展境外投资活动，并进一步规范境外投资行为，防止境外投资对国内经济造成不利影响，维护国家利益和国家安全，推动境外投资持续健康发展。

（二）《关于发布企业境外投资管理办法配套格式文本（2018年版）的通知》

该通知是为配合《企业境外投资管理办法》的实施而发布的一系列标准化表格和文件模板，旨在规范和便利企业办理境外投资项目的申报、备案和核准等流程。

该通知鼓励企业通过发改委的在线平台提交上述格式文本，以实现无纸化办公，提高处理速度。该通知明确了不同类型申请的处理时限，如备案一般应在 3 个工作日内完成，核准则需要更长时间，具体依项目而定，提高了流程时限的可预测性。该通知还包含了填写说明和相关注意事项，帮助企业准确无误地完成各项申报，避免因格式错误或信息不全而造成退回或延期。

该通知的发布，进一步细化和完善了企业境外投资管理流程，为企业提供了更为明确的指导，提高了政策的可操作性和执行效率，同时也体现了政府对境外投资管理更加精细化和科学化的趋势。

（三）《关于发布境外投资敏感行业目录（2018年版）的通知》

该通知旨在引导和规范中国企业的境外投资行为。通知中明确了境外投资敏感行业目录，包括但不限于武器装备的研制生产维修、跨境水资源开发利用、新闻传媒，以及房地产、酒店、影城、体育俱乐部和在境外设立无具体实业项目的股权投资基金或投资平台等，对这些敏感行业的境外投资，将进行更为严格的监管和审核。

该通知通过对敏感行业的界定，为企业提供明确的投资方向指引，避免盲目投资和资源浪费，预防和控制境外投资风险，维护国家安全和利益。同时也可促使企业转向非敏感行业进行投资，从而推动相关行业的结构调整和健康发展。

（四）《境外投资管理办法》

《境外投资管理办法》是商务部为规范和促进中国企业的境外投资活动健康发展而制定的重要法规，于 2009 年首次颁布。该办法的颁布标志着境外投资管理步入法治化轨道。随着国内外经济形势的变化和“一带一路”倡议的推进，商务部于 2014 年对该办法进行了修订，即商务部令 2014 年第 3 号，进一步明确了我国境外投资的管理规范，确立了企业境外投资的主体地位，并进一步简政放权，激发地方商务主管部门的工作积极性，提高了管理效率。该办法的核心内容如下。

①切实落实企业境外投资自主权。该办法明确规定，企业开展境外投资应依法自主决策、自负盈亏，取消了“企业应当在其对外签署的与境外投资相关的合同或协议生效前，取得有关政府主管部门的核准”的要求，确立了企业境外投资的主体地位。

②进一步简政放权，大力推进行政审批制度改革。该办法按照《政府核准的投资项目目录》规定，改变对境外投资开办企业由商务部和省级商务主管部门全面核准的方式，实行“备案为主、核准为辅”的管理方式，并最大限度地缩小核准范围，大幅提高了境外投资的管理效率。

③缩短办理时限，提高便利化水平。该办法进一步缩短了境外投资开办企业办理核准的时限，对需备案的境外投资，企业只要提交真实、完整、符合法定形式的材料，即可在3个工作日内完成备案。同时，该办法还取消了企业境外投资矿产资源勘查开发应当征求国内有关商会、协会意见的规定，进一步简化了程序。

④由省级商务主管部门负责地方企业备案，便利企业就地办理业务。该办法规定，省级商务主管部门负责地方境外投资开办企业的备案管理，自行印制并颁发“企业境外投资证书”，改变了以往由商务部统一印制并颁发证书的做法，有利于切实发挥贴近基层、就近管理的优势。

⑤政府提供公共服务，加强规范和指导。该办法在明确政府继续为企业提供服务的同时，加大了对企业境外投资行为进行规范和指导的力度，敦促境外投资企业遵守境内外法律法规、尊重当地风俗习惯、履行社会责任，做好环境治理、劳工保护、员工培训、企业文化建设等工作，促进与当地的融合。

该办法为企业在境外投资提供了明确的规范和指导，有助于促进企业“走出去”战略的实施，同时保障国家利益和企业权益。

（五）《关于做好境外投资管理工作的通知》

为了进一步落实《境外投资管理办法》，2014年9月，商务部发布《关于做好境外投资管理工作的通知》。该通知进一步细化了《境外投资管理办法》的实施要求，强调了地方商务部门在境外投资管理工作中的职责，要求加强指导和服务，确保政策落地，提升服务质量。该通知加大了地方层面的管理和执行力度，提升了政策的执行效率，确保企业能获得更加具体和实际的指导。

该通知通过明确备案和核准的情形，使企业能够更加清晰地了解境外投资的审批要求，削弱了投资政策的不确定性。对企业来说，该通知的实施使得境外投资的审批过程更加透明和高效，有助于企业更好地规划和执行境外投资策略。对于政府部门而言，该通知提高了管理效能，加大了对境外投资的监管力度，有助于防范投资风险。

（六）《关于印发〈对外投资备案（核准）报告暂行办法〉的通知》

此前，我国对外投资领域还存在一些体制性、制度性的问题和障碍，如重事前、轻事中事后的管理模式仍未得到明显改善，监管合力尚未有效形成，政府部门监管能力和水平与企业对外投资方式多样化的需求存在一定差距等。为此，2018 年 1 月，商务部、中国人民银行、国资委、中国银监会、中国证监会、中国保监会、外汇管理局共同发布了《对外投资备案（核准）报告暂行办法》，该办法作为新时代对外投资管理的重要基础性制度，在备案（核准）报告信息统一汇总、事中事后监管等方面推出了一系列创新性举措，旨在实现对外投资事前、事中、事后全流程的管理，推进对外投资健康规范可持续发展，更好地服务“一带一路”建设和对外开放大局。该办法的核心内容如下。

①该办法建立“管理分级分类、信息统一归口、违规联合惩戒”的管理模式。管理分级分类是指各部门依据国务院赋予的对外投资管理职责开展相应的备案（核准）报告工作，既包括非金融类对外投资又包括金融类对外投资，实现了全口径对外投资管理。信息统一归口是指各部门定期将对外投资备案（核准）报告信息通报商务部，由商务部牵头对备案（核准）报告信息进行统一汇总并归类，再发送各部门共享共用，各部门根据汇总信息开展监测报告、预警分析、有效干预等工作。违规联合惩戒是指境内投资主体未按办法规定履行相应义务的，商务部将会同相关主管部门视情况采取提醒、约谈、通报等措施。如发现境内投资主体存在偷逃税款、骗取外汇等行为，主管部门将把有关问题线索转交税务、公安、工商、外汇管理等部门依法处理。

②该办法明确对外投资备案（核准）按照“鼓励发展+负面清单”的方式进行管理。目前，商务部等部门实行“备案为主、核准为辅”的管理方式。为深化简政放权，商务部等部门将在此基础上积极推进“鼓励发展+负面清单”管理方式，负面清单明确限制类、禁止类对外投资行业领域和方向。这有助于有效引导境内投资主体的预期和行为，提高政策透明度和稳定性，进一步便利境内投资主体开展对外投资。

③该办法明确对外投资备案（核准）实行最终目的地管理原则。该办法规定对外投资备案（核准）的对象是境外设立的企业，并进一步明确该境外设立企业为最终目的地企业。其中，最终目的地是指境内投资主体投资最终用于项目建设或持续生产经营的所在地。对于境内投资主体投资到最终目的地企业的路径上设立的所有空壳公司，主管部门均不予备案（核准）。这种“穿透式”管理有利于掌握对外投资资金真实去向，同时也有利于政府部门为对外投资企业提供精准的服务和保障。但同时要强调，这种管理不是无限穿透，最终目的地企业再开展的投资活动不属于现行对外投资管理范畴，无须办理对外投资备案（核准）手续。

④该办法明确“凡备案（核准）必报”的原则。该办法规定境内投资主体完成对外投资备案（核准）手续后，均应按相关规定，向相应的主管部门定期报送对外投资关键环节信息，境内投资主体报送信息的具体内容、途径、频率等由相关主管部门依据职责另行确定。当境内投资主体对外投资出现重大不利事件或突发安全事件时，按“一事一报”原则及时向相关主管部门报送，相关主管部门将情况通报商务部。

⑤该办法明确对外投资事中事后监管的主要方式。该办法规定了重点督察和“双随机、一公开”抽查工作相结合的事中事后监管方式。一方面，考虑到重大投资情形可能会带来较大风险，容易引发矛盾纠纷，不但会造成经济损失，还会损害我国对外形象，因此需重点关注、重点督察；另一方面，通过开展“双随机、一公开”抽查工作，将所有对外投资备案（核准）报告信息纳入检查对象名录库，实现对外投资事中事后监管的全覆盖。

⑥该办法明确强化运用信息化手段开展对外投资管理工作。为持续推进对外投资便利化，该办法规定“鼓励相关主管部门运用电子政务手段实行对外投资网上备案（核准）管理，提高办事效率，提供优质服务”。同时，为切实做好对外投资备案（核准）报告信息的归集汇总、监测报告、预警分析等工作，商务部建立境外企业和对外投资联络服务平台，与相关部门实现信息共享共用，形成合力，共同做好对外投资监管工作。

该办法体现了政府对于对外投资管理从事前审批向事中事后监管的转变，提高了企业对外投资的便利性，同时加强了对风险的把控。

（七）《关于印发〈对外投资备案（核准）报告实施规程〉的通知》

作为对《对外投资备案（核准）报告暂行办法》具体操作层面的补充，该规程提供了详细的实施步骤、格式要求和操作流程，便于企业和地方商务部门执行。该规程的核心内容如下。

①信息化平台。该规程推动利用信息化手段，建立全国统一的对外投资备案（核准）信息报告系统，提高工作效率和透明度。

②地方职责。该规程明确了地方商务部门在接收、审核、上报和监督对外投资信息报告中的具体职责，强化了属地管理。

③监督检查。该规程规定了对外投资信息报告的监督检查机制，确保企业遵守相关规定，对违规行为设定了相应的法律责任和处罚措施。

《对外投资备案（核准）报告暂行办法》及《对外投资备案（核准）报告实施规程》这两份文件的出台，标志着中国对外投资管理从传统的审批模式成功迈向更加注重事中事后监管和服务的新型管理模式。这种转变既积极鼓励企业“走出去”，又着重强调对外投资的规范性和安全性。通过大力加强信息报告和风险管理，政府能够更好地掌握对外投资动态，及时精准地发现并应对潜在风险，切实维护国家利益和企业合法权益。与此同时，也为中国企业国际化经营提供了更为清晰明确、更为规范有序的指导，助力中国企业在国际舞台上稳步前行、持续发展。

（八）《关于印发〈对外投资合作“双随机、一公开”监管工作细则（试行）〉的通知》

2021 年 9 月 6 日商务部印发新版《对外投资合作“双随机、一公开”监管工作细则（试行）》，对 2017 年 10 月商务部首次出台的《对外投资合作“双随机、一公开”监管工作细则（试行）》进行了修订和完善。新版细则的核心内容如下。

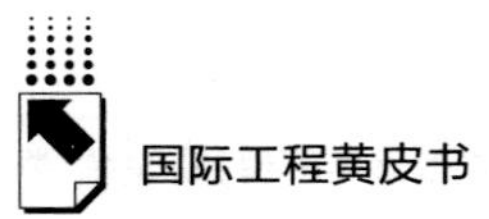

①监管原则。该细则明确了“双随机、一公开”的监管原则，即商务主管部门在开展对外投资合作监督检查工作时，需随机抽取检查对象、随机选派执法检查人员，并及时公开检查情况和查处结果。

②信息化管理。该细则规定商务主管部门应实行全程信息化管理，做到检查全程留痕。为此，商务部在“业务系统统一平台”中建立了“双随机、一公开”子应用，其中包括执法检查人员名录库和检查对象名录库。

③检查对象与执法检查人员。检查对象主要包括经备案（核准）设立的境外企业、经备案（立项）的对外承包工程项目，以及取得对外劳务合作经营资格的企业。执法检查人员原则上为商务主管部门正式在编工作人员，以主管对外投资合作业务人员为主。

④动态调整。商务部会根据法律法规规章修订情况和工作实际，动态调整对外投资合作“双随机、一公开”检查事项清单，并及时向社会公布。

该细则通过“双随机、一公开”的监管原则，增强政府的公信力，同时也有助于促进企业自律，推动企业建立完善的信用体系，促使其更加重视合规经营。这充分表明了我国政府正在从注重事前审批转向加强事中事后监管，以确保市场的公平竞争。

（九）境外直接投资外汇管理相关政策

在世界经济金融全球化、一体化不断发展的背景下，境内机构（含民营企业）境外直接投资的需求与日俱增，简化境外直接投资审批程序以及为境外直接投资企业提供融资支持的呼声越发高涨。为推动境内机构境外直接投资发展壮大，在适应国际收支均衡管理需要的基础上，近年来外汇管理局陆续出台了一系列关于改革和规范境外直接投资外汇管理方式的政策措施。

《关于发布〈境内机构境外直接投资外汇管理规定〉的通知》《关于进一步改进和调整资本项目外汇管理政策的通知》《关于进一步简化和改进直接投资外汇管理政策的通知》《关于进一步推进外汇管理改革完善真实合规

性审核的通知》《国家外汇管理局行政许可实施办法》等文件共同构成了外汇管理局近年来在境内机构境外直接投资外汇管理方面的政策演进脉络。这些政策文件显示了外汇管理局在支持境内机构“走出去”、优化外汇资源配置、促进跨境投资便利化的同时，也在不断加强监管能力，防范跨境资本流动风险，确保外汇管理服务于国家的宏观经济政策和金融市场稳定。以下是对这些文件联合解读的关键要点。

1.《关于发布〈境内机构境外直接投资外汇管理规定〉的通知》

2009 年 7 月，外汇管理局发布了《关于发布〈境内机构境外直接投资外汇管理规定〉的通知》，通知中的规定构建了境内机构境外直接投资外汇管理的基础框架，明确了境内机构进行境外直接投资时的外汇登记、账户设立、资金汇出、收益汇回等操作规则，旨在促进境外直接投资健康发展，同时对跨境资本流动进行均衡管理。该规定的核心内容如下。

①拓展境外直接投资外汇资金来源。境内机构可使用自有外汇资金、符合规定的国内外汇贷款、人民币购汇或实物、无形资产、留存境外利润等多种资金来源进行境外直接投资。

②将境外直接投资外汇资金来源的审核方式由事前审查改为事后登记。

③为境外直接投资企业的后续融资提供支持，明确境内机构可以向境外直接投资企业提供商业贷款及融资性担保。

④将外汇管理局对境内机构投资资金汇出的管理方式由以往的核准制调整为登记制。境内机构向外汇指定银行提交相关文件，由银行进行真实性审核后，即可为其办理投资资金汇出。

⑤境内机构在其境外项目正式确立前的筹建阶段，经外汇管理局核准，可以汇出占其投资总额一定比例的前期费用。

⑥明确了境外投资企业利润以及减资、转股、清算等资本变动所得留存境外或汇回境内的处置方式和管理原则。

⑦建立全口径境外直接投资外汇管理体系。除传统意义上的境内非金融机构以外，明确并规范境内金融机构境外直接投资的外汇管理方式和法规适用问题。

⑧充分利用境外直接投资外汇管理信息系统，构建起境外直接投资项下跨境资金流出入的统计监测机制。

2.《关于进一步改进和调整资本项目外汇管理政策的通知》

为进一步深化资本项目外汇管理改革，推进简政放权，促进贸易投资便利化，外汇管理局于 2014 年 1 月发布《关于进一步改进和调整资本项目外汇管理政策的通知》。该通知的核心内容如下。

①简化融资租赁类公司对外债权外汇管理。对融资租赁类公司开展对外融资租赁业务实行事后登记，由所在地外汇管理局办理。融资租赁类公司开展对外融资租赁业务，可直接到所在地银行开立境外放款专用账户，且不受现行境内企业境外放款额度限制。

②简化境外投资者受让境内不良资产外汇管理。取消外汇管理局对金融资产管理公司对外处置不良资产涉及的外汇收支和汇兑的审批。简化境外投资者受让境内不良资产登记手续。取消外汇管理局对金融资产管理公司对外处置不良资产收入结汇核准。取消外汇管理局对境外投资者处置不良资产所得收益购付汇核准。明确对外处置不良资产所涉担保事项。

③进一步放宽境外直接投资前期费用管理。凡不超过 300 万美元且不超过中方投资总额 15%的前期费用，境内机构到所在地外汇管理局办理登记后即可开展相关业务。

④进一步放宽境内企业境外放款管理。放宽境外放款主体资格要求，允许境内企业向与其具有直接或间接持股关系的境外关联企业放款。取消境外放款额度 2 年有效使用期限制，境内企业可根据实际业务需求向所在地外汇管理局申请境外放款额度期限。对于确有客观原因无法收回本息的境外放款，允许境内企业向所在地外汇管理局申请办理注销登记手续。

⑤简化境内机构利润汇出管理。取消企业本年度处置利润金额原则上不得超过最近一期财务审计报告中属于外方股东“应付股利”和“未分配利润”合计金额的限制。

⑥改进证券公司“证券业务外汇经营许可证”管理。取消 3 年换证要求，证券公司按年度将外汇业务有关情况向外汇管理局报备即可。

该通知简化了多项资本项目外汇管理手续，比如减少事前审批，强化事后监管，提高了资本项下资金运用的效率与灵活性，彰显出外汇管理政策的不断优化。

3.《关于进一步简化和改进直接投资外汇管理政策的通知》

为进一步深化资本项目外汇管理改革，促进和便利企业跨境投资资金运作，规范直接投资外汇管理业务，提升管理效率，外汇管理局于 2015 年 2 月发布《关于进一步简化和改进直接投资外汇管理政策的通知》。该通知是在总结前期部分地区试点经验的基础上发布的，目的是在全国进一步简化和改进直接投资外汇管理政策。该通知的核心内容如下。

①取消境内直接投资项下外汇登记核准和境外直接投资项下外汇登记核准两项行政审批事项。外汇管理局及其分支机构通过银行对直接投资外汇登记实施间接监管。

②简化部分直接投资外汇业务办理手续。简化境内直接投资项下外国投资者出资确认登记管理；取消境外再投资外汇备案；取消直接投资外汇年检，改为实行存量权益登记。

③要求银行提高办理直接投资外汇登记的合规意识。外汇管理局应强化对银行的培训指导和事后监管，银行未按规定要求履行直接投资外汇登记审核、统计、报告责任的，外汇管理局除按外汇管理有关规定对其处罚外，还可使该银行暂停办理直接投资外汇登记。

④继续深化直接投资外汇管理改革。简化直接投资项下的外汇登记、账户开立和资金使用等程序，增强了企业的自主权，降低了企业的合规成本，同时加强了对异常外汇交易的监测和管理。

该通知在简化外汇管理流程、降低企业成本、促进投资便利化、加强事后监管以及提升外汇管理效率等方面发挥了重要作用。

4.《关于进一步推进外汇管理改革完善真实合规性审核的通知》

2017 年 1 月，外汇管理局发布该通知以进一步深入推进外汇管理改革，建立健全宏观审慎管理框架下的资本流动管理体系。该通知强调外汇管理的真实性与合规性要求，要求金融机构和企业严格遵守外汇管理规定，加大对虚假、违规外汇交易的打击力度，确保外汇收支真实合规，维护外汇市场秩序。这些措施有利于解决部分中小进出口企业融资难题，使企业能充分利用境内外市场资源，拓宽资金运用渠道，从而推动实体经济发展。

5.《国家外汇管理局行政许可实施办法》

为贯彻落实国务院深化“放管服”改革要求，规范外汇管理行政许可行为，外汇管理局发布了 2021 年第 1 号公告，出台《国家外汇管理局行政许可实施办法》。该办法的核心内容如下。

①根据《中华人民共和国行政许可法》，进一步规范行政许可申请、受理、审查、决定、听证等流程。

②结合“互联网+政务服务”工作推进情况，增加在线办理行政许可等内容。

③简化行政许可材料要求，明确依法能够通过相关部门间信息共享或外汇管理系统内部获取的材料，不再要求申请人提交。

④规范行政许可公开工作，明确行政许可决定信息公开要求。

该办法规范了外汇管理局的行政许可实施，明确了行政许可的申请、受理、审查、决定、变更、延续、撤销等程序，提高了外汇管理的法治化水平和透明度，保障了行政相对人的合法权益，同时适应了外汇管理现代化的需要。

小结

中国对外投资监管政策体系逐年完善，形成了多维度、精细化的管理框架，旨在引导企业理性、安全地“走出去”。发改委与商务部的核心文件制定了对外投资的基本规则，明确了从项目审批、敏感行业界定到备案（核准）的具体流程，强化了事前指导和分类监管；商务部的“双随机、一公开”监管工作细则则侧重于事中事后监管效率与企业合规性的提升，标志着监管方式朝更加科学、透明的方向转变。

外汇管理局的一系列通知及规定，逐步简化了外汇管理流程，同时加强了真实性与合规性审核，反映了在促进资本便利化流动与防范金融风险之间平衡的努力。特别是近年来的修订，彰显了对外投资管理更加高效、灵活与国际接轨的趋势。

展望未来，中国对外投资监管预计将继续沿着促进与规范并重的方向发展。一方面，或进一步放宽对非敏感领域投资的限制，提升审批效率，增强跨境资本流动的便利性；另一方面，强化对敏感行业及高风险项目的审查，利用数字化手段提升监管精准度，强化对于对外投资企业的合规要求，并完善风险预警机制。此外，伴随"一带一路"倡议的深入推进与国际经贸环境的改变，中国或将加强与其他国家的监管合作，共同构建更加开放、透明、安全的国际投资环境。

二　对外投资方向指导相关政策

在中国经济全球化布局与转型升级的关键阶段，国家战略指导与政策调控对投资方向的引领意义非凡。

近年来，中国政府秉持开放合作、互利共赢理念，出台了一系列旨在优化投资结构、引导资本流向、促进可持续发展的政策措施，不仅为国内企业"走出去"指明道路，也体现出中国在全球经济中推动投资合作健康发展的责任与担当。

为了更好地适应全球经济新形势，促进国内外经济循环畅通，中国政府持续发布具有前瞻性和指导性的投资方向政策。从 2012 年的《关于印发鼓励和引导民营企业积极开展境外投资的实施意见的通知》，到 2017 年的《关于进一步引导和规范境外投资方向指导意见的通知》，政策重心逐渐从鼓励"走出去"转向引导理性、高质量境外投资，强调境外投资的规范性与风险防控，以促进中国资本在全球范围内更加有序、高效流动。

之后，2021 年发布的《关于印发〈对外投资合作绿色发展工作指引〉的通知》和《关于印发〈数字经济对外投资合作工作指引〉的通知》，标志着中国对外投资政策导向进一步细化和升级。前者积极应对全球气候变化挑战，引导企业在海外投资时融入环境保护和可持续发展理念；后者则紧跟数字时代步伐，鼓励支持企业抓住数字化转型机遇，加快布局数字经济领域，推动中国数字技术与国际产能深入合作。

2022 年发布的《关于推进共建“一带一路”绿色发展的意见》，则是在“一带一路”倡议下对绿色、低碳、可持续发展路径的明确宣示，旨在促进与共建“一带一路”国家的绿色经济合作，共同打造绿色丝绸之路。

这些政策构成了中国在对外投资方向指导方面的系统框架，既体现出国家对投资领域新趋势的敏锐洞察，又反映出对经济高质量发展、生态文明建设、科技创新和国际合作等多方面的综合考量。它们共同指向一个清晰的目标：依靠科学引导和规范投资行为，推动中国经济在更广领域、更深层次、更高水平上融入全球经济体系，从而为构建人类命运共同体贡献中国智慧和力量。

（一）《关于印发鼓励和引导民营企业积极开展境外投资的实施意见的通知》

该通知中的实施意见是我国为响应和落实国务院《关于鼓励和引导民间投资健康发展的若干意见》的精神，由发改委联合外交部、工业和信息化部、财政部、商务部、中国人民银行等多个部门于 2012 年发布的重要政策文件，旨在鼓励和引导民营企业积极“走出去”，参与国际市场和资源的竞争与合作。该实施意见提出了一系列措施，包括以下内容。

①加强宏观指导。引导民营企业有重点、有步骤地开展境外投资。

②完善政策支持。落实财税支持政策，加大金融保险支持力度。

③简化境外投资管理。简化审核程序，推进境外投资便利化。

④强化服务保障。提升经济外交服务水平，健全多双边投资保障机制。

⑤加强风险防范。引导民营企业实施商标国际化战略，健全境外企业管理机制。

该实施意见明确鼓励和支持有条件的民营企业积极开展境外投资，特别是对能源资源、高新技术和先进制造业、基础设施、农业和服务业等领域的投资，有助于民营企业更好地利用“两个市场、两种资源”，加快提升其国际化经营水平。政府将提升经济外交服务水平，完善多双边投资保障机制，为民营企业境外投资提供全方位的服务保障。在鼓励民营企业“走出去”的同时，也强调要加强风险防范，保障人员和资产安全，确保境外投资的稳健发展。

（二）《关于进一步引导和规范境外投资方向指导意见的通知》

2017 年 8 月，发改委、商务部、中国人民银行、外交部联合发布《关于进一步引导和规范境外投资方向指导意见的通知》，旨在对中国的境外投资行为进行更全面的引导和规范。该文件在中国对外开放不断扩大、企业“走出去”步伐加快的背景下，针对境外投资中存在的盲目投资、非理性扩张、忽视风险等问题，提出了系统性指导和管理措施。该文件中的指导意见的核心内容如下。

①明确基本原则。提出了坚持企业主体、坚持深化改革、坚持互利共赢等基本原则，强调企业在政府引导下自主决策、自负盈亏、自担风险，并鼓励按照商业原则和国际惯例开展境外投资。

②投资方向引导。将境外投资分为鼓励、限制和禁止三类，鼓励企业投资能带动国内产业升级、获取先进技术、符合“一带一路”倡议等的项目，限制或禁止涉及非实体经济、不符合国家政策导向的投资。

③完善管理制度。加强了境外投资的真实性审核，规范企业境外投资决策程序，提高境外投资管理的透明度和规范化水平。

④强化风险防控。建立健全企业境外投资风险预警和应急处置机制，加强对重大项目的跟踪监测，防范投资、金融、法律等风险。

⑤提供服务与支持。提供政策咨询、信息服务、法律援助等，帮助企业提高国际竞争力，保障合法权益。

该指导意见通过明确鼓励、限制和禁止的境外投资类别，帮助企业更加合理、有序地开展境外投资，通过政策引导，优化我国企业在境外的投资结构，推动形成全方位、多层次、宽领域的对外开放新格局。这表明中国政府正从宏观层面逐步对境外投资进行精细化管理，引导企业投资朝着更高质量、更高效益的领域聚集，体现出从量的增长转变为质的提升的政策导向。

（三）《关于印发〈对外投资合作绿色发展工作指引〉的通知》

该通知中的工作指引是由商务部与生态环境部于 2021 年 7 月联合发布的重要政策文件，旨在推动中国对外投资合作活动更加注重环境保护和可持续发展，确保“走出去”的企业能够在国际舞台上展现中国负责任大国的形象，同时推动全球绿色经济的发展。该工作指引的核心内容如下。

①绿色发展理念。强调对外投资应遵循绿色发展理念，即在追求经济效益的同时，注重环境保护、资源节约和生态平衡，确保投资项目的可持续性。

②重点领域。明确指出鼓励企业在太阳能、风能、核能、生物质能等清洁能源领域进行对外投资合作，同时也涵盖了绿色建筑、循环经济、环境治理技术、生态农业等绿色经济相关行业。

③合规与标准。要求企业遵守东道国的环保法规及国际环境标准，实施环境影响评估，确保投资项目在设计、建设和运营各阶段均符合绿色标准。

④风险评估与管理。指导企业进行环境与社会风险评估，识别潜在的环境风险和挑战，建立风险防控和应急响应机制。

⑤技术创新与合作。鼓励企业采用先进的环保技术和管理经验，加强与国际组织、东道国政府及当地企业的技术交流与合作，共同推进绿色技术的研发和应用。

⑥社会责任与信息披露。强调企业应履行社会责任，促进当地就业，保护生物多样性，同时要求企业提升环境信息的公开透明度，定期报告绿色绩效。

该工作指引彰显出中国政府在对外投资合作中推动绿色发展的决心，以及对生态环境保护责任的担当。它为中国企业明确了绿色发展方向，有助于企业在全球实现更高质量与水平的对外合作。同时，该工作指引的发布也表明未来中国对外投资将更加注重环境保护和可持续发展，绿色投资将成为新增长点，企业需在项目规划和运营中充分考虑环境因素，提升自身在国际社会中的绿色竞争力。

（四）《关于印发〈数字经济对外投资合作工作指引〉的通知》

随着新一轮科技革命与产业变革的不断深入，数字经济已经成为全球经济增长的新引擎。各国纷纷将数字经济发展视为重大战略机遇，国际合作与竞争呈现出新的态势。为了抓住这一机遇，推动数字产业化、产业数字化，实现科技自立自强，加快建设科技强国，推动国内国际双循环迈向更高水平，商务部、中央网信办、工信部于2021年7月联合发布《数字经济对外投资合作工作指引》，更好地服务构建新发展格局。该工作指引的核心内容如下。

①强调数字经济在推动经济发展质量变革、效率变革、动力变革中的关键作用，以及在全球经济增长中新引擎的地位。

②融入全球产业链。鼓励数字经济企业加快布局海外研发中心、产品设计中心，与海外科技企业合作开发前沿技术。

③推进数字基础设施建设。投资建设通信网络基础设施、大数据中心等，提供全球数字服务。

④促进传统产业数字化转型。支持制造业企业参与全球制造业产业链数字化、智能化进程，提升生产和管理效能。

⑤优化“走出去”布局。与发达国家合作，通过多种方式融入全球先进数字技术发展体系。

⑥打造具有国际竞争力的企业。建设国际化领军企业，加大技术研发投入，提升全球资源整合能力。

⑦建设境外经贸合作区。参与科技研发型境外经贸合作区建设，提升合作区数字化管理服务功能。

⑧强化指导监管。完善数字经济“走出去”相关制度建设，加强对新业态新模式的监管。

⑨提高公共服务水平。加强“走出去”公共服务平台建设，整合中介

服务资源。

⑩参与国际规则标准制定。积极参与双边或区域经贸协定谈判，推动制定数字经济领域经贸规则。

⑪风险防范。完善内部合规制度，严格落实数据出境安全管理规定。

⑫营造合作环境。完善多双边交流合作机制，鼓励企业履行社会责任，树立良好口碑。

该工作指引的发布，标志着中国在数字经济领域对外投资合作步入新阶段。这不仅有利于推动中国数字经济企业走向国际，还会促进全球数字生态的构建与合作。通过明确的政策指导，企业能更清楚国家的支持方向，从而把握投资机遇，并且在国际上展现中国数字经济的软实力。长期来看，这将助力中国在全球数字经济治理中发挥更大的作用，推动构建更加开放的国际数字经济环境。

（五）《关于推进共建“一带一路”绿色发展的意见》

该意见由发改委、外交部、生态环境部和商务部于 2022 年 3 月联合发布，旨在深入贯彻绿色发展理念，促进“一带一路”倡议下的国际合作项目更具可持续性与环境友好性。

该意见明确了到 2025 年和 2030 年的发展目标，并提出一系列具体任务与措施。例如，推进绿色发展重点领域合作，涵盖绿色基础设施互联互通、绿色能源、绿色金融等；推进境外项目绿色发展，完善绿色发展支撑保障体系。同时，强调规范企业境外环境行为，促使煤电等项目绿色低碳发展，有序推进绿色金融市场双向开放。

该意见的实施将有助于深化共建“一带一路”国家的生态环保与气候变化国际交流合作，推动绿色丝绸之路理念得到各方认可。加强绿色基建、绿色能源等领域的务实合作，进一步提升境外项目的环境风险防范能力，达成共建“一带一路”绿色发展的显著效果。此外，这有助于提升我国在全球生态文明建设中的影响力，推动我国成为全球生态文明建设的重要参与者、贡献者、引领者。

从该意见中可以看出，政策导向主要为：一是坚持绿色引领，推动形成绿色发展模式和生活方式；二是注重互利共赢，加强与共建“一带一路”国家的绿色交流合作；三是强化创新驱动，凭借科技创新推动绿色产业发展；四是加强制度保障，完善绿色发展的政策法规体系。

这一政策凸显了中国在推进“一带一路”建设中的绿色承诺，借助绿色化发展策略，不仅能提升国际合作伙伴对“一带一路”倡议的认可度，还能在全球引领绿色投资的新潮流，推动全球绿色经济共同发展。

小结

中国对外投资方向指导相关政策极具前瞻性，能促使企业国际化战略与国家发展目标协同发展。预计政策将持续优化升级，更加注重投资质量与安全，强化合规监管与风险防控，同时紧密对接国际规则与标准。随着“一带一路”倡议的深入推进和全球经济格局的不断演变，中国将积极推动构建开放型世界经济体系，深化国际产能合作，引导企业向高科技、绿色低碳及数字经济等前沿领域投资，构建互利共赢的全球化发展格局。政策导向会更加重视长远利益的实现以及国际合作新生态的构建，实现全球治理体系的完善和可持续发展议程的推进。

三　对外统计与报告相关政策

《对外直接投资统计制度》是由商务部、国家统计局和外汇管理局联合制定的一套统计规范，旨在准确、及时且全面地反映中国对外直接投资的实际状况，科学且高效地组织全国的统计工作，并通过统计分析为政策制定、企业决策和学术研究提供支持。该制度经过多次修订，最近一次修订意见征询于 2024 年 3 月，由商务部对外投资和经济合作司发起，旨在适应中国对外直接投资业务的发展管理需求，持续完善统计指标体系，提高统计监测服务工作的质量。

该制度涵盖了调查目的与对象、调查范围与内容、调查方法与频率、组织方式与填报要求、信息的质量控制，以及统计资料公布与共享等内容。

该制度的实施有助于政府更有效地掌握对外直接投资状况，为政策调整和国际合作提供数据支撑，同时也有利于企业自身在对外直接投资决策过程中参考官方统计信息，从而降低投资风险。

四　对外融资与金融支持相关政策

为满足境外投资项目的资金需求，《关于进一步加强对境外投资重点项目融资支持有关问题的通知》等政策文件加大了金融体系对境外投资的支持力度。通过推动银企合作，拓宽了融资渠道。

这些政策文件体现了我国在不同阶段对境外投资融资及金融支持的重点关注与策略调整。

（一）《关于进一步加强对境外投资重点项目融资支持有关问题的通知》

该通知于2005年9月由发改委与国家开发银行联合发布，当时正值中国境外直接投资快速增长的初期，其目的是加大对境外投资重点项目（特别是对国家长远发展具有战略意义的项目）的支持力度。该通知明确要优化融资结构，鼓励国家开发银行等政策性金融机构为境外投资提供贷款，同时强调要加强项目评估与风险防控，以保障资金使用的有效性与安全性。

根据该通知，发改委和国家开发银行每年将制订境外投资重点项目融资支持计划，在股本贷款规模内专门安排一定贷款资金，用于支持国家鼓励的境外投资重点项目扩充资本金，提高融资能力。

境外投资股本贷款主要用于资源开发项目、生产型项目、研发中心项目和企业收购兼并项目。境内企业可以申请境外投资股本贷款，具体程序需要遵循相关规定。

该政策体现出当时政府积极推动企业“走出去”的战略意图，运用政策性金融工具为境外投资打造坚实保障，彰显出国家层面推动境外投资的战略导向，也为后续境外投资的快速增长奠定了金融基础。

（二）《关于境内居民通过特殊目的公司境外投融资及返程投资外汇管理有关问题的通知》

该通知（以下简称“37 号文”）于 2014 年 7 月由外汇管理局发布，主要聚焦境内居民（包括企业和个人）通过特殊目的公司（SPV）开展境外投融资及返程投资的外汇管理。它明确了境内居民设立或控制 SPV 进行海外融资、投资的合法性，同时规范了相关的外汇登记、资金进出境、利润汇回等操作流程，旨在简化程序、促进跨境资本流动的规范化和便利化，同时有效监控资本流动，防止资本外逃和非法资金流动。

SPV 是指境内居民以投融资为目的，在境外直接设立或间接控制的境外企业。申请人需要按 37 号文要求办理登记，方能顺利将境外投资资金调回国内。

37 号文实际上在鼓励境内居民通过 SPV 开展合法的跨境投融资活动，满足其多元化的投资需求。在鼓励的同时，也强化对相关活动的监管来防范潜在金融风险。这体现出政策在促进经济发展与维护金融稳定之间的平衡考量。

37 号文的发布，标志着中国在境外投融资外汇管理方面迈出重要步伐，既展现对外开放决心，又体现对金融安全的重视，为境内居民的境外经济活动提供了更明确的指导与规范。

小结

中国对外融资与金融支持相关政策致力于为“走出去”企业构筑坚实有力的金融保障，确保投资项目顺利实施，同时规范资本运作，维护国家金融安全。

展望未来，中国对外融资与金融支持相关政策有望持续优化，以适应国际经济新秩序和金融开放新要求。预计政策将更加注重市场导向与风险防控的有机结合，加大对高新技术、绿色环保、数字经济等领域对外投资的金融支持力度，同时借助金融科技的力量提升跨境金融服务效率。在强化金融监管合作的国际大背景下，中国或将推出更多举措促进跨境资本的有序流动，平衡好开放与安全的关系，为“一带一路”倡议提供更为坚实的金融支撑，推动构建全面开放的新格局。

五　对外安全风险防范相关政策

鉴于对外投资面临的复杂国际安全形势，《境外中资企业机构和人员安全管理规定》等法规构建了安全预警、应急处理和安全保障机制，保护企业机构和人员的生命财产安全。

这些政策文件共同构成了我国针对境外中资企业机构和人员安全保护的政策框架，旨在提升我国境外利益的安全保障水平，确保“走出去”战略的顺利实施。

（一）《关于加强境外中资企业机构与人员安全保护工作的意见》

该意见于 2005 年 9 月由商务部、外交部及国资委联合发布，是我国首次从中央层面系统提出境外安全保护措施的文件，强调了政府、企业及个人在安全保护中的责任，标志着境外安全保障工作的正式启动。

该意见提出了全面安全观，强调要加强安全教育和管理工作。具体而言，需严格履行对外经济合作业务管理规定，完善信息收集和报送制度，建立安全风险预警机制、内部安全防范与应急处置机制，加强部门间协作配合，发挥驻外使领馆作用，建立项目安全风险评估和安全成本核算制度，妥善处理与所在国家和地区居民及团体的利益关系，完善相关法律法规，加强领导，落实责任。

（二）《关于印发〈境外中资企业机构和人员安全管理规定〉的通知》

该通知中的规定于 2010 年 8 月由商务部等 7 部门联合发布，进一步细化了境外安全管理要求，包括安全教育培训、风险评估、应急预案、信息报告等，构建了较为完善的境外安全管理规范体系。

该规定明确了各相关主管部门和驻外使领馆在对外投资合作企业境外安全管理方面的职责划分以及境外安全突发事件的应急处置流程，并强调对赴高风险国家和地区开展投资合作实行从严管理。该规定还要求对外投资合作企业要加强对派出人员的安全教育和培训，建立境外安全管理制度，履行必要的社会责任。此外，该规定强调落实境外安全责任制，明确将企业负责人列为境外安全的第一责任人，并将安全防范和突发事件处置工作纳入企业考核范畴。

该规定的出台对新形势下进一步做好境外中资企业机构和人员安全保护工作，保障“走出去”战略的顺利实施，具有十分重要的现实意义，并将对对外投资合作境外安全管理工作发挥重要的指导作用。

（三）《关于印发〈对外投资合作境外安全风险预警和信息通报制度〉的通知》

该通知中的制度于 2010 年 8 月由商务部发布，旨在进一步完善境外安全风险控制体系，指导企业加强境外安全风险防范。

该制度明确了境外安全风险的种类，规定了境外安全风险预警和信息通报的程序、内容和形式，并对各驻外经商机构、各地商务主管部门和有关商（协）会如何切实做好风险预警和信息通报工作，提出了具体要求。

该制度的出台对进一步完善对外投资合作境外安全保护机制具有显著的推动作用。它犹如一道坚固的防线，能够助力企业更为有效地抵御境外安全风险，提升企业在复杂国际环境中的生存和发展能力。商务部将持之以恒地提升境外安全信息服务水平，积极协同有关部门做好境外中资企业机构和人员的安全保护工作。

（四）《关于进一步加强中资企业安全生产监督管理工作的通知》

该通知于 2014 年 5 月由商务部、国家安全监管总局、外交部、发改委和国资委联合发布，该通知聚焦于强化境外中资企业的安全生产监督管理，要求企业务必严格遵守安全生产法律法规，提高安全管理水平，减少生产安全事故的发生。

该通知加大了境外中资企业的安全生产监督管理力度。它要求企业落实安全管理制度，建立健全应急处置机制，确保在面对突发安全事件时能够迅速、有效地做出响应。同时，进一步强化安全监管工作，加强监督检查，及时发现并消除安全隐患。此外，还强调了安全培训的重要性，要求企业定期组织员工进行安全生产培训，增强员工的安全意识，为企业的安全生产奠定坚实基础。这些举措，旨在为境外中资企业的稳定发展营造安全可靠的生产环境，保障企业员工的生命财产安全，推动我国对外投资合作事业持续健康发展。

（五）《境外中资企业机构和人员安全管理指南》

该指南于 2023 年 11 月由商务部与中国对外承包工程商会联合发布。作为我国首份针对“走出去”企业境外安全风险管理工作的指导性文件，该指南首版发布于 2012 年。它全面梳理了境外中资企业机构和人员面临的各类风险，系统归纳总结了风险管理的相关原则。从风险识别、评估预警、安全管控、应急处置等七个维度入手，为开展跨境投资业务的中国企业提供了切实有效的参考借鉴。作为最新修订版本的该指南（第 3 版），在前版基础上，紧密结合国际安全形势变化和企业实际需求，进一步提供了更详尽的操作指导和丰富的最佳实践案例，强调了风险预防、应急响应和危机管理的系统化建设。

最新版的该指南敏锐地反映了当前境外安全形势的演变态势，新增了社区风险管控和保险保障章节，对出行安全章节进行了细化，为企业提供了更为具体和实用的安全管理建议。这些新增和细化的内容，有助于企业更全面地认知和应对境外复杂多变的安全环境，提升企业在境外的风险防范能力和应对危机的水平，为我国“走出去”企业在海外的稳健发展提供了更为坚实的保障和有力的支持，促进我国对外投资合作事业在安全有序的轨道上不断前行。

小结

这些政策的发展轨迹充分体现出我国对境外安全风险防范工作极为重视且不断对其改进。从宏观指导原则到具体操作细则，逐步构建起从理论到实践、从预防到应对的全方位管理体系。这共同体现了政府监管与企业自我管理的有机结合、注重事前预防与事后应对的双重机制，力求在切实维护我国境外利益的同时，促进境外企业可持续发展。

总体而言，我国境外安全风险防范政策正呈现出从被动应对向主动管理、从单一监管向综合治理的深刻转变。目标是为企业对外运营提供更全面、高效的安全保障。我国政府的相关政策展现出对国际形势变化的敏锐洞察力和对境外中资企业机构和人员安全的高度责任感。未来，预计这些政策会持续更新完善，以更好适应全球化背景下不断出现的新需求和新挑战。

六　对外经营合规及指引相关政策

近年来，我国政府高度重视企业对外经营的合规问题。为规范企业对外经营行为，政府接连出台了一系列对外经营合规及指引政策，成功构建起全面且细致的对外经营合规框架。这些政策涵盖企业竞争行为规范、合规体系构建要求、环境生态保护责任、企业文化建设方向、商会建设和员工管理准则等多方面内容，形成多层次、宽领域的政策框架体系，引导并助力中国企业在全球化进程中严格遵循国际规则，稳步实现可持续发展。这既反映了国家对维护国际经济秩序、树立中国企业良好形象的决心，也体现出对提升企业国际竞争力和风险管理能力的深切关注。

（一）《关于印发〈规范对外投资合作领域竞争行为的规定〉的通知》

该通知中的规定于 2013 年 3 月由商务部发布，旨在规范我国企业在海

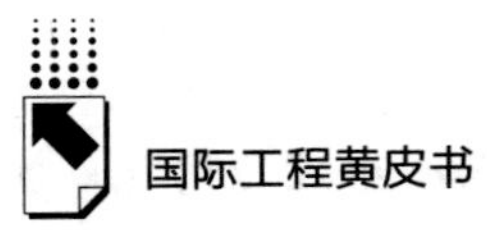

外市场的竞争行为，防止不正当竞争，维护良好的国际商业环境，要求企业在对外投资合作中遵守国内外反垄断法，促进公平竞争。该规定的核心内容如下。

①商务部将协同有关部门建立对外投资合作领域不良信用记录制度。如果企业在对外投资合作中存在不正当竞争行为，如串通投标、倾销、垄断协议等情况，会被记录在案，并极有可能面临处罚。

②有不良信用行为的企业，在规定期限内（例如 3 年内）无法享受国家有关的支持政策。其在获取政府补贴、税收优惠、融资便利等方面的资格可能受到限制。

③该规定涵盖对外投资合作多方面，包括但不限于竞争行为界定、合规管理要求、监管与执法机制等内容，全面指导和约束企业海外竞争行为。

通过该规定，我国政府致力于强化对外投资企业的自律和合规意识，对不正当竞争行为进行预防和纠正，以维护公平竞争的市场环境，同时极大地提升中国企业在国际市场上的信誉和形象。该规定是我国加强对外投资监管、促进经济外交和国际合作政策体系中的重要组成部分，充分反映了我国在全球经济治理中追求更加积极和负责任角色的发展趋向。

（二）《关于印发〈企业境外经营合规管理指引〉的通知》

该指引于 2018 年 12 月由发改委、外交部、商务部、中国人民银行、国资委、外汇管理局及全国工商联等 7 部门联合发布，旨在推动中国企业在全球化进程中加强合规管理，提高国际竞争力，确保境外经营活动符合所在国家和地区的法律法规、国际条约、监管规定、行业准则及道德规范等要求，从而防范合规风险，维护企业和国家的声誉。

该指引对中国企业境外经营的合规管理提出了全面、系统、务实的要求，会成为中国企业境外经营风险防范管控和安全、持续、稳定经营的有力保障，还是境外经营发展的强力助推器。

该指引表明合规是企业“走出去”行稳致远的关键前提，合规管理能力是企业国际竞争力的重要组成部分。该指引提供了境外经营合规管理的完整框架和指导原则，涵盖合规管理体系构建、合规风险评估、合规风险处置、合规培训与宣传、合规监督与评估等多方面内容。强调企业应根据自身特点，紧密结合境外经营的实际情况，建立健全合规管理体系，并确保其有效运行。

该指引的发布为中国企业境外经营活动提供了明确的合规指导，有助于企业有效规避风险，大幅提升国际竞争力，同时也体现了我国政府对企业境外经营活动合规性的高度重视。

（三）《关于发布〈民营企业境外投资经营行为规范〉的通知》

该通知中的规范由发改委、商务部、中国人民银行、外交部和全国工商联联合发布，旨在规范民营企业的境外投资经营行为，提高“走出去”战略的质量和水平。该规范的核心内容如下。

①鼓励有条件的民营企业按照市场原则和国际规则“走出去”，并强调与国有企业享有同等待遇。

②要求民营企业完善境外投资管理规章制度，开展绩效管理，加强财务监督，以及强化人才队伍建设。

③强调民营企业在境外投资经营中应遵守国内外法律法规，公平竞争，履行合同约定，保护知识产权，保障消费者权益，依法纳税，维护国家利益，避免卷入东道国内政。

④要求民营企业加强属地化经营，尊重文化传统，加强社会沟通，热心公益事业，推动技术进步，完善信息披露。

⑤鼓励民营企业在境外坚持资源节约、环境友好的经营方式，并进行环境影响评价和环保许可申请。

⑥加强境外风险防控，完善安全保障，建立健全应急处置机制，做好安全事故报告与处理。

该规范的出台进一步规范了民营企业境外投资经营行为，帮助企业识别、评估、应对境外投资经营中的合规风险，保障企业境外投资经营活动的顺利进行，提升企业的国际竞争力。

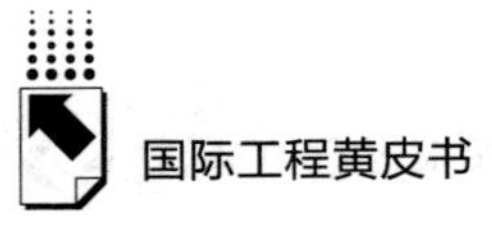

（四）《关于印发〈对外投资合作建设项目生态环境保护指南〉的通知》

该通知中的指南于 2022 年 1 月由生态环境部和商务部联合发布，是《对外投资合作环境保护指南》的最新修订版，为中国企业对外投资合作建设项目提供了具有可操作性的生态环境管理指引。该指南的核心内容如下。

①进一步明确适用范围。该指南适用于中国企业在境外开展投资建设的新建（含改建、扩建）类项目、收购并购类项目以及承包工程项目。

②明确生态环境的内涵。该指南明确生态环境涉及污染防治、应对气候变化、生态系统和生物多样性保护等方面。

③理顺项目全生命周期管理流程。在项目建设运行的主要环节规定了生态环境管理的相关要求。在项目建设或收购并购前，指导企业开展环境尽职调查、本底监测和环境影响评价等工作。在施工期，指导企业加强施工期生态环境保护工作。在运营期，指导企业做好污染防治设施正常运行、生态环境监测与调查、固废管理、环境风险防控等工作。在项目关闭、退出时，指导企业做好退役、拆除、关闭期的生态环境保护工作。

④突出重点行业的要求。根据对外投资合作的重点行业发展情况，该指南针对能源、石油化工、矿山开采、交通基础设施等行业做了生态环境保护的具体规定。

⑤增加应对气候变化和生物多样性保护的要求。随着应对气候变化和生物多样性保护的重要性不断提升，该指南对应对气候变化和生物多样性保护领域的项目分别提出了相关要求。

⑥进一步强化企业对境外项目的环境保护主体责任。为进一步提高境外项目环境管理水平，鼓励项目采用国际通行标准或者中国更严标准开展生态环境保护相关工作。

总体而言，该指南为中国企业在对外投资合作中实施生态环境保护提供了明确的指导方向，有助于企业在全球化的背景下真正实现绿色、可持续的高质量发展。

（五）《关于印发〈中国境外企业文化建设若干意见〉的通知》

该通知中的意见于2012年4月由商务部、中央外宣办、外交部、发改委、国资委、国家预防腐败局及全国工商联联合发布，旨在激励和扶持我国企业更好地适应实施“走出去”战略面临的全新形势。通过内聚核心价值、外塑良好形象，促使企业在实施互利共赢开放战略以及建设和谐世界中发挥更大作用，进而实现我国企业在境外的健康、可持续发展。

这是我国发布的第一份有关中国境外企业文化建设的工作指导文件。该意见提出，要以和谐发展为宗旨，以诚信经营为基石，以学习创新为动力，努力建设符合国际国内经济社会可持续发展需要、具有鲜明时代特征、蕴含丰富管理内涵且各具特色的中国境外企业文化。

该意见就加强中国境外企业文化建设的实施和保障提出了明确要求。即强化对企业的引导和服务，建立评价体系和激励机制，并选取一批不同类型的境外企业开展试点工作。各相关部门、地方各级党委和人民政府以及驻外使（领）馆要加强组织领导，积极推动中国境外企业文化建设。

该意见的发布有益于企业坚定“走出去”的步伐，加速与当地社会的融合，占据舆论和道德的制高点，树立企业在国际上的优良形象。它既是我国加快转变“走出去”发展方式的迫切需求，也是提升中华文化影响力和软实力的重要途径。

（六）《关于印发〈境外中资企业商（协）会建设指引〉的通知》

该通知中的指引于2013年8月由商务部发布，旨在支持和指导境外中资企业商（协）会的建设与发展，切实增进企业之间的交流与合作，为境外中资企业打造信息交流、资源共享和权益保护的优质平台。

该指引鼓励并大力支持开展跨国经营的企业积极加入境外中资企业商（协）会，并按照商（协）会章程切实履行必要的义务。境外中资企业商（协）会成立后，各驻外经商机构应及时将商（协）会的相关情况上报商务部，同时高度重视并充分发挥商（协）会的重要作用，在深化与所在国家和地区经贸关系等问题上广泛征求商（协）会的意见和建议。境外中资企业商（协）会可通过创办会刊、发布日常通信等方式，为会员及准备进入所在国家和地区市场的非会员企业提供指导和咨询，充分发挥服务作用。

（七）《关于印发〈境外中资企业（机构）员工管理指引〉的通知》

该通知中的指引于2011年3月由商务部、外交部、国资委、全国工商联发布，旨在为我国进一步规范境外中资企业（机构）员工管理提供指导，致力于构建境外中资企业（机构）良好劳资关系，做好员工管理，这是贯彻落实互利共赢开放战略的必然需求。

该指引要求境内企业认真了解和研究中国与东道国的法律法规，严格遵守劳动用工相关政策法律规定。该指引提出了员工选派、语言能力建设、行前教育培训、文化差异认识、平等就业、员工招聘与劳动合同签订、劳动保护、劳资纠纷等具体的管理要求。有关部门需加强对企业的服务和指导，大力宣传指引的内容和精神，并督促企业遵守相关政策法规。各驻外使（领）馆需按照指引精神，加强对境外中资企业（机构）员工管理工作的指导，并定期开展监督检查。

该指引的发布，进一步规范了境外中资企业（机构）的员工管理，有力促进企业（机构）与当地社会的融合，切实保障员工的合法权益，极大提升了中国企业（机构）在海外的形象。

小结

综上，我国对对外经营合规的关注点涵盖了从宏观的市场行为规范到微观的员工管理，充分体现了国家层面对于企业“走出去”的全面考量。

①深化合规体系的国际化对接：随着全球贸易规则的演变，中国企业的合规体系将进一步与国际标准接轨，大力强化跨境合规合作。

②强化数字化合规工具的应用：充分利用大数据、人工智能等先进技术，提升合规管理的效率与精准度，实现风险预警与智能决策。

③ESG（环境、社会和公司治理）标准的融入：ESG将成为企业对外经

营合规的新焦点，政府政策将积极鼓励企业提升环境绩效、切实履行社会责任以及不断改善公司治理。

④持续关注中小企业合规能力建设：加大对中小企业对外经营合规的指导力度，提供具有针对性的支持，助力其跨越“走出去”的合规门槛。

⑤风险预警与应急响应机制的完善：建立更加健全的国际风险监测与应对机制，帮助企业有效应对海外政治、经济及法律风险。

七　对外国资管理与监督相关政策

国企、央企是“走出去”的主力军。随着对外投资规模的不断扩大，国有资产的管理与监督问题也日益凸显。为了规范境外国有资产的管理，保障国有资产的安全和增值，我国政府制定了一系列政策，以加强对中央企业对外投资的监管。

国资委发布的《中央企业境外国有资产监督管理暂行办法》和《中央企业境外国有产权管理暂行办法》，明确了境外国有资产和产权的管理原则和要求，为中央企业境外投资提供了基本的遵循框架。随后，针对境外国有产权管理的具体问题，国资委又发布了《关于加强中央企业境外国有产权管理有关工作的通知》，进一步细化了管理要求。

随着国际形势的发展，国资委于2017年出台了《中央企业境外投资监督管理办法》，对境外投资的监督管理提出了更高要求。该办法明确了境外投资的决策程序、风险控制、信息披露等方面的规定，为中央企业境外投资提供了更为全面和系统的指导。

2017年，财政部发布《关于印发〈国有企业境外投资财务管理办法〉的通知》，从财务管理的角度，对国有企业境外投资的财务行为进行了规范，为境外投资的财务管理提供了制度保障。

2020年，国资委发布了《关于进一步加强中央企业境外国有产权管理有关事项的通知》，对境外国有产权管理提出了新的更高要求。如提升境外国有产权登记管理的精细化水平，要求企业对产权变动情况及时准确登记；

强化对境外企业产权转让的监管，严格审查转让的合法性和合理性；等等。

这些政策的出台，充分体现了我国政府对对外国有资产管理的高度重视。构建系统的制度体系，多方面为中央企业境外投资提供坚实的制度保障。这不仅有助于确保国有资产境外安全，防止国有资产流失，而且能够推动国有资产在境外合理配置并有效增值，促进中央企业在境外投资领域健康、可持续发展。

（一）《中央企业境外国有资产监督管理暂行办法》

该办法于 2011 年 6 月由国资委发布，旨在为中央企业的境外国有资产运营提供系统的监管框架，保障国家利益。该办法的核心内容如下。

①明确了国资委对中央企业境外国有资产的监督管理职责，包括制度的制定与实施、产权登记、资产评估等基础管理，以及对重大事项的监督管理。

②规定了中央企业对境外国有资产的监督管理职责，如审核重大事项、建立监管制度、开展风险防范等。

③强调了境外出资管理，包括境外出资的集中管理、统一规划、合规性要求等。

④提出了对境外企业管理的具体要求，如完善法人治理结构、加强风险管理、建立健全国有产权管理制度等。

⑤规定了境外企业重大事项管理，包括重大事项的报告和审批程序。

该办法为中央企业境外国有资产监督管理提供了明确的法律依据和规范，有助于提高管理效率；强化了国资委对境外国有资产的监管职责，有助于保护国有资产不受侵害。

（二）《中央企业境外国有产权管理暂行办法》

该办法于 2011 年 6 月由国资委发布，旨在加强对中央企业境外国有产权的管理，规范境外企业经营行为，防止国有资产流失，并促进境外国有资产的保值增值。该办法的核心内容如下。

①管理责任。明确中央企业是境外国有产权管理的责任主体，需要建立健全管理制度。

②产权登记。要求中央企业及其子企业在发生产权变动时，统一向国资委申办产权登记。

③评估管理。规定中央企业在进行产权转让、注资等活动时，必须聘请有资质的评估机构进行评估，并办理评估备案或核准。

④转让管理。中央企业转让境外国有产权时，需多方比选意向受让方，公开征集意向方并竞价转让。

⑤内部重组。在企业内部实施资产重组时，转让价格可以以评估或审计确认的净资产值为底价来确定。

⑥监督检查。中央企业需每年对子企业执行该办法的情况进行监督检查，国资委也会进行不定期抽查。

该办法规范了中央企业境外国有产权管理，保障国有资产的安全和增值。通过制定具体的管理办法，填补了长期以来境外国有产权管理法规制度的空白，为境外国有产权的管理提供了有力支持。

（三）《关于加强中央企业境外国有产权管理有关工作的通知》

该通知于 2011 年 9 月由国资委发布，是《中央企业境外国有产权管理暂行办法》的配套文件，旨在进一步推动《中央企业境外国有产权管理暂行办法》的贯彻落实工作。该通知要求企业围绕培育具有国际竞争力的世界一流企业的总体目标，深入贯彻落实《中央企业境外国有产权管理暂行办法》，并规定了各中央企业在境外国有产权管理方面的职责和要求，如建立健全管理制度，对个人代持境外国有产权和设立离岸公司等行为进行严格规范。

此外，该文件强调了过程管理与责任追究的重要性。要求各中央企业务必将《中央企业境外国有产权管理暂行办法》的各项要求切实落实到每一个管理环节当中，并在规定的时间内向国资委及时报告相关情况。这些要求对于切实加强中央企业境外国有产权管理、有效防止国有资产流失起着至关重要的作用。

（四）《中央企业境外投资监督管理办法》

该办法于 2017 年 1 月由国资委发布，是对 2012 年旧办法的更新替换。此次更新旨在适应以管资本为主、强化国有资产监管的新要求。其核心是从“管投向、管程序、管风险、管回报”四个维度构建权责对等、运行规范、信息对称、风险控制有力的投资监督管理体系。凭借该体系，推动中央企业境外投资监督管理不断强化，规范投资行为，增强风险管控能力，进而提升国有资本利用效率，有效防止国有资产流失，最终实现国有资本保值增值。该办法主要具备以下四个方面的特点。

①依法监管，明确权责边界。该办法精准定位国资委依法履行出资人职责的范围。对于法律法规和政策规定应由国资委履行的投资监管职责，制定了更为严格的监管措施。对于依法应由中央企业自主决策的投资事项，由企业按照自身发展战略和规划自行决策、自担责任，国资委加强监管。

②全方位监管，加强体系建设。通过建立健全投资管理制度、优化投资管理信息系统、制定投资项目负面清单、强化投资监管联动等，实现对企业投资活动全方位监管。

③全过程监管，注重中间环节。强调事前加强规范、事中注重监控、事后强化问责，实现对投资活动全过程监管。

④探索创新监管，实行负面清单管理。实行投资项目负面清单管理是监管方式的创新。负面清单明确了出资人投资监管的底线和中央企业投资行为的红线。投资项目负面清单的内容保持相对稳定，使企业能够有明确的投资预期，同时也会根据国家战略调整、市场变化等情况适时动态调整，确保监管的灵活性和有效性。

为提高境外投资监管的针对性，有效防范境外投资风险，国资委延续了专门制定境外投资监管办法的做法。在监管理念和监管方式上与境内办法基本保持一致的基础上，更加突出战略规划引领、坚持聚焦主业，避免盲目多元化投资。同时，境外投资监管更加强调境外风险防控、保障境外资产安全。

（五）《关于印发〈国有企业境外投资财务管理办法〉的通知》

该通知中的办法于2017年6月由财政部发布，旨在加强国有企业境外投资的财务管理工作，有效防范财务风险，大力提高投资效益，并提升国有资本服务“走出去”战略、“一带一路”倡议的能力。该办法涵盖了境外投资决策、运营、监督等多个方面，核心内容如下。

①境外投资的决策管理。国有企业在境外投资决策前，需要进行尽职调查和可行性研究，应当在这些前期工作基础上进行决策，并形成书面纪要。

②境外投资的财务管理。国有企业应将境外投资企业（项目）纳入全面预算管理体系，并明确年度预算目标，加强对重大财务事项的预算控制。

③境外投资企业（项目）的管理。国有企业需要督促境外投资企业（项目）建立健全银行账户管理制度、资金往来联签制度、成本费用管理制度等，并按要求按时足额分配股利（项目收益）。

④资金管控。国有企业应加强资金管控，有条件的可实行资金集中统一管理，并督促境外投资企业（项目）建立健全合法、合理的薪酬制度。

⑤外汇管理。国有企业开展境外投资，应按照有关外汇管理规定办理境外投资外汇登记，并办理相关外汇资金手续。

⑥信息化管理。国有企业应将境外投资企业（项目）纳入财务管理信息化系统进行管理，并要求境外投资企业（项目）妥善保存会计资料，定期归档。

该办法的出台对于规范国有企业境外投资行为，加强财务管理和风险控制具有重要意义，有助于保障国有企业境外投资活动的稳健开展，推动企业实现投资效益最大化。

（六）《关于进一步加强中央企业境外国有产权管理有关事项的通知》

该通知于2020年11月由国资委发布，是《中央企业境外国有产权管理暂行办法》的配套文件，旨在进一步加强中央企业境外国有产权的管理。

该通知是对之前相关政策的补充和完善，体现了国资委在中央企业国际化经营中产权管理方面的新要求和新导向。

该通知进一步压实中央企业的主体责任，要求中央企业不断完善相关制度体系，并通过国资委产权管理综合信息系统逐级申请办理产权登记，以确保及时、完整且准确地掌握境外国有产权的相关情况。同时，该通知还在个人代持和 SPV 管理、交易决策及论证管理、国有资产交易管理、资产评估管理等方面进行了强化，并加大境外国有产权管理监督检查的力度。

该通知要求各中央企业高度重视境外国有产权管理工作，认真组织落实相关要求，确保各项要求切实落地。同时，国资委将加大对中央企业境外国有产权管理工作的监督检查和考核评价力度。

该文件充分体现了国资委对中央企业境外国有产权管理的高度重视，其目的在于通过一系列措施优化境外国有产权配置，提升管理水平，防止国有资产流失。

小结

上述一系列政策文件共同构建起了我国中央（国有）企业对外国资管理与监督的完整政策体系。这一体系涵盖了从战略规划的宏观引领，到风险管理的精准把控，再到产权管理的细致规范，以及财务管理的严谨有序等多个层面，从而形成了一套系统化、精细化的监管机制。这些政策不仅有力地保障了国家经济安全与国有资产的保值增值，而且极大地提升了企业的国际竞争力，助力中央（国有）企业在国际市场上站稳脚跟并稳健发展，推动我国企业在全球经济舞台发挥更大的影响力，达成国家利益与企业发展的双赢。

参考文献

孙友文：《海外合规才是重点：〈企业境外经营合规管理指引〉评述与解读》，《新产经》2019 年第 4 期。

《研究报告丨中国企业境外投资法律法规政策汇编及分析》，“自然之友”网易号，2020 年 11 月 3 日，https：//www. 163. com/dy/article/FQHI3O4P051892S4. html。

《企业对外投资政策文件汇编》，中国一带一路网，2017 年 12 月 28 日，https：//www. yidaiyilu. gov. cn/p/41379. html。

《商务部合作司负责人解读〈对外投资备案（核准）报告暂行办法〉》，商务部网站，2018 年 1 月 25 日，https：//m. mofcom. gov. cn/article/zcjd/jdtzhz/201801/20180102703857. shtml。

《〈企业境外投资管理办法〉解读》，德恒律师事务所网站，2017 年 12 月 28 日，https：//www. dehenglaw. com/CN/tansuocontent/0008/007813/7. aspx？MID=0902。

《观点丨“七头并进”共管境外投资——简评七部委〈对外投资备案（核准）报告暂行办法〉》，搜狐网，2018 年 1 月 29 日，https：//www. sohu. com/a/219695414_ 617138。

《图解：〈关于进一步引导和规范境外投资方向的指导意见〉》，中国一带一路网，2017 年 8 月 20 日，https：//www. yidaiyilu. gov. cn/p/24102. html。

《37 号文登记，全面解读！（ODI 备案详解姊妹篇）》，“上海中申律师事务所”知乎号，2024 年 7 月 31 日，https：//zhuanlan. zhihu. com/p/711949174。

《发展改革委就鼓励民营企业境外投资实施意见答问》，中国政府网，2012 年 8 月 9 日，https：//www. gov. cn/gzdt//2012-08/09/content_ 2201233. htm。

Y.8
中国对外承包工程政策报告（2024）

中国施工企业管理协会　杭州新睿智业有限公司*

摘　要：　近年来，我国对外承包工程行业迅猛发展，中国政府高度重视该领域的政策引导与监管工作。本报告深入剖析中国对外承包工程领域的政策体系，系统梳理从基础法规、项目备案和立项管理、业务统计与报告、工程外派人员与劳务管理，到高质量发展指导、社会责任与规范等全方位的政策框架。本报告聚焦支撑行业稳健发展的核心法规与指导性文件。《对外承包工程管理条例》等基础法规，为行业奠定了坚实的法律基础；《关于促进对外设计咨询高质量发展有关工作的通知》以及《关于促进对外承包工程高质量发展的指导意见》等发展性政策，则进一步明确了行业高质量发展的方向与路径。这些政策旨在促进对外承包工程行业健康、有序、高质量发展，保障对外经济合作的合规性与安全性。本报告最后指出，未来我国对外承包工程政策将更侧重于高质量发展，总体呈现强调创新驱动、绿色发展、合规经营与风险防控的趋势。

关键词：　对外承包工程　政策框架　合规监管　高质量发展

---

* 执笔人：尚润涛，中国施工企业管理协会副会长兼秘书长，研究方向为工程建设行业信用体系建设、人才建设、企业管理、企业文化建设、绿色建造、国际工程管理等；韩磊，中国施工企业管理协会一带一路工作联络部主任，高级工程师，研究方向为工程建设行业、企业与项目管理、项目质量评价等；翟绍燚，中国施工企业管理协会一带一路工作联络部主任科员，研究方向为企业与项目管理、国际工程合规经营等；胡博，杭州新睿智业有限公司咨询总监，高级工程师，一级建造师，信息系统项目管理师（高级），PMP，研究方向为工程建设行业、企业与项目管理、境外工程项目合规经营等；顾玲萍，杭州新睿智业有限公司咨询顾问，PMP，研究方向为工程建设行业、企业与项目管理、境外工程项目合规经营等；黄舒婷，杭州新睿智业有限公司咨询顾问，研究方向为工程建设行业、企业与项目管理、境外工程项目合规经营等。

引　言

在全球化深入推进的背景下，中国对外承包工程行业已成为推动“一带一路”倡议发展、促进国际产能合作以及加深中外经济联系的重要力量。随着国际市场竞争日益激烈和合作模式趋于多元化，我国政府高度重视对外承包工程领域的政策引导与监管，致力于塑造富有竞争力且负责任的国际承包商形象。

近年来，我国对外承包工程政策的核心思想聚焦于“规范与发展并重”，旨在借助精细化管理提升行业整体竞争力，同时突出可持续性与国际责任。政策框架逐步完备，覆盖从项目立项、招投标管理、外派劳务监管、风险防控到社会责任的全过程。这一系列政策文件，从基础性的《对外承包工程管理条例》，到具有具体操作规范性质的《对外承包工程项下外派劳务管理暂行办法》，再到《关于促进对外承包工程高质量发展的指导意见》，共同构建起一套多层次、全方位的管理体系。

从发展脉络来看，政策演进呈现出若干显著特征：一是从粗放式增长向质量效益型转变，鼓励技术创新与品牌打造；二是加强合规性与风险管理，确保项目顺利实施与海外资产安全；三是强化对外派人员权益的保护，促进人文交流与国际合作；四是倡导绿色环保与社会责任，提升中国承包商国际形象。

以下是对外承包工程相关核心法规与主要指导性文件的概览（见表1），它们共同构成了我国企业开展对外承包工程业务时的重要遵循框架。

表1　对外承包工程政策

法规与监管相关政策
1. 基础法规
• 国务院《对外承包工程管理条例》（国务院令第527号）
2. 项目备案和立项管理
• 商务部《对外承包工程项目备案和立项管理办法》（商务部令2024年第2号）

续表

法规与监管相关政策
3. 业务统计与报告
• 商务部《关于印发〈对外承包工程业务统计调查制度〉和〈对外劳务合作业务统计调查制度〉的通知》(商合函〔2022〕5 号) • 商务部《关于加强对外承包工程项目报告工作的通知》(商办合函〔2021〕204 号) • 商务部《关于继续做好境外企业和对外投资联络服务平台相关工作的通知》(商办合函〔2023〕478 号)
4. 工程外派人员与劳务管理
• 商务部《关于印发〈对外承包工程项下外派劳务管理暂行办法〉的通知》(商合发〔2005〕726 号) • 商务部、外交部、国资委《关于规范对外承包工程外派人员管理的通知》(商合函〔2015〕877 号)
发展与指导相关政策
1. 高质量发展指导
• 商务部等 19 部门《关于促进对外设计咨询高质量发展有关工作的通知》(商合函〔2021〕1 号) • 商务部等 19 部门《关于促进对外承包工程高质量发展的指导意见》(商合发〔2019〕273 号)
2. 社会责任与规范
• 商务部《关于印发〈对外承包工程行业社会责任指引〉的通知》(商合函〔2012〕779 号)

资料来源：笔者根据相关网站官方信息整理所得。

上述政策文件从对外承包工程的法规制定、项目管理、业务统计、外派人员管理，到行业发展方向与社会责任等多个维度，构建起一个全方位的政策体系，其目的在于推动对外承包工程行业健康、有序、高质量发展，保障对外经济合作的合规性与安全性。

一 法规与监管相关政策

(一)《对外承包工程管理条例》

《对外承包工程管理条例》于 2008 年 5 月 7 日经国务院第 8 次常务会议通过，2008 年 7 月 21 日发布，自 2008 年 9 月 1 日起施行，共计 5 章 35 条。现行版本依据 2017 年 3 月 1 日发布的国务院《关于修改和废止部分行政法规的决定》修订。该条例旨在规范对外承包工程，促进其健康发展。

该条例规定了诸多制度与措施，涵盖保障对外承包工程的质量和安全生产、保护外派人员合法权益等方面，并且为保障这些制度与措施的落实设定了明确且严格的法律责任。在开展对外承包工程活动时，需要构建安全风险评估机制，发布安全状况评估结果，提供预警信息；严禁不正当低价承揽、串通投标和商业贿赂行为；与发包人订立书面合同，明确双方权利义务，并严格履行义务；建立并严格执行工程质量和安全生产管理规章制度，对外派人员进行安全教育和培训；不得将工程分包给无资质单位，禁止转包或者再分包；从事外派人员中介服务的机构须获得许可；与外派人员订立劳动合同，购买境外人身意外伤害保险；按规定存缴备用金，用于支付特定费用；向中国驻外使（领）馆报告合同情况，接受指导；制定突发事件应急预案。

国务院商务主管部门负责对全国对外承包工程进行监督管理，其他有关部门在各自职责范围内履行相关管理职责。对于违反该条例规定的行为，如未及时报告合同情况、突发事件等，明确了相应的法律责任。

该条例为对外承包工程行业提供了全面的法律依据，促进其健康、有序发展，体现出我国政府在推进对外开放过程中，强化法治建设，以法治手段保障和推动经济活动健康发展。

（二）《对外承包工程项目备案和立项管理办法》

《对外承包工程项目备案和立项管理办法》于 2024 年 5 月由商务部发布，自 2024 年 7 月 1 日起施行。其目的在于通过规范化管理，推动对外承包工程行业的健康发展，保障国家利益与企业权益。该办法的核心内容如下。

①一般项目备案管理。企业在与我国外交关系良好、安全风险低的国家承包非多国利益项目时，需在商务主管部门备案，并对其所提供的信息负责。

②特定项目立项批准。若项目位于外交关系不良或风险高的国家，以及涉及多国利益，则需要获得商务部批准。

③项目信息报告。企业需定期向相关部门报告项目进展情况，突发事件发生时要立即报告。

④业务分级管理。商务部负责全国范围内的管理工作，省级商务主管部门负责地方企业的备案和监督。商务主管部门提供服务保障，支持企业合规经营，同时对违规企业予以处罚。

⑤加强促进和监管。商务主管部门将完善服务保障体系，健全多双边工作机制，提供相关公共服务产品，加强对企业境外合规经营培训，积极支持企业开展对外承包工程业务。针对违反该办法的企业，商务主管部门将依据相关规定实施行政处罚。

此外，该办法强调了在线操作的便捷性、风险管理的重要性以及对违规行为的严格监管。该办法的出台体现了我国政府对对外承包工程行业管理的进一步规范和优化。

（三）《关于印发〈对外承包工程业务统计调查制度〉和〈对外劳务合作业务统计调查制度〉的通知》

《对外承包工程业务统计调查制度》和《对外劳务合作业务统计调查制度》属于商务部建立的两项部门统计制度。商务部建立这两项制度，旨在规范和强化对外经济合作统计工作，提升数据质量与分析能力，从而更好地服务于国家宏观经济管理以及对外经济政策的制定。这两项制度始终围绕国家经济社会发展大局与商务中心工作不断修订完善，至今已经历16次正式修订，逐步趋于成熟。如体现业务发展状况的新签合同额、完成营业额、派出人数、期末在外人数等主要统计指标一直沿用至今。最新一次修订于2022年，经国家统计局批准，自2022年1月1日起执行，执行期3年。此后，制度呈现出以下特点。

①全面调查。这两项制度均采用全面调查的方法，以保障数据的全面性和准确性。

②分级管理。实行统一领导、分级管理的模式，商务部、地方商务主管部门和企业共同参与统计工作。

③定期发布。商务部定期发布统计数据，包括月度和年度数据，通过商务部网站或者例行发布会对外公布。

④创新发展。商务部会根据实际情况和反馈，持续对这两项制度进行微调或者征求意见，确保制度的时效性和实用性，如2024年3月公开征求修订意见。

随着中国企业“走出去”战略的深入推进以及“一带一路”倡议的发展，对外承包工程和劳务合作业务呈现朝多元化、专业化和高端化方向发展态势。统计调查制度的修订也体现了对创新、绿色发展等方面的重视，这预示着未来业务发展将更加注重质量和效益以及可持续发展。

（四）《关于加强对外承包工程项目报告工作的通知》

该通知于2021年6月由商务部发布，目的在于进一步规范工程项目报告管理，引导企业更有效地开展信息报告工作。该通知做出如下要求。

①备案和特定项目立项。企业在对外投标或议标前，需依据相关规定办理备案或特定项目立项手续，并且按照“凡备案（立项）必报告”的原则，向商务主管部门报告工程项目后续的开展情况。

②分级分类管理。央企总部负责向商务部报告已备案工程项目的开展情况；央企所属子企业和地方企业向注册地省级商务主管部门报告已备案工程项目的开展情况；企业向商务部报告已立项特定项目的开展情况。

③项目进展报告。企业应通过商务部业务系统统一平台报告工程项目的中标、签约、开工、完工情况，并且定期报告项目进展。

④突发事件报告。当工程项目遭遇重大突发事件时，企业应在24小时内通过境外企业和对外投资联络服务平台报送情况，如工程质量问题、生产安全事故、恐怖袭击、治安犯罪、环境事件、卫生疾病、自然灾害等情况。

随着中国对外承包工程业务的持续拓展和深入发展，项目报告工作将朝着更为规范化、信息化和国际化的方向发展。预计未来会有更多技术手段应用于报告工作当中，如在线报告、大数据分析等，从而提高报告的效率和质量。同时，随着“一带一路”倡议的推进，项目报告工作也会更加注重国际合作和多边协调。

（五）《关于继续做好境外企业和对外投资联络服务平台相关工作的通知》

该通知于 2023 年 9 月发布，其目的在于深入贯彻党中央、国务院决策部署，统筹对外投资合作业务发展与安全，进一步发挥境外企业和对外投资联络服务平台的作用。该通知的主要内容及其影响如下。

①强化信息报送工作。该通知要求各单位高度重视平台信息报送工作，监督企业认真履行信息报送职责，按照相关规定上报工程项目的中标、签约、开工、完工情况，并且定期报告项目进展。

②分级督办与联合惩戒。商务部会针对境外企业和项目违规情形、突发事件等进行“红黄蓝”分级督办、转办，对于未按时报告、漏报或者瞒报的企业和单位，以及对督办、转办工作执行不力的境内主体和单位，将依法依规实施联合惩戒。

③基础性信息发布。平台整合发布国内对外投资政策、目标国经济与投资动态、国别投资指南、统计数据、分析报告、风险预警、案例分析、投资项目、投资促进活动、全球法规和行业标准、商务和旅行服务等信息，从而为国内企业提供对外投资相关的基础性信息。

该通知的发布对规范对外投资管理、提升信息报送效率、强化风险防控具有积极意义，能够确保境外企业和对外投资联络服务平台的有效运行，同时体现该平台的服务功能。

（六）《关于印发〈对外承包工程项下外派劳务管理暂行办法〉的通知》

该通知中的办法由商务部发布，旨在加强对外承包工程项下外派劳务的管理，保障外派劳务人员的合法权益，推动对外承包工程事业健康有序发展。该办法做出如下规定。

①明确总包商或分包商的责任：不得把工程项下外派劳务单独分包或转包，必须直接与外派劳务人员签订合同。

②企业申办需自带劳务的对外承包工程项目的投（议）标许可时的要求：需提交相关材料。

③各地商务主管部门和各驻外使（领）馆经济商务机构的任务：应建立健全对外承包工程项下外派劳务纠纷或突发事件快速反应机制。

④违规处罚：对于违反该办法的行为，商务部将依据相关规定予以处罚。

该办法的制定和实施体现了中国政府对维护外派劳务人员权益、规范对外承包工程项下外派劳务活动的重视，也彰显了促进对外承包工程业务健康有序发展的决心。

（七）《关于规范对外承包工程外派人员管理的通知》

该通知于 2015 年 10 月由商务部、外交部、国资委联合发布，旨在规范对外承包工程外派人员管理，保障对外承包工程项目顺利实施。其主要规定如下。

①提高重视程度。对外承包工程企业应高度重视外派人员管理工作，确保外派人员成本纳入项目成本核算。

②规范管理。企业要严格依据有关规定开展外派人员管理工作，涵盖劳动合同的签订、工资支付、社会保险等方面。

③风险防范。企业务必为外派人员购买境外人身意外伤害保险，并且在审查外派人员时实行安全一票否决制。

④纠纷处理。企业应建立快速反应机制，及时、妥善处理劳务纠纷和突发事件，保障外派人员的合法权益。

⑤监督检查。各地商务主管部门要加强对企业的管理和指导，监督并督促企业建立责任追究制度。

该通知的发布体现出中国政府对规范对外承包工程外派人员管理的重视，通过明确规定和措施，提高外派人员管理的规范性和有效性，以促进对外承包工程业务的健康发展。

小结

综上，我国对外承包工程政策体系由促进业务发展、规范市场秩序、保障外派人员权益三大核心目标构建而成，形成了从基础法规到具体操作层面的全面指导框架。《对外承包工程管理条例》作为基石，确立了对外承包工程的基本原则和监管要求，强调维护国家利益、公共利益及外派人员权益，为该行业发展筑牢法律基础。

近年来，政策细化与优化趋势显著。商务部出台的《对外承包工程项目备案和立项管理办法》加强了项目的前期管理，确保对外承包工程项目的合规性与可行性。一系列业务统计与报告制度的更新，提升了数据透明度与市场监控能力，为决策提供了实证依据。并且，借助境外企业和对外投资联络服务平台，信息交流与服务支持得到强化。

在人员与劳务管理方面，政策聚焦于规范外派人员的招聘、培训、社会保障与权益保护。《对外承包工程项下外派劳务管理暂行办法》及后续通知构建了外派人员管理的标准化流程，旨在推动外派人员健康保障、安全防护与职业发展，同时维护我国企业海外形象。

未来，中国对外承包工程政策有望进一步与国际规则接轨，强化合规与风险管理。尤其在“一带一路”倡议等国际合作框架下，会加大对绿色、可持续发展项目的支持力度，运用数字化工具提高管理效率。同时，将更关注外派人员的人文关怀与能力提升，构建长期人才培养机制，以应对全球市场竞争与合作的新挑战。随着国际环境的持续变化，政策的灵活性与创新性将成为关键因素，从而保障中国对外承包工程行业的稳健增长与高质量发展。

二　发展与指导相关政策

（一）《关于促进对外设计咨询高质量发展有关工作的通知》

2021 年 1 月，商务部等 19 部门联合发布该通知，旨在加快对外设计咨询发展，充分发挥对外设计咨询的先导作用，延伸对外承包工程产业链，创新对外投资合作方式，为对外设计咨询的高质量发展增添新动能，进而推动对外设计咨询实现高质量发展，促使共建“一带一路”向纵深发展并落到实处，推进构建新发展格局。

该通知着重指出，对外设计咨询是提升对外承包工程质量、效率和附加值的关键环节，在“一带一路”倡议和其他国际合作框架中占据重要地位。该通知明确了对外设计咨询的定义、指导思想、主要目标和基本原则，还从五个方面提出了促进我国对外设计咨询高质量发展的具体措施，这五个方面包括加强政策引导和机制保障、强化财税金融保险支持、提升企业综合竞争力、加强人才队伍建设以及强化公共服务和行业管理。

该通知明确了到2035年的长期愿景，即大幅度增强中国对外设计咨询在国际市场的竞争力，提高其在对外承包工程价值链中的地位，进而推动对外承包工程行业转型升级，实现高质量发展。

该通知充分体现出国家对对外设计咨询行业的高度重视，也体现出国家殷切期望对外设计咨询能够在对外承包工程价值链中发挥引领和带动作用。

（二）《关于促进对外承包工程高质量发展的指导意见》

随着共建“一带一路”朝高质量发展方向不断推进，对外承包工程也亟待转型升级以实现可持续发展。2019年8月，商务部等19部门联合发布该指导意见，旨在应对当下对外承包工程面临的新形势，通过加强部门间更为紧密的横向协作，共同完善促进、服务、监管和保障等各项措施，推动对外承包工程持续健康发展。

该指导意见的主要内容可以简要概括为“1+6+4”。其中“1”是确立对外承包工程高质量发展的主要目标。该指导意见明确指出，对外承包工程高质量发展要秉持企业主体、质量优先、规范有序、互利共赢的原则，达成对外承包工程规模和全球市场份额稳中有升、结构逐步优化、领域持续拓宽、综合竞争力显著增强的目标，实现从对外承包工程大国向对外承包工程强国的转变。

“6”是明确对外承包工程高质量发展的6个方向和重点：其一，积极鼓励设计咨询“走出去”，推动对外承包工程向产业链高端延伸发展；其二，积极推动投建营综合发展，逐步实现从以建设施工优势为主向投融资、工程建设、运营服务综合优势的转变；其三，积极依托国内优势产业支撑，推动对外承包工程领域不断拓宽、层次逐步提高；其四，积极培育创新发展动能，探索对外承包工程新的增长动力与发展路径；其五，积极提升可持续发展能力，打造以高质量、可持续、技术先进、绿色环保等为核心的中国建设品牌；其六，积极提高对外承包工程国际合作水平，多方参与实现优势互补、共赢发展。

“4”是进一步完善对外承包工程在促进、服务、监管和保障 4 个方面的措施。

该指导意见体现了中国政府推动开放型经济发展和深入实施“一带一路”倡议的决心，明确了对外承包工程行业高质量发展的战略方向，是构建国内国际双循环新发展格局的重要组成部分。它是跨部门、多层次的政策协同的成果，彰显了政府各部门在推动行业发展中的一致行动和政策整合能力，为对外承包工程行业提供了全面、系统的政策支持框架，标志着中国对外承包工程行业从规模扩张向质量效益提升转型的政策导向，鼓励企业通过技术创新、管理创新和模式创新提升国际竞争力。

（三）《关于印发〈对外承包工程行业社会责任指引〉的通知》

该通知中的指引是由商务部指导中国对外承包工程商会编制的一份自愿性社会责任标准文件，旨在规范对外承包工程企业的海外经营行为，推动企业积极履行社会责任。该指引于 2012 年发布首版，为中国对外承包工程企业在社会责任管理、员工权益保护、社区沟通、责任供应链优化、环境保护等工作方面提供了重要的参考指南。为适应国内外可持续发展的新形势和新要求，继续引领和推动行业的可持续发展，中国对外承包工程商会于 2022 年对该指引进行了全面修订，最终形成了指引 2.0 版。指引 2.0 版依据 ESG 框架重新调整了结构，强调企业应充分考虑项目全生命周期的社会和环境责任。此外，指引 2.0 版增加了社会责任治理、适应和减缓气候变化等议题，并精简了部分法律规定的基本责任内容。

小结

展望未来，我国对外承包工程政策将更侧重于高质量发展，强调创新驱动、绿色发展、合规经营与风险防控。《关于促进对外设计咨询高质量发展有关工作的通知》与《关于促进对外承包工程高质量发展的指导意见》的发布，表明政策导向正从规模扩张转向内涵式增长，重视提升项目的技术含量、品牌影响力以及国际竞争力。同时，政策也会持续强化企业社会责任意识，推动构建人类命运共同体，确保对外承包工程活动在全球范围内留下积极且长远的影响。

我国对外承包工程政策处在不断优化与升级的过程中，既是对国际规则的积极响应，也是对国内企业“走出去”战略的有力支撑，更是为全球治理体系贡献的中国智慧与中国方案。

参考文献

《研究报告丨中国企业境外投资法律法规政策汇编及分析》，“自然之友”网易号，2020 年 11 月 3 日，https：//www.163.com/dy/article/FQHI3O4P051892S4.html。

《企业对外投资政策文件汇编》，中国一带一路网，2017 年 12 月 28 日，https：//www.yidaiyilu.gov.cn/p/41379.html。

《国务院法制办负责人就〈对外承包工程管理条例〉答记者问》，中国政府网，2008 年 7 月 28 日，https：//www.gov.cn/zwhd/2008-07/28/content_1057590.htm。

《商务部对外投资和经济合作司负责人解读〈对外承包工程项目备案和立项管理办法〉》，商务部网站，2024 年 5 月 20 日，http：//file.mofcom.gov.cn/article/zcjd/jdtzhz/202406/20240603514305.shtml。

《〈对外承包工程项下外派劳务管理暂行办法〉政策解读》，商务部网站，2006 年 5 月 11 日，http：//file.mofcom.gov.cn/article/zcjd/jdtzhz/200704/20070404577226.shtml。

《商务部对外投资和经济合作司负责人解读〈商务部等 19 部门关于促进对外承包工程高质量发展的指导意见〉》，商务部网站，2019 年 9 月 23 日，https：//by.mofcom.gov.cn/zytz/art/2020/art_caef53dcc8854e099d01f150b780ead0.html。

《我国对外承包工程高质量发展圈出重点，六个方面形成竞争新优势》，“走出去”

导航网站，2019 年 9 月 25 日，https：//www. investgo. cn/article/yw/zctz/201909/464179. html。

《一图读懂丨商务部等 19 部门关于促进对外设计咨询高质量发展有关工作的通知》，“光明网” 百家号，2021 年 1 月 7 日，https：//m. gmw. cn/baijia/2021 - 01/07/1302010441. html。

Y.9
中国对外劳务合作政策报告（2024）

中国施工企业管理协会　杭州新睿智业有限公司*

摘　要： 随着“一带一路”倡议的深入推进，中国对外劳务合作市场不断拓展，但也面临诸多挑战，如非法劳务中介、劳务人员权益受损及境外劳务纠纷等问题。为此，中国政府颁布了多项法规和政策，旨在构建一个规范、有序且安全的对外劳务市场环境。本报告系统性地梳理了中国政府在对外劳务合作领域制定的核心法规与指导性文件，从基础性的《对外劳务合作管理条例》入手，逐步深入《关于加强对外投资合作在外人员分类管理工作的通知》《对外劳务合作风险处置备用金管理办法（试行）》等具体的管理细则。通过追溯这些政策的发展脉络，能够洞察其背后的演进逻辑与发展导向。这些法规与政策的核心要点包括：一是强化市场监管，维护市场秩序；二是保障劳务人员合法权益，为其提供坚实的法律保障；三是推动对外劳务市场的健康发展，提升中国劳务品牌的国际竞争力。本报告分析得出结论：政府希望通过实施一系列政策，构建一个既能保障劳务人员的合法权益，又能推动对外劳务市场健康发展的良性环境，从而为“走出去”提供更加坚实的支撑和保障。

---

* 执笔人：尚润涛，中国施工企业管理协会副会长兼秘书长，研究方向为工程建设行业信用体系建设、人才建设、企业管理、企业文化建设、绿色建造、国际工程管理等；韩磊，中国施工企业管理协会一带一路工作联络部主任，高级工程师，研究方向为工程建设行业、企业与项目管理、项目质量评价等；翟绍燚，中国施工企业管理协会一带一路工作联络部主任科员，研究方向为企业与项目管理、国际工程合规经营等；胡博，杭州新睿智业有限公司咨询总监，高级工程师，一级建造师，信息系统项目管理师（高级），PMP，研究方向为工程建设行业、企业与项目管理、境外工程项目合规经营等；顾玲萍，杭州新睿智业有限公司咨询顾问，PMP，研究方向为工程建设行业、企业与项目管理、境外工程项目合规经营等；黄舒婷，杭州新睿智业有限公司咨询顾问，研究方向为工程建设行业、企业与项目管理、境外工程项目合规经营等。

关键词： 对外劳务合作　政策体系　劳务权益　风险防控

引　言

在全球经济高速发展的今天，国际经济合作已成为各国实现共同发展的重要途径。随着“一带一路”倡议的深入推进和国际化战略的持续实施，境外投资和国际工程承包已成为我国企业参与国际经济合作的重要方式。为了更深入地了解我国境外投资政策对企业开展境外投资和国际工程承包的影响，本报告将从政策的演变历程、框架、发布部门，以及政策的意义和对企业的规范、指引作用等方面进行详细的探讨和分析。希望通过本报告的阐述，能够为企业提供更全面、深入的政策信息和决策依据，助力企业在国际经济合作与竞争中取得更大的成功。

我国境外投资政策的演变，是一个与国家经济实力增长和国际地位提升同步的过程。从最初的对外援助项目，到逐步放开境外投资限制，再到如今的全面鼓励和支持企业“走出去”，这一历程不仅见证了我国经济实力的巨大飞跃，也反映了国家对境外投资战略地位的深刻认识。

截至 2023 年，我国已建立起一套系统、全面的境外投资政策法规体系。这一体系涵盖了投资审批、外汇管理、税收优惠、金融支持、对外承包工程和劳务管理等多个方面，为企业提供了全方位的政策保障。此外，针对境外投资可能遇到的各种风险和挑战，我国政府还建立了对外投资风险保障机制，以确保企业在海外投资的安全与稳定。此外，政策还强调了企业在海外经营过程中应承担的社会责任，推动企业实现经济效益和社会效益的双赢。

这些政策的发布和实施，对我国企业开展境外投资，特别是国际工程承包业务具有深远的规范和指引意义。首先，政策明确了企业境外投资的方向和重点，避免了盲目投资和恶性竞争。其次，政策提供了具体的操作规范和风险防范措施，帮助企业在海外市场中稳健经营、规避风险。最后，政策的支持和保障机制为企业提供了坚实的后盾，增强了企业在国际市场上的竞争力。

然而，我们也应清醒地认识到，境外投资和国际工程承包并非一帆风顺。地缘政治风险、文化差异、汇率波动等都可能对企业的海外经营造成重大影响。因此，我国企业在“走出去”的过程中必须保持高度的警惕和理性，充分利用政策资源和保障机制来应对各种挑战。

自 2010 年起，中国政府持续加强对外劳务合作的制度建设与管理创新，发布了一系列关键政策文件，形成了较为完善的政策体系。《对外投资合作企业在外人员相关信息备案制度》标志着政府开始全面掌握并及时跟踪对外投资合作企业在外人员相关信息，积极预防和妥善处置境外突发事件，保障在外人员的安全权益。《对外劳务合作服务平台建设试行办法》标志着国家开始构建服务平台，旨在为对外劳务人员提供更直接、有效的服务与保护。2012 年颁布的《对外劳务合作管理条例》作为该领域的基础性法规，明确了对外劳务合作的基本原则、企业资质、合同管理、人员权益保护等核心内容，为行业规范化发展奠定了坚实的法律基础。

随后几年，多项细化政策相继出台，例如，出台《对外劳务合作风险处置备用金管理办法（试行）》，其目的在于建立健全风险防控机制，保障劳务人员权益不受侵害。商务部的《关于加强对外投资合作在外人员分类管理工作的通知》强调了对外劳务合作的精细化管理，要求企业提升服务质量，确保人员安全与权益。

此外，从 2014 年、2015 年、2017 年及 2020 年关于加强对外劳务合作管理的五次通知及《对外劳务合作业务统计调查制度》等相关文件中可以看出，政府不仅注重政策的连续性与执行力，还强调通过加强市场监管、规范市场秩序、优化统计监测等手段，不断提升对外劳务合作的管理水平与服务质量。

以下是对外劳务合作相关核心法规与主要指导性文件的概览（见表 1）。

表 1　对外劳务合作政策

序号	颁布机构及政策名称
1	商务部、外交部《关于印发〈对外投资合作企业在外人员相关信息备案制度〉的通知》（商合发〔2010〕419 号）
2	商务部、外交部、公安部、工商总局《关于印发〈对外劳务合作服务平台建设试行办法〉的通知》（商合函〔2010〕484 号）
3	国务院《对外劳务合作管理条例》（国务院令第 620 号）
	• 商务部《关于加强对外劳务合作管理的通知》（商合函〔2014〕733 号） • 商务部办公厅《关于继续做好对外劳务合作管理有关工作的通知》（商办合函〔2015〕35 号） • 商务部办公厅《关于进一步加强对外劳务合作管理的通知》（商合字〔2017〕9 号） • 商务部办公厅《关于开展规范外派劳务市场秩序专项行动的通知》（商办合函〔2017〕215 号） • 商务部办公厅《关于请进一步加强对外劳务合作管理有关工作的通知》（商办合函〔2020〕340 号）
4	商务部《关于加强对外投资合作在外人员分类管理工作的通知》（商合函〔2013〕874 号）
5	商务部、财政部《对外劳务合作风险处置备用金管理办法（试行）》（商务部、财政部令 2014 年第 2 号）
6	商务部《关于印发〈对外承包工程业务统计调查制度〉和〈对外劳务合作业务统计调查制度〉的通知》（商合函〔2022〕8 号）

资料来源：笔者根据相关网站官方信息整理所得。

这一系列政策的发布，不仅体现了我国政府对对外劳务合作领域的高度关注，更表明政府致力于构建一个规范、有序且安全的对外劳务市场环境。政府的政策导向明确，既要保障劳务人员的合法权益，又要推动对外劳务市场的健康发展，以促进国际经济合作与交流。通过不断完善法规、强化监管、优化服务，政府期望能够引导对外劳务合作走向更加专业化、规范化的道路。

（一）《关于印发〈对外投资合作企业在外人员相关信息备案制度〉的通知》

该通知中的制度由商务部、外交部于 2010 年 10 月联合发布，旨在全面掌握并及时跟踪对外投资合作企业在外人员的相关信息，积极预防和妥善处置境外突发事件，保障在外人员的安全权益。该制度要求如下。

①从事对外投资合作的各类人员相关信息需向驻在国或地区使（领）馆备案。

②各驻外使（领）馆应建立备案数据库，详细掌握在当地从事对外投资合作的各类人员相关信息，并及时发布特别提醒或风险警告。

③省级商务主管部门应要求本地区对外投资合作企业完成在外人员的相关信息备案，并在信息变化时及时更新。

该制度的出台强化了对外投资合作企业在外人员的信息管理，促进了企业与使（领）馆间的信息共享与沟通，进而保障了企业在外人员的安全和权益。

（二）《对外劳务合作管理条例》

《对外劳务合作管理条例》是针对对外劳务合作领域存在的突出问题而制定的，如部分单位或个人非法组织劳务人员到境外打工，境外务工人员的权益受到侵害以及境外劳务纠纷等问题。政府希望从制度上解决对外劳务合作中存在的问题，维护劳务人员合法权益，促进对外劳务合作健康发展。该条例经2012年5月16日国务院第203次常务会议通过，自2012年8月1日起施行。

该条例对从事对外劳务合作经营活动应具备的资质条件和许可程序做出严格规定，以加强源头监管，同时明确了由省级或设区的市级政府商务主管部门依法定条件审批的程序。

该条例强调通过合同保护劳务人员的合法权益，包括但不限于合理的工作条件、工资待遇、休息休假、社会保险和劳动安全卫生等，并规定了劳务纠纷处理机制，确保劳务人员在海外的权益得到及时、有效的维护。该条例要求企业建立风险防控机制，设立风险处置备用金，用于处理突发事件。此外，该条例还确立了以商务部为主导、多部门协同的监管体系，明确了政府在促进对外劳务合作、提供信息服务、搭建服务平台、加强国际合作等方面的责任。

该条例发布后，各省份根据该条例发布相应的《对外劳务合作经营资格管理办法》以进一步落实该条例的精神，如广东省商务厅于2022年发布《广东省对外劳务合作经营资格管理办法》、天津市于2019年印发《天津市对外劳务合作经营资格管理办法》等。

该条例的出台，标志着中国对外劳务合作管理进入法治化、规范化的新阶段，对于维护劳务人员的合法权益、规范市场秩序、提升中国企业在国际劳务市场的竞争力具有重要意义。

（三）《关于加强对外投资合作在外人员分类管理工作的通知》

该通知由商务部于2013年10月发布，是《对外劳务合作管理条例》和《对外承包工程管理条例》的配套文件，旨在适应“走出去”战略的加快实施，针对对外投资、承包工程、劳务合作等各类对外投资合作在外人员日益增多的情况，进一步依法保障这些在外人员的合法权益，促进对外投资合作的健康发展。

该通知首先明确，对外投资合作企业是指在中华人民共和国境内依法设立，并开展对外投资、承包工程、劳务合作等业务的企业。同时，这些企业的派出人员被统称为对外投资合作在外人员，主要包括劳务人员、对外承包工程外派人员和对外投资外派人员。

该通知特别强调对劳务人员的管理。要求对外劳务合作企业必须直接或通过政府批准的对外劳务合作服务平台招收劳务人员，并与其签订符合规定的合同。此外，规定国外雇主不得直接在中国境内招收劳务人员，而必须通过对外劳务合作企业进行派遣。

该通知加强了对对外投资合作在外人员的管理，有助于规范我国企业在海外的用工行为，提高用工的合规性。通过明确招收和派遣劳务人员的规定，减少了不法中介和“黑中介”的操作空间，保护了劳务人员的合法权益，提升了我国对外投资合作企业的国际形象，有利于企业在海外市场的长期发展。

（四）《对外劳务合作风险处置备用金管理办法（试行）》

该办法由商务部和财政部于 2014 年 7 月联合发布，是落实《对外劳务合作管理条例》的配套管理办法之一，是规范对外劳务合作企业经营、保障劳务人员合法权益的重要法律依据。

该办法主要规范了对外劳务合作风险处置备用金的缴存、使用和管理。明确规定对外劳务合作企业应当自获得对外劳务合作经营资格并在工商行政管理部门登记之日起 5 个工作日内，在指定银行缴存不低于 300 万元人民币的对外劳务合作风险处置备用金。备用金主要用于《对外劳务合作管理条例》规定的四种情形，包括退还劳务人员服务费、支付劳动报酬、赔偿劳务人员损失以及承担劳务人员回国或紧急救助费用。

该办法的实施，增加了对外劳务合作企业的资金成本，但同时也强化了企业的风险防控意识。通过缴存备用金，企业能够更好地应对可能出现的风险，保障劳务人员的合法权益，从而提升企业的信誉度和市场竞争力。

备用金制度的建立为劳务人员提供了更加坚实的权益保障。在发生劳务纠纷或出现突发事件时，备用金可以确保劳务人员得到及时、有效的救助和赔偿。

（五）商务部为落实《对外劳务合作管理条例》《对外承包工程管理条例》《对外劳务合作风险处置备用金管理办法（试行）》而发布的关于加强对外劳务合作管理的五次通知

为了进一步加大《对外劳务合作管理条例》《对外承包工程管理条例》《对外劳务合作风险处置备用金管理办法（试行）》的执行力度，商务部发布了五次关于加强对外劳务合作管理的通知。

《关于加强对外劳务合作管理的通知》的发布旨在加强对外劳务合作的管理，确保外派劳务市场的秩序和外派劳务人员的权益。它提出了一系列的管理措施和要求，包括对外劳务合作企业的资质审核、风险管理以及对外劳务合作的监管等。该通知的发布对规范对外劳务合作市场、保护劳务人员权益具有重要意义，同时也推动了对外劳务合作行业的健康发展。

《关于继续做好对外劳务合作管理有关工作的通知》是对 2014 年 733 号文的延续和深化。它要求各地商务主管部门继续严格执行《对外劳务合作风险处置备用金管理办法（试行）》，对未足额缴存备用金的企业进行整改或吊销资格证书。此外，该通知还要求各地统计对外劳务合作企业的数量和名单，并督促服务平台和派出企业完成数据补报工作。这表明商务主管部门持续关注并致力于提升对外劳务合作的管理水平，以提升行业的规范化水平和透明度。

《关于进一步加强对外劳务合作管理的通知》的发布旨在应对企业违规经营、未按规定缴存对外劳务合作风险处置备用金、存在非法劳务中介、劳务纠纷处理不及时和劳务管理不规范等现象。要求严格执行备用金管理规定，加强外派劳务培训工作，规范对外劳务秩序经营和涉外劳务纠纷处置工作，健全对外劳务合作不良信用记录和公告制度，以及加强对外劳务合作业务中的事中事后监管。

《关于开展规范外派劳务市场秩序专项行动的通知》针对违法违规外派、非法外派以及境外雇主侵犯外派劳务人员合法权益等问题，以规范外派劳务市场秩序、保护外派劳务人员的合法权益、维护社会稳定为目标。通过专项行动，督促相关部门、单位落实主体责任，及时发现问题，依照《对外劳务合作管理条例》和《对外承包工程管理条例》严肃查处不规范经营行为，形成各地方、各部门齐抓共管，严厉打击外派劳务领域违法违规行为的高压态势。

《关于请进一步加强对外劳务合作管理有关工作的通知》是针对部分中资企业在外派劳务管理中主体责任意识不强、日常管理不到位，以及部分劳务人员法律意识淡薄等原因造成境外劳务纠纷和突发事件时有发生等现象而发布的。要求企业切实落实外派劳务监管职责，加强外派劳务培训工作，规范外派劳务合同管理，以规范外派劳务市场经营秩序，维护外派劳务人员合法权益。

这五份文件展现了商务部对外劳务合作管理政策的连贯性和持续性，表明了政府对这一领域长期稳定的政策支持和引导。规范的管理不仅保护了中国劳务人员的权益，也提升了中国企业在国际市场的竞争力和信誉，有助于“一带一路”等国际合作倡议的顺利推进。

小结

我国政府通过密集发布与实施这一系列政策，展现出对对外劳务合作领域的高度关注与积极引导，旨在构建一个更加透明、公平、安全的合作环境。这既有助于企业“走出去”战略的顺利实施，又能保障每一位海外务工人员的合法权益，推动形成互利共赢的国际劳务合作新局面。这些政策导向体现了国家对对外劳务合作领域长远发展的深思熟虑与战略规划，期望通过法治化、规范化途径实现该领域的高质量、可持续发展。

参考文献

《研究报告丨中国企业境外投资法律法规政策汇编及分析》，“自然之友”网易号，2020 年 11 月 3 日，https：//www. 163. com/dy/article/FQHI3O4P051892S4. html。

《企业对外投资政策文件汇编》，中国一带一路网，2017 年 12 月 28 日，https：//www. yidaiyilu. gov. cn/p/41379. html。

《〈对外劳务合作管理条例〉解读》，南昌市政务服务和数据管理局网站，2019 年 10 月 17 日，http：//xzspj. nc. gov. cn/ncspj/zcjd/201910/75310d59b34a4b379173d5f83c5a2ce9. shtml。

行业篇

Y.10 石油行业国际工程发展报告（2024）

中国石油工程建设有限公司*

摘　要：　本报告对油气行业细分领域进行了深入分析。中东地区能源禀赋突出，中国与其能源合作成效显著，2023 年在建合同额持续增长。中亚地区的油气资源丰富，行业主要被中亚各国国企垄断，但外国投资呈正增长趋势。非洲地区油气资源丰富且潜力巨大，但面临勘探程度低等挑战，而非洲可再生能源领域具备较大增长潜力。拉美市场蓬勃发展，石油资源丰富，但存在技术瓶颈。东南亚地区各国油气行业发展水平不一，其中印度尼西亚和马来西亚资源丰富，新加坡则是炼油和贸易枢纽。石油行业国际工程细分专业领域涵盖油气田地面工程、长输管道工程等，各具特点与挑战。主要中国

* 执笔人：郑雯，中国石油工程建设有限公司市场开发部主管，工程师，研究方向为国际工程管理、企业国际化与项目运营管理等；胡思萌，中国石油工程建设有限公司市场开发部主管，经济师，研究方向为国际工程项目承包等；孙鹏，中国石油工程建设有限公司市场开发部主管，工程师，研究方向为国际工程项目承包、企业国际化运营等；周敏智，中国石油工程建设有限公司市场开发部主管，经济师，研究方向为海外项目风险防范、合同管理、市场开发体系构建等；刘婧，中国石油工程建设有限公司市场开发部主管，研究方向为工程建设行业境外项目管理等。

企业包括多家央企和民企，在国内外拥有众多项目。未来展望方面，各地区市场需求存在差异，2024 年国际石油价格预计难以大幅回升，原油市场供求较为宽松，新能源开发与传统油气能源的结合将成为未来发展的重要方向。

关键词： 油气行业　能源合作　新能源　可持续发展

一　行业业务概述

（一）市场分布

1. 中东

中东地区能源禀赋出众，是支撑全球经济平稳运行不可或缺的“化石能源宝库”。中东油气资源集中在沙特阿拉伯、阿联酋、伊拉克、科威特、卡塔尔等主要产油和产气国家。这些国家的经济主要依靠油气出口，并且具有强烈的增产和扩大产能意愿。20 世纪 90 年代至今，中国同中东国家在能源领域的合作快速发展，成为发展中国家之间优势互补、互利共赢的典范。在共建“一带一路”过程中，油气和清洁能源合作“双轮”驱动的效应愈发显著。受地缘政治及全球经济复苏影响，2023 年，中东地区石油和天然气工程在建合同额约 648 亿美元，同比增长 118.21%。除传统油气资源之外，中东地区还拥有丰富的太阳能资源，多数国家已明确脱碳目标，光伏、氢能、CCS/CCUS 等类型项目也具备较大的发展潜力。

2. 中亚

中亚地区包括哈萨克斯坦、乌兹别克斯坦、吉尔吉斯斯坦、土库曼斯坦和塔吉克斯坦五国，东与中国新疆维吾尔自治区接壤，南与伊朗、阿富汗毗邻，北与俄罗斯相接，西隔里海与俄罗斯、阿塞拜疆相望。中亚地区拥有丰富的矿产资源，特别是石油、天然气等化石类资源。中亚及里海地区的石油储量一般估计为1500亿~2000亿桶，占全球石油储量的18%~25%，已探明天然气储量达7.9万亿立方米。石油资源主要集中在哈萨克斯坦及其所属里海区域，而天然气资源则集中在土库曼斯坦、乌兹别克斯坦两国。土库曼斯坦已探明的天然气储量达101万亿立方米，是全球天然气储量最多的国家之一；乌兹别克斯坦在2005年生产天然气大约2.1万亿立方米，跻身全球天然气产量前十国家。中亚地区油气资源早在苏联时期便进行大规模开发，并建立了较为完备的油气田和输送管网。目前，区域内已探明116个气田和48个油田。中亚油气行业几乎被各国国有企业垄断，如哈萨克斯坦国家油气公司、土库曼斯坦石油公司、土库曼斯坦天然气公司、土库曼斯坦地质公司、乌兹别克斯坦国家石油天然气公司等。

3. 非洲

非洲石油资源丰富，主要集中在阿尔及利亚、安哥拉、埃及、摩洛哥、突尼斯等国家，石油开采活动主要集中在南非、尼日利亚和加纳等国。目前，由于非洲油气资源丰富，许多国家正在加大勘探开发力度。

非洲作为全球能源市场的重要组成部分，非洲油气资源的勘探和开发一直是国际能源市场的热点话题。近年来，随着全球对清洁能源的需求增长以及非洲自身经济发展的需求强劲，非洲油气行业具有巨大的增长潜力和发展机遇。

非洲油气行业的资本支出显著增加，预计到2024年，油气项目潜在资本支出水平有望上升至490亿美元。这一增长背后的原因在于非洲国家对油气部门的重视以及国际市场对于非洲石油的需求不断增长。同时，非洲也在积极推动成立能源银行，加大对油气资源开发的投资。

然而，非洲油气行业的发展也面临诸多挑战。与中东和北美等地区相比，非洲的油气勘探开发程度相对较低，特别是在北部沙漠和海洋等区域。此外，非洲的能源转型挑战巨大，包括如何平衡经济增长与环境保护、社会可持续发展等问题。

尽管面临诸多挑战，非洲油气市场的未来仍然充满希望。随着技术的进步和基础设施的逐步完善，非洲油气产业有望实现更快发展。特别是在天然气领域，非洲的天然气储量和开发潜力吸引了全球投资者。此外，部分非洲国家已经在油气上游开发领域“异军突起”，显示出强劲的发展动力和潜力。

总体而言，非洲油气市场发展前景广阔。丰富的油气资源、不断增长的投资以及全球对清洁能源的需求增长，共同为该行业的繁荣奠定了基础。但非洲国家和企业仍需要继续努力，借助技术创新、政策扶持和环境保护等措施，推动油气行业的可持续发展。未来，随着更多投资的注入和技术水平的不断提升，油气行业有望成为推动非洲经济增长和全球能源转型的关键力量。

4. 拉丁美洲

随着全球经济的持续发展，能源需求日益增长，拉丁美洲市场呈现蓬勃发展态势，尤其是墨西哥湾、巴西海湾的深海资源，近年来成为诸多国际石油公司关注和投资热点。拉丁美洲拥有丰富的石油资源，吸引了众多国际石油公司的投资。

巴西作为拉丁美洲最大的经济体，石油资源丰富，海上油田储量尤其可观。近年来，巴西政府加大石油工程投入，吸引了众多国际石油公司的关注。

墨西哥是全球最大的石油生产国之一，石油工程在其经济中占据重要地位。墨西哥市场主要油气开发集中在恰帕斯州、塔毛利帕斯州等，以墨西哥国家石油公司（PEMEX）为主导。

委内瑞拉拥有可观的石油储量，石油工程在其国内市场具有举足轻重的地位。然而，近年来委内瑞拉政治局势动荡，导致石油市场受到一定程度的影响。委内瑞拉石油资源主要集中在马拉开波湖、东委内瑞拉盆地等地。

哥伦比亚石油资源丰富，近年来该国政府加大对石油工程的支持力度，吸引了众多国际石油公司的关注。哥伦比亚石油资源主要集中在马格达莱纳河流域、普图马约盆地等。

厄瓜多尔：厄瓜多尔是南美洲重要的石油生产国，其石油资源主要集中在奥连特盆地、纳波省等。

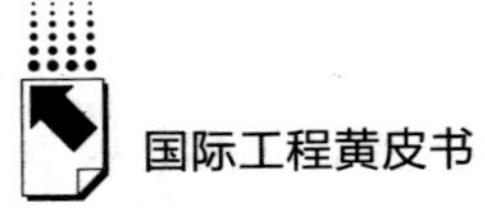

5. 东南亚

东南亚市场涉及东盟十国（印度尼西亚、马来西亚、菲律宾、泰国、新加坡、文莱、越南、老挝、缅甸、柬埔寨）与东帝汶共11个国家，面积约457万平方千米。《BP世界能源统计年鉴2021》显示，东南亚地区探明石油储量约为1.4亿吨（占全球的0.7%），天然气探明储量约为3.5万亿立方米（占全球的1.9%）。印度尼西亚的苏门答腊岛、加里曼丹岛，马来西亚近海的马来盆地、沙巴盆地是主要的油气资源分布区。其中，印度尼西亚是东南亚待发现石油资源最多的国家，而文莱是东南亚拥有待发现天然气资源最多的国家。整体来看，东南亚地区的石油资源占全球比例相对较低，但天然气的勘探潜力比石油大。

印度尼西亚、马来西亚是该地区石油资源最为丰富的国家，也是最主要的产油国。泰国、越南和文莱是主要的天然气生产国，天然气出口以LNG形式为主，主要输往中国、日本和韩国。新加坡则充分利用马六甲海峡海上石油通道枢纽的地理优势，抓住国际产业分工转移的契机，成为世界第三大炼油中心和主要石油贸易枢纽。

亚太市场中，欧美石油工程建设企业在知名度、业绩、专利技术、集约化采购、合同管理和索赔等方面更有优势。近年来，上述企业加速战略转型和业务能力提升，在价值链上向FEED（Front End Engineering Design，初步设计）、PMC（Project Management Contractor，项目管理承包，一种项目管理模式）、运营及投融资等高端业务转移，进一步强化在EPC阶段的竞争优势；日韩承包商具备很强的设计优化能力，在专利技术、政府支持和融资方面有较大优势，材料设备的国际市场接受度高，施工分包管控精细、合作密切，无内部无序竞争情况；当地承包商则具有很强的本土优势和属地资质业绩，在当地进行实体经营，管理成本相对低，并在属地化经营和公共关系上优势明显。此外，由于个别国家存在“本地保护政策”，当地承包商在准入门槛不高的业务领域有较强竞争力。

相对而言，在普遍存在低价竞标现象的形势下，中国工程建设企业整体竞争优势有待加强。随着中国劳务成本持续攀升，中国工程建设企业的成本优势逐渐减弱，本地化程度有待提高，国际采购的议价能力亟待提高。同时，设计技术管理与执行队伍尚不能完全满足国际工程项目执行的客观要求，在熟悉国际/当地设计标准方面仍然存在“瓶颈”；合同管理（包括索赔）、分包管理、本地化等跨国经营管理能力仍显薄弱。不过，中国工程建设企业的优势在于借助政府之间良好的政治经济关系及共建“一带一路”项目的推进，能够同相关机构、企业建立广泛良好的公共关系，通过产能合作、成果共享、投融资等多渠道开拓市场。

亚太区域国家是中国对外投资和承包工程业务的重要市场之一。进入21世纪后，中国与亚太区域国家能源合作呈现加速发展的势头，包括中石化、中海油、中石油在内的国企和众多民营企业纷纷加大了在东南亚国家的投资力度，从而进一步促进中国工程建设企业进入亚太市场。以马来西亚RAPID超大规模石油化工综合一体化项目为例，中石化、中冶、中核华兴、寰球等10余家中国工程建设企业参与其中。经过多年耕耘与探索，这些企业已经具备一定的工程经验和资源储备，建立了比较完善的市场开发和项目执行管控体系。近年来，中国一些非石油石化类工程央企，凭借自身独特优势，也开始跨界进入亚太区域油气工程建设市场。

（二）细分专业领域

1. 油气田地面工程

油气田地面工程是石油天然气勘探、开发、生产和销售的基础，是整个石油天然气产业链的重要环节，为石油天然气的开发提供了坚实的物质基础。它主要涵盖油气田地面工程设计、施工和设备制造，是油田开发和管理的重要环节。油气田地面工程具有综合性强、技术复杂、建设周期长和投资规模大等特点，在中国石油工业发展中占据重要地位。随着中国国民经济的快速发展和国家能源战略调整，油气行业面临新的发展机遇和挑战。为了适应新形势下经济社会发展对油气行业的新要求，需要加强油气田地面工程技术管理，提高科技创新能力，加强工程项目管理，并进一步提高工程建设质量和安全水平。加快中国油气行业地面工程技术进步，推动中国石油天然气产业快速发展，已成为中国石油行业发展面临的一项重大课题。经过多年的努力，中国在油气田地面工程技术方面取得了显著进步。随着中石油新一轮油气资源勘探开发战略调整实施，油气田地面工程建设将面临新一轮的机遇和挑战。因此，加强油气田地面工程技术管理、提高科技创新能力、加快油气田地面工程建设具有十分重要的现实意义。

国际油气田地面建设行业是典型的技术与人才密集型行业。工程建设对技术要求颇高，设备材料采购流程复杂，相关企业在开展业务时，必须充分考虑项目所在国的政治环境、法律法规、社会风俗以及文化背景等多重因素。尽管国际油气田地面建设行业整体发展较为成熟，但企业在实际业务开展过程中仍面临许多挑战。基于此，建议企业在开展业务过程中从以下几个方面进行考虑：一是统筹好发展与风险之间的关系；二是强化风险管理，尤其是在项目投标阶段要充分考虑风险因素，针对不同的风险等级制定相应的防控措施；三是加强人才队伍建设。国际油气田地面建设行业面临巨大的发展机遇，也面临严峻的挑战，国际市场竞争激烈，项目管理难度大、风险高。

2. 长输管道工程

长输管道作为现代能源输送的重要手段，肩负油气等资源高效、安全传输的关键使命。该领域的基础设施建设和运营维护，在保障国家能源安全、促进区域经济发展方面具有不可替代的作用。

随着全球能源需求持续增长以及新能源开发的推进，长输管道在能源结构中的作用愈发重要。长输管道通常跨越广袤地域，将资源丰富的产地与需求旺盛的消费地相连。长输管道的建设和运营涉及众多环节，包括线路勘测、设计规划、材料设备采购、施工安装、系统调试以及后期的维护保养等。

在技术方面，长输管道工程行业不断吸收和应用新技术、新材料，用以提升管道的传输效率和安全性能。例如，借助 X 射线检测、超声波检测等高科技手段对管线进行无损探伤；利用智能化监控系统实现远程监控和自动化管理；使用耐腐蚀、抗高压的新型合金材料提高管道的耐久性。

在环保方面，长输管道工程行业也积极响应绿色发展理念，通过优化设计减少对自然环境的影响，实施严格的泄漏监测和应急响应机制，确保生态环境安全。

从安全角度而言，应加强对长输管道高后果区的管理控制，做到“一区一案”，通过提高管道巡检频率、安装高后果区摄像头、使用无人机巡检等智能化手段，切实提升管道的本质安全。

从经济角度分析，长输管道的建设往往需要巨额投资，但其带来的经济效益也同样显著。它不仅能够降低运输成本、提高资源利用效率，还能够促进沿线地区的产业升级和经济繁荣。

综上所述，长输管道工程行业以独特的功能与作用，正成为连接能源生产与消费、推动经济社会发展的重要纽带。随着技术的持续进步和环保意识的不断增强，该行业在未来的发展中将展现更加广阔的前景。

3. 油气储库工程

油气储库是指那些用于收发和储存原油、成品油、天然气等资源的独立或附属的仓库和设施，包括储油库、地下水封洞库、地下储气库、压缩天然气加气站等。油气储库工程的主要目的是保证石油和天然气供应的稳定性，防止供应中断或需求波动导致的价格波动，同时有助于优化供应链管理和降低运输成本。油气储库对于国家的经济和社会发展具有重要意义。首先，它能够保障国家能源安全，确保在国际油价波动和供应不稳定的情况下，国家能源供应保持稳定。其次，油气储库工程作为石油和天然气产业的重要组成部分，对促进石油和天然气产业的可持续发展具有重要作用。

4. LNG 工程

LNG 工程是指将天然气经过净化处理后，通过低温（-161.5℃）冷却而转化为液化天然气（LNG）的系统工程，包括天然气的预处理、液化，以及液化后 LNG 的储存、运输、再气化等环节。

2023 年全球新投 LNG 上线项目仅有英国石油公司主导的马来西亚东固 3 号产线项目，设计产能为 380 万吨/年。多家能源公司看好 LNG 需求前景，并预测在亚洲市场的推动下，未来 10 年全球 LNG 消费量将增长 50%。卡塔尔能源公司、沙特阿美、壳牌等全球重要能源企业都已公布提升 LNG 产能的计划。2024 年，随着塞内加尔和毛里塔尼亚之间的 Greater Tortue Ahmeyim 项目、刚果浮式 LNG 项目、墨西哥阿尔塔米拉 LNG 工厂的上线运营，预计全球 LNG 产量将从 2023 年的 4. 05 亿吨增加到 4. 18 亿吨。

5. 炼化工程

炼化工程是指利用化学、物理等科学原理和工程技术手段，对原油及其他石化原料进行加工处理，以生产各种石油化工产品的工程领域。炼化工程涵盖炼油、裂化、重整、催化加氢等多种工艺过程，并涉及相关的设备设计、工艺控制、安全环保等方面。炼化工程主要目标是高效地将原油和其他石化原料转化为各种市场需求的石化产品，如汽油、柴油、润滑油、石脑油等。

6. 海上油气田工程

在国际石油市场中，海上油气田工程是一个非常特殊的行业，它兼具石油行业与海洋工程行业双重属性。

随着石油技术的发展和原油价格的大幅下跌，海上油气田工程行业从一个规模较小的行业逐步发展成为相对独立的行业。与陆上油气田工程行业相比，海上油气田工程行业的特点是市场相对分散、产品质量参差不齐、对技术和服务要求较高、参与主体多元化。

国际海上油气田工程的业务模式主要分为以下四种。一是工程总承包模式。由总承包商负责整个项目的规划、设计、采购、施工和调试等各个环节，对项目的整体进度、质量、成本和安全负总责。如中国的海油工程企业常以这种模式承揽海洋油气田工程、LNG、海上风电等项目建设，为客户提供“交钥匙”工程。二是专业分包模式。专业分包商在海上油气田工程中承担特定的专业工程或业务，如钻井、海底管道铺设、平台建造等。斯伦贝谢、哈里伯顿等专业石油工程服务公司通常为海上油气田开发提供从测井、钻井到油藏工程等全方位的专业技术服务。三是一体化服务模式。从油气田的前期勘探到开发生产再到后期的运营维护，提供一站式、一体化服务。如中海油田服务股份有限公司可提供物探勘察服务、钻井服务、油田技术服务及船舶服务等一体化整装总承包作业服务，贯穿海上石油及天然气勘探、开发与生产的各个阶段。四是租赁服务模式。该模式主要提供海上油气田工程所需的设备和设施租赁服务，如浮式生产储卸油装置（FPSO）、钻井平台、船舶等。

海上油气田工程项目的开发、建造和运营一般需要经过设计、采购、施工等多个环节。其中，设计是海上油气田开发的前期工作，包括工程设计和油藏评估；采购是指工程所需的主要材料和设备的采购工作，一般由业主方或其指定的国际采购公司负责；施工是工程建设中的主体部分，一般包括工程安装和海上试生产等。与陆上油气田开发不同的是，海上油气田开发通常还需要进行采油作业，即对地下储油层进行采油作业。在整个项目生命周期中，采油作业是最核心的一环。

与陆上油气田工程相比，海上油气田工程的技术服务具有以下特点。

第一，海上油气田工程项目的技术服务由业主提供合同来确定，这就要求技术服务方在提供技术服务时，必须依据业主的要求，最大限度地满足业主需求。

第二，海上油气田工程项目的技术服务要求高，且对技术服务方的专业水平、管理能力和经验有着较高的要求。

第三，海上油气田工程项目涉及众多复杂专业，例如油气田开发工程中需要使用很多海洋工程设备；海洋油气储运工程需要使用大量的海管；海上油气处理系统需要用到各种装置。因此，技术服务方要具备较强的综合能力。

海上油气田工程的技术服务主要包括工程设计、项目管理、生产准备和安装调试。其中，工程设计是核心，关乎整个项目的成败；项目管理是保障，确保生产准备和安装调试的顺利进行；生产准备和安装调试则是对设计方案的落实。

海上油气田工程是一个兼具石油行业和海洋工程行业特点的行业。随着海上油气田开发技术的发展，海上油气田工程市场规模也将持续扩大，并且会朝着多元化、专业化、高效化的方向不断发展。

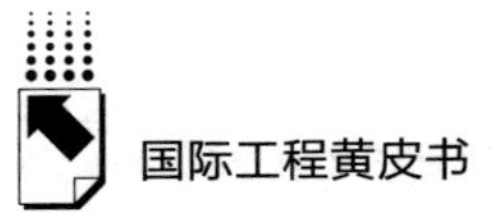

（三）主要中国企业及重点项目

1. 央企

中石化和中石油的重组整合，标志着油气行业央企重组整合的开启，意义不仅体现在企业规模和业务范围的扩大，更重要的是实现了资源、资产、业务和管理等多方面整合，将有利于中国能源产业结构调整和转型升级。

中石油是中国最大的石油天然气生产企业，主营业务包括油气勘探开发、炼油化工、管道输送、销售服务、工程技术服务和其他能源产品的生产、销售。

截至2022年底，中石油在19个共建“一带一路”国家运营51个项目，通过实实在在的合作成果，为共建国家带来更多福祉，赢得广泛赞誉。像哈萨克斯坦奇姆肯特炼油厂项目、“中国—中亚”天然气管道ABC线项目、伊拉克哈法亚项目以及印度尼西亚佳步项目油气处理厂项目等，这些项目均为共建“一带一路”国家的发展提供了有力支持，助力“一带一路”打造成为造福世界的“发展带”、惠及各国人民的“幸福带”。

2023年，中石化实现营业收入3.21万亿元；油气当量产量7092万吨，同比增长3.1%；天然气产量379亿立方米，同比增长7.1%；加工原油2.58亿吨，同比增长6.3%；生产成品油1.56亿吨，同比增长11.3%；乙烯产量1431.4万吨，同比增长6.5%；化工产品经营总量8300万吨，同比增长1.7%；成品油总经销量2.39亿吨，同比增长15.6%，其中境内成品油总经销量1.88亿吨，同比增长15.8%。中石化在2024年全球化工50强排行榜中位列第二，是保障中国能源供给安全的主力，也是中国的纳税大户。

2023年4月12日，中石化与卡塔尔能源公司签署了北部气田扩能项目参股协议，这一举措使中石化成为该项目首个亚洲股东。卡塔尔北部气田扩能项目规模宏大，总投资高达287.5亿美元。此项目致力于提升卡塔尔的LNG产能，预计将使卡塔尔LNG年出口能力从7700万吨大幅提升至1.1亿吨。在项目合作框架下，中石化深度参与气田的开发、运营等环节，为项目提供技术、资金等方面的支持，同时将获得相应份额的天然气资源。

该项目的推进吸引了众多能源企业的目光。中石化的参股打破了以往该项目的股东格局，为亚洲企业在全球大型天然气项目中争取到了更重要的地位，激励更多亚洲能源企业积极参与国际能源项目合作。同时，促使全球天然气贸易格局发生微妙变化，增强了亚洲市场在天然气定价等方面的话语权。

随着项目带来的天然气供应量增加，全球天然气市场的供需关系进一步调整。对于亚洲天然气市场而言，供应的稳定性和可靠性得到提升，缓解了部分地区天然气供应紧张的局面，对稳定亚洲天然气价格起到了积极作用。

中石化参股卡塔尔北部气田扩能项目意义重大。它为中国能源供应多元化战略注入新活力，助力中国获得更多稳定的天然气资源，优化能源消费结构，减少对传统化石能源的过度依赖，增强国家能源安全保障能力。从中石化自身发展来看，中石化既拓展了海外业务版图，积累了国际大型能源项目运营管理经验，提升了在国际能源市场的竞争力，又为下游业务发展提供了坚实原料基础，推动了天然气化工等领域布局。此外，该项目还是中国与卡塔尔在能源领域深度合作的典范，加强了两国经济联系与战略互信，为其他国家和地区的能源合作提供良好范例，促进全球能源合作向更广泛、更深入方向发展，推动构建公平、合理、共赢的国际能源合作新秩序。

中国海洋石油集团有限公司（以下简称“中海油”）是以海洋石油勘探开发为核心业务的中央企业，总部设在北京。中海油是中国最大的海上油气生产企业，在中国海域拥有 21 个正在作业的油气田，主要分布在渤海、南海北部、东海，以及渤海湾和珠江口盆地。中海油主要业务包含石油勘探开发、管道运输、销售以及工程技术服务等。

目前，中海油拥有多个油气开发项目，如中国海洋石油南海西部公司天然气勘探开发项目、东海海洋石油分公司东海天然气分公司三年滚动项目、渤海湾海上油田群三年滚动项目、南海东部北海油田群三年滚动项目等。

2012 年 7 月 23 日，中海油宣布将以 151 亿美元收购尼克森，同时承担尼克森共计 43 亿美元的债务。随后历经 7 个月，该收购相继通过加拿大、中国、美国等多国政府和相关机构的审批。2013 年 2 月 26 日，双方在加拿大卡尔加里市成功交割，为这起轰动全球的并购事件画上了句号。在收购完成3年后，中海油尼克森公司面临的内外环境发生重大变化，导致公司资产的整合与消化面临诸多挑战。

2022年，中海油宣布以约19亿美元（约合人民币133亿元）增持巴西布兹奥斯（Búzios）项目5%权益的交易完成交割。这是中海油继2019年中标该油田5%权益后的又一次大规模增持。目前，中海油持有该油田10%的权益，为第二大股东。该油田的作业者为巴西国家石油公司，持股比例为85%。

布兹奥斯项目于2018年4月投产，是巴西最大的整装油田，也是全球最大深水盐下在产油田，平均作业水深超2000米，采用传统的浮式生产储卸油装置+水下生产系统模式开发，目前日产原油约60万桶。中海油在巴西拥有布兹奥斯、利布拉等5个深水区块资产。

从国际石油公司的发展历程来看，一批规模大、实力强、经验丰富的石油公司为油气行业的发展奠定了坚实基础，并将继续发挥重要作用。其中，通过并购重组扩大规模成为石油公司保持竞争力的重要手段。大型石油公司通过收购、合资等多种方式扩大自身规模，在全球范围内不断提高对上游油气资源的占有率。

未来，随着国际石油市场需求的增长及环境保护等因素的影响，石油公司将更加重视发展下游业务，通过提升运营效率、优化资产结构不断提高盈利能力和市场竞争力。同时，随着中国经济发展进入新常态和共建“一带一路”的推进，中国油气行业也将迎来新的发展机遇。

2. 民企

一是北方华锦化学工业集团有限公司。北方华锦化学工业集团有限公司（以下简称“华锦集团”）是中国兵器工业集团有限公司旗下最大的工业企业，总部位于辽宁省盘锦市。随着经营规模的快速扩张，华锦集团形成了800万吨/年炼油、50万吨/年乙烯、100万吨/年道路沥青、90万吨/年润滑油基础油、132万吨/年尿素的生产规模，总资产超330亿元、年销售收入超400亿元，为中国石化产业发展和辽宁全面振兴做出了重要贡献。

二是山东裕龙石化有限公司。山东裕龙石化有限公司成立于 2019 年 6 月 28 日，是一家由民企控股、国企参股的混合所有制企业。该公司重点投资建设的裕龙岛炼化一体化项目，产能规模达 4000 万吨/年，是山东省产业蝶变升级实现高质量发展的重大工程，也是新旧动能转换的标杆工程。

三是万华化学集团股份有限公司。万华化学集团股份有限公司是一家在全球开展运营业务的化工新材料企业。凭借持续创新的核心技术、产业化装置以及高效的运营模式，该公司能够为客户提供更具竞争力的产品及解决方案。其重点项目为 120 万吨/年乙烯及下游高端聚烯烃项目。

二　未来展望

（一）市场需求

1. 中东

根据 2023 年《世界能源统计评论》的数据，截至 2020 年，沙特阿拉伯是仅次于委内瑞拉的全球第二大石油资源国，剩余探明石油储量为 2970 亿桶，占全球总量的 17%以上。卡塔尔的剩余探明天然气储量高达 24.7 万亿立方米，占全球的 13%以上。在未来相当长的时间里，中东各国在国际石油天然气市场中的决定性影响将持续存在，且可能进一步强化。据美国能源信息署（EIA）预测，到 2030 年，中东石油产量将占全球的 40%，天然气产量将占 32%，产量大幅上升的规划为中东油气工程市场规模的增长提供了重要推动力。

近年来，美国多届政府在中东地区的总体战略呈现收缩态势，使得中东盟友对美国的地区承诺和战略稳定作用信心减弱。同时，近年来美国的能源独立使得其在国际能源市场上与中东资源大国之间的市场份额竞争愈发激烈。这种形势促使以沙特阿拉伯为代表的中东国家在外交政策方面更加坚持独立自主，积极维护自身利益。在推进经济转型、减轻资源依赖的进程中，中东国家大力推动“向东看”战略。在能源转型的长期背景下，这些国家在与东方战略客户紧密合作的同时，也在开拓新的发展空间。

多年来，沙特阿拉伯一直稳定地将原油出口总量的约 1/4 出口到中国，中国因此成为沙特阿拉伯最大的原油出口目的国之一。长期以来，卡塔尔出口的液化天然气中约 10%出口到中国，中国是卡塔尔四大液化天然气出口目的国之一。

数十年来，从油气贸易到资源开发，再到股权及技术合作，中国与中东国家的合作逐步深入且不断升级。油气贸易是双边合作的重要基础，中国与国际油气公司通过合资控股、联合开发等多种形式，共同推动中东油气项目合作。股权与技术合作是近年来深化发展的新形式。目前，中国企业已在中东多国开展了上游勘探、石化化工、炼化工程、技术协同等多领域合作，有望将自身的主体经营优势与资源原料优势充分结合，并通过技术协同，弥补区域产业链发展不足，进一步深化双向共赢发展格局。

在能源转型的新形势下，中国能源企业也将继续发挥产能优势，助力阿拉伯国家的项目建设，深入推进“油气+”合作模式，不断拓展在太阳能、风能、水电、核电、氢能等领域的合作。

2. 中亚

哈萨克斯坦油气资源丰富，近里海盆地陆地部分和阿拉尔斯克海域有巨大的油气开发潜能。目前，已发现南图尔盖、滨里海、曼格什拉克、北乌斯丘尔特、楚河—萨雷苏和斋桑等含油气盆地。哈萨克斯坦原油产量大体稳定，约 80%的产量来自西部的阿特劳州、西哈萨克斯坦州和曼格什拉克州。哈萨克斯坦原油主要出口到欧洲和中国市场，出口到欧洲主要依靠里海输油管道和阿特劳—萨马拉管道。根据 2030 年哈萨克斯坦燃料—能源发展方略，卡沙甘、田吉兹和卡拉查干纳克三大油田的开发会确保该国未来 15～20 年油气勘探与生产的可持续性。目前，哈萨克斯坦近 87%的天然气资源贮藏在田吉兹、卡沙甘、卡拉查干纳克、科罗列夫斯科耶、让纳诺尔和伊玛舍夫斯科耶等气田。该国开采的天然气大多为伴生气，与原油一同采出，销售前预处理费用很高。约 44%的天然气在开采过程中需回注以提高油层压力和采油系数，还有部分用于原油加热、自发电或其他。哈萨克斯坦计划在

2027 年投产两个新气田，预计年产量将达 11 亿立方米。哈萨克斯坦国家石油天然气公司（KMG）正在制定新的天然气发展战略，计划到 2030 年将天然气年产量提升至 67 亿立方米。同时，哈萨克斯坦启动了通往中国的铁路线建设工作，旨在进一步提升运输和过境方面的潜力。

相比之下，土库曼斯坦工程建设项目受资金制约，投资和开发力度不足，暂时没有启动大型投资项目的计划。尽管中土双边关系呈现明显的向好趋势，双方均有在天然气领域进一步深化能源合作的意愿，但是土库曼斯坦规定资源国的所有投资必须得到其内阁批准，又缺乏相应的资金支持，因此虽然大多数项目需要融资但很难具备担保条件，加之土库曼斯坦企业的合同履约意识较薄弱，行政命令频繁变动，项目执行风险较高。

乌兹别克斯坦政府极为重视工业基础设施建设，近年来推出一系列经济改革措施，积极开展油气开采和加工业务，大力发展能源和化工基础设施建设，然而多数项目依旧采用融资或者带资建设模式，传统工程建设企业竞争力不足。

中亚五国拥有丰富的太阳能、风能和水能等多种清洁能源。其中，乌兹别克斯坦、土库曼斯坦和哈萨克斯坦太阳能资源集中，塔吉克斯坦的太阳能开发潜力很大。风能资源主要集中在哈萨克斯坦和土库曼斯坦。多个国家针对各自的可再生能源目标制定了相应的规划。乌兹别克斯坦计划到 2030 年实现新增光伏装机容量 5GW、风电装机容量 3GW；哈萨克斯坦要求到 2025 年可再生能源发电量占比提升至 6%，到 2030 年提升至 10%。在全球能源转型的大趋势下，作为具有资源禀赋优势的国家，各国的能源转型规划有望逐步实施，相应的新能源装机容量有望实现较快增长。

3. 非洲

近年来，非洲大陆经济增长迅速，已成为全球经济增长最快的地区之一，吸引的投资也日益增多。非洲在全球油气市场上地位重要，欧佩克 13 个成员国中有 7 个是非洲国家。国际能源署（IEA）的数据显示，2021 年非洲探明石油储量为 1257 亿桶，约占世界总量的 7.6%；探明天然气储量达 14.6 万亿立方米，约占世界总量的 7.8%。同年，非洲地区石油总产量为

3.45 亿吨，占全球石油总产量的 7.8%；天然气总产量为 2575 亿立方米，占全球天然气总产量的 6.4%。根据非洲能源商会发布的《2023 年非洲能源状况第一季度报告》，2023 年非洲天然气产量达到 2680 亿立方米。

非洲各国油气资源的分布和开采情况差异巨大，分布总体上呈现“油多气少、北多南少、西多东少”的特点。石油资源较为丰富的国家是尼日利亚和利比亚，而天然气资源主要集中在尼日利亚和阿尔及利亚。根据 IEA 的数据，撒哈拉以南非洲石油储量虽仅占非洲总储量的 23%，但贡献了非洲石油产量的 63%和石油出口量的 72%；相比之下，北非拥有非洲 77%的天然气储量，但产量和出口量占比分别仅为 37%和 28%。此外，许多非洲国家仍然是油气净进口国，未能把资源储量潜力转化为产量与出口优势。例如 2021 年，南非虽有 3 亿桶石油探明储量和 0.4 万亿立方米天然气探明储量，却进口了 2200 万吨石油当量的油气；加纳在 2021 年探明石油储量 7 亿桶、天然气储量 0.8 万亿立方米，却进口了 400 万吨石油当量的油气。

非洲油气产量增长潜力较大。非洲油气探明储量在全球的占比持续提升，2021 年以来，非洲多次发现大油气。如英国石油公司获得埃及金·马里奥天然气区块的勘探权；意大利埃尼集团与阿尔及利亚国家石油公司签署阿尔及利亚南部伯克金盆地油气勘探开发项目协议；加纳海上久比利油田新增储量达 5 亿桶。迄今为止，非洲仍有 5 万亿立方米探明天然气资源尚未开发。预计到 2030 年，非洲每年可额外提供 900 亿立方米天然气。

目前，非洲的石油需求主要由进口石油满足，占非洲石油总需求的 90%。随着近年来经济的快速增长，非洲石油需求将持续上升。

未来 10 年，非洲将有超过一半的原油需求来自非欧佩克国家，其中中东、美国和俄罗斯的非欧佩克国家原油需求将占 60%。从中长期看，未来 10 年非洲石油需求将增长一倍以上。伴随非洲经济发展，能源需求将显著增加。预计到 2025 年，非洲天然气需求将从目前的 320 亿立方米增长到 750 亿立方米。

如果说油气等化石能源是非洲能源发展的“绿洲”，那么可再生能源则是非洲能源发展的“蓝海”。受资源丰富、成本下降、需求增加和政策支持等因素推动，非洲在可再生能源领域展现出强劲增长潜力。国际可再生能源机构（IRENA）数据显示，自 2013 年起，非洲可再生能源装机量已增加超过 26GW，其中太阳能占比最大。2023 年，非洲可再生能源装机量达到 21.5GW，到 2030 年有望增至 2025GW。此外，到 2030 年前，非洲有潜力以每公斤不到 2 美元的成本年产 5000 兆吨氢气。

非洲不同地区可再生能源行业各具特点和潜力。目前，北非在非洲可再生能源领域处于领先地位，埃及、阿尔及利亚、突尼斯和摩洛哥有诸多在建或拟建的大型太阳能和风能项目。中非和南非拥有大量电池、风力涡轮机等生产所需的关键矿产资源。西非在基于分布式可再生能源的离网和小型电网解决方案方面潜力巨大。东非在地热、水电开发以及利用农业废弃物生产生物能源方面经验丰富。

4. 拉美

随着全球能源需求的不断增长，石油作为一种重要的能源资源，在全球范围内备受关注。拉丁美洲作为世界上重要的石油产区之一，市场需求也日益增加。

首先，拉丁美洲拥有丰富的石油资源。根据 IEA 的数据，拉丁美洲的石油储量占全球总储量的 10%，其中委内瑞拉、巴西和墨西哥等国的石油储量尤为丰富。这些丰富的石油资源为石油工程企业提供了广阔的市场空间。

其次，拉丁美洲的经济发展使其对石油的需求持续增长。近年来，拉丁美洲国家的经济逐渐复苏，巴西、墨西哥等国经济增长速度较快。随着经济的不断发展，这些国家对石油的需求也在不断攀升，进而推动了石油工程项目的发展，石油工程项目也需持续提高产量和效率，从而满足市场需求。

此外，拉丁美洲对石油工程建设的需求也在持续扩大。为推动经济发展，拉丁美洲国家纷纷加大基础设施建设投入，如交通、能源等领域，这使得对石油工程建设的需求不断扩大。

技术问题仍是影响石油工程项目发展的一个重要因素。随着石油开采技

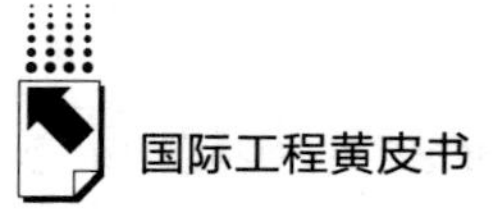

术的不断进步，石油工程项目需要不断引进新技术，提高开采效率，降低成本。这对于石油工程企业来说，既是机遇也是挑战。

综上所述，拉丁美洲市场的石油工程项目具有广阔的市场前景。随着经济的发展和基础设施建设的推进，石油需求会不断增长。同时，石油工程企业需更多关注环境保护和技术问题来适应市场变化，实现可持续发展。在这一过程中，政府、企业和社会各界要共同努力，推动石油工程项目的绿色发展，为拉丁美洲的繁荣以及全球能源安全做出贡献。

5. 东南亚

印度尼西亚作为东南亚最大的国家，油气资源非常丰富，市场化程度较高，政局总体稳定，政府重视扩大投资，经济增长前景看好，市场潜力大，而且人口众多，有着丰富、廉价的劳动力。印度尼西亚油气资源丰富，其中天然气储量居世界第十三位，在亚太地区仅次于中国，是管道天然气及LNG的主要出口国。然而，随着消费的增加，印度尼西亚政府开始新建LNG接收站和天然气管道，以满足日益增长的国内需求。印度尼西亚国家石油公司宣布将高度关注天然气项目，计划到2030年实现产量翻一番，并成为全球主要天然气出口国之一。同时，将进一步投资石化项目，以满足东南亚日益增长的市场需求。印度尼西亚境内的外国油气企业，如马来西亚国家石油公司、泰国国家石油公司、雪佛龙、日本Inpex公司、康菲石油公司等关注一些未开发的地区。另外，印度尼西亚还是世界上地热资源最为丰富的国家之一，开发潜力巨大。

马来西亚是东南亚仅次于印度尼西亚的第二大石油和其他液体燃料生产国。其中，大部分原油产自深水项目。在天然气领域，该国也是继卡塔尔和澳大利亚之后的全球第三大LNG出口国。马来西亚国家石油天然气公司拥有马来西亚所有油气勘探和生产项目的所有权，埃克森美孚、壳牌和墨菲石油是马来西亚产油量较高的外国油气企业，以海上深水区块和EOR项目为主。近年来，因马来西亚半岛消费需求日益增加，马来西亚国内天然气供应趋于紧张。

泰国虽是石油和天然气生产国，但为满足消费需求的持续增长，能源消费依旧高度依赖进口。尽管泰国已探明天然气储量丰富，且近年来天然气产量大幅提高，但过去20年的能源需求增长还是让泰国成为天然气净进口国。泰国的油气勘探开发集中在泰国湾和安达曼海的Mergwi盆地，上游业务目前基本以海上油气田开发为主。泰国国家石油公司，又称泰国石油管理局（Petroleum Authority of Thailand，PTT）代表政府管理泰国境内石油天然气等资源，负责政府所拥有石油资源的勘探和开发，以及石油炼制、油品储存输送销售以及天然气加工处理等工作，目前正在积极推进以天然气为主导的清洁能源转型战略。

油气石化产业是新加坡的支柱产业之一，主要板块涵盖能源和石油化工（包括专用和精细化学品等）、液体仓储、油气装备、公用工程等。新加坡主要有三家炼油基地，均位于人工岛上，分别是：

- 埃克森美孚在裕廊岛的亚逸查湾岛炼厂，加工能力为59.35万桶/日，全球排名第六。
- 壳牌在武公岛上的炼厂，加工能力为46.2万桶/日，全球排名第十四。
- 新加坡炼油公司的梅里茂岛炼厂（即SRC炼厂），加工能力为29万桶/日。

这三家炼厂年产能约占东南亚国家炼油总产能的40%，但因竣工时间较早，投产后未大规模升级改造，工艺复杂度低于亚太地区其他炼厂，检修业务多。随着国际能源企业推行低碳转型政策，东南亚存在一些潜在升级改造项目。

同时，在碳达峰碳中和背景下，东南亚各国对于新能源领域的投资持续加大，积极推动下游可持续化工、氢能、氨能等低碳或零碳产品开发，新能源建设市场前景广阔。

（二）发展趋势

对于全球市场而言，2023年是充满挑战与变化的一年。大国间的博弈不断加剧，多重打击给全球经济造成了巨大的压力，导致全球经济发展速度

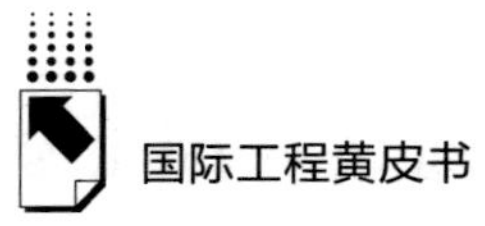

进一步放缓。发达国家和新兴经济体的发展前景愈发分化，全球治理也面临新的挑战。

展望 2024 年，由于原油供求关系整体较为松散，全球原油价格很难出现大幅度的回升，但是地域风险溢价仍然会持续。预计全球天然气市场将继续处于弱势均衡的状态，市场走向的不确定因素增加，国际石油价格的波动更加频繁；中国石油和成品油产量将继续稳定增长，工业产量预期会在高水平上有所回落，总体价格会有一定程度的上涨。尽管营业收入和盈利预期会有所上升，但进出口会有一定幅度的下滑。此外，加速新能源和油气资源的结合，也是推动工业绿色、低碳发展的重要方向。

1. 国际石油价格难以出现大幅度的回升

2024 年全球原油需求增速将放缓，沙特阿拉伯等欧佩克成员国则会通过削减产量产生更多的富余产能。而一旦减产完成，全球原油价格可能会出现下跌。不过，欧美央行已结束加息周期，并有望在下半年采取降息措施，再加上全球石油和天然气的整体投资不足、美国持续进行战略性储备、各主要产油国要维持财政平衡，国际油价整体仍会保持高位。同时，巴以冲突、俄乌冲突以及其他地缘政治情况，使国际油价有更多不确定因素，2024 年地缘风险溢价将持续存在。

2. 原油市场的供求状况整体上较为宽松

2024 年全球石油市场可能会对供求基本面进行再衡量，整体会出现宽松的局面。从供给端来看，欧佩克将继续削减石油产量到 2024 年底，其核心成员国的产量可能会进一步减少。从需求端看，亚洲经济稳步复苏会使国际原油需求有扩大空间，不过欧美高通胀下经济形势依然严峻。2023 年中国的原油需求快速增长，2024 年增速将明显减缓至 0. 8%~1. 7%。石油化工产业仍然是全球原油需求量增长的主要驱动力量。随着中国的经济活动回归常态，以及能源政策朝着可持续、高效方向发展，需求增速会有所放缓。与此同时，越来越多的人开始关注可再生能源和电动汽车领域，这一重大改变也将逐渐改变石油的消费格局。

3. 原油和成品油产量继续保持稳定发展

当今世界，频繁发生的地缘政治冲突使能源安全问题上升到前所未有的高度，世界上许多国家在积极推进本国的石油和天然气上游开发。从世界范围来看，2024 年油气上游领域的投资将继续稳步增长，而石油和天然气的开采将会呈现“小步慢跑”的态势。2024 年，全球石油和天然气的开采和开发投资将继续沿着 2023 年的趋势继续上升。然而，随着脱碳目标和供给保障的不断改变，很多企业在石油和天然气方面的投资受到了限制。放眼中国，2024 年，各大石油公司将继续聚焦深部、深水和非常规资源，以及大庆油田和胜利油田等关键区域的石油和天然气资源勘探与开采，力争实现年产 2 亿吨以上的目标。行业内企业要认真贯彻《国家发展改革委等部门关于促进炼油行业绿色创新高质量发展的指导意见》，加快炼化产业转型升级，实现节能减排目标。镇海炼化扩能、大榭石化二期工程和裕龙石化二期工程陆续开工，一次原油处理能力达到了每年 9.5 亿吨，增长了 3.2%；其中，1000 万吨规模的炼油企业增加到 35 个，一次原油处理能力达 528 亿吨，占总生产能力的 55.8%。

根据《石化化工行业稳增长工作方案》中对 2023~2024 年年均 5%增速的预测，2024 年该行业工业增加值将上升 3%左右，其中 4.35 亿吨成品油小幅上涨 1.5%，主要化工产品价格预计上涨 2%左右。整体来看，工业物价可能会出现较大的波动，其中化学工业的出厂价格指数同比上升 1%~2%。整个产业的收入预期较上年同期增加 2%，而盈利则将有轻微的增长，增幅约为 5%。化学工业的固定资产投资比上年同期增加了约 5%。不过，外贸进出口均有一定程度的下滑，出口同比减少了 3%左右。就油品而言，柴油产量达 2.2 亿吨，较上年增长 1.3%；石油产量达 1.63 亿吨，较上年增长 1%；煤油产量达 5180 万吨，较上年增长 4.3%。

4. 新能源开发与石油产业的结合

世界各国日益重视环保与可持续发展，石油工业也积极探索转型与可持续发展途径。太阳能、风能、地热能、氢能等新能源技术将会受到越来越多的关注。新能源项目的实施可以有效地降低油气开采、储运等环节的能耗与排放，从而实现节能降耗的目标。未来，新能源将会和石油工业更加紧密地结合在一起。一是通过加大对新能源技术的投入，降低对传统石油能源的依赖，发掘新能源商业机会。二是将新能源技术运用于石油勘探、开采等各个环节，以提高生产效率、降低成本并减少环境污染。三是油气产业与新能源产业的合作与并购增多，共同推进可持续能源开发。

参考文献

封瑞江、时维振主编《石油化工工艺学》，中国石化出版社有限公司，2011。

张来斌等：《石油工程技术进展》，石油工业出版社，2022。

杨爽：《复杂油气田地面工程设计管理体系创新与实践》，《项目管理技术》2023 年第 4 期。

BP：《BP 世界能源统计年鉴 2024》，2024。

BP：《世界能源统计评论 2023》，2023。

非洲能源商会：《2023 年非洲能源状况第一季度报告》，2023。

国际货币基金组织（IMF）：《世界经济展望（2023）》，2023。

国际能源署（IEA）：《2023 年世界能源展望》，2023。

哈萨克斯坦政府：《2030 年哈萨克斯坦燃料——能源发展方略》，2020。

Y.11

交通行业国际工程发展报告（2024）

中国交通建设股份有限公司*

摘　要：　近年来，伴随全球经济发展与地缘环境变化，全球交通建设行业开始呈现不同的发展特征。东南亚、中东与非洲市场表现活跃，中国企业大批进入拉美市场，中亚市场更偏向能源工程领域，欧洲市场港口设施更新需求丰富。以中交、中建、中铁为代表的中国企业在全球各地大展身手，为海外工程市场带来了以马来西亚东海岸铁路项目、哥伦比亚波哥大地铁项目为代表的优质精品项目，为中国企业海外品牌创造了良好的口碑。

新时期，科技产业的发展与各区域市场经济发展的不平衡带动了亚洲市场数字化智能化趋势，非洲市场项目私人化、港口大型化与专业化趋势，以及美洲市场小而美的发展趋势，对新时期的中国企业发展带来了更多的机遇与挑战。针对海外市场政策、法规、经济风险日益凸显，中国企业应重点提升自身资质水平、树立合作共赢思维、做好风险防控、强化金融合作、提升经营管理水平、加强舆论宣传工作，实现对外部环境风险的有力应对与化解。

关键词：　东南亚　非洲　中东　智能化　属地化

---

* 执笔人：程方立，中国港湾工程有限责任公司战略发展部副总经理（董事会办公室副主任），工程师，研究方向为企业战略、深化改革；张宇，中国港湾工程有限责任公司战略发展部高级业务经理，高级工程师，研究方向为企业管理、战略管理和深化改革；赖正琛，中国港湾工程有限责任公司战略发展部业务主办，研究方向为企业战略和深化改革。

一　发展情况

（一）不同区域市场发展情况

1. 亚洲市场

（1）东南亚地区

近年来，在中国经济发展带动与外溢效应影响下，东南亚地区经济增速长期维持在4%，高于全球平均水平，部分国家如柬埔寨等经济增速高达7%，区域经济发展成果显著。这种高水平的经济发展带动了东南亚各国在工程建设领域的投资。商务部统计数据显示，2022年中国企业在东南亚地区各主要国家新签工程承包合同额达到543.3亿美元，完成营业额293.4亿美元。

以泰国、越南、缅甸、柬埔寨为代表的东南亚市场对交通基建领域一直保持旺盛的需求。以中国港湾为例，在泰国市场，中国港湾累计承接交通领域相关项目52个，总合同额超过23亿美元，典型项目如曼谷大都会区拉玛八世大桥建设项目、曼谷南外环高速公路项目、MRTA绿色轻轨（北线）项目C2标段和黄兰察邦港D1～D3码头一期及增补工程、林查邦港三期F区PPP投资项目等；在越南市场，中国港湾累计签署项目近30个，在建合同额3.7亿美元；在缅甸市场，中国港湾累计完成合同额14亿美元，承接了皎漂中缅原油30万吨级油码头及航道工程、仰光国际机场、内比都国际机场等多个交通基建项目，业务涵盖港口水工、机场、工程咨询等多个方面；在柬埔寨市场，中国港湾目前已承接柬埔寨西哈努克港吹填造地工程一期项目，项目合同额达到2.45亿美元。整体而言，东南亚市场需求规模大，经济发展相对稳定，依然是海外交通基建市场的主战场之一。

（2）南亚地区

近年来，南亚地区受疫情影响，经济发展一度出现波动，2020年的经济增速一度降至-6.58%。随着疫情结束，南亚地区经济逐渐回暖。据世界银行统计，2023年，南亚地区经济增速达到5.2%。南亚地区受自身历史与产业环境影响，工业水平相对不高，配套基建体系较为落后，这使得该地区对交通基建服务尤其是海外工程承包企业提供的交通基建服务具有较高潜在需求。以孟加拉国为例，根据孟加拉国政府发布的2022~2026年五年规划，其基建领域规划总预算金额约为738亿美元，其中交通基建领域总预算达到602亿美元。中国基建企业在南亚地区所占市场份额远不及东南亚市场。据商务部统计，2022年，中国在南亚地区各主要国家新签工程承包合同额达到83.1亿美元，完成营业额93.9亿美元。

（3）中亚地区

中亚地区地质资源丰富，工程建设市场以能源类、化工类项目为主导，交通基建产业规模相对不高。2022年中国企业在该地区的交通基建类项目新签合同额4.3亿美元，完成营业额仅5.2亿美元。当地主要市场位于哈萨克斯坦、乌兹别克斯坦和土库曼斯坦三国，其余国家经济实力较弱，市场空间有限。中亚地区交通设施主要为路桥与轨道，并配合一定规模的航空交通服务，水运交通则主要依托里海，规模相对较小。以哈萨克斯坦为例，该国目前公路总里程为9.74万公里，公路网规模仅次于俄罗斯；该国铁路网总长达到16040公里，全网以宽轨（1520毫米）建成，包括4216公里的电气化路段和4900公里的复线铁路；航空方面，哈萨克斯坦共有97座机场，其中大型机场21座，有12座提供国际空运服务；水运方面，哈萨克斯坦主要依托里海与中亚、独联体国家开展贸易。

（4）中东地区

中东各国尤其是处于相对和平状态的国家，政府财政相对宽裕，经济总量可观。然而，包括以色列在内，中东各国受限于工业发展水平，基建体系相对过时，存在较大的基础设施建设需求。以以色列为例，根据OECD统计，以色列人均保有的基础设施仅为OECD国家平均水平的一半。在此背景下，中东各国开始积极推出交通基建计划，如海合会海湾铁路计划、以色列2025年基础设施及公共建设发展计划清单等。

近年来，中东地区大力发展基础设施，港口、公路、桥梁、轨交、机场等行业基本能够满足目前发展需求，区域内基础设施升级和改扩建潜力相对

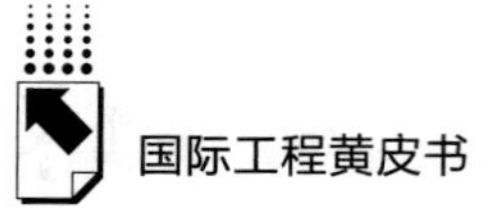

较大，交通基建行业发展迅速。2017～2023 年，中东地区整体授标额约 8085 亿美元，平均每年授标额约 1347 亿美元。从国别来看，沙特阿拉伯授标额最高，达到 2432 亿美元，占比 30.1%；其次为阿联酋，授标额 1998 亿美元，占比 24.7%；按照授标额降序排列，其余国家分别为埃及、卡塔尔、伊拉克、阿曼、科威特、巴林等。从行业来看，2021～2023 年，交通基建行业年平均授标额约 180 亿美元，主要的大型交通类项目为 NEOM 隧道、埃及高铁等。此外，各国为进一步寻求经济多元化，基建私有化发展趋势明显，交通基础设施 PPP 项目逐步增多。

2. 非洲市场

（1）北非地区

北非作为环地中海地区重要的交通与贸易节点，基础设施建设需求较为旺盛。全球基础设施中心估计，到 2040 年，埃及、摩洛哥和突尼斯总共需要 9970 亿美元的基础设施建设投资。其中，资金缺口最大的是埃及，在每年 GDP 增长 4%的假设下，到 2040 年，埃及需要花费 6750 亿美元（占 GDP 的 5%）用于基础设施建设，这意味着投资缺口占 GDP 的 1.7%。摩洛哥的基础设施建设投资缺口为 370 亿美元。而到 2040 年，突尼斯还需要在基础设施建设上花费 750 亿美元。

在水运港口领域，北非区域各国均有港口，且多数港口最大水深在 10 米以上，可容纳万吨级船舶通行，部分港口建有专业化集装箱泊位。阿尔及利亚正积极推动本国港口改革，从第一代港向第二代、第三代港升级。摩洛哥共有 39 个港口，其中 13 个商业港口。摩洛哥《2030 年国家港口发展战略》提出，要加紧推动以丹吉尔港为代表的本国港口新建及扩建工作。

在公路交通领域，阿尔及利亚计划新建全长 4300 公里的高速公路，以进一步实现本国南北、东西两个方向的交通互联。其邻国摩洛哥则公布了两条分别为 700 公里和 1200 公里的高速公路扩建计划。

铁路方面，阿尔及利亚已提出总长达 12500 公里的铁路线中期发展目标。摩洛哥则计划新建一条连接阿加迪尔、马拉喀什、菲斯和乌季达的高速铁路。

（2）东非地区

东非地区经济总量较小，矿产资源较为丰富，且进入矿业开采快速发展期。区域内交通基础设施建设主要围绕港口与资源产地展开，以港口与铁路建设为主。

在港口领域，东非地区港口数量不多，且大多数港口最大水深在 12~14 米，仅苏丹港、吉布提港和拉穆港最大水深达到了 16 米，可供 10 万吨级船舶停靠。目前，东非区域大多数港口现有泊位为多用途泊位，专业化泊位不足。此外，东非地区港口普遍泊位设施陈旧、效率低，整体通过能力不足。全东非仅有一座年吞吐量超过 2000 万吨的大港，即蒙巴萨港。其他港口中，吉布提港年吞吐量为 1600 万吨，达累斯萨拉姆港为 1380 万吨，其余港口年吞吐量均不到 1000 万吨。东非区域港口整体通过能力不足，将来势必会阻碍区域贸易的发展。

在内陆交通领域，近年通车的蒙内铁路、亚吉铁路极大地改善了区域内的交通基础设施。蒙内铁路将肯尼亚首都内罗毕和沿海港口蒙巴萨港连接起来，设计年运力达 2500 万吨。亚吉铁路将内陆国家埃塞俄比亚和沿海国家吉布提连接起来，成为埃塞俄比亚重要的出海通道。但整体看，东非区域沿海及腹地国家现有铁路、公路大多状况较差，主要城市的直接连接存在断点。坦赞铁路年运量仅为 60 万吨，苏丹境内铁路因年久失修已停止使用；既有铁路系统也未能全部连通经济腹地。除蒙巴萨港、吉布提港外，东非地区其他港口集疏运主要还是依靠公路，运输时间长、成本高，严重制约了东非地区港口吞吐量提升。

在此背景下，东非各国纷纷开始推动制定交通基建领域相关规划。诸如坦桑尼亚达累斯萨拉姆港改造升级、肯尼亚拉穆港新建、肯尼亚与埃塞俄比亚及南苏丹三国交通互联规划（涉及公路、铁路、机场建设的综合性规划）、肯尼亚标轨铁路计划等项目纷纷落地。

（3）西非地区

近年来，西非地区多数国家政局稳定，但仍面临基础设施落后、交通拥堵等问题，政府致力于基础设施改善工作，以促进贸易和经济增长。根据世界银行数据，西非国家每年投入数十亿美元用于港口、公路、桥梁和机场等方面的交通基础设施建设与改善，为交通行业提供了强劲的支撑，促使行业发展并走向现代化。西非地区的货物运输量以每年约5%的速度增长，旅客流量每年增长约6%，显示出该地区交通市场的活跃程度和发展潜力。

在西非地区，港口的发展尤为重要。区域内的贝宁、多哥、加纳、科特迪瓦、利比里亚、塞拉利昂、几内亚、几内亚比绍、冈比亚、塞内加尔、佛得角、毛里塔尼亚等国均位于大西洋沿岸，拥有丰富的海洋资源。因此，港口建设对于促进贸易、提升经济增长水平至关重要。例如，加纳的特马港和科特迪瓦的阿比让港都是区域内重要的贸易枢纽，有力推动了这些国家的经济增长。近年来，西非国家也在积极推进本国的港口建设和升级工作，诸如尼日利亚莱基港、科特迪瓦阿比让港等项目先后落地。

道路和桥梁建设也是西非区域基础设施改善的重点，各国政府不断加大对道路和桥梁建设的投资力度，以缓解交通压力、提升运输效率。例如，由西非共同体五国联合规划、全长1028公里的阿比让—拉各斯高速公路，计划途经尼日利亚、贝宁、多哥、加纳和科特迪瓦五国，该项目还是非洲横贯公路网7号公路的组成部分。非洲横贯公路网是由联合国非洲经济委员会、非洲开发银行和非盟共同提出的洲际公路项目，路网规划全长56683公里。

西非地区的交通行业正快速发展，各国政府的基础设施投资为经济增长和贸易发展奠定了坚实基础。未来，随着基础设施建设的不断完善和交通网络的进一步紧密连接，西非国家的贸易活动和经济合作将迎来更加繁荣的局面。

（4）中非地区

中非地区呈现市场动荡与发展并存的局面。一方面，加蓬等区域发生军事政变，存在难民流动现象，导致社会治安问题严峻。另一方面，中非各国更加深刻地认识到利用自身资源禀赋促进发展的重要性，在矿业开发领域逐步发力，特别是喀麦隆铁矿、刚果（金）铜钴矿、刚果（布）钾盐矿、尼日利亚锂矿、加蓬铁锰矿等的开发力度不断加大，对配套的铁路、公路、机场、港口等需求显著提升。伴随非盟《2063年议程》持续深入推进，多边银行支持的区域一体化项目，像西非沿海高速公路项目、刚中乍的黑布班恩走廊项目、喀乍的杜阿拉—雅温得—恩贾梅纳走廊项目、刚果—乌班吉内河整治项目以及多个跨境道路桥梁项目等逐步落实。据统计，2022 年，中国企业在中非地区新签合同额 72.4 亿美元，同比增长 10%。

（5）南部非洲地区

南部非洲地区交通基建水平高于非洲大部分地区，区域内建成数条贯通区域、连接多国的公路与铁路。当地最重要的跨国公路为南共体南北走廊（North-South Corridor），它将内陆国家与主要港口连接起来。该走廊全长 8000 多公里，连接 8 个南共体国家，分别是南非、津巴布韦、莫桑比克、马拉维、坦桑尼亚、赞比亚、博茨瓦纳和刚果（金）。在铁路方面，坦赞铁路与本格拉铁路实现了南部非洲地区的“两洋贯通”。再加上德班港、开普敦港等世界重要港口，南部非洲已初步构建一套区域内公铁港联运的外贸交通体系，对带动区域各国经济发展、联通非洲其他各国起到积极的作用。然而，在机场建设领域，南部非洲发展则稍显滞后，当地航空连通性差、基础设施不足、政策不明确、法规不一致、航空税费不断上涨等问题限制了航空运输业发展。对此，南部非洲航空协会提议在 2030 年前，非洲内部应开通至少 200 个城市对接航线，遵守行业服务水平协议，确保机场运营产生效益。据统计，2022 年，中国企业在南部非洲地区新签合同额达到 130.9 亿美元。

3. 美洲市场（拉丁美洲）

过去 20 年，拉美地区经济和社会发展取得显著成就，但当地基础设施老旧滞后，已成为实现经济可持续增长的巨大障碍。根据各国政府计划，2017~2022 年拉美地区建造的工程项目约 3000 个，投资总额约 1.2 万亿美元，具体完成情况目前尚无确切数据。拉美国家的基建投资有限，2023 年拉美地区基础设施投资占 GDP 的 2.2%，约 1520 亿美元，然而实际投资需求为 GDP 的 3.5%，缺口高达 900 亿美元，其中巴西、墨西哥、哥伦比亚和阿根廷的基础设施投资额占地区总额的 70%。受到政府财政投入制约，拉美各国急需私营部门在基础设施建设领域发挥重要作用。因此，目前大多数

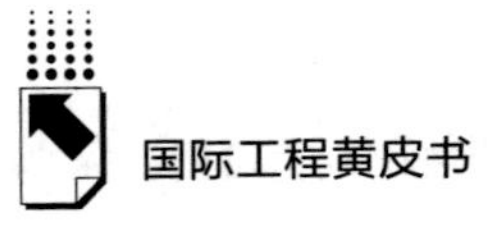

拉美国家采用 PPP 模式开发大型基础设施项目。

随着中国对拉美投资日益成熟，拉美已成为中国对外投资的第二大目的地。中国矿业、能源和物流企业加快了在拉美投资兴业的步伐，带动了所在国交通运输、发电、输变电和矿业等领域的迅猛发展。这些项目大多由中国企业投资和建设，为中国工程公司在拉美地区业务持续发展带来了机遇。截至 2021 年，中国企业在拉美和加勒比地区实施了 192 个基础设施项目，总投资金额达 984 亿美元。

4. 中东欧市场

中东欧国家与西欧发达国家相比，交通基础设施发展相对滞后。部分国家如塞尔维亚、波黑曾受战争影响，交通基础设施存在不完善之处；部分国家如保加利亚、立陶宛、匈牙利等，虽交通网较为发达，但存在设施老化现象，各项设备均需更新改造。加入欧盟之前，整个地区的交通基础设施投资处于历史低位，致使中东欧与欧盟 15 国之间差距较大。自 2001 年起，中东欧地区交通基础设施投资开始快速增长，历经 20 多年，总计投资近 3000 亿欧元，整个中东欧地区新建高速公路 7000 多公里。尽管取得了这些积极的进展，但中东欧的交通基础设施仍不如西欧成熟。中东欧地区公路、铁路、航空和港口基础设施的可用性和质量仍然存在很大差距；交通网络内部及交通网络之间的差距造成人员和货物流动的瓶颈，特别是跨境流动方面。

近年来，中东欧许多国家的建筑市场增长率在 7%以上。尤其是波兰、罗马尼亚、匈牙利等国加入欧盟后，接受了欧盟大笔的财政援助，基础设施建设方面投资大幅度增加。然而，近年来由于受到全球金融危机和欧债危机的影响，这些国家的基础设施建设面临大量的资金短缺，于是许多国家加大了基础设施建设领域的对外开放力度，项目投融资主体多元化格局开始逐步形成。当地政府对很多项目采取特许经营模式招标，同时各国开始制定一系列吸引外国投资者和承包商的优惠政策。与此同时，中国政府也加强了与中东欧国家的合作。中东欧市场潜力巨大，中国承包商有能力、有实力将该地区作为未来工程承包的主战场。2022 年，中国企业在该地区的交通运输类项目新签合同额达到55.7亿美元，居各专业领域首位，比第二名电力工程建设类项目新签合同额高出近18亿美元。

（二）主要中国企业发展情况

1. 亚洲市场

东南亚地区毗邻中国南部，社会经济形势相对稳定，项目数量多、规模大、金额多，是中国海外工程承包企业较为理想的市场之一，大量海外工程承包企业扎堆东南亚。中交、中铁建、中铁工、中建、电建、中水电、葛洲坝、中国土木、中国有色等“国家队”均在东南亚市场有所布局。以泰国、柬埔寨、越南三国为例。目前在泰国共有27家中国央企和地方国企公司。其中，中国建筑与中铁建是该国最主要的中国企业。中国建筑在交通行业偏重路桥类项目，承接了曼谷拉玛三—道卡农—西外环路高速公路等项目；中铁建则涉足轨道、路桥、水工等多个领域，承接了泰国东部经济走廊（EEC）连接三个机场高速铁路、中泰铁路一期等项目。在道路工程领域，代表性中国企业有中国路桥、上海建工与中铁建；在水工工程领域，铁建港航、中建筑港及其系统内各航务工程局都在当地有一定的市场布局。中国企业在该国的市场竞争较为激烈。在越南，近年来中国企业获取的大多数项目为电力工程项目，目前中电建、中能建、中冶、中建、中铁建、中铁工、东方电气等能源基建相关企业在该国市场占据优势地位。未来，随着越南2030铁路规划逐步落地，以中交、中铁建、中铁为代表的轨道交通领域优势企业将有望在越南市场取得突破。

在“一带一路”倡议背景下，不少南亚国家与中国企业保持良好的合作关系。同时，该地区丰富的农业与文旅资源同样吸引中国企业投资。该区域中国企业基本集中在巴基斯坦、孟加拉国、斯里兰卡、马尔代夫四国。该区域代表性中国企业有中电建、中能建、中铁、中铁建、中国建筑、中国港湾、中国路桥等。从数量上看，该区域中国建筑类企业超过150家。以孟加拉国市场为例，目前在孟加拉国使馆注册登记的中国建筑类企业约130家，包括中铁建、中电建、中铁国际等央企以及北京城建、四川路桥等地方国

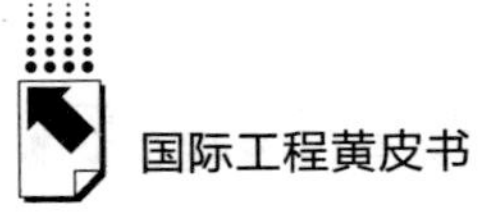

企。其中，中铁建旗下有 10 家公司布局孟加拉国市场，主要业务领域包括道路桥梁、疏浚、铁路等，典型项目有卓伊德普尔至伊舒尔迪复线铁路项目、科考斯巴扎机场跑道扩建项目、多哈扎里至科考斯巴扎 101 公里铁路项目二标段等。中电建有 20 多家子公司落地孟加拉国，主要涉足领域包括道路桥梁、疏浚、河道整治、能源电力、房建等，典型项目有达卡机场高架快速路项目。目前中铁有 9 家子公司进入孟加拉国市场，主要业务领域包括铁路、道路桥梁，典型项目有帕德玛大桥铁路连接线项目、孟中友谊八桥项目等。

中亚地区是全球重要的能源产地之一，当地中国企业多与能源基建领域相关，中电建、中国化工、葛洲坝、中国土木等中国企业均活跃于中亚市场，当地大型项目也以矿产开发、能源开采为主。典型项目有哈萨克斯坦西图尔盖斑岩铜矿开采总包项目、乌兹别克斯坦费尔干纳州 1500 兆瓦风电项目、哈萨克斯坦奇力萨伊磷矿开采及建设项目、哈萨克斯坦卡沙甘油田每年 10 亿标准立方米天然气综合处理厂建设项目等。

由于中东地区部分国家政府财政较为宽裕，同时作为全球石油中心，存在大量的能源相关基建需求，因此对各国海外工程承包企业的吸引力极大。中国企业亦大量参与，其中交通领域主要的中国企业有中交（含中国港湾）、中铁建、中国建筑、中铁等。如中交（中国港湾）在港口、道桥等基础设施建设领域具有较强竞争力，中国港湾在中东地区承接了沙特海尔港、卡塔尔多哈新港、埃及阿布基尔港等多个大型港口项目，并在区域内执行了多个道桥项目；中铁建在体育场馆、铁路、房建领域具有较强竞争力，其实施的麦加轻轨项目获得了沙特政府的高度赞誉。

2. 非洲市场

非洲作为中国海外工程承包的传统市场，长期以来有 60% 的市场份额被中国企业占据。依据中国对外承包工程商会排名，2022 年度对外承包工程企业非洲地区前五名分别为中交、中铁建、中电建、中铁、中国土木。具体到五大区域，主要中国企业情况各异。

在以阿尔及利亚、埃及、摩洛哥为代表的北非国家，中国企业较为活跃，其中代表企业有中铁建、中国建筑、中交与中国港湾。典型项目有中铁建联合中信建设承担的阿尔及利亚东西高速公路（全长 1700 公里）与廷杜夫 575 公里铁路项目；中国建筑承建的安纳巴至斯基克达长约 13 公里的复线铁路项目；中国港湾承建的阿尔泽港与安纳巴港矿业码头扩建项目等。

东非地区主要中国企业有中国港湾与中国路桥，以及招商局集团、中国建筑、中铁、中铁建。近年来，中国港湾与中国路桥在当地承建了苏丹港牲畜出口码头、坦噶港水工改扩建、肯尼亚蒙巴萨港新建油码头与拉穆港集装箱码头等项目；招商局集团则围绕吉布提港口，联合中国建筑承接了吉布提多哈雷多功能码头投资建设项目；中铁大桥局与中铁建工中标实施坦桑尼亚姆特瓦拉港新增泊位项目。

西非地区代表性中国企业有中交、中铁建、中国土木、中铁、中国港湾、中国路桥等。这些中国企业为西非当地交通基础设施完善做出了重要贡献。例如，由中国土木承建的尼日利亚拉各斯轻轨蓝线是西非地区首条电气化轻轨，由中铁建承建的尼日利亚拉伊铁路更是创下了非洲建成的最长双线标准轨铁路纪录。

近年来中非地区动荡不断，中国企业在当地投资规模小于非洲其他地区。中钢、国新国际等中国企业落地中非地区投资当地矿区，中交、中国港湾等央企则围绕矿区配套基建、港口、铁路、路桥建设布局。

南部非洲地区代表性中国企业有中交、中国港湾、中铁建、中国土木、青岛联凯等，其中青岛联凯为私营企业。以上中国企业普遍在南部非洲地区布局 10 年以上，对南部非洲交通体系建设发展做出了突出贡献。例如，南部非洲地区最重要的两大铁路动脉坦赞铁路、本格拉铁路均由中铁建参与建设。

3. 美洲市场（拉丁美洲）

目前，中国对外工程承包服务企业在美洲地区主要布局哥伦比亚、秘鲁、墨西哥、巴西、阿根廷、智利、玻利维亚、厄瓜多尔等拉丁美洲国家。当地主要的中国企业包括中国港湾、中电建、中铁建、中能建、中国土木、中国路桥、中工国际、中国建筑、中国中车等。以上企业在美洲市场主要涉

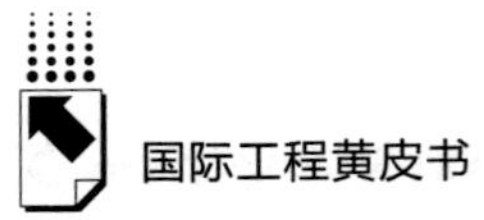

足交通运输基础设施、一般建筑、电力工程、通信工程与石油化工等领域，其中，交通运输基础设施领域的 2022 年新签合同额居美洲市场首位。当年该区域新签合同额前十项目中，有 4 项为交通运输基础设施类项目，分别为中国港湾承建的哥伦比亚 Mar2 公路项目与墨西哥玛雅铁路第一标段项目，以及中国土木承建的哥伦比亚太平洋工业园港口项目、中铁国际承建的维多利亚波多西公路项目二期工程。

4. 中东欧市场

中东欧作为连接亚欧大陆的重要一环，是共建“一带一路”的重要合作伙伴，同时该地区对交通运输基础设施类项目建设需求也较为旺盛。因此，以中交、中铁建、中电建等为代表的交通领域企业在此布局，中国土木、中铁建、中电建、中建、中铁，以及中交旗下中国港湾、中国路桥等均在当地有所建树。值得一提的是，中国对外承包工程商会发布的《中国对外承包工程发展报告 2022—2023》数据显示，2022 年，中国对外承包企业在中东欧地区新签项目合同额前十名项目涉及的承接企业除中国路桥、中电建、中铁等，还有一家地方国企山东省路桥集团有限公司。

（三）细分专业领域发展情况①

1. 铁路建设领域

亚洲地区。亚洲路网规模居各大洲首位，其中中国铁路网突破 15.5 万公里，分别占亚洲、全球铁路网的 43%、13%，高铁里程达 4.2 万公里，居世界第一位。2022 年 2 月，中国发布《“十四五”铁路发展规划》，计划到 2025 年全国铁路网规模达 16.5 万公里。同时，中国主导的“泛亚铁路”计划也逐步取得进展，中线泰国段已开工，西线缅甸段已完成可行性研究，东线中越标准轨铁路已列入两国联合声明。此外，中蒙俄、中吉乌、中尼等铁路规划设计工作正在积极推进，越来越多的跨境铁路项目将转入合作实施阶段。而在中东地区，海湾国家铁路建设与相关设备采购长期由欧洲企业占据

① 资料来源于中国对外承包工程商会《中国对外承包工程发展报告 2022—2023》。

优势地位。目前，阿联酋已启动总投资约 110 亿美元、全长 1200 多公里的联邦铁路规划项目，并将该铁路纳入海湾国家铁路网。伊朗计划在 10 年内投资 75 亿美元进行铁路新建或改造。巴林已启动全长 109 公里、总投资 20 亿美元的城市轨道交通项目建设。沙特计划到 2040 年投入 973 亿美元，分三个阶段新建全长 9900 公里的铁路。

非洲地区。根据非盟规划，远期非洲将形成“四纵六横”铁路网，线网规模约 6.4 万公里，这一规划释放了海量的投资与工程需求。然而，近年来非洲不少国家债务风险加剧，难以继续实施基建项目。截至 2023 年 1 月，仅利比里亚、阿尔及利亚、几内亚、坦桑尼亚及乌干达等国家开展了推动新建铁路或既有线铁路改造工作。其中，阿尔及利亚东西铁路主干线、尼日利亚卡诺至马拉迪铁路已正式开工，几内亚凯博铝土矿铁路专用线、坦桑尼亚中央线标准轨铁路计划开展可行性研究。此外，乌干达于 2021 年寻求超过 9.76 亿美元的资金用于在未来 5 年修建和修复具有百年历史的铁路系统，非洲发展银行已决定为该国提供 3.01 亿美元资金扶持铁路建设。

拉丁美洲地区。拉丁美洲部分国家如墨西哥、哥伦比亚、智利、秘鲁等行业准入门槛较高，欧美企业优势明显，当地工程公司也具备天然优势，但中国企业在劳工、工程物资和设备等方面具有成本优势。巴西自 2021 年 9 月启动 Pro Trilhos 计划以来，已有 19 个项目被授权签署合同，预计将在 16 个州的铁路网中增加铁路线达 19000 公里。委内瑞拉制定了庞大的“两横三纵”铁路发展规划，计划到 2030 年底建成拥有 16 条铁路线、总长 13665 公里的铁路系统，但因资金短缺，在建铁路项目基本已停工，铁路发展规划被迫搁置。

欧美日等发达国家和地区。近年来，西欧、日本等国大力发展城市轨道和高速铁路。尽管欧盟国家基建市场政策门槛较高，但欧盟及其成员国为促经济、稳民生、保就业出台了一系列财政宽松政策，并提前释放基建项目的资金储备，为中国企业拓展欧洲市场创造了机遇。欧盟计划在未来 10 年投资 1.1 万亿欧元，新建总长 18250 公里的高铁网，联通各欧盟成员国首都。英国宣布将斥资 20 亿英镑用于升级和改造公路、铁路等基础设施。美国已通过1万亿美元基础设施法案，未来5年将拨款660亿美元用于铁路和轨道交通建设。2022年5月，加州高速铁路管理局申请13亿美元拨款，用于美国第一个高铁项目。2022年3月，加拿大政府发布铁路项目征求意见书，计划在魁北克、三河城、蒙特利尔、渥太华、彼得堡和多伦多之间建设城际铁路。澳大利亚的资源配套铁路以及城市轨道交通计划也开始重启，全长1700公里、耗资逾百亿澳元的内陆铁路项目已经启动。

中东欧地区。目前，中东欧各国正计划加快高铁建设，并对既有铁路进行升级改造，铁路市场前景广阔。罗马尼亚计划投资4.42亿欧元进行CFR铁路升级。波兰计划投资5亿兹罗提用于铁路改造，其中80%资金来自欧盟基金。捷克计划到2050年投资8000亿克朗建设高速铁路，其中2030年前计划投资1500亿克朗。而俄罗斯规划到2030年投资6770亿卢布对境内2.2万公里的铁路进行升级改造，但具体计划执行情况尚有不确定性。

2. 港口建设领域

亚太地区。在亚洲地区港口投资建设中，中国企业充分利用了国内港口开发经验，以港口建设为切入点，拉动周边交通体系、物流体系及临港工业园建设，大力推行“港口+进场道路+工业园”“港口+周边基础设施+新城”的产业链发展模式，港口产业链协同发展已形成趋势，例如斯里兰卡汉班托塔深水港、孟加拉国玛塔巴瑞深水港均是以产业链的形式推动周边地区经济发展。东南亚及南亚地区地理位置优越，但港口资源有限。随着全球制造业不断向东南亚及南亚地区转移，加上全球航运缺船缺箱的影响，该地区港口开发将进一步推进。

中东地区。受俄乌冲突、巴以冲突等外部热点事件影响，中东地区在水运方面面临更高的运输费用、更长的运输时间和更局限的选择。然而，近期中东各国推出的长期愿景计划、国内市场需求增长以及能源价格高企带来的购买力提升，使得中东港口和航运受到的影响相对较小。仅2022年，中东地区就有埃及Abu Qir港口、阿联酋哈里发港CT3码头、沙特阿拉伯吉达码头开展了扩建工作。未来，中东地区将继续依靠优越的地理位置和航线的稳定性，持续吸引港口运营商，中东地区部分港口将继续作为航运的转运中心。

非洲地区。随着全球经济和经贸形势总体上保持稳定，非洲经济将在长期内维持稳定增长的良好态势。在此背景下，未来非洲港口投资建设需求依旧旺盛。随着全球区域港口发展格局的不断演变，港产城一体化、陆上物流通道等建设将加快推进。新港建设、旧港升级、场地扩建、配套道路体系建设将是未来非洲地区港口建设领域四大主要方向。

欧洲地区。欧洲港口主要以功能升级、需求多样化为基础进行改扩建。受俄乌冲突带来的能源缺口影响，西欧等发达国家港口普遍增加了氢能运输、海上风力发电等功能。欧盟委员会正在积极倡导“REPowerEU”能源战略计划。在此背景下，欧洲多个大型港口逐渐向绿色能源转型。如欧洲最大的港口鹿特丹港正准备建立一个完整的本地和国际供需系统所需的基础设施，致力成为欧洲新的“氢气经济”关键枢纽。除此以外，鹿特丹港的海上风力发电能力进一步升级，供电能力将扩大至 20 吉瓦，一举成为迄今为止欧洲最大的电解生产基地。中东欧等欠发达地区的港口仍然以基础设施升级为主进行港口改扩建，如波兰格但斯克港、爱沙尼亚塔林港等招标了多个大型基础设施改扩建项目，旨在对港口基础设施进行升级改造，以此提高港口的基础贸易进出口能力。

美洲地区。整体来看，美洲主要港口的吞吐量逐渐恢复增长。随着拉丁美洲和加勒比地区各国国际化程度不断提高以及 5G 网络的建设与运用，美洲港口的发展逐渐迈入新的阶段，主要体现在国际化程度提升、相关产业链集成度提高、附加服务持续完善、生态与环保意识日益增强、运营流程逐步智慧化等方面。

3. 机场建设领域

亚太地区作为全球经济规模最大、最具发展活力的地区，随着地区经济的快速发展，更是成为全球民航发展最活跃的地区，客运量和货运量在全球航空业中的占比均为最高。澳大利亚、新西兰、日本、韩国等发达国家市场准入制度严格，海外企业不易进入；东南亚及南亚、中亚国家政策支持力度大，接连与多国签署自贸协定，并成功签署《区域全面经济伙伴关系协定》

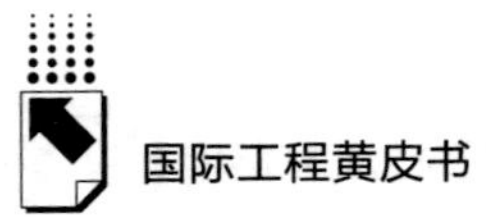

(RCEP)，将助推经济发展及航空客货运量的提升。

中东地区经济条件与民航发展基础较好，但主要风险为各国当局对机场设计及建设要求高，市场规则较复杂且竞争激烈，法律条文不够明确。目前，主要竞争国土耳其逐步在该区域减少业务，形成了一定的市场空间。中国企业可以在充分做好前期市场调研，并对项目合同、成本进行精细化管理的前提下开展该区域业务。

非洲地区拥有占世界16%的人口，且人口增速快，预计2050年人口将达到全世界的1/4，航空业发展潜力巨大。目前非洲航空业面临的主要挑战是航空网络关联性差和配套基础设施不足。非洲联盟于2018年正式启动了非洲单一航空运输市场，通过这一举措进一步消除非洲国家之间的航空准入限制，推动非洲国家民航在各国之间自由往来，降低运输成本，为非洲民航业发展注入活力。在民航基础设施方面，非洲机场密度低、航线网布局欠缺，通达性较差，航线密度、机场密度都远远低于其他地区。现有机场设施陈旧，一些跑道破损严重，无法满足运营及安全的需求。随着非洲单一航空市场的建立以及非洲各国人均GDP的逐步提高，机场改扩建及新建的需求将同时扩大，但非洲各国经济增长放缓，多国达到债务红线，对建设项目的融资能力、投资决策均产生较大影响。

在欧洲地区，西欧市场基本被巴黎机场集团建筑设计公司（ADPI）等传统老牌企业垄断，且欧洲发达国家企业本身工程建设能力很强，在设计施工管理方面拥有先进经验，相关制度规范很完善，技术标准完备，对于环保等要求极其严格。在中东欧市场，俄罗斯具有较为完善的铁路、机场等交通基础设施，但其中大部分建成时间较早，目前老化严重。俄罗斯虽每年都有一定的财政预算用于基础设施更新改建，但是依旧存在较大的资金缺口。为保证本国基建行业企业的发展，俄罗斯基础设施项目设有准入门槛，一般要求投标企业加入行业自律组织协会。中东欧地区除基础设施亟待修复外，也存在一定的新建需求，但由于经济较为低迷，资金和建设力量均较为匮乏，项目推进比较缓慢。未来行业发展与各国经济政策导向密切相关，且该地区受地缘政治影响较大，各方势力在该区域角力，这也给项目开发带来较大不确定因素。

美洲地区的拉美加勒比市场对机场进行全方位改造的需求较大，但拉美地区国家基建资金严重短缺，倾向于采用 PPP 或 BOT 等形式进行基础设施建设，需要企业具备较强的融资能力。

4. 公路建设领域

亚洲市场。亚洲多国围绕公路建设推出规划。中缅两国计划修建连接中国腾冲与缅甸密支那的腾密公路，该公路将由中国援建；印度、缅甸和泰国的三边公路从印缅边境德木口岸途经曼德勒、内比都，抵达缅泰边境的妙瓦底口岸，全长约 3200 公里；中国云南省提出到 2030 年将建成并运营约 5004 公里的高速公路（较 2021 年增加 3841 公里），预计投资需求达 391 亿美元；斯里兰卡政府竣工一条全长 36.59 公里的中部高速公路，将首都科伦坡与中部城市康提连接起来，并与机场高速、南部高速实现互联互通；孟加拉国交通部计划在 2030 年之前将所有国道升级为 4 条车道，总长为 2143 公里。中东地区目前已有超过 300 个公路建设项目立项，预计中东地区公路总里程将提升 30%以上。

非洲市场。在公路建设方面，2024 年，中国港湾在塞内加尔中标塞内加尔边境公路升级改造项目，建造一条从 Sandiniéri 至 Tanaff 再从 Tanaff 至几内亚比绍边境的总长度 26.4 公里的沥青公路，项目总金额约 3000 万美元。2024 年，中国路桥中标科特迪瓦邦杜库边境公路项目，该项目主要建设内容为 11 公里道路施工、附属结构物、公共照明及景观整治，项目金额约 1500 万美元。同年，中能建中标科特迪瓦阿比让 BRT 项目一标段，该项目包括 8.29 公里的快速公交线路、8 个公交车站及相关附属工程，项目总金额约 6800 万美元。在桥梁建设方面，2024 年 1 月，中国建筑承建的阿比让四桥项目正式通车。该项目位于科特迪瓦经济首都阿比让西部，连接约普贡区和阿佳美区，线路全长约 7 公里，包含市政道路与 7 座桥梁，其中邦科湾主桥长 792 米、宽 33.9 米，是阿比让目前最宽的桥梁。

美洲市场。北美市场受地区政策与行业资质门槛限制，中国企业在当地布局的公路项目较少。中国企业主要集中布局拉丁美洲，其中巴西、墨西哥、哥伦比亚和阿根廷四国为核心市场。自 21 世纪初起，中国企业先后承建/建成牙买加南北高速公路、哥伦比亚马道斯高速公路、巴拿马运河第四大桥等项目。其中，牙买加南北高速公路作为该国重要标志，被牙买加政府印在 5000 元面值纸币上。

欧洲市场。欧洲陆路运输网络完备，公路货运量占内陆运输总量的比例超过3/4。欧洲高速网络发达，各国建立统一道路标识。欧盟各国高速公路实行“无边境、无国界、无签证、无收费关卡”的制度，百姓跨国出行方便无阻，商品往来流通无碍。欧洲公路基建领域虽然存在市场机遇，但受到当地政策影响，中国企业市场拓展活动往往受到限制。

（四）重点项目

1. 马来西亚东海岸铁路项目

（1）项目概况

中交马来西亚东岸铁路项目是共建“一带一路”旗舰项目，也是中马两国之间最大的经贸合作项目，还是中国企业海外在建的最大单体交通基础设施项目，战略意义重大，被列为中交“头号工程”。项目合同额达到 502.72 亿马币（约合 120 亿美元），项目业主为马来西亚铁路衔接公司（MRL）。项目资金来源中 15%为业主自筹，货币形式为马币；85%为融资贷款，货币形式为人民币。中交马来西亚东岸铁路项目为中马双方政府间框架合同项目，承包类型为 EPCC（设计、采购、施工、调试）。项目横贯马来西亚半岛东西，起点为哥打沓鲁，终点为巴生港，跨越吉兰丹、登嘉楼、彭亨、雪兰莪四个州。线路全长 665 公里，其中正线长 597.5 公里，支线长 67.5 公里，包括桥梁总长 135.65 公里、隧道总长 61.15 公里以及车站 20 座。该项目于 2017 年 4 月 16 日开工，预计 2027 年底完工。

（2）项目获奖情况及报优计划

该项目先后获评马来西亚属地州级质量奖 16 项，中国国家级优秀 QC 成果奖 1 项、省部级优秀 QC 成果奖 7 项。2024 年 3 月，该项目获得马来西亚交通部 2023 年度“最佳项目管理奖”。

2. 哥伦比亚波哥大地铁项目

（1）项目概况

波哥大地铁一号线项目为中国港湾代表性海外重点项目之一，该项目业主为波哥大地铁公司。项目资金三要来源为哥伦比亚中央政府的远期预算和波哥大市政府的远期预算，分别由哥伦比亚财政部和波哥大市财政局筹集，其中哥伦比亚财政部负责项目资金的67%，波哥大市政府负责项目资金的33%。该项目为EPC特许经营项目，合同期28年，其中建设期（含融资）7年，试运行期6个月，运营期20年，移交期6个月。项目工程主体为全线长23.86公里的高架线路，穿过波哥大市区主要街道。项目含16座高架车站以及车辆段等。

（2）项目获奖情况

目前，该项目已获评2022年中施协第三届工程建设行业BIM大赛一等奖、2022年中国公路学会“交通BIM工程创新奖”三等奖、2022年中国对外承包工程商会国际工程数字化优秀应用案例、2022年波哥大城市“包容就业”优秀企业奖、2023年中建协第七届建设工程BIM大赛一等奖等15项大奖。

3. 科伦坡港口城项目

（1）项目概况

斯里兰卡科伦坡港口城是习近平主席亲自见证开工的中斯共建“一带一路”旗舰项目，是“一带一路”倡议与斯里兰卡国家发展战略深度对接的重要成果，是直属斯里兰卡总统管理的国家重要战略发展项目。项目由中交集团所属中国港湾投资建设运营，业主为中国港湾旗下科伦坡港口城项目公司，项目资金均为业主经由银行商贷自筹。该项目一级开发投资14亿美元，绿色填海造地269公顷，预计带动二级开发投资超136亿美元，建设规模超630万平方米，将为斯里兰卡首都科伦坡打造全新的CBD，是斯里兰卡打造印度洋商业中心的核心载体。项目整体开发周期约25年，建成后将有超过20万人在此工作生活，全周期能为当地直接和间接创造超40万个就业岗位。

（2）项目获奖情况及报优计划

目前，科伦坡港口城水工及吹填项目已先后获得 ENR 全球机场/港口类最佳项目奖、中国水运建设行业协会科技进步奖一等奖、中交集团科技进步奖一等奖、中国交通运输协会科技进步奖二等奖、国家优质工程奖等 20 项大奖。

4. 尼日利亚莱基深水港项目

（1）项目概况

该项目位于尼日利亚拉各斯市莱基区，在市中心向东约 65 公里，地处几内亚湾的中心地带，地理位置优越，是西非地区最大深水港之一，也是中国在非洲首个投资控股运营的大型综合性深水港。项目业主为莱基港拉各斯自由贸易区有限公司，项目资金主要依靠业主自筹。项目合同额为 6.03 亿美元（其中 EPC 部分合同额为 5.81 亿美元，其余为变更项）。该项目于 2020 年 6 月 15 日开工，2022 年 10 月 24 日完工，工期 28 个月，主要工程内容包括 2 个集装箱泊位，总长 680 米岸线，2.5 公里防波堤，堆场及水电、通信、导航等配套设施，最大可停靠 1.8 万标准箱集装箱船，堆场面积 47 公顷，航道长度约 9 公里，年设计装卸能力 120 万标准箱。

（2）项目获奖情况

该项目获得 2020 年国家发展改革委国际产能合作重点投资项目认证、2020 年路透社“非洲基础设施年度最佳交易奖”、2020 年亚太开发性金融协会“杰出发展项目奖”、2020~2022 年中交集团“国际化传播示范项目”、2022 年度海外优秀项目奖、2022 年度“海外创新奖”科技创新奖等 58 个奖项。

5. 斯里兰卡南延线第四标项目

（1）项目概况

斯里兰卡南延线第四标项目是斯里兰卡公路发展局根据该国汉班托塔国际中心发展战略要求兴建的高速公路工程项目，也是现已通车的南部高速公路项目的延长段，地处斯里兰卡南部，南起汉班托塔港，北至汉班托塔国际机场，全长约 25 公里，双向四车道预留六车道，设计时速为 120 公里。该项目由中国港湾承建，2016 年开工，历经 3 年完工。项目通车彻底改善从汉班托塔港至机场的道路条件，两地往来时间缩短近 20 分钟，充分发挥汉班托塔港、汉班托塔国际机场腹地作用；同时改变货运物流条件，极大地发挥汉班托塔机场和港口的各项效益，大大促进整个汉班托塔区域的经济发展。

（2）项目获奖情况

该项目先后获得 2022 年中国建设工程鲁班奖（境外工程）与 2021 年中交优秀工程奖，并在项目建设进程中获得斯里兰卡道路发展局（RDA）和工程师共同颁发的 800 万安全工时证书及纪念奖杯。

二　未来展望

（一）行业未来发展趋势

1. 亚洲市场

智能化、数字化技术在交通基建领域，尤其是港口建设中应用日渐广泛。2022 年全球已建成的全自动化码头中，亚洲港口占比超过 50%；新加坡更是提出“2030 年下一代港口”计划；中国作为自动化码头在建和已建规模均为全球第一的国家，自动化码头技术已开始对外输出，以色列海法港、阿布扎比哈里发港二期等项目均是采用中国标准、中国技术的自动化港口。

外国企业进入中东国家门槛开始逐步抬高。中东地区技术规范逐步向欧美看齐。当地工程承包市场进入准高端水平，业主采用的技术规范及标准普遍以英标、欧标和美标为主，且对产品进口和质检要求严格。对于工程设计和材料，招标文件中通常要求采用行业最佳标准或世界最佳实践。

2. 非洲市场

随着经济回暖与基建规划相继落地，大量非洲国家开始加快推进本国交通现代化发展，逐步向市场释放各类需求。阿尔及利亚开始稳步推进一系列发展规划，例如西部铁矿开发项目配套铁路、东部磷矿开发综合体项目配套铁路和港口等项目。坦桑尼亚开始积极推动达累斯萨拉姆港新港区建设。

非洲国家财政能力不足，PPP 与私人投资项目开始增多。多数非洲国家受限于本国财政水平，开始更多依赖 PPP 模式吸引外部投资。同时，受到欧美方面影响，不少非洲国家开始鼓励通过公共—私人合作伙伴关系建设和运营基础设施，预计私人业主在非洲交通行业的投资会有所增加。

非洲港口建设开始追求专业化、现代化、大型化，并强调配套建设集疏运交通体系。随着厄特 Colluli 钾盐矿的开发出运、埃塞俄比亚—吉布提 LNG 出运、坦桑尼亚油气开发，以及持续增长的集装箱、散杂货运量，各国政府建设专业化、大型化码头的意愿强烈。与此同时，非洲各国资源产品出口的提速也让各国政府普遍意识到本国港口吞吐效率存在不足，而港口配套的集疏运体系也制约了港口效率的提升。加快港口集疏运体系与区域物流大通道的衔接及物流通道沿线经济带建设开始逐渐受到非洲各国政府重视。

3. 美洲市场

多国基建行业增长率将逐步放缓，PPP 模式与小而美的项目将成为下一阶段主流。预计 2022~2030 年，拉美地区基础设施领域将以年均 3.0%的速度增长，智利、墨西哥、巴西的行业增长率将同步放缓。就项目开发模式而言，PPP 模式将进一步成为项目开发的主要模式，政府现汇项目数量和单体项目规模将进一步萎缩，主要适合当地工程公司参与，中国企业竞争力相对较弱。

4. 欧洲市场

中东欧地区基建行业潜在需求依然旺盛。中东欧国家交通基础设施发展水平落后于欧盟发达国家，存在大量投资需求，尤其是在交通、能源和通信等方面。例如，波兰、捷克等国的铁路、公路建设和升级项目，以及罗马尼亚、保加利亚等国的交通基础设施建设项目，都为工程承包企业提供了广阔的市场空间。欧盟 TEN-T（跨欧洲运输网络）走廊工程计划将于 2030 年基本完成，将建立一个由 9 个核心运输走廊组成的网络，连接所有欧盟成员国。

（二）未来发展挑战及应对措施

1. 未来发展挑战

（1）政策风险挑战

在欧洲、美洲地区，中国企业经营受到当地及部分域外国家政策影响。欧盟及其成员国长期以来以“不公平补贴”“国家安全”等借口限制甚至是禁止中国企业对欧洲基础设施展开投资。2016 年，欧盟加大对匈塞铁路等“一带一路”项目的审查力度。2022 年 6 月，欧盟发布“国际采购工具 IPI 条款”，将未加入 WTO 政府采购协定（GPA）或未与欧盟缔结双多边贸易协议的第三国经营者、商品或服务排除在欧盟公共采购市场之外。中国目前还不是政府采购协定成员国，参加欧盟部分国别公共采购项目存在一定障碍。拉美市场更是长期受到美国方面影响。2019 年，美国在拉美地区推出所谓“美洲增长”倡议，推动私营部门对拉美地区能源和基础设施的投资。

（2）法规风险挑战

一方面，严格的法规体系对中国企业开发市场造成了一定的限制。欧美市场往往借助复杂的法规资质体系将中国企业拒之门外；中东、东南亚等地区则面临法规体系日渐严格的情况，对中国企业在当地的传统商业模式造成了一定影响。另一方面，部分欠发达市场，如非洲地区在法律法规方面仍不完善，税务等方面法律法规的缺失导致了一系列风险，具体体现在：一是稽查频率较高；二是一些税种裁量权过于宽泛，执法随意性、选择性问题较为突出，给企业投资决策和日常经营增加了难度，甚至在一定程度上打击了中国企业在当地投资的信心与热情。

（3）经济环境挑战

近年来，受大宗商品价格波动和美元持续加息影响，不少国家经济增长缓慢甚至出现下滑，政府对基础设施的投资迅速下降。特别是在拉美与非洲市场，拉美国家普遍性经济衰退导致各国政府财政支出能力不足，非洲国家则长期受困于政府债务问题，部分非洲国家政府信用等级不足，甚至难以获取国际金融机构贷款。受经济环境影响，不少拉美与非洲国家政府对外部融

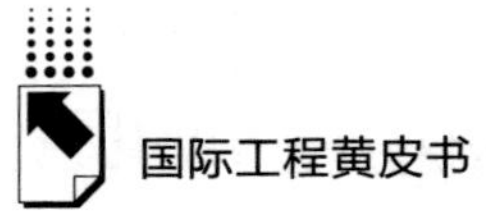

资需求显著提升，大型项目普遍选择特许经营模式，部分国家市场开始奉行“最低报价中标”原则。以上变化对承包商项目实施、运营管理和资金能力等综合实力提出了更高要求。

2. 应对措施

（1）提升企业资质水平与履约能力

一方面，针对欧美、中东、东南亚等市场日渐严格的法规体系与资质要求，中国企业应当积极提升资质水平，努力突破相关国家市场设置的资质壁垒。另一方面，中国企业应坚持诚信履约、塑造品牌、深耕区域，以现场拓市场，通过提高技术水平和服务质量，打造精品工程，降低实施成本，增强核心竞争力。通过提升企业实力与品牌美誉度，提高当地市场对中国企业的认可，配合高水平资质，跨越区域市场门槛。

（2）树立合作共赢思维

秉承合作共赢理念，在商言商，广泛和当地公司、欧美公司加强沟通与合作，增强互信，发挥各方所长，分散项目实施风险。学会站在对方角度考虑问题，充分考虑合作方利益诉求，寻求利益平衡点，从而确保合作行稳致远，达到双赢或多赢的目标。在欧洲、拉美市场积极寻求合作伙伴，探索以合资、联合体等形式进入当地市场，依托当地合作伙伴打通市场渠道，扭转当地政府对中国企业的防备与排斥心态。

（3）做好风险防控

加强合同管理和风险评估，建立专业化的海外风险防控团队与法律团队，深入研究并严格遵守所在国相关法律法规与行业标准。保证工程质量和安全，建立健全风险管理体系。处理好与当地政府的关系，坚决维护自身合法权益，通过及时寻求专业法律和咨询支持等方式保障自身权益。

（4）强化与金融机构合作

企业“走出去”稳步发展离不开金融机构的大力支持。在非洲、拉美国家政府财政普遍存在压力的情况下，金融资源多寡将决定中国企业能否在市场竞争中占据优势地位。建议中国企业加强与国内外金融和投资机构的合作，构建可靠的金融资源库，服务自身发展。同时，建议中国的银行等金融机构加强与海外地方或区域性银行的合作，创新融资模式、分担贷款风险、增强贷款条件优势，为企业拓宽融资渠道、提升竞争力、实现融资落地提供更大支持。

（5）提升经营管理水平

善用活用当地和区域内优质人力资源，不断提升管理水平，建立符合当地管理标准和习惯的管理体系，避免生搬硬套中国的管理体系对海外项目与人员进行管理，避免人力资源与管理成本的上升，从而提高企业在海外市场的竞争力。多鼓励中方员工与属地员工沟通交流，改变中方人员思维模式，实现从人员和资源属地化到管理属地化、思维属地化、体制机制属地化的转变。

（6）加强舆论宣传工作

遵纪守法，做好环境保护工作，减少负面新闻。加强与项目所在地民众的沟通，做好项目宣传。积极组织公益活动，增进与民众的联系。加强对外宣传工作，加强与当地媒体的交流合作，及时报道项目进展以及发展前景。通过积极正面的宣传，增进民众对中国企业和项目的了解，提升中国企业形象。

Y.12 电力行业国际工程发展报告（2024）

国华（江苏）风电有限公司
北京创程时代咨询服务有限责任公司
中国华电集团电力建设技术经济咨询中心有限公司*

摘　要： 随着电力行业国际工程市场规模的扩大和技术水平的提高，以及智能电网、可再生能源利用和电力储能技术不断进步，电力行业绿色转型和高效运行的进程也在持续推进。中国电力行业经过多年的工程技术研发和实践，在设计水平、装备制造、工程建设等方面具有强大的竞争优势，在国际工程中扮演日益重要的角色。在经济发展的驱动下，亚洲、非洲和拉丁美洲已经成为电力行业国际工程的主要市场，这些地区的电力基础设施建设需求巨大，为中国企业的跨境投资和合作提供了广阔的空间。本报告对当前电力行业国际工程发展情况进行分析，为电力行业国际工程投资和建设提供了有价值的参考资料。

关键词： 智能电网　国际工程　电力行业

一　行业业务概述

（一）市场分布

根据《世界能源统计年鉴 2024）》，2023 年全球总发电量合计为

---

* 执笔人：蔺雪竹，北京创程时代咨询服务有限责任公司总经理，高级工程师，研究方向为工程质量管理、项目管理等；许辉，国华（江苏）风电有限公司项目经理，高级工程师，研究方向为工程质量管理、项目管理等；李春辉，北京创程时代咨询服务有限责任公司商务经理，工程师，研究方向为工程项目管理；崔育奎，原国家能源集团神华国华（印尼）爪哇发电有限公司总经理，教授级高级工程师，研究方向为工程项目管理；刘嘉，中国华电集团电力建设技术经济咨询中心有限公司造价经理，经济师，研究方向为工程项目战略及投资管理。

299248亿千瓦时，同比增长2.5%，其中，火电占60%，太阳能和风能发电占13.4%，水电占14.2%，核电占9.1%，其他可再生发电占2.6%。

1. 亚太地区

亚太地区拥有世界一半以上的人口，经济增长潜力巨大。2023年亚太地区发电量达到152820亿千瓦时，同比增长5.1%，占全球发电总量的51.1%，其中火电占66.9%，太阳能和风能发电占15.4%，水电占11.7%，核电占5.1%，其他占0.9%。

2023年，中国的总发电量达94564亿千瓦时，排名世界第一，其中火电占64.1%，太阳能和风能发电占17.6%，水电占13%，核电占4.6%，其他占0.7%。

亚太地区火电装机规模将于2035年前后达峰，未来油电将逐步退出电力领域，被气电、可再生能源发电替代。亚太地区水电装机规模保持增长态势，但增长速度有所放缓。中国水电开发扩张期已经结束，印度、东南亚国家水电装机规模仍将有所增长。

在可再生能源方面，2023年，亚太地区的风电装机容量占全球的51.2%，太阳能发电装机容量占全球的61.6%。预计2030年风电、太阳能发电装机规模达到26亿千瓦；到2040年，风电、太阳能发电将成为亚太地区的主体电源；到2060年，风电、太阳能发电装机规模将达到110亿千瓦。

亚太地区各国电网发展水平差距较大。中国、日本和韩国已经实现电力全覆盖；东南亚地区各国电网建设水平参差不齐，普遍面临可靠性不足、新增电源接入困难等问题；南亚各国不少农村及偏远地区尚未实现电力覆盖，智能电网普及率较低。

东北亚总体形成“西电东送、北电南送”的电力发展新格局。东盟形成一体化电网，采取渐进式模式，首先实现成员国之间的双边互联，再实现次区域互联。南亚作为亚洲负荷“南中心”，总体的跨区电力流呈现“周边送电中心”的格局，主要受西亚和中国的清洁电力影响。

2. 北美洲

2023年北美洲发电量54820亿千瓦时，同比增长-1.0%，占全球发电总量的18.3%，其中火电占56.2%，太阳能和风能发电占15.5%，水电占11.3%，核电占16.7%，其他占0.3%。

2023年，美国的总发电量接近44940亿千瓦时，排名世界第二，但美国人均年用电量位居世界第一。其中，火电占60%（天然气发电占42%），太阳能和风能发电占16.4%，水电占5.3%，核电占18.2%，其他占0.1%。

美国电力消费结构基本保持稳定，自2000年起，工业用电占比逐渐从31%下降至2022年的26%。美国电力消耗总量保持稳定，美国能源信息署（EIA）预测，2022~2050年美国电力总需求将以每年1%左右的平均增长率缓慢增长。

2009年以来，美国煤炭发电所占比例持续下降，逐步被天然气、太阳能和风能发电所取代。据EIA预测，到2030年，美国太阳能发电占比将超过风电，燃煤发电占比会降至8.31%；到2050年，美国可再生能源发电占比将提升至44%，其中太阳能和风能将成为主要发电来源。

加拿大电力工业发展现状显示，水电依旧是加拿大主要电力来源，水电发电量占总发电量的55.1%，非水电可再生能源装机容量占比较小，天然气、核能与煤电的装机容量也占据一定比例。此外，加拿大在超高压输电领域发展较早，拥有纵贯南北的输电网络，电压等级多样，包括735千伏、500千伏、345千伏、230千伏、138千伏、120千伏等。目前，各地的公用事业公司正在对老化的基础设施进行维护，并建造新的电力线路和变电站，以便新一代电源的顺利接入。

3. 欧洲

2023年欧洲发电量38051亿千瓦时，同比下降2.4%，占全球发电总量的12.7%，其中火电占32.1%，太阳能和风能发电占29.7%，水电占16.8%，核电占19.3%，其他占2.1%。

欧洲全社会发电量稳定，可再生能源是欧洲最大的电力来源。2023年欧洲的风电装机容量占全球的26.4%，太阳能发电装机容量占全球的21.1%。预计到2030年，欧洲各类能源发电量占比分别为：太阳能25%、风电22.5%、核电17.2%、气电15.9%、水电9.5%、煤电1.6%、其他 8.2%。

欧洲各国资源分布不均，能源结构差异较大。风力资源主要集中在北海东西海岸及爱尔兰地区，水力资源集中于北欧地区，太阳能资源则主要分布于地中海沿岸。

欧洲能源结构正加速向清洁能源过渡，煤电和核电发电量持续减少，风光电成为主要的发电增量补充。未来煤电的淘汰速度可能会加快，光电装机容量将保持高速增长，但风电装机容量增速有所放缓，水电装机容量增长缓慢，各国对待核电的态度各异。

4. 非洲

2023 年非洲发电量 9029 亿千瓦时，占全球发电总量的 3%，其中火电占 74.2%，太阳能和风能发电占 6.3%，水电占 17.9%，核电占 1%，其他占 0.6%。

根据世界银行的数据，非洲人均用电量仅为全球平均水平的 1/3，电力覆盖率也较低，大量农村地区依然没有接入电网。电力供应不足不仅限制了非洲国家的经济增长，还影响了人民的生活质量和教育水平。

电力供应与能源转型是非洲国家发展的关键所在。非洲国家可通过加强电力基础设施投资建设、推动可再生能源开发利用、制定优惠政策以及加强能源管理与技术创新，实现电力供应的稳定，推动经济可持续发展，提升人民生活质量。只有在电力供应与能源转型的支持下，非洲才能达成可持续发展目标，迈向更加繁荣美好的未来。

5. 中南美洲

2023 年中南美洲发电量 14645 亿千瓦时，同比增长 4.0%，占全球发电总量的 4.9%，其中火电占 26.5%，太阳能和风能发电占 20.5%，水电占 51.2%，核电占 1.6%，其他占 0.2%。

中南美洲的电力工业以水电为主，巴西是南美洲水能资源最丰富的国家，其水电装机容量约占总装机容量的 72%，火电占 26%，核电占 2%。南美洲多国的水资源虽然丰富，但并非所有水资源都适合直接利用，如亚马孙河的水资源需要经过处理才能使用。此外，南美洲多国存在缺水问题，这不仅影响了居民生活，还对农业、林业以及工业发展造成了阻碍，工业用水难以保证，进而影响了工业的发展。

中南美洲陆上风电市场正进入快速发展期，累计陆上风电装机容量将在未来 10 年翻番，到 2033 年达到 79 吉瓦，巴西将在南美陆上风电市场保持领先地位，为该地区陆上风电装机容量增长贡献 54%。

中南美洲的电力工业发展现状显示出对可再生能源的依赖和对环境友好型能源的使用倾向，但也面临缺水、基础设施限制和市场竞争加剧等挑战。未来，中南美洲各国需要共同努力克服这些困难，推动电力工业的可持续发展。

6. 中东地区

2023 年中东地区发电量为 14634 亿千瓦时，同比增长 5. 1%，占全球发电总量的 4. 9%，其中火电占 92. 6%（燃油发电占 21. 2%、燃气发电占 70. 1%、燃煤发电占 1. 3%），太阳能和风能发电占 2. 8%，水电占 1. 9%，核电占 2. 7%。

自 2000 年起至今，中东地区人口增长了 60%，当前达到 2. 8 亿人，人口增长和工业发展导致电力需求激增，过去 20 年用电量实现了翻番。目前，中东地区国家发电主要依赖石油和天然气。

在碳中和目标的驱动下，中东油气资源国也开始加大新能源开发力度。挪威能源咨询公司 Rystad 预测，到 2050 年，可再生能源（太阳能、风能、水电）在中东地区发电组合中的占比可能高达 70%，而目前这一比例仅为 4. 7%。沙特国家可再生能源计划（NREP）设定目标为：到 2030 年可再生能源装机容量达到 58. 7 吉瓦。2023 年底，沙特宣布每年新增 20 吉瓦发电装机容量，至 2030 年达到 130 吉瓦装机容量。阿联酋提出了《国家能源战略 2050》更新计划，其中明确到 2030 年可再生能源装机容量增加两倍以上，达到 14. 2 吉瓦。

7. 欧亚地区

2023 年欧亚地区发电量达 15248 亿千瓦时，同比增长 1. 3%，占全球发电总量的 5. 1%，其中火电占 66. 7%，太阳能和风能发电占 1. 1%，水电占

16.6%，核电占 15.2%，其他占 0.4%。

2023 年俄罗斯总发电量为 11732 亿千瓦时，其中火电占 63.3%，太阳能和风能发电占 0.7%，水电占 17.5%，核电占 18.5%。《2035 年前俄罗斯能源战略》进一步明确实现能源结构的多样化，持续提高清洁能源所占的比重，预计到 2035 年新建总装机容量为 670 万千瓦的可再生能源电力设施。俄罗斯整体上电力生产多于消费，在过去 10 年中，俄罗斯对中国的平均年供电量达到 30 亿千瓦时，其中 2022 年达到 47 亿千瓦时。

中亚统一电力系统连接着中亚五国的电网，由位于乌兹别克斯坦首都塔什干的统一调度中心对各国电力进行统一调配，中亚统一电力系统解决了中亚各国电力资源分布不均的问题。中亚富余电力可西送西欧，东送东北亚，北送俄罗斯，中亚跨区输电通道将推动电力资源在欧亚大陆的优化配置。

中国与欧亚地区各国在电力领域的合作也在不断加深，在能源转型、技术交流和市场开拓等方面有着广泛的合作空间，借助“一带一路”倡议等平台，各国共同推动电力行业的绿色低碳转型，促进区域能源结构的优化与升级。

（二）细分专业领域

1. 太阳能（光伏、光热）发电工程

2023 年，太阳能发电量占全球发电总量的比例达到创纪录的 5.5%，33 个国家超过1/10的电力来自太阳能。太阳能发电最多的国家依次为中国（占 43%）、美国（占 9.8%）、日本（占 6.1%）、德国（占 5.8%）、印度（占 5.2%）。截至 2023 年，全球太阳能装机总容量 1418.97 吉瓦。

太阳能因可再生、清洁环保、低碳节能、应用范围广、可分布式等优势，成为最具潜力的可再生能源之一，预计到 2050 年，全球太阳能发电量将占总发电量的 43%。

全球适合开展太阳能发电工程的区域主要包括北非地区、中东地区、美国西南部和墨西哥、南欧地区、澳大利亚、南部非洲、南美洲东西海岸和中国西部地区等。这些区域因太阳能辐射强度高和日照时间充足，被视为全球

太阳能资源最为丰富的地区。

太阳能发电主要分为太阳能光发电和太阳能热发电两类。太阳能光发电是利用太阳能级半导体电子器件有效地吸收太阳光辐射能，并将其转化为电能的直接发电方式，是当今太阳能光发电的主流。太阳能热发电主要有槽形抛物面聚焦系统、太阳塔聚焦系统和盘形抛物面聚焦系统。太阳能发电工程的主要技术经济指标包括光伏转换效率、有效利用率、单位发电成本。

根据目前光伏发电技术的发展水平，光伏电站发电的有效利用率在正常情况下通常为 15%~20%。光热发电的太阳能利用率已经达到了 30%以上，最大优势之一是储能能力，且具有可调节性和稳定性，光热发电结合了光伏发电和火力发电的优点，未来很可能替代火力发电成为一种新型的发电方式。

2023 年，中国集中式陆地光伏电站平均单位总投资 3900 元/千瓦，海上光伏电站的平均单位总投资 5800 元/千瓦。光热发电项目平均单位总投资 18500 元/千瓦，100 兆瓦规模熔盐塔式、导热油槽式、熔盐线性菲涅尔式光伏电站平均单位总投资分别为 17200 元/千瓦、21000 元/千瓦、23000 元/千瓦。

太阳能发电技术面临的主要难点包括：光伏效率的技术限制、废弃光伏电池处理、季节性和昼夜产出不稳定、不稳定输出带来的电网接入问题、土地资源占用问题等。

截至 2023 年，中国太阳能装机总容量 609. 49 吉瓦。中国太阳能技术在国际上处于领先地位，不断研发出高效、稳定的太阳能电池、光伏组件和太阳能发电系统。此外，在智能化和可持续发展方面，中国太阳能技术也取得了突破，如太阳能光伏电站的智能管理系统、太阳能+储能系统等。

2. 风力发电工程

2023 年，全球风力发电量占总发电量的 7. 8%，有 32 个国家超过1/10的电力来自风力发电。截至 2023 年，全球风能装机总容量 1017. 2 吉瓦，主要集中在中国、欧洲和美国。

与太阳能夜间无法提供电力相比，风力发电虽然也存在风车停止旋转的情况，但是从稳定输出的角度看，风电依然是新能源发电项目中，仅次于核能和水力发电的王牌项目。到 2030 年，全球风力发电装机容量将达到 2100 吉瓦，在总发电量中的占比将提升至 15%。到 2050 年，风力发电量在总发电量中的占比将达到 31%。

风力发电利用风能驱动涡轮机发电，是现代环保新能源技术的代表。风速高、风向稳定、无遮挡物、气温适宜的地区，均可以考虑风电开发，海洋、高原等地区尤其适合。

风力发电工程的主要技术经济指标包括：风能利用系数、可利用小时数、单位发电成本。风能利用系数是衡量风力发电机将风能转化为电能的效率的重要参数，高性能的风力发电机风能利用系数能够达到 0.45~0.47，并网型风力发电机组的风能利用系数一般在 0.4 以上。15 兆瓦风力发电机理论上风能利用系数最大可以达到 0.593。

可利用小时数主要受风资源、机组性能、运维管理等方面因素的影响。2023 年，中国风电平均利用小时数为 1890 小时。随着风力发电技术不断创新，更高效的风力发电机组和智能化管理系统陆续出现，此项指标还可持续提升。

2023 年，中国陆地风电项目平均单位总投资 4500 元/千瓦，海上风电项目平均单位总投资为 9500~14000 元/千瓦。

风力发电技术面临的主要难点包括：风速和风向变化导致发电量不稳定、不稳定输出带来的电网接入问题、低频噪声对居民的影响、风机旋转对鸟类和野生动物的影响、风电场占地面积大等。

截至 2023 年底，中国风力发电装机总量比 2022 年增加了 60%，装机总量高达 441.34 吉瓦。由中国企业完全自主知识产权研发的全球最大的已并网运行的风力发电机组达到 16 兆瓦，机组的叶轮直径达到 252 米，单支叶片长度为 123 米，扫风面积达到 5 万平方米，相当于 7 个足球场，单日发电量达到 38.4 万千瓦时，使用寿命可达 25 年。中国风力发电产业链已经成为光伏面板产业链之后，第二个在新能源发电领域具备全球支配地位的产业链。

中国还在风能领域探索创新应用，通过研发更高效的风机叶片、传动系统、发电机等关键部件，提高风电的转化效率，降低度电成本；提升风电场的智能化管理水平，利用大数据、物联网等技术，实现风机的精准控制和预测性维护，提高风电场的运行可靠性；评估风电场对当地生态系统、野生动物、居民生活的潜在影响，选择对环境干扰最小的场址；加强与当地社区的沟通和协调，让居民充分参与风电项目的规划和决策，共同探讨风电开发与环境保护、社区发展的平衡点。

3. 燃煤发电工程

2023 年，全球燃煤发电量占总发电量的 35%，仍为最大的电力来源。其中，中国燃煤发电量占比达到 55%，位居第一，其次是印度和美国。截至 2023 年，全球燃煤发电装机总容量为 2130 吉瓦。

自 2015 年开始，全球所有地区的燃煤发电量占比均出现下降情况。依据国际能源署净零排放方案，到 2030 年，燃煤发电在全球电力结构中的占比将从现在的 35%降至 14%，到 2040 年，燃煤发电基本完全淘汰。不过，2023 年全球所有拟建煤电项目的装机容量比 2022 年增长了 6%，在全球能源转型与环保要求提升的背景下，煤电行业面临巨大挑战。

截至 2023 年底，中国煤电装机总量 1164. 9 吉瓦。基于资源禀赋和能源安全考虑，煤炭在中国能源消费中占据主导地位。面临国际经济形势的不确定性和应对气候变化的要求，煤炭的需求增速虽然有所放缓，但其在能源结构中的主体地位不会发生改变。煤电将延续清洁、高效发展之路，推动煤电与新能源的协同发展，提高灵活性适应电力调峰需求，研发碳捕集、利用与封存（CCUS）等技术，达成减排降碳的绿色发展目标。

2023 年，印度超过 75%的发电量来自煤炭，而近年来燃气发电仅占约 2%，主要是因为天然气相对于煤炭的成本较高。伴随超出预期的极端干旱天气冲击，在可再生能源发展远不及预期的情况下，印度再度选择提高煤电用量。

尽管煤电面临淘汰压力，但煤电在美国电力结构中的份额仍然较高，由于电网和相关线路老化，美国大批燃煤电站不得不推迟退役。据 EIA 的数据，2024 年美国煤炭发电份额将降至历史最低水平，约为 16. 1%。尽管如此，煤电在美国电力结构中的主体地位仍未动摇，份额仍然高于可再生能源。

4. 天然气发电工程

2023 年，全球天然气发电量 67463 亿千瓦时，创历史新高，占全球总发电量的 22.5%。美国天然气发电量 19377 亿千瓦时，占全球天然气总发电量的 28.7%，其次是俄罗斯和中国。全球有 15 个国家的天然气发电量占比超过 80%。中东国家的人均天然气发电量全球最高。近年来，天然气发电量增速正在放缓。根据国际能源署净零排放方案，2030 年天然气发电量占比需要降至 16%，2040 年进一步降至 2.4%。

天然气发电具有启停灵活、响应速度快、调节范围广、可靠性高等特点，在新型电力系统中扮演重要角色，在保供电、保供热、调峰运行等方面的作用日益凸显，为新能源高比例消纳和电力系统安全稳定运行保驾护航。

截至 2023 年底，中国天然气发电装机容量达 125.62 吉瓦，占全国电力总装机容量的 4.5%。美国、英国、日本等国家的装机容量占比则超过 40%。2023 年中国天然气发电量占总发电量的 3.2%，而全球天然气发电量占比则达到 23%，中国天然气发电仍有较大发展空间。

天然气发电涉及天然气和电力两大领域，既是天然气行业的重要消纳端，也是电力行业安全降碳的重要技术选择。天然气发电固定成本低、变动成本高，燃料成本占度电成本的 60%以上，发电成本明显高于煤电、核电及新能源等。天然气发电储存性较差，需要实现稳定的气、电联动，才能保障机组稳定运行。天然气发电将在电力系统和天然气系统中发挥“双调峰”作用，调节性是未来天然气发电的重要定位，也是气电发展的重要机遇。天然气发电作为一种清洁灵活高效的能源转换和利用方式，可与多品种能源协同发展，可在碳达峰乃至碳中和阶段发挥积极作用。

5. 水力发电工程

2023 年，全球水力发电量为 42401.97 亿千瓦时，占全球发电总量的 14.2%。中国水力发电量为 12259.96 亿千瓦时，占全球水电总发电量的 28.9%，领先于巴西和加拿大，这两个国家约 60%的发电量来自水力发电。

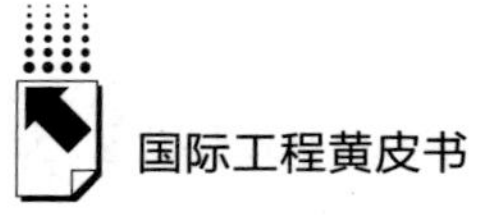

不丹、巴拉圭和刚果民主共和国100%的电力来自水力发电。美洲、亚洲和欧洲的水力发电量占比最高。截至2023年，全球水电装机总容量达1412吉瓦，其中抽水蓄能水电的总装机容量达182吉瓦。

自2015年起，水力发电在大多数国家和地区的电力结构中保持稳定。水电不仅是清洁电力的最大来源，还具有灵活性，有助于调节大量增加的风力和太阳能发电量，预计到2050年，水力发电量的占比将降至11%。

全球水能资源的分布受到地理环境和气候条件的影响，呈现不均衡的特点。按照年均发电量计算，全球水电开发程度约占技术可开发量的27.3%。从技术可开发量的分布来看，全球适合水电工程的区域包括亚洲（50%）、南美洲（18%）、北美洲（14%）、非洲（9%）、欧洲（8%）和大洋洲（1%）。全球水电工程市场主要集中在亚洲、欧洲和北美地区，随着亚洲地区的经济发展和城市化推进，亚洲所占比例将持续提升。

水电工程的主要技术经济指标包括：设备年利用小时数、水能发电利用率、单位发电成本。中国水电设备年利用小时数在3500小时以上，但水力发电会受到气候因素的影响，例如，2023年上半年受干旱影响，当年中国水电设备年利用小时数降至3133小时。水能发电利用率取决于水的流速、水电站技术水平、设备的质量和状态、气候条件等。目前，全球水能发电的平均利用率为70%。截至2023年底，中国常规水电装机总量370.6吉瓦、抽水蓄能电站装机总量50.94吉瓦。2023年，中国常规水电项目平均单位总投资20344元/千瓦，抽水蓄能项目平均单位总投资7041元/千瓦。

水电技术面临的主要难点包括：自然及地质环境因素影响、水库淹没移民安置、施工工期长、环境保护及生态修复、河流泥沙及水文情势变化等生态影响、坝体施工质量管控等。抽水蓄能电站建设的主要难点还包括：高水头、大容量、高转速、可变速机组研发，高海拔地区或海水抽水蓄能技术等。

水电工程涉及水资源的开发、利用和管理，以及电力的生产和供应。这些工程不仅能够有效地调节水资源，减少洪涝灾害，还能通过水力发电提供清洁能源，在促进经济可持续发展、保障能源安全、改善生态环境等方面具有重要意义。

6. 核能发电工程

2023 年，全球核能发电量为 27377 亿千瓦时，占全球总发电量的 9.1%。美国是最大的核电生产国，2023 年核能发电量达 8162 亿千瓦时，相当于第二和第三核电大国中国与法国的核能发电量之和。这三个国家核能发电量合计占全球核能发电量的一半以上（58%）。

核能发电是重要的低碳能源。近些年，由于同期全球电力需求几乎翻了一番，核电在全球电力结构中的占比大幅下降。亚洲和中东地区是仅有的两个核能占比增加的地区，阿联酋、日本和中国都有新的反应堆上线。随着电力需求的不断增长，核能发电的占比将在未来 30 年保持大体稳定，到 2030 年占比将达到 10.3%。

中国在新增核电项目方面继续保持领先地位，截至 2023 年底，中国核电装机总量达 56.91 吉瓦。2023 年，中国陆上模块式小型核反应堆（SMR）示范项目开始投入商业运营，这是世界上首个采用最新第四代反应堆技术并配备固有安全系统的核反应堆项目。

7. 其他发电工程

2023 年，全球其他能源发电量合计 10528 亿千瓦时，占全球总发电量的 3.5%，其中以生物质能、地热能、海洋能等其他可再生能源发电为主。2023 年，除风能、太阳能、水能以外的其他可再生能源发电量 7815 亿千瓦时，占全球总发电量的 2.6%。

生物质发电主要为垃圾焚烧发电、农林生物质发电和沼气发电。2023 年全球生物质能源发电量达到创纪录的 697 亿千瓦时，其中中国发电量最多，达到 204 亿千瓦时，占全球总量的1/4以上，其次是巴西和日本。芬兰的人均生物质能源发电量最高，领先于丹麦和瑞典。

截至 2023 年底，中国生物质发电装机总量 44.14 吉瓦。2023 年，中国垃圾焚烧发电项目平均单位总投资 20000～27000 元/千瓦，农林生物质发电项目平均单位总投资 8000～10000 元/千瓦。生物质发电行业依赖国家补贴的程度较高，预计 2030 年生物质能源发电量占全球发电量比重将增至

3.6%，到2050年将增至4%。

生物质发电行业的未来发展方向应是高附加值的综合利用，如生物天然气、生物柴油、可再生甲醇、可持续航空燃料等。在水泥和钢铁制造业，固体生物质能被用作替代煤炭和天然气的低碳能源为高温加热过程提供燃料，还被用于火电联产发电厂和与煤共烧的工厂，也可与碳捕集与封存（CCS）技术相结合，提供碳移除的来源，即生物能源结合碳捕集与封存技术（BECCS）。生物甲烷未来可并入天然气网络，或作为天然气的直接替代品输送到工业区。

8. 输变电工程

根据国际能源署数据，2021年全球输电网线路长度达530万公里，预计2050年将达到1270万公里，增加140%；2021年全球配电网线路长度达7170万公里，预计2050年达到15370万公里，增加114%。除新建线路需求外，2021年全球输配电网线路中约2/3的长度，需要在2050年前完成更新换代，新建需求是当前存量的180%~200%。

电网投资规模持续落后于可再生能源的发展，再加上发达国家本身电网的变电设备处于超期服役状态，输电网络也有扩建需求，当前的电网基础设施状况已经对可再生能源发展形成了阻碍。当前全球电网年均投资总额为3100亿美元，国际能源署预测，2023~2030年全球电网年均投资额将提升至5000亿美元，到2030年将接近8000亿美元。

全球输电网等级及规模主要分为高压输电网（35千~220千伏）、超高压输电网（330千伏及以上1000千伏以下）和特高压输电网（1000千伏及以上的交流电压和±800千伏的直流电压）。截至2023年底，中国220千伏及以上输电线路长度约92万公里。在全球范围内，中国是全球唯一掌握特高压技术并实现商业化运营的国家，中国特高压技术标准也是全球唯一的标准。中国的特高压电网技术具有输送容量大、送电距离长、线路损耗低等主要优点，能够有效实现电力的远距离传输和优化配置。

由于分布式风电、光伏等新能源出力不稳定，因此峰谷差扩大，影响电网稳定性，这是目前输电网需要攻克的重点技术瓶颈之一。风电、光伏发电的大规模接入给配电系统带来更多不确定性和随机性。同时，现有电网系统无法很好地调节发电端和负荷端的供需平衡，导致弃光、弃风现象频发。

智能电网的研发也是目前输电网发展的重点之一。采用先进的输电线路和设备监测技术，可提高电力传输系统的效率和可靠性；通过与互联网、大数据、人工智能等新兴技术结合，智能电网能够实现对能源的跟踪、优化、调度和管理，提高能源利用效率，降低能源消耗。中国在智能电网建设和应用方面不断取得突破，不仅实现了本国智能电网的大规模应用，在国际上也具有影响力。

9. 储能工程

全球储能市场正经历从集中式到分布式、从化学储能到多元化储能技术的转变。随着可再生能源比例的提高，储能技术在平衡电力供需、提高电网稳定性和促进能源转型方面变得至关重要。目前，锂离子电池、压缩空气储能和抽水蓄能是主要的储能方式，而成本、循环寿命和环境影响是制约储能技术大规模应用的关键因素。

展望未来，储能技术将朝着多元化、智能化和可持续方向发展。通过研发新型储能材料和技术，如固态电池、液流电池和热能存储等，探索更高能量密度、更长循环寿命和更低环境影响的储能解决方案。结合物联网、大数据和人工智能，实现储能系统的智能调度和优化，从而提高电网的灵活性与效率。同时，随着循环经济理念的推广，储能行业将探索废旧电池的回收利用和材料循环利用，以降低资源消耗和减轻环境污染。

截至 2023 年，中国已投运电力储能项目累计装机规模为 31.39 吉瓦。目前，中国在电池储能、储氢、压缩空气储能等领域已有多种成熟技术并商业化应用。2024 年上半年，中国储能企业签约订单规模超过 80 吉瓦时（不含招投标订单），其中海外订单签约规模超过 50 吉瓦时。

（三）主要中国企业及重点项目

2023 年，全球电力建设投资金额达 13000 亿美元，同比增长 15%。中国主要电力企业对外承包电力建设工程新签合同项目 205 个，合同额总计

264.5 亿美元。2023 年，共有 12 家中国电力相关企业入围《工程新闻记录》（ENR）公布的“ENR 国际工程承包企业 250 强”。中国电力建设企业的国际影响力和竞争力持续提升。

1. 境外电力投资央企

国家电网有限公司（以下简称“国家电网”）以投资、建设、运营电网为核心业务，承担保障安全、经济、清洁、可持续电力供应的基本使命。其经营区域覆盖中国 26 个省（区、市），在《财富》世界 500 强中居第 3 位。国家电网在全球 45 个国家开展国际业务，成功投资和参与运营 10 个国家和地区的 13 个骨干能源网项目，境外资产规模达到 3480 亿元，累计合同额超过 500 亿美元，带动价值 260 亿元的中国装备走向海外。

国家电力投资集团有限公司（以下简称“国家电投”）是中国唯一同时牵头实施两个国家科技重大专项（大型先进压水堆核电站、重型燃气轮机）和一个国家专项任务（能源工业互联网）的央企；也是中国首家拥有光伏发电、风电、核电、水电、煤电、气电、生物质发电等全部发电类型的能源企业，是全球最大的光伏发电企业、新能源发电企业和清洁能源发电企业。国家电投境外在运装机容量超 1000 万千瓦，其中清洁能源占比达 70%，境外业务涉及哈萨克斯坦、巴基斯坦、沙特阿拉伯、土耳其等 47 个国家和地区，其中共建“一带一路”国家和地区有 38 个。

中国华能集团有限公司（以下简称“中国华能”）主营业务包括电源开发、投资、建设、经营和管理等，是最早“走出去”的电力央企，也是最早在纽约、香港、上海三地上市的电力央企，还是最早在发达国家建设运营电厂的电力央企。中国华能境外参与投资和管理项目容量超 619 万千瓦，境外资产分布在澳大利亚、新加坡、英国、缅甸、柬埔寨和巴基斯坦 6 个国家，电源类型涵盖煤电、天然气发电、生物质发电、水电和电池储能，还包含供热、海水淡化等业务，境外技术服务和技术出口涉及超过 20 个国家和地区。

中国华电集团有限公司（以下简称“中国华电”）主营业务为电力生产、热力生产和供应，以及与电力相关的煤炭等一次能源开发等。中国华电在东南亚、欧洲、南美洲、中东和非洲等地区，以 EPC、BOT 等多种模式，签约、建设、投资并储备了一批重大项目。

中国大唐集团有限公司（以下简称“中国大唐”）主要业务覆盖电力、煤炭、煤化工、金融、环保、商贸物流和新兴产业，所属企业包括 5 家上市公司、37 家区域公司和专业公司。现有境外总资产约 275 亿元，中外籍员工近 1600 人，投产运营境外项目 7 个，包含 1 个电网、2 个水电站和 4 个清洁煤电项目，在建在役总装机容量达 150 万千瓦，电网项目包含 3 座变电站和 294 公里线路。

国家能源投资集团有限责任公司（以下简称“国家能源集团”）业务体系包括煤炭、电力、运输、化工，是全球规模最大的煤炭生产公司、火力发电公司、风力发电公司和煤制油煤化工公司。截至 2023 年上半年，国家能源集团境外资产总额达 654.22 亿元，共有境外项目 14 个，主要分布在南非、希腊、印度尼西亚、澳大利亚、德国等 10 个国家，业务范围涉及煤炭、电力、煤电一体化、工程与技术研发等。

中国南方电网有限责任公司（以下简称“南方电网”）负责南方区域电网的投资、建设和经营管理工作，同时参与跨区域的输变电和联网工程。业务覆盖广东、广西、云南、贵州、海南等五省区，并且与中国香港、澳门地区以及东南亚国家的电网相连接，供电面积达 100 万平方公里，供电人口为 2.72 亿人。南方电网境外投资主要集中在东南亚、拉丁美洲及中亚等地区。截至 2023 年底，累计完成国际贸易电量 707.12 亿千瓦时。

2. 境外电力工程承包央企

中国电力建设集团有限公司（以下简称“中国电建”）是一家跨国经营的综合性特大型中央企业，主要业务涵盖电力工程规划设计、施工建设、水环境治理、装备制造以及投资开发等。作为最早“走出去”且国际化程度较高的中央企业之一，中国电建的业务与机构遍布全球 130 多个国家和地区，员工总数 18 万人。其承建的水电项目总装机容量超过 34 吉瓦、新能源总装机容量 44.4 吉瓦，累计完成的项目合同额接近 1 万亿元。

中国能源建设集团有限公司（以下简称“中国能建”）是具有电力和

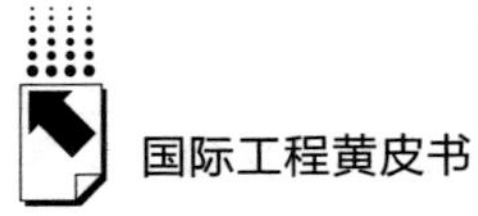

能源规划咨询、勘测设计、工程承包、装备制造、投资运营等完整业务链的特大型骨干企业。中国能建已在 90 多个国家和地区设立 256 个各类驻外机构，业务范围覆盖 147 个国家和地区，职工总数 13 万人。截至 2023 年，该公司各类在建国际项目达 568 个。在电力工程项目签约方面，中国能建居中国“走出去”企业的前列，其中 2023 年海外新能源项目签约额在中国企业签约额中的占比接近 50%。

3. 重点项目

2023 年 11 月 23 日，由中国机械工业集团有限公司总承包的世界最大单体太阳能电站项目——阿布扎比艾尔达芙拉 PV2 太阳能电站全面竣工。该项目占地 20 平方公里，装机容量 2.1 吉瓦，采用世界先进的光伏发电技术，配备了近 400 万块光伏板、30 万根桩基、3 万套追踪式支架、2000 余台清扫机器人、8000 个组串式逆变器、180 台箱式变压器以及超过 15000 公里的电缆，电站性能和发电效率处于世界领先水平。

2023 年 12 月，国家电网再次独立参与巴西美丽山±800 千伏特高压直流输电项目特许经营权竞标，并中标项目 30 年特许经营权。这是继巴西美丽山特高压输电一期、二期项目之后，该公司在巴西中标的第三个特高压输电项目。

2024 年 3 月 25 日，由中国能建负责的中国海外投资单体规模最大的电化学储能项目——乌兹别克斯坦安集延州洛奇储能项目开工建设。项目采用电化学储能磷酸铁锂电芯，配置 150 兆瓦时/300 兆瓦时储能系统，建成后将为当地电网提供 21.9 亿千瓦时电力调节能力。项目计划总投资额为 1.4 亿美元，预计 2024 年 12 月投入商业运营。

2023 年 5 月 3 日，由中国电建承建的东南亚最大风电项目——老挝孟松风电项目开工。该项目是老挝首个风电项目，也是中国电建海外承建的最大风电项目，还是亚洲第一个跨境新能源项目。工程主要建设内容包括 600 兆瓦风电场、5 座升压站及 500 千伏送出线路等，建成后，主要向越南输送电力，届时将实现老挝首次新能源电力跨境输送。

2024 年 5 月 20 日，中国出口海外的首台“华龙一号”核电机组——巴基斯坦卡拉奇核电 2 号（K-2）机组达到最终验收条件，中巴双方代表共同签署最终验收证书。至此，中国自主三代核电技术“华龙一号”出口海外的首台机组圆满完成，为高质量共建“一带一路”增添新成果。

2024 年 6 月 5 日，沙特阿拉伯阿尔舒巴赫 2.6 吉瓦光伏电站项目 ASB1 600 兆瓦首次并网发电，一次成功标志着项目 ASB1 全面进入热调测试阶段，为后续项目全容量并网发电及 ICOD 移交奠定坚实的基础。该项目是全球在建单体最大光伏电站项目，项目采用当前最先进的 N 型双面光伏组件和平单轴自动跟踪式支架，包含光伏发电设施、升压站、集控中心、架空线路以及配套附属工程。建成后，预计 35 年总发电量约 2822 亿千瓦时，折算二氧化碳减排量近 2.45 亿吨。

2024 年 6 月 18 日，中国电建与马来西亚砂拉越石油电力公司在古晋正式签订马来西亚美里 500 兆瓦联合循环燃气电站项目总承包合同。主要工作涵盖电站设计、采购、施工及调试、试运行等。建成后，将显著提升砂拉越州的清洁能源利用水平，助力马来西亚经济社会实现可持续发展。

2024 年 6 月 19 日，由国家电投巴西公司投资并主导建设的巴西帕纳蒂光伏电站正式投产，该电站装机容量为 292 兆瓦，总占地面积达 8.4 平方公里，拥有 44.6 万个太阳能组件。该电站与 6 月 7 日在皮奥伊州投产的马兰加图光伏电站一起组成了大规模光伏项目群，总装机容量达 738 兆瓦。

2024 年 8 月 12 日，作为中巴经济走廊优先实施的重点项目、中企海外最大的绿地水电投资项目，巴基斯坦 SK 水电站首台机组正式并网发电。SK 水电站拥有目前海外单机容量最大的冲击式水轮发电机组和世界最深压力竖井群，施工技术标准高、建设难度大。电站总投资 19.62 亿美元，水头高达 900 多米，共安装 4 台冲击式机组，总装机容量 884 兆瓦，总库容 1345 万立方米。

二 未来展望

随着人口增长、工业化发展以及人工智能等技术的应用，预计到 2050

年，全球电力需求将比2020年翻一番，这将推动各国提高可再生能源产能，以支持绿色转型，应对不断增长的能源需求。

（一）市场需求

1. 亚太地区

亚太地区将以建设清洁低碳、安全充裕、经济高效、供需协同、灵活智能的新型电力系统为着力点，推动新型能源体系建设，促进能源生产清洁化、能源消费电气化、能源配置广域化、能源创新融合化、能源业态数智化。

亚太地区整体电力需求潜力大，电源装机容量将持续增长。为达成进一步的绿色低碳发展目标，亚太各国将加大可再生能源投资力度，太阳能和风能将成为亚太地区可再生能源发展的重点领域。为解决太阳能和风能的弃用及对电网稳定性带来的负面影响，与其配套的储能工程也将成为发展重点。

印度及东南亚国家水电资源丰富，开发潜力巨大。未来水电开发重点涉及的河流（包括界河或国际河流）有印度河（流经印度、巴基斯坦等国）、伊洛瓦底江、怒江—萨尔温江（流经中国、缅甸、泰国等国）和澜沧江—湄公河（流经中国、老挝、缅甸、泰国、柬埔寨和越南）等。

电网建设将与电源建设成正比，东南亚、南亚地区电网建设需求较大，亚洲还将逐步实现跨洲互联。东南亚形成中南半岛和马来群岛两个次区域电网，并与周边国家广泛互联，通过跨区跨洲通道连接东北亚、南亚等区域，进而实现亚洲和大洋洲互联。

2. 北美洲

美国进入制造业回流建设周期，工业用电需求增长，风能和太阳能发电将在未来两年引领美国发电量的增长，整体市场潜力巨大。美国政府预测，随着新太阳能发电项目上线，美国太阳能发电量将从2023年的1630亿千瓦时增至2025年的2860亿千瓦时，增幅达75%；美国风电量将从2023年的4300亿千瓦时增至2025年的4760亿千瓦时，增幅为11%。

太阳能和风电项目的并网延期正在成为阻碍欧美地区能源转型的主要问

题之一。美国电网发展速度难以匹配新能源增速，加之电网系统整体比较老旧，随着新能源接入量的不断上升，部分电网不堪重负，亟待改造，与新能源并网配套的储能工程也需要同步建设。

3. 欧洲

欧洲也将持续大力发展太阳能和风能。根据欧洲光伏产业协会发布的报告，预计欧洲光伏发电总装机容量将在 2026 年之前达到预期的 484 吉瓦。德国、西班牙、意大利、荷兰和波兰等国家将是光伏发电的主要贡献者。

欧盟设定了到 2030 年至少达到 300 吉瓦海上风电装机容量的目标。除了葡萄牙和英国，2024 年 7 月欧盟还批准了法国对海上风能项目 108 亿欧元的支持计划，用以支持 2.4~2.8 吉瓦的海上风电项目。

瑞士、奥地利、土耳其等国家提出了对已有水电大坝加高的计划，以增加库容、弥补泥沙淤积损失以及提高应对气候变化的能力。

在欧洲，新能源项目建设和电网基础设施投资周期错配的情况较为明显。从欧洲电网相关设备投资建设周期来看，一条电压等级 220 千伏以上的架空线路需要 5~13 年的建设周期，高压线路建设周期为 4~8 年，配电网建设周期为 4 年。然而，当地的光伏、风电项目建设周期一般需要 3 年，从而出现新能源项目延期并网的情况。

欧盟电网建设较为落后，有待进行技术升级，电网基础设施建成时间较久，新能源转型启动较早，当前面临新能源发展倒逼电网转型升级的问题。

4. 非洲

非洲大陆发展迅速，经济增长较快，工业化进程持续加快，人口也在快速增长。几乎非洲所有国家都面临电力供应不足且不稳定的状况，电源与电网工程建设都非常迫切。非洲可再生能源资源丰富，太阳能、风能和水能储量分别占全球的 40%、32%和 12%，可再生能源发展潜力巨大。

非洲太阳能产业协会发布的《2023 年展望报告》显示，非洲地区光伏产业正在加速发展。南非、摩洛哥、埃及等国在光伏建设项目上处于领先地位。例如，埃及在《2035 年综合可持续能源战略》中提出，到 2035 年可再生能源发电装机规模将达到 61 吉瓦，其中光伏发电装机规模将达 43 吉瓦。

同时，佛得角、博茨瓦纳、厄立特里亚等更多非洲国家正在加大光伏产业投资，开始建设和运营大型光伏项目。

非洲大陆的总风能潜力超过 59000 吉瓦，超过1/3的潜在风力位于风力极强地区，平均风速超过每秒 8.5 米。阿尔及利亚的风能资源最为丰富，总潜力为 7700 吉瓦。毛里塔尼亚、马里、埃及、纳米比亚、南非、埃塞俄比亚和肯尼亚等 15 个国家，风力发电潜力均超过 1000 吉瓦。

随着发电工程的建设，非洲电网建设的需求也同样迫切。非洲整体电气化程度低，电力普及投资需求巨大。非洲许多国家电气化程度低于 10%，各国用电人口比例在 30%~80%，撒哈拉以南非洲的电力供应缺口较大。据国际能源署估计，非洲实现 2030 年电力普及的目标至少需要 6400 亿美元投资。

中国积极支持非洲国家实现工业绿色增长。目前，中国已在非洲实施数百个清洁能源和绿色发展项目，中企同非洲合作建设的光伏电站累计装机容量超过 1.5 吉瓦，在国际对非绿色合作中处于领先地位。

5. 中南美洲

中南美洲由新兴市场国家和发展中经济体组成，区域内各国未来可持续发展优势显著，但也面临经济增长动力不足、基础设施建设滞后、能源电力保障配置能力亟待提升等挑战，电力工程市场潜力巨大。

巴西是中南美洲水能资源最丰富的国家，亚马孙河流经大部分地区，水电开发潜力巨大。巴西水能可开发装机容量达 2.6 亿千瓦，目前开发比例约为 37%，50%的待开发水能资源分布在亚马孙河流域。

阿根廷全境处于风能资源丰富区，全国 70%区域年均风速超过 6 米/秒，技术可开发量达 2 万亿千瓦时/年，按利用小时数约 3300 小时考虑，可装机容量约 6 亿千瓦。

智利光伏发电资源潜力超 12 亿千瓦，光热发电资源潜力达 5 亿千瓦，资源分布由北至南递减，但目前开发率不足 0.1%，具备大规模开发潜力。

中南美洲水风光清洁能源具有很好的跨时空互补性，通过大范围电网互联，可实现多能互补开发利用，平抑季节性出力变化。中南美洲能源互联网将提供一个可靠、经济的能源供应体系，通过大规模开发清洁能源，实现大范围资源配置，以清洁和绿色方式满足中南美洲能源电力需求。据投资估算，到 2050 年，中南美洲能源互联网总投资约 2. 35 万亿美元，其中电源投资 1. 26 万亿美元，占比 54%；电网投资约 1. 09 万亿美元。

6. 中东地区

可再生能源（太阳能、风能、水电）在中东地区发电组合中的占比将快速攀升，整体市场发展潜力巨大。

中东国家太阳能资源富足，是当前全球增长最快的光伏市场之一。沙特阿拉伯作为中东地区最大的单一市场，日照时间长，光伏应用场景多样。到 2030 年，沙特阿拉伯光伏发电装机容量将达到 40 吉瓦，且会在可再生能源项目上投资 3800 亿里亚尔。阿联酋计划到 2050 年实现碳中和目标。卡塔尔提出至 2030 年太阳能发电占比将达到 20%。

在这样的规划下，中东地区风光储需求迎来了前所未有的增长，新增光伏装机容量持续增长，成为极具潜力的新兴市场。中东地区的需求和愿景与中国的产品和技术，可以说是一场“双向奔赴”。

中东地区现有电网以 500 千伏及以下电压等级为主，且跨国输电线路较少。中东地区的主要城市之间以及主要石油产区之间建有高压传输线路；沙特阿拉伯和约旦、科威特、卡塔尔和阿联酋等邻国之间有部分电力线路连接；但在伊拉克、叙利亚、伊朗和土耳其等部分地区，受政治、经济或地理因素影响，电力联络较少；并且中东国家与非洲或亚洲的非中东国家的电力连接也相对匮乏。沙特阿拉伯正致力于成为区域电力互联枢纽，积极参与海合会六国电网互联互通项目，力争打造中东地区最先进的输变电网络，整体电网建设需求巨大。

7. 欧亚地区

俄罗斯石油和天然气资源丰富，可再生能源的开发利用潜力可观，不过由于人口基数小，用电量趋于饱和。受俄乌冲突和西方制裁的影响，俄罗斯经济下滑，电力消费增长受到抑制，削弱了俄罗斯发展可再生能源的动力。但俄罗斯正在着手新一轮的电力基础设施建设和升级改造，2023 年

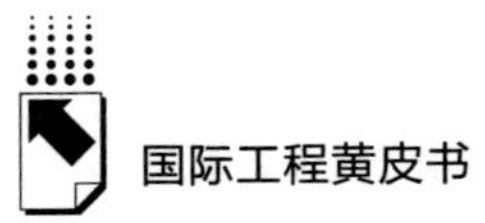

能源领域投资的重点为远东和西伯利亚地区能源运输基础设施建设，以及配电网络设施的现代化改造，这为中国电力设备出口到俄罗斯市场创造了绝佳机遇。

中亚各国在电力发展方面展现出了不同的特点和趋势，尤其是在水电、风电和太阳能发电领域。例如，吉尔吉斯斯坦和塔吉克斯坦的水资源禀赋优势显著，哈萨克斯坦、土库曼斯坦和乌兹别克斯坦则在风电和太阳能发电方面有着较大的发展潜力。中国先进的高压输电技术有望助力中亚各国实现电网互联互通，改善能源分配不平衡的现状，进而推动地区局势稳定并实现经济繁荣发展。

（二）发展趋势

1. 电力需求持续增长

发展中国家人民生活水平提高催生新的电力需求，发达地区的电力需求也在持续增长，再加上全球经济强劲增长、极端热浪天气频发以及电气化进程加速等多重因素的共同推动，全球电力需求正以前所未有的速度增长。预计 2024 年增长率将达 4%，创下 2007 年以来的最高年增长率，并且这一趋势会持续到 2025 年，保持约 4%的稳健增长。

除现有电力需求以外，预计人工智能数据中心用电需求将激增。目前全球正在建设或处于不同开发阶段的数据中心有 7000 多个，到 2034 年，全球数据中心能耗预计将达 1580 亿千瓦时，与印度全国用电量相当。

发展中国家需要大力持续开展电源及电网工程建设，发达国家需要对现有电力系统进行更新换代与提升优化。预计到 2050 年，全球用电量将在当前基础上翻一番，全球电网长度将增加一倍以上，达到 1. 66 亿公里，终端高电气化率加上发电侧高比例新能源接入将对电网造成冲击和挑战，预计超过一半的现有电网需要更换。

全球电网线路长度正以每年约 100 万公里的速度增长；从电网结构来看，线路长度的增长主要发生在配电网，约占总长度的 93%；从市场结构来看，新兴经济体的电网长度增速明显快于发达国家。

2. 电力绿色转型发展提速

电力结构正在重新调整并趋向清洁化，太阳能和风电等可再生能源的发电装机容量快速增长，显示出电力行业向清洁能源转型的趋势。预计到 2025 年，可再生能源在全球电力中的占比将有望首次超越煤炭发电，达到 35%。根据脱碳进程预测，2050 年将有近 90% 的电力来自非化石能源。

与此同时，全球核能发电也展现出积极发展态势，有望在 2025 年达到历史最高水平。增长动力主要来源于法国核电厂产能的稳步回升、日本核反应堆的陆续重启，以及中国、印度、韩国和欧洲等新反应堆的相继投入运营，这些因素共同推动全球核能产业迈向新的发展阶段。

目前，世界上 100 多个国家已经明确将继续发展水电。受洪水、干旱、电力短缺、水生态环境恶化等的困扰，共建“一带一路”国家大多将水资源和水电开发作为当前发展的首要任务。因此，水电开发仍然具有广泛的国际合作基础和发展前景。

3. 电力工业持续技术创新

未来，新兴技术突破将贯穿电力生产、输配、存储与消费全过程。在供能端，太阳能光伏和风能发电技术将不断进步，使可再生能源发电成本降低，经济效益提高，光伏和风电等清洁能源的增加也将使电力生产更加波动，对电网稳定性提出更高要求；在输配环节，柔性电网和智慧配网技术的应用可以提高电网的效率和可靠性；在存储环节，先进的电池技术和储能系统正在解决可再生能源发电的间歇性问题，增强电网的稳定性。

全球新一轮科技革命和产业变革的加速推进，以及用户端分布式能源和能源互联网的兴起，推动电力技术加速迭代。在光伏领域，Topcon、HJT 等 N 型电池技术正逐步落地量产，钙钛矿电池组件凭借效率增长潜力高、原材料储量丰富、生产流程短等诸多优势成为新的焦点；在储能领域，液流电池、固态电池等新一代产品正蓄势待发。

4. 新型低碳技术研究及发展

目前，煤炭、天然气发电是全球二氧化碳排放的最大单一来源。到

2030 年，风能和太阳能发电量占全球发电量的比例将增加到 41%，煤炭发电量需下降 54%，天然气发电量占比需降至 24%。到 2040 年，全球应逐步淘汰煤电，仅存少量的天然气发电。

天然气发电将在电力生产系统和天然气生产系统中发挥“双调峰”作用，调节性是未来天然气发电的关键定位，也是气电发展的重要机遇。要积极探索气电与新能源融合发展模式，通过新能源与气电联营、源网荷储一体化、综合能源服务等模式，充分发挥气电机组灵活调节能力，支撑新能源大规模发展和高水平消纳。

为了遏制温室气体排放增长，需要大力推动 CCUS 技术、低碳氢技术等的研发。选择周边有二氧化碳需求的大型燃煤或燃气电厂，改造并增加 CCUS 项目，以降低火力发电碳排放量；结合可再生能源制氢、制氨、制甲醇等，将太阳能和风能就地转化，这样既可减小对电网的负面影响，又能产出氢、氨、甲醇等产品；深入研究气电机组掺烧绿氢发电，在减少天然气消费的同时，探索燃气轮机纯氢燃烧的可能性。

5. 电力工业的智能化发展

智能电网和分布式能源系统的建设将促进电力工业的智能化发展。智能电网的建设会提高电网的稳定性和可靠性，而分布式能源应用将为家庭、企业和社区提供可再生能源，优化能源资源配置。

在新一代信息技术的推动下，以 BIM（建筑信息模型）、云计算、大数据、人工智能等为代表的新技术已广泛应用于电力工程领域，智能建造、智能运维、智能检测等新技术不断涌现，自动化与机器人技术的应用也将进一步提升电力建设行业的生产效率和质量水平，还将进一步推动电力企业的数智化转型。

“源网荷储一体化”通过源源互补、源网协调、网荷互动、网储互动和源荷互动等多种交互形式，实现能源资源的最大化利用，从而更经济、高效和安全地提高电力系统功率动态平衡能力，是构建新型电力系统的重要发展路径。

在人工智能数据中心算力能耗呈井喷式增长的背景下，电力与算力协同发展也将成为必然趋势。算力为电力工业数字化、智能化转型提供基础动力，随着人工智能的发展，应将发电和用电、科技应用和人类活动相结合，通过动态调节实现最高能效，推动高能效经济发展。

参考文献

DNV 挪威船级社：《2024 中国能源转型展望报告——面向 2050 年的预测》，2024。

Ember 英国能源智库：《2023 年全球电力评论》，2023。

北京理工大学：《2024 年中国能源经济指数研究及展望报告》。

北京智研科信咨询有限公司：《2024—2030 年中国电力建设行业市场经营管理及发展规模预测报告》，2024。

毕马威、能源研究院：《世界能源统计年鉴 2024（第 73 版）》，2024。

电力规划设计总院编著《中国电力发展报告 2024》，人民日报出版社，2024。

电力规划设计总院、水电水利规划设计总院编著《中国电力技术经济发展研究报告 2023》，人民日报出版社，2023。

国际能源署：《2024 年世界能源展望》，2024。

《新型电力系统发展蓝皮书》编导组组编《新型电力系统发展蓝皮书》，中国电力出版社，2023。

能研智库：《中国能源发展现状报告 2023》。

清华大学：《中国碳中和目标下的风光技术展望研究报告》，2024。

清华大学能源互联网创新研究院、落基山研究所：《高质量建成新型电力系统，加速发展低零碳灵活性资源》，2024。

水电水利规划设计总院编《中国可再生能源发展报告 2023 年度简本》，中国水利水电出版社，2024。

长城证券：《全球海上风电市场展望与产业链需求研究报告》，2024。

中电联电力发展研究院有限公司：《中国发电企业和世界同类能源企业对标分析报告 2023》，2024。

中国电力规划设计协会：《2023 年度电力勘测设计行业统计分析报告和同业对标标杆指标信息》，2024。

中国电力建设企业协会编著《中国电力建设行业年度发展报告 2024》，中国建设科技出版社，2024。

中国电力企业联合会编著《中国电力行业年度发展报告 2024》，中国电力出版社，2024。

中国对外承包工程商会：《“一带一路”国家基础设施发展指数报告 2024》，2024。

中能传媒研究院:《2023 全球能源领域前沿技术发展报告》，2023。

中能传媒研究院:《我国电力发展与改革报告（2024）》，2024。

中能传媒研究院:《“一带一路”能源国际合作报告（2023）》，2023。

中能传媒研究院:《中国能源大数据报告（2024）》，2024。

专题篇

Y.13
国际工程风险及应对建议报告（2024）

中国土木工程集团有限公司*

摘　要：　“一带一路”倡议提出十余年来，中资企业在许多境外项目的承揽和实施中都取得了令人瞩目的成就，但目前世界正经历百年未有之大变局，伴随着全球发展趋势，国际工程项目的复杂性和不确定性日益凸显。在当前国际经济缓慢恢复的大环境下，中资国际工程企业境外经营面临的风险日益增加。本报告结合中资企业境外经营经验，围绕国际环境、非传统安全、法律合规等方面的挑战，深入分析所在国政治风险、汇率及外汇管制风险、所在国经济发展风险、成本费用风险、合规管理风险、现金流风险、非传统安全风险和生产能力风险等八个风险的成因和潜在影响，并对管控目

* 执笔人：李志远，中国土木工程集团有限公司企业管理部总经理，高级工程师，研究方向为企业和项目管理、企业风险管理、内部控制管理等；华山，中国土木工程集团有限公司企业管理部副总经理，高级经济师，研究方向为企业管理、企业风险管理等；杨源源，中国土木工程集团有限公司办公室（董事会办公室）主任助理，高级政工师，研究方向为企业管理；李晓春，中国土木工程集团有限公司党委工作部部长助理，高级经济师，研究方向为企业国际传播、舆情风险管理、ESG管理等；张天鉿，中国土木工程集团有限公司企业管理部高级工程师，研究方向为企业风险管理等。

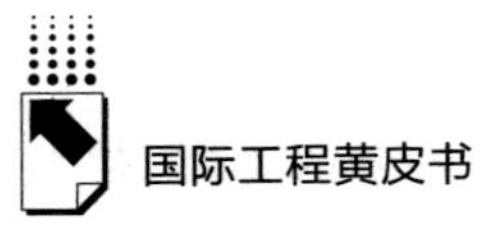

标、策略和解决方案进行探究剖析。结合以上风险和应对措施，从完善机制、合规经营、属地经营、多维创新和信息赋能等方面进行展望。

关键词： 国际工程 风险管理 合规管理

一 国际工程风险行业现状

“一带一路”倡议提出十余年来，中资企业积极开拓国际工程承包市场，在许多境外项目的承揽实施中取得了令人瞩目的成就。但近年来世界正经历百年未有之大变局，国际格局发生深刻调整，全球经济复苏的基础依然脆弱，地缘政治矛盾尖锐复杂，通货膨胀加剧、单边保护主义明显上升、政治和经济格局深刻演变，引发一系列深度关联的全球风险。

基础建设行业本身是一个充满竞争和较高风险的行业，尤其是国际建筑市场，行业利润率低于其他行业。伴随着全球政治经济形势和科技水平的发展变化，国际工程项目的复杂性和不确定性日益凸显，中国企业参与国际工程项目所面临的风险必将日益增加。同时中国企业参与国际工程项目还处于发展阶段，在国际工程项目管理特别是风险管理方面有待完善，这可能会影响项目建设和运营的最终效果。

在当前国际经济缓慢恢复的大环境下，中资国际工程企业境外经营面临来源于境外主权风险、非传统安全风险、法律合规风险等方面的挑战。因此，在国际工程承包过程中，能否全面正确识别项目的风险并进行有效的风险管理是决定项目成败的重要因素。

二 国际工程风险的防控实践

国际工程项目的承揽实施过程本质上就是一个各类风险的识别与管控过程。因此，开拓境外市场必须不断完善企业各类风险管控制度，设立风险预警机制，通过对境外市场的充分研究，了解特定国家和地区的法律法规、行业约定、税务制度及宗教、文化等，并利用当地资源和专业团队，提升企业的风险管控能力。

通过对中资企业境外经营经验进行分析，结合近年来大环境特点，重新识别国际工程面临的风险，并结合新时期特点将其归为所在国政治风险、汇率及外汇管制风险、所在国经济发展风险、成本费用风险、合规管理风险、现金流风险、非传统安全风险、生产能力风险等八大方面，同时结合境外项目实践经验，提出针对性管控措施，从而进行有效的风险管控，进而确保风险可控。

（一）所在国政治风险

1. 风险情况描述

（1）风险产生的原因

境外项目所在国如果政府执政能力弱，会出现政局不稳，甚至政权更迭状况。新政府上台后，不再保持政策的连续性，有可能对上一届政府的债务或合同采取不承认或拒绝的态度，或中断对工程项目的投资安排，致使项目实施困难或工程款难以全部收回。严重的情况下，该风险将在政治、社会、经济等多方面给所在国市场带来很大的不确定性，甚至会引发大规模冲突和较为严重的社会动荡。

（2）对企业造成潜在的影响和损失

政治风险的发生，可能对企业在当地的经营和项目实施造成困难或不利局面。如未能有效识别风险，在市场调研、立项与投标阶段，可能导致市场调查报告失真，造成市场决策错误；在项目实施阶段，可能造成项目停工或合同中止，给前期参与投资的债权人造成较大的经济损失，并对项目人员安全和企业日常运营产生重大影响。

2. 风险管控目标

一是避免此类风险可能造成的市场决策错误；二是避免可能造成的项目停工或合同中止；三是降低对利益相关者造成的经济损失，减少对企业日常

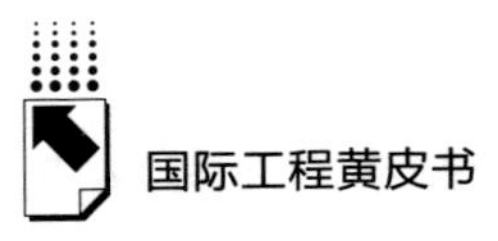

运营的影响，确保项目人员安全。

3. 风险管理策略

一是要建立系统的政治风险预警和管控机制；二是建立高效的政治风险管理体系；三是根据政治风险管控机制，主动规避政治风险，时刻关注市场国的政治、经济形势变化，尽早辨识政治风险，提前制定应对方案。

4. 风险解决方案

从总体上要构建符合自身实际需求的风险管理体系，包括建立风险评估、预警和应急处理的机制；培育企业风险管理文化，牢牢树立“思则有备、有备无患”意识；培养职业和管理技能，提高人员风险识别能力，规避相关风险。

对于已经发生战乱、政治不稳定或极度敌视排斥中国企业的国家和地区，以及中国驻外使领馆认为或者外交部、商务部公布的高风险国家和地区，不应进入开展项目经营工作。对于有显著政府换届风险的国别市场，一般需要采取谨慎原则不予进入。对于存在较大政府换届风险的国别市场，需要具体情况具体分析，如果确定进入，需事先做好应急预案。要建立风险预警体系，做好政权更迭监控，采用境外工程国别市场风险评级下降百分比等指标进行分析，并进行预警。

（二）汇率及外汇管制风险

1. 风险情况描述

（1）风险产生的原因

汇率及外汇管制风险来源于外汇的买卖和结算。大部分中资企业境外工程项目以外币计价并将外币作为支付手段，必然面临外汇交易的风险。外币作为计价货币受人民币汇率波动的影响，合同金额及相关资产折算人民币时会跟随汇率波动而变动，给工程项目的实际收益带来很大的影响。未预料到的汇率变动通过影响价格、成本影响一定时期的收入，进而影响中资企业的整体收益。

外汇管制风险产生的主要原因是一国政府为平衡国际收支和维持本国货

币汇率而对外汇进出实行的限制性措施。境外工程项目部分或全部使用当地币，紧缩性货币政策限制资本市场的货币自由兑换，会造成较大的财务风险。

境外外汇管制比较严格，货币汇兑会有一定比例的银行价差损失，无法实现境外资金全额汇回，兑换为人民币进行集中管理和集中调配。为满足生产经营需要，境外需要保留一定金额的外币资金，在外币贬值的情况下会产生汇兑损失。

目前部分中资企业的主要市场还集中在经济欠发达的国家和地区，物资及设备主要依靠进口，多数项目通过国内采购工程物资设备满足工程需要，在人民币升值的情况下，外币成本增加，导致项目盈利额度有所下降。

（2）对企业造成的潜在影响和损失

汇率的变动可以通过多种渠道综合作用于企业，引发成本变动、外汇价格变动、贷款价值变动、竞争者及供应商的价格变动等，均会对企业境外经营生产产生很大的影响，导致营业额降低，对企业造成巨大的损失。外汇管制风险将导致所在国当地币无法及时兑换成外币，企业无法及时将外汇汇回。

2. 风险管控目标

将汇率波动导致经济效益的损失尽量控制在一定范围内，尽可能多地将项目利润形成的资金汇回。

3. 风险管理策略

风险承受策略：汇率及外汇管制风险属于系统性风险，难以完全规避，需要合理确定自身的风险承受能力，界定可承受的风险区间，提前制定好汇率及外汇管制风险的预警措施，并根据实际情况及时进行调整，确保经济业务不超出可承受的风险范围。

风险转移策略：在经营过程中，充分利用企业的规模优势，根据汇率变动趋势，合理选择交易结算币种，力争选用对企业比较有利的货币进行结算。

4. 风险解决方案

中资企业密切关注项目所在国的汇率及外汇政策变化情况，广泛收集国际工程市场变动信息，认真分析研究汇率及外汇政策变动因素，根据汇率走势做出准确预测，以确保实现汇率及外汇政策风险监控系统的有效运行和执行。建立风险预警体系，做好汇率及外汇管制指标监控，采用主要币种汇率波动幅度、主要市场币种汇率波动幅度等指标进行分析并进行预警。

（三）所在国经济发展风险

1. 风险情况描述

（1）风险产生的原因

所在国经济发展风险是指项目所在国的宏观经济环境对项目产生的影响及对项目造成经济损失的可能性，包括经济形势恶化风险、通货膨胀风险、差别税收风险、物价波动风险、没收保函风险和业主资金筹措风险等。

经济形势恶化风险：如果项目所在国债务繁重，则随时可能爆发债务危机，导致整个国家陷入混乱；如果项目所在国经济连年滑坡，整体经济不景气，则容易出现持续恶化的局面，也会给承包商带来不可估量的损失。

通货膨胀风险：项目所在国的通货膨胀因素会使项目成本增加或实际收益减少。

差别税收风险：各国的税收政策各不相同，税种和税率差异较大，部分国家出于对本国经济和企业的保护，对国内外企业实行不同的税收政策。

物价波动风险：受总供给与总需求及消费、投资等因素影响，项目所在国的工、料、机价格水平将出现波动，大幅度的波动会对国际工程承包收益构成严峻考验。

没收保函风险：在当前全球经济不景气的背景下，业主没收保函的概率也大幅攀升。

业主资金筹措风险：部分项目的业主受资金筹措能力低等因素影响，会出现建设项目资金不到位的情况，从而导致建筑企业资金回笼困难，收益无法保证。

（2）对企业造成的潜在影响和损失

所在国经济发展风险具有潜在性、不确定性和累积性等特征，风险的类型和结构不断发生变化，在当地政府货币政策或财政政策等宏观调控手段不到位的情况下，通货膨胀的概率会大大增高，直接造成当地货币贬值、物价增高、汇率和利率波动，致使企业财务面临很大的风险。同时，工程造价受物价影响会有所提高，将对企业成本控制以及利润产生影响。

2. 风险管控目标

通过风险识别、监控、预防、应对等手段，尽可能地规避风险或者降低风险影响，减少企业经济损失。

3. 风险管理策略

应对所在国经济发展风险，主要可以采用风险规避、风险转移和风险自担策略。

4. 风险解决方案

制定风险识别和管理制度，完善管理体制和机制建设，各级单位要进一步强化生产经营关键流程管控，并定期进行相应的专业知识培训。建立风险预警体系，做好所在国经济发展指标监控，采用实际 GDP 增速、外债总额波动幅度、新签合同额计划目标完成率等指标进行分析并进行预警。

（1）强化调研，避免项目先天性不足

在项目前期一定要做足功课，做好调研。一是要认真研究所在国的货币政策、税务政策、外汇管制政策和债务状况等，准确把握各类经济风险；二是全面考察业主资金实力，慎重选择合作伙伴，防止出现工程款结算困难，陷入被动。

（2）强化分析，制定经济风险评价方案

在进行国际工程承包时，要组建由项目管理人员、相关领域专家等组成的风险分析小组。首先，可采用头脑风暴法、德尔菲法、核对表法等方法进行经济风险识别，建立经济风险清单。其次，要评价各类经济风险的等级，对风险进行排序。可以采用主观评分法、层次分析法等多种分析方法。

(3) 制定对策，建立经济风险应对机制

在完成国际工程承包经济风险分析的基础上，结合实际情况，利用风险管理策略，规避或减少损失。比如可以在合同中约定采取固定汇率或强势货币规避汇率风险；可以借助项目的重要意义与所在国政府展开谈判，争取有利的税收政策；可以制定相关应急预案，在经济形势恶化时第一时间做好应急处置，最大限度地确保财产安全。

（四）成本费用风险

1. 风险情况描述

(1) 风险产生的原因

责任落实不到位。境外成本管理人员配置少，重视程度不够，成本工作落实不到位，只强调客观而忽视主观原因和能动性的发挥。

成本分析不充分。不能按时进行责任成本核算及节超分析，部分市场对风险预警项目不重视，未制定整改计划及措施，导致项目预警情况进一步恶化。

部分项目责任书的签订拖沓滞后，影响项目管理人员的积极性，进而影响项目工期和成本管控。另外，部分项目缴纳风险抵押金不及时等因素导致考核兑现条件不满足。

亏损项目未制定详细的减亏计划和减亏措施，未按期上报减亏情况，导致出现亏损扩大。

(2) 对企业造成的潜在影响和损失

成本费用把控不严、管理不到位，可能造成经营目标减值或者无法实现，如对成本费用风险不加以重视和采取有效措施，则可能给企业带来经济损失。

2. 风险管控目标

通过风险的识别、分析和管控，有效地降低项目实施过程中的成本费用超支风险，达到降本增效的目的。

3. 风险管理策略

风险规避策略：合理编制责任成本预算，签订责任书并落实考核兑现，规避项目成本超支风险。

风险降低策略：通过安排专职人员和加强培训，减少数据失真风险；规范成本核算分析，特别是风险预警项目，分析成本变动趋势及原因，及时准确地反馈成本情况；有针对性地采取有效措施，加强过程成本管控，降低风险发生概率。

风险转移策略：加大变更索赔力度，通过合同条款约定，将风险合理分配给业主或总包。

4. 风险解决方案

落实管理制度机制：落实责任人，做好责任预算和责任书的编制与签订工作。

强化关键流程管控：加强过程核算分析，重点督导风险预警项目。

完善考核兑现机制：及时兑现奖惩，提高主观能动性。

建立风险预警体系：做好成本费用指标监控，采用责任预算成本执行偏差、项目综合收益盈亏、待确认收入等指标进行分析和预警。

（五）合规管理风险

1. 风险情况描述

合规管理风险是企业风险的一种，是指企业违反合规规范可能导致的制裁、处罚、财产损失和声誉损失风险。

（1）风险产生的原因

在境外经营活动中，企业及其在商业活动中的合作伙伴（包括业主、监理、代理、咨询、联营体成员、分包商、非政府组织和媒体等）都应遵守相关合规要求，包括国际规则、法律规定等。如在经营中因管理不善，自身或合作伙伴发生违反以上合规要求的行为，将引发合规管理风险。

（2）对企业造成的潜在影响和损失

企业及其在商业活动中的合作伙伴的不合规行为，将引发法律责任，使企业及相关方受到相关处罚，进而造成经济或声誉损失，以及其他不可预知的负面影响。

2. 风险管控目标

系统强化制度建设，共同搭建合规制度体系，合理搭建合规组织机构，不断加深参与企业生产经营的程度。通过制度设立节点，预判、识别和管控合规风险，监督企业合规风险防范工作，助力企业生产经营。

3. 风险管理策略

风险降低策略：在早期识别合规风险并建立预警机制，通过制度流程节点防控或采取有效补救措施，降低合规风险。

风险规避策略：对于合规风险高的国家，尽可能“绕道”，以规避风险；对于合规风险高的领域，尽可能通过合理的合作模式，提前规避合规风险。

4. 风险解决方案

（1）建立境外专项法律风险防范体系

制定境外经营规范和合规指南，根据企业的实际情况，对合同执行管理、知识产权管理、劳工雇员管理、产品质量和安全生产管理、合规经营行为准则等做出规定。制定境外投资规范和合规指南，根据企业的实际情况，对境外投资活动进行分类，并将各类投资活动的工作流程标准化，同时提示各项工作中的主要风险点和防范措施，建立有效的风险报告制度和违规事件应急处理机制，以便企业及时发现和处理违规风险。建立风险预警体系，做好合规指标监控，采用多边银行制裁和相关金融机构制裁次数等指标进行分析并进行预警。

（2）继续推进合规制度宣贯和落实

要制定法律事务机构工作规程，明确岗位职责。逐步探索建立法律、合规、风险、内控一体化管理机制，根据需要设立首席合规官岗位，统一合规管理职责。强化责任人制度，将合规经营责任落实到具体人员，明确员工合规职责及行为合规要求，细化行为准则，进行合规培训，建立合规考核制度，不断增强全员的法律风险防范意识。

（六）现金流风险

1. 风险情况描述

（1）风险产生的原因

筹融资方案不合理、融资方式单一、筹资管理缺乏刚性约束、资金计划不准确、资金到位不及时、缺乏必要的预警处置机制，导致运营资金不足。

资金统筹配置不科学、资金集中管理不到位、收支分析不准确、投资比例失衡、还款计划不合理、款项回收不及时、资金占用过大，导致流动资金不足。

（2）对企业造成的潜在影响和损失

筹融资管理失控，将导致企业资金配置不合理、资本成本增加、现金流紧张，筹融资风险加大。

资金管理失控，将导致企业资金短缺、现金流吃紧，影响生产经营正常进行。

2. 风险管控目标

保障现金在企业经营活动中的流动性，防止现金流断流现象和风险发生，最终目标是为企业创造价值。

3. 风险管理策略

风险规避策略：通过控制、调整预算，规避逾期现金流风险。

风险降低策略：控制现金流动性，确定现金最佳持有额度，缩短现金周转期。

风险转移策略：合理把握应付账款时机。

4. 风险解决方案

一是制度机制建设。建立健全现金管理制度，完善现金审批制度，重点监控投融资决策、应收账款回款。

二是控制现金流动性。建立银行存款、现金余额定期汇报制度，规范现金预算执行反馈机制；加强经营开发，提高企业经营收益，降低现金流风险。

三是确定现金最佳持有额度。保证足够的流动性和正常经营周转，持有最佳现金额度，减少过度持有造成的浪费。

四是把握应付账款时机。尽量多地采用汇票、远期信用证等远期支付票证付款。

五是缩短现金周转期。应在保证持续经营的前提下，通过减少存货、增加应付账款来缩短现金周转期。

六是建立风险预警体系。采用资金周转率、经营活动净现金流量占比等指标进行现金流量分析，占比过低时分级预警。

七是科学管理现金流。通过可行性论证、立项审批、逐级决策，建立科学的投融资决策机制。

（七）非传统安全风险

1. 风险情况描述

（1）风险产生的原因

随着全球化经营，中资企业更多地受到国际政治、全球经济、局部冲突等的影响，各种非传统安全事件呈现多发频发态势。此外，非洲部分市场长期存在多种热带传染疾病，可能会直接威胁员工生命健康。非传统安全风险，已逐步成为企业全球化经营需要面对的主要挑战，也是风险防控的重点之一。

（2）对企业造成的潜在影响和损失

发生非传统安全风险事件，将造成直接或间接的经济损失及人员伤亡，从而增加工程成本，影响施工工期，并对企业造成深远的社会负面影响。例如，海外安保恶性事件、热带疾病的感染和恶化都会严重影响员工的精神状态和身体健康，甚至危及员工生命安全，损害企业财产。

2. 风险管控目标

建立健全境外疫情防控和海外安保管理体系。

3. 风险管理策略

风险降低策略：考虑到大部分中资企业主要市场处于热带区域，存在热带传染病，疟疾、霍乱等疾病威胁着境外员工的健康，中资企业驻外单位和项目要努力为员工营造安全健康的工作、生活环境，时刻关注各类疾病发展态势，努力保障境外员工生命健康。

风险规避策略：坚持“危地不去、乱地不往”的经营原则，落实境外安全保障日常管理，要求境外单位加强境外安保组织领导，层层压实责任，保障人、财、物投入，构建综合预防体系，持续提高境外安全综合保障水平。企业定期、不定期地对境外中高风险区域开展视频巡检和实地检查，督促境外单位持续抓好境外安全保障管理。

4. 风险解决方案

（1）关注境外疾病防控，保障员工生命健康

时刻关注所在国政府以及中国使领馆发布的疾病信息，根据企业实际情况做好防护和应急措施，制定完善应急预案，全力保障员工生命健康安全，通过宣讲及张贴宣传图、标语等方式，提高员工对疾病的认知，提高自我保护能力。

（2）加强安保评估和应急演练管理，完善境外安保防护体系

督促中资企业境外单位组织开展境外安全形势和安保措施匹配度评估工作，完善境外安保防护体系，不断健全人防、物防、技防措施；督促开展应急演练工作，要从严从难地“真练”，更要与时俱进地“练真”，坚决杜绝走过场。

（八）生产能力风险

1. 风险情况描述

（1）风险产生的原因

项目组织机构设置、资源配置（人员、材料、机械、资金）不合理，无法完全满足项目正常需要；项目管理及专业技术人员不足、业务能力有待加强；项目监督管理机制不完善，前期策划不足、针对性不强，实施过程管控不到位；业主征地拆迁缓慢，设计变更频繁，业主对设计方案和设计文件审批周期长，合作单位（分包商）资源配置、组织配合不到位；实施性施

工组织设计、专项技术方案等针对性不强，指导性不足，动态调整不及时；现场踏勘调研、施工组织、施工方法、设备选型配套、标准和规范采用等方面尚有缺陷，部分项目不能及时移交；对竣工验收、缺陷维护等工作不够重视。

（2）对企业造成的潜在影响和损失

生产能力风险会对施工进度、成本、环保、工期目标造成较大的影响，甚至造成较大的安全质量隐患，引发重大安全质量事故等。情况严重会造成项目管理失控，对企业效益和信誉造成不利影响，进一步影响所在市场的生产经营和战略布局。

2. 风险管控目标

按照工程项目商务合同履约，包括工期、质量、安全、环境目标，不发生安全、质量、环境责任事故。当发生变更和索赔事件时，及时与业主方沟通，获得正式书面答复，消除潜在风险，保证项目取得较好的创效创誉结果。

3. 风险管理策略

生产能力风险主要从项目安全、质量、进度、环境等方面进行管理，采用风险规避、风险控制、风险转移等策略进行统筹管理。

风险规避策略：在项目实施前对风险因素进行全面识别，制定风险清单，在实施过程中对风险因素进行定期排查和评估，对于可以预见并且能够解决的风险及时处理，如项目部关键岗位人员的合理充分配置。

风险控制策略：对于无法完全避免的风险要进行有效的控制，以降低风险造成的损失和影响。项目主管单位要与项目管理团队签订“绩效考核目标责任书”，明确责任，提高其风险管控积极性。选择当地有影响力、有实力的企业作为合作伙伴，发挥属地化优势降低风险。

风险转移策略：为了避免承担过高的风险，提高风险管控效果，可合理转移部分风险。例如，承包商无法控制的征拆进度问题，可通过商务合同转移风险；对于专业性较强的专业工程实施，可通过选择专业分包单位转移风险。

4. 风险解决方案

（1）强化项目前期策划

项目实施前，由企业组织相关部门协助项目部编制项目管理规划文件，从全局性的角度对项目合同、设计、成本、进度、质量、职业健康安全、环境、财税、资源、技术、风险、考核、验交等方面进行全方位的分析、规划，明确要点，对可能存在的风险提出预警，制定应对措施。

（2）加强设计管理

设计管理对进度、成本、质量和环境保护目标起决定性作用，设计要适应所在国的设计理念、管理流程、技术标准和规范，设计进度应满足合同总工期要求，设计质量方面应达到规范要求及合同技术条款要求，要严格落实设计文件评审制度。要加强技术方案优化比选，充分调动设计单位资源，采取一定的奖励措施，激励设计单位对设计进行优化和深化。

（3）强化过程管控，确保项目风险受控

在建项目施工组织设计、技术方案应当根据项目分级管控要求严格履行审核审批程序，对风险高、技术难度大的项目或特殊重大工程部位和特殊结构的方案，应组织专家进行评审，保证方案可行、经济合理。实施过程中不得随意更改，根据实际情况确需修改的，要及时进行动态调整并履行审批手续。

（4）加强设备物资保障

进一步加强计划、采购、维保和使用管理能力，打造供需协同优质供应链。

（5）加强工程分包管理

严格工程分包商考察、公示及入库管理，优化分包单位选择，动态调整合格分包商名录；加强过程控制，进一步完善分包单位考核机制，建立分包单位信用评价体系。

三　启示与展望

强化风险防控是中资企业更好“走出去”、实现行稳致远的重要保障。

在做好体系建设、风险防控、信息化风控赋能的基础上，应对识别出的重大风险做好分析研究，做好管控落实方案，编制应急预案并做好演练。在当前国际形势和中资企业风险管理的基础上，国际工程风险管理启示和展望方向如下。

（一）完善机制，构建风险管理体系

中资企业要在管理体系中明确风险管理目标，确定风险管理的底线和边界，形成与发展战略相匹配的风险偏好、承受度；组织构建各级风险管理机构，强化管理协同和工作会商，明确责任，压实风险防控责任。探索推进风险内控与企业战略目标和业务工作深度融合，周期性开展体系运行评估，增强意识、总结经验、解决问题，进一步筑牢风险“防火墙”，确保风险可控、在控、能控，为企业高质量发展创造价值。

（二）经营合规，落实各项管控要求

中资企业要在国家发展改革委等七部门联合印发的《企业境外经营合规管理指引》和国务院国资委印发的《中央企业合规管理办法》的指引下，进一步规范境外经营行为，境外一线经营人员要了解掌握境内外关于合规经营的政策要求，特别是所在国和相关多边金融机构的最新政策要求，科学规避企业合规经营风险。

（三）属地经营，强化风险化解能力

中资企业需要不断优化属地化经营模式，更好地适应外部环境。践行可持续发展理念，如依托 ESG 标准等，重视与所在国利益相关方的沟通联系，从环境、社会和治理方面强化管控。理性选择合作伙伴和分包单位，合理发挥当地合作伙伴的经营优势资源，科学化解潜在风险。

（四）多维创新，构建核心竞争力

中资企业应积极调整战略，发展新质生产力，从技术、运营和服务等方

面多维创新，不断提升自身的核心竞争力，实现从价格竞争向价值竞争的转变，从而在国际市场中占据有利地位。通过研发新技术、新产品，拓展市场，满足差异化的客户需求；通过精细化管理，提高管理的效率和质量，增强在国际工程承包领域的竞争力。

（五）信息赋能，全面助力风控管理

中资企业要探索构建信息化风险管控平台，从而更加有效地应对越发复杂多变的外部环境。一是要加强外部信息收集分析能力，通过研究分析来自国内外政府、专业机构、商协会的风险信息，为企业做好经营决策支持；二是要深化企业内部“同防共治”机制，对风险进行专业化管控，提高预警精准性、有效性，切实助力企业实现“提前想到、提前发现、提前防控”。

参考文献

中国对外承包工程商会：《2022 年对外承包工程行业风险概览》。

中国对外承包工程商会：《2023 年对外承包工程行业风险概览》。

中国出口信用保险公司资信评估中心主编《中国企业境外投资和对外承包工程风险管控及案例分析》，中国经济出版社，2015。

Y.14
国际工程人才培养探索与实践发展报告（2024）

长安大学　中铁上海工程局集团第七工程有限公司
中建安装集团华西公司　中铁建安工程设计院有限公司*

摘　要：　本报告深入分析中国企业国际工程人才培养的探索与实践，部分企业通过与国内外高校及工程公司的合作，如建立国际合作伙伴网络、共同开发教育培养项目等，已在国际工程人才培养上取得了一定的成效。然而，企业在人才培养过程中仍面临诸多挑战，主要存在缺乏系统性培养策略、跨文化沟通能力不足、实践机会有限等问题。具体表现为企业在人才培养上缺乏长远眼光和规划性，导致培养过程杂乱无章；过于注重专业技能和理论知识的灌输，而忽视了跨文化沟通能力的培养；受限于资金、安全、管理等多方面的因素，难以为人才提供足够的海外实践机会。针对上述问题，本报告提出以下对策建议：一是构建企业内部国际工程人才培养体系，实现课程内容与企业实践的深度融合，加强系统化实践培训与国际项目的对接；二是加强政策引导与产业合作，争取国家政策支持，深化与国际工程界的合作与交流，共同探索更有效的资金模型和资源配置方式；三是优化资源配置与激励机制，加大人才培养投入力度，建立有效的激励机制与晋升通道，激发员工的职业发展动力；四是加强跨文化沟通与团队建设，提升员工的跨文化沟通能力，构建国际化团队，吸引和留住具有不同文化背景和专业技能的人才。

* 执笔人：张静晓，长安大学 SDGs 与应急管理中心副主任，研究方向为工程数智化建设与低碳管理；张飞，中铁上海工程局集团第七工程有限公司总工程师，研究方向为工程数智化建设与低碳管理；倪琪昌，中建安装集团华西公司总工程师，研究方向为绿色施工管理；李小军，中铁建安工程设计院有限公司党委副书记、总经理，研究方向为工程数智化建设与低碳管理；郭梦雨，长安大学硕士研究生，研究方向为智能建造。

关键词： 国际工程　人才培养　跨文化交流　校企合作

引　言

在全球化的背景下，国际工程作为推动社会经济发展的关键行业之一，其作用日益凸显。随着“一带一路”倡议的深入推进，中国不仅加强了与共建“一带一路”国家的基础设施建设合作，也在全球范围内扩大了影响力。在这一过程中，国际工程人才的培养及其在项目中的应用成为中国乃至全球工程行业关注的焦点。

国际工程人才主要指具备国际视野、能够在跨文化背景下工作、了解多国工程标准与法规的工程专业人士。这类人才能够在全球多样化的工程环境中发挥其专业技能，不仅能有效地管理和实施大型国际工程项目，还能促进技术和文化的交流与融合，增强项目的可持续发展能力。通过诸多合作案例，我们可以看到复合型人才培养对国际工程项目管理的积极贡献。

此外，随着全球环境的变化和技术的进步，国际工程人才还需要不断适应新的挑战，包括新材料的应用、绿色建筑的推广、智能化建筑技术的发展等。中国工程人才在国际标准和当地法规的双重要求下，需要具备高度的专业知识和技能，以确保工程的质量和安全。

本报告旨在深入探讨国际工程人才的培养实践及其发展。本报告的主要目标包括：分析当前国际工程人才培养的现状和面临的挑战；借鉴国内外成功的人才培养模式，提出在“一带一路”背景下应如何优化工程人才的培养策略；探索如何通过教育改革和行业合作，提高人才培养的效果，以满足国际工程项目的需求。

本报告通过结合国内多家院校和行业企业的案例，详细分析“一带一路”倡议下的人才培养策略，并提出具体的建议和措施，旨在为中国乃至全球的工程教育和行业发展提供科学、系统的参考和指导。

本报告期望能够为“一带一路”倡议下的国际工程人才培养提供一个

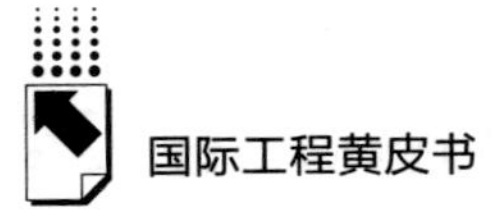

全面、科学、翔实的分析框架，为中国及全球工程教育领域的决策者和实践者提供有价值的见解和建议，进一步促进行业人才的国际化发展。

一　现状与挑战

（一）国际工程人才培养现状

1. 需求增长

在国家“走出去”战略的深入实施和高质量共建“一带一路”的全面推动下，我国企业在国际工程承包市场的参与度显著提升，竞争态势也愈加激烈。这一趋势不仅推动了我国企业在海外市场的发展，也促使企业对国际化人才的需求呈现前所未有的快速增长态势。

随着国际工程承包市场的不断拓展，企业面临更加复杂和多元的市场环境。在这样的背景下，企业不仅需要具备丰富的项目管理经验和技术实力，更需要拥有一支能够跨文化沟通、适应海外市场环境、具备国际视野的复合型人才队伍。这些人才不仅需要具备扎实的专业技能，还需要具备丰富的国际经验和跨文化沟通能力，以应对海外市场中的各种挑战和机遇。

国际化人才的需求增长不仅体现在数量上，更体现在质量上。企业需要的人才不仅要能胜任国际工程项目的各项工作，还要能为企业提供创新性的解决方案，推动企业在国际市场中不断发展壮大。因此，企业在招聘和培养国际化人才时，不仅注重他们的专业技能和经验，还注重他们的创新思维和跨文化沟通能力。

此外，随着国际工程承包市场的不断变化，企业对国际化人才的需求也在不断变化。企业需要的人才不仅要能适应当前的市场环境，还要能预见未来的市场趋势，为企业的战略决策提供有力的支持。因此，企业需要建立完善的国际化人才培养体系，不断培养和提升人才的综合素质和创新能力，以满足企业在国际工程承包市场中不断变化的需求。

2. 培养体系初步建立

越来越多的企业已经敏锐地捕捉到了国际化人才需求日益增长的趋势，并开始积极探索和实践国际化人才培养的新路径。这些企业深知，要想在国际市场上立足并取得长远发展，就必须拥有一支具备国际视野、跨文化沟通能力和扎实专业技能的国际化人才队伍。

为了培养这样的人才，企业纷纷制定了详细的国际化人才培养规划，并设置了有针对性的培训课程。这些课程不仅涵盖了语言技能、国际规则、跨文化沟通、项目管理等多个方面，还注重培养人才的创新思维和解决问题的能力。通过系统的学习和实践，人才可以更加全面地了解国际市场的环境和规则，提高自己在国际舞台上的竞争力。除了内部培训，一些企业还积极与高校、研究机构等合作，共同搭建国际化人才培养平台。这种合作模式充分利用了高校和研究机构的教学资源和科研优势，为企业提供了源源不断的人才支持。同时，企业也为高校和研究机构提供了宝贵的实践机会和科研资源，促进了产学研的深度融合。通过共同培养具备国际视野和跨文化沟通能力的国际化人才，企业和高校、研究机构可以实现优势互补、互利共赢。

在国际化人才培养过程中，企业还注重为人才提供更多的实践机会和平台。通过参与国际工程项目、参加国际交流活动等方式，人才可以积累丰富的经验，提高自己的综合素质和国际竞争力。同时，企业也通过实践锻炼和考核评估等方式，不断优化人才培养体系，提高人才培养的质量和效率。

此外，企业还注重为国际化人才提供更多的职业发展机会和晋升空间。通过制定科学的职业发展规划和激励机制，企业可以吸引和留住更多的优秀人才，为企业的长远发展提供坚实的人才保障。

面对日益增长的国际化人才需求，企业正在积极探索和实践国际化人才培养的新路径。通过制定详细的规划、设置针对性课程、与高校和研究机构合作、提供更多的实践机会和平台以及制定科学的职业发展规划和激励机制等方式，企业正在不断提升国际化人才的综合素质和国际竞争力，为企业在国际市场上赢得更多的竞争优势和发展机遇。

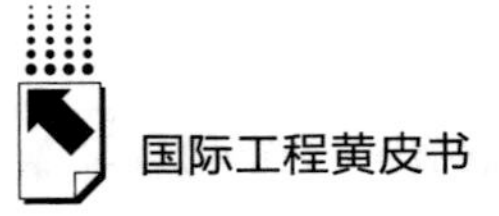

3. 人才结构逐步优化

在国际化人才培养的深入实践中，企业逐渐构建了一个多层次、多领域且高度协同的人才结构体系。这一体系不仅覆盖了语言人才、技术人才、管理人才等传统关键领域，还进一步延伸到了市场营销、金融服务、法律咨询等多个新兴和辅助领域，从而打造了一支全方位、高素质、强协作的国际化人才队伍。

这些人才在各自的领域内都展现出了卓越的专业技能和丰富的实践经验。语言人才精通多种语言，能够流利地进行跨文化沟通，为企业搭建起沟通的桥梁；技术人才则具备深厚的专业背景和精湛的技术能力，能够在国际工程项目中发挥关键作用；管理人才则拥有丰富的管理经验和战略眼光，能够引领企业在国际市场中稳健前行。同时，市场营销、金融服务、法律咨询等领域的人才也各自发挥着不可替代的作用，共同构成了企业国际化运营的坚实后盾。

除了专业技能和实践经验，这些人才还展现出了强大的跨文化沟通能力和团队协作能力。他们能够适应不同国家和地区的文化环境，理解并尊重当地的价值观和行为习惯，从而在国际市场中树立起良好的企业形象和口碑。同时，他们也能够与来自不同背景和文化的人才紧密合作，共同应对国际市场的复杂变化和挑战。

这种多层次、多领域的人才结构为企业提供了更加全面和灵活的人才支持。企业可以根据国际市场的需求和变化，灵活调配和组合不同领域的人才，形成最佳的团队组合和资源配置。这种灵活性不仅提高了企业的运营效率和市场响应速度，还为企业带来了更多的创新活力和竞争优势。

随着这些人才的不断成长和发展，企业也在国际工程承包市场中取得了显著的成就。他们凭借卓越的专业技能和丰富的实践经验，成功完成了多个国际工程项目，赢得了国内外客户的广泛赞誉和信赖。同时，他们的跨文化沟通能力和团队协作能力也为企业赢得了更多的国际合作机会和市场份额。

（二）面临的挑战

1. 缺乏系统性培养策略

缺乏系统性培养策略是当前企业在国际化人才培养过程中存在的一个显著问题，这一问题直接影响了人才培养的质量和效果，进而制约了企业在国际市场上的竞争力。

部分企业在国际化人才培养方面明显缺乏系统性、规划性，这导致培养过程缺乏明确的方向和目标。这些企业往往缺乏长远眼光，过于注重短期利益，而忽视了长期人才培养的重要性。企业可能更关注当前的业务需求和项目进展，而忽视了企业的未来发展。这种短视行为不仅加剧了人才流失问题，还使得企业内部的资源配置变得不合理，造成了资源的浪费和效率的低下。

缺乏系统性的培养策略还意味着企业在人才培养上缺乏连贯性和针对性。企业可能在不同阶段、不同项目中采取不同的人才培养方式和方法，缺乏统一的标准和流程。这导致培养出的人才在能力和素质上参差不齐，难以形成一支具备整体竞争力的国际化人才队伍。同时，由于培养策略缺乏针对性，企业往往难以培养出符合国际市场需求的复合型人才。这些人才可能具备某方面的专业技能或经验，但缺乏对其他领域或文化的了解和掌握，难以在国际市场上发挥更大的作用。

此外，企业在制定培养策略时往往缺乏对市场动态的深入了解和对人才需求的准确把握。企业可能没有充分研究国际市场的发展趋势和竞争态势，也没有深入了解国际人才的需求和期望。这导致培养出的人才与市场需求脱节，无法为企业创造更大的价值。企业可能花费了大量的资源和精力进行人才培养，但最终却发现这些人才并不符合国际市场的实际需求，无法为企业带来预期的回报。

因此，为了解决缺乏系统性培养策略的问题，企业要有长远的眼光，重视长期人才培养的重要性。企业需要制定系统、全面的人才培养规划，明确培养目标和方向，确保培养过程具有连贯性和针对性。同时，企业还需要加

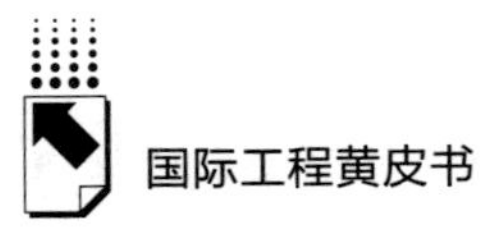

强对市场动态的深入了解和对人才需求的准确把握，确保培养出的人才符合国际市场的实际需求。只有这样，企业才能培养出符合国际市场需求的复合型人才，为企业的国际化发展提供有力的人才保障。

2. 跨文化沟通能力不足

跨文化沟通能力不足是当前企业在国际化进程中面临的一项重大挑战，特别是在国际工程承包领域，这一能力的缺失直接影响项目的顺利进行和企业的国际声誉。尽管许多企业在国际化人才培养上已经付出了不少努力，并取得了一定的成效，但部分人才的跨文化沟通能力依然是一个显著的短板，这不仅限制了人才的个人发展，也阻碍了企业的全球化发展。

跨文化沟通能力的不足主要体现在对国际规则、国际文化以及国际市场的了解不够深入。国际工程承包项目往往涉及多个国家和地区的文化、法律、经济背景，要求参与者具备较高的跨文化素养和敏锐的国际视野。然而，一些人才由于缺乏对国际规则的深入了解，难以在国际合作中准确把握尺度，在合同谈判、项目管理等环节出现疏漏。同时，对国际文化的认知不足也让他们在面对不同文化背景的合作伙伴时，难以找到合适的沟通方式和策略，难以建立稳固的合作关系。

此外，跨文化沟通能力的缺失还可能导致企业在国际市场上遭遇误解和冲突。在国际工程承包项目中，文化差异往往成为导致合作障碍的主要因素之一。如果人才不能有效跨越文化鸿沟，就可能在项目执行过程中因为沟通不畅而产生误解，甚至引发不必要的冲突，影响项目的顺利进行和企业的国际形象。

企业在国际化人才培养上过于注重专业技能和理论知识的灌输，而忽视了跨文化沟通能力的培养，是导致这一问题的重要原因之一。传统的培训模式往往侧重于技术技能的提升，而忽视了人才在跨文化环境中的适应能力和沟通技巧的培养。这导致人才在面对不同文化背景的客户和合作伙伴时，缺乏足够的敏感性和灵活性，难以建立良好的沟通和合作关系，从而影响企业的国际业务拓展。

为了提升人才的跨文化沟通能力，企业需要采取更加全面和系统的培养策略。首先，应该加强对国际规则、国际文化以及国际市场的培训，加深人才对国际环境的认知和理解。其次，可以通过模拟国际商务谈判、组织文化交流活动等方式，让人才在实践中学习和掌握跨文化沟通技巧。最后，企业还可以与高校、研究机构等合作，共同开发跨文化沟通培训课程，为人才提供更加专业的培训和支持。

跨文化沟通能力的不足是当前企业在国际化人才培养中面临的一项重大挑战。为了提升企业的国际竞争力，企业需要采取更加全面和系统的培养策略，注重跨文化沟通能力的培养，为人才提供更加广阔的发展空间和更多的实践机会。

3. 实践机会有限

实践机会有限的问题，在国际工程领域专业人才的培养中显得尤为突出，它不仅是制约人才成长的重要因素，也是企业提升国际竞争力的一大瓶颈。对于众多渴望在国际舞台上施展才华的专业人才而言，缺乏足够的海外实践机会和平台，无疑是一道难以逾越的障碍。

企业受限于资金、安全、管理等多方面的因素，往往难以提供足够的海外实践机会。资金方面，国际工程项目的运作成本高昂，企业需要在有限的预算内精打细算，难以承担大规模的人才海外实践费用。安全方面，海外项目往往面临复杂多变的安全环境，企业需确保人才的人身安全，这在一定程度上限制了海外实践活动的开展。管理方面，跨国项目的协调与管理难度较大，企业需要投入大量精力和资源来确保项目的顺利进行，这也在一定程度上挤占了为人才提供实践机会的空间。

实践机会的缺乏，导致人才在理论学习后难以将所学知识应用于实际工作。国际工程领域涉及的知识体系广泛而复杂，包括工程技术、合同管理、跨文化沟通等多个方面。理论知识的学习固然重要，但只有通过实践才能真正掌握和运用这些知识。然而，由于实践机会的稀缺，许多人才只能停留在书本知识的层面，难以将所学转化为解决实际问题的能力。这不仅影响了他们的专业成长和职业发展，也削弱了企业在国际市场上的竞争力。

此外，实践机会的缺乏还导致人才在面对国际工程项目时缺乏自信和经验。国际工程项目往往具有高度的复杂性和不确定性，需要人才具备丰富的实践经验和应对突发情况的能力。然而，由于缺乏实践锻炼，许多人才在面对实际项目时显得力不从心，难以应对各种挑战和困难。这不仅影响了项目的顺利进行，还可能给企业的声誉和利益带来损害。例如，经验不足导致的决策失误、沟通不畅等问题，可能引发项目延期、成本超支等严重后果。

二　案例研究与实践

（一）工程企业国际工程人才培养模式案例研究

1. 中国某大型建筑企业国际工程人才培养计划

随着国际化步伐的加快，中国建筑企业对具备国际工程经验和能力的人才的需求日益迫切。为了适应这一需求，中国某大型建筑企业制定了一套全面的国际工程人才培养计划。

（1）国际化课程设计与培训

企业内部设立专门的国际工程培训中心，聘请国内外知名专家进行授课；课程内容涵盖国际工程标准、合同管理、跨文化交际、风险管理等多个方面；采用线上线下相结合的教学方式，方便员工随时随地学习。

（2）海外工程项目实践

企业积极安排员工参与海外工程项目，如非洲、东南亚等地的建设项目；员工在海外项目中担任不同的工作，从设计、施工到管理，全方位锻炼员工的能力；设立海外项目导师制度，由经验丰富的国际工程项目经理指导新员工。

（3）建立国际工程人才库

企业建立了完善的国际工程人才库，记录员工的海外项目经历、专业技能和语言能力；通过人才库，企业可以快速匹配和调配合适的国际工程人才，以满足不同项目的需求。

经过几年的努力，该企业已经培养出一批具备丰富国际工程经验和能力的优秀人才。这些人才在企业的海外工程项目中发挥了重要作用，提高了项目的成功率和企业的国际竞争力。

2. 某跨国工程咨询公司国际工程人才培养战略

作为一家跨国工程咨询公司，该企业业务遍布全球多个国家和地区，对国际工程人才的需求量巨大。为了保持公司在国际市场上的领先地位，该企业制定了一套完善的国际工程人才培养战略。

（1）国际项目轮岗制度

企业内部实行国际项目轮岗制度，让员工在不同国家和地区的项目中轮流工作。通过轮岗，员工可以深入了解不同国家和地区的工程市场环境、法律法规和文化习惯。轮岗期间，企业还会为员工安排专门的导师，进行一对一的指导和培训。

（2）国际工程领导力培养

企业针对有潜力的员工，制订了国际工程领导力培养计划。该计划包括领导力理论培训、实际项目锻炼和跨文化沟通技能培训等多个方面。通过该计划，企业培养了一批具备国际视野和领导力的工程项目管理人才。

（3）建立国际合作伙伴网络

企业积极与全球各地的工程咨询公司、高校和研究机构建立合作关系。通过这些合作，企业可以获取最新的国际工程技术和理念，同时为员工提供更多的学习和交流机会。

（二）培养模式创新改进的实践启示

在当前全球化快速发展的背景下，国际工程项目的增多带来了对复合型国际工程人才的迫切需求。这些人才不仅需要掌握深厚的专业技术，还应具备良好的国际视野、跨文化交流能力及复杂项目的管理能力。基于前述对两家企业进行国际工程人才培养的案例分析，本报告将继续探讨整合行业技能与学术学习以及国际工程公司与院校合作模式，旨在为国内外高等教育改革与企业人才培养机制创新提供参考与建议。

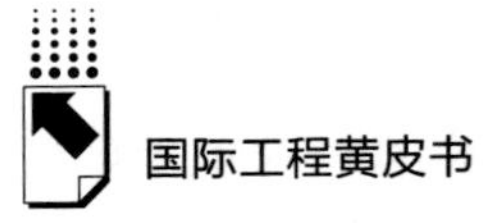

1. 整合行业技能与学术学习

（1）提高课程内容的实用性，对接企业需求

企业在参与工程人才培养时，应着重强调课程内容的实用性，确保教育与实际工程需求紧密衔接。传统教育模式往往过于理论化，难以满足国际工程项目对实战技能的高要求。因此，企业应与教育机构合作，共同设计课程，确保课程内容涵盖国际工程标准、环境可持续性、项目风险管理等关键领域。通过这种方式，学生在掌握基础理论的同时，能够深入了解国际工程项目的实际操作和挑战，为未来的职业生涯打下坚实基础。

（2）结合企业项目深化实践与案例教学

实践是检验理论的试金石，开展案例教学则是将理论与实践紧密结合的有效途径。企业应积极提供真实世界的工程项目案例，与教育机构合作开发教学材料，让学生在模拟或真实的国际工程环境中进行实践学习。通过场景模拟、角色扮演等互动方式，学生可以亲身体验国际工程项目的运作流程，锻炼解决实际问题的能力。此外，企业还可以利用VR/AR等现代信息技术，营造沉浸式学习环境，进一步提升学生的实践能力和学习兴趣。

（3）推动专业发展与终身学习平台建设

在工程技术日新月异的今天，终身学习已成为工程人才保持竞争力的关键。企业应积极参与构建在线学习和持续教育平台，为在职工程师和管理人员提供便捷的学习资源。通过定期举办国际工程研讨会、论坛等活动，企业可以邀请行业专家、学者和同行共同探讨国际工程领域的最新发展趋势和挑战，促进知识共享和经验交流。同时，企业还可以与教育机构合作，开发定制化培训课程，帮助员工不断更新专业知识和技能，以适应国际工程项目的不断变化。

2. 加强国际工程公司与院校的合作

（1）建立战略合作伙伴关系

国际工程公司与院校的紧密合作对于培养符合行业需求的工程人才至关重要。通过建立战略合作伙伴关系，双方不仅可以共享资源，还能相互促进双方的长远发展。例如，院校可以培养人才和提供科研资源，而国际工程公司则可以提供实习岗位和实践项目，以此确保教育内容与工程实践高度一致。

（2）共同开发专业培养项目

国际工程公司与院校应共同开发国际工程专业培养项目。这些项目应覆盖最新的工程技术、项目管理方法及国际工程法规等，不仅为学生提供学习机会，也为在职工程师提供职业发展和技能提升的平台。此外，还可以定期邀请业内专家参与课程的讲授和研讨，以确保教学内容的前沿性和实用性。

（3）加强跨文化团队协作精神的培养

在国际工程项目中，跨文化团队协作是常态。企业应加强跨文化团队协作精神的培养，如通过模拟国际工程项目的团队协作，让企业员工在学习期间就能适应不同文化背景下的工作环境。此外，还可以通过交换实习生项目等方式，增加企业员工的国际暴露，帮助他们树立全球视野，提升国际竞争力。

通过上述教育改进和合作加强，可以有效地提升国际工程人才的培养质量，为中国乃至全球的工程项目输送更多高素质的国际工程人才。这不仅有助于提高国内教育水平和国际工程人才的国际竞争力，还能为全球工程建设的可持续发展做出贡献。

三　关于国际工程人才培养的建议

（一）构建企业内部国际工程人才培养体系

1. 课程内容与企业实践深度融合

企业应积极参与高校工程专业的课程设置与改革，确保课程内容与国际工程标准和技术紧密对接。通过与高校合作，引入企业内部的真实案例和技术标准，使课程内容更加贴近实际需求。同时，企业可以邀请具有丰富国际工程经验的专家参与教学，为学生提供更为实用和前沿的知识。

2. 系统化实践培训与国际项目对接

企业应建立系统的实践培训体系，为学生提供丰富的国际工程实践机会。通过与国际工程公司或项目合作，定期派送员工或实习生参与国际工程项目，让他们在实践中学习和成长。此外，企业还可以利用虚拟仿真技术、在线协作平台等工具，模拟国际工程项目环境，为员工提供远程实践机会。

（二）加强政策引导与产业合作

1. 争取国家政策支持

企业应积极争取国家在国际工程人才培养方面的政策支持，如税收优惠、资金补贴等。同时，与政府部门合作，推动建立全国性的工程教育认证体系，提高工程教育的国际认可度。

2. 深化产业合作与交流

企业应加强与行业内其他企业的合作与交流，共同推动国际工程人才的培养。通过设立联合研发中心、共享技术资源等方式，实现优势互补，共同提升国际工程竞争力。此外，企业还可以与高校、研究机构等建立长期合作关系，共同开展人才培养和科研项目。

（三）优化资源配置与建立激励机制

1. 加大人才培养投入力度

企业应设立专项基金，用于国际工程人才的培养和引进。通过提供奖学金、培训补贴等方式，鼓励员工积极参与国际工程学习和实践。同时，加大对教育基础设施的投入力度，提高教育质量和学习体验。

2. 建立激励机制与晋升机制

企业应建立完善的激励机制和晋升机制，为国际工程人才提供广阔的发展空间。通过设立优秀员工奖、国际工程项目奖等方式，表彰和奖励在国际工程领域取得突出成绩的员工。同时，为具备国际工程经验的人才提供优先晋升机会，激发他们的工作热情和创造力。

（四）加强跨文化沟通与团队建设

1. 提升跨文化沟通能力

企业应重视员工的跨文化沟通能力培养，通过组织文化交流活动、语言培训等方式，加深员工对不同文化的理解，提高其适应能力。同时，鼓励员工积极参与国际工程项目中的跨文化沟通与合作，拓宽他们的国际视野，提升其团队协作能力。

2. 构建国际化团队

企业应积极构建国际化团队，吸引和留住具有不同文化背景和专业技能的人才。通过多元化的人才结构，提升团队的国际竞争力和创新能力。同时，加强团队内部的沟通与协作，确保国际工程项目的顺利进行。

综上所述，企业在培养国际工程人才方面应构建内部人才培养体系、加强政策引导与产业合作、优化资源配置与建立激励机制、加强跨文化沟通与团队建设。通过这些措施的实施，企业可以培养出具备高度专业化的技能、良好的国际视野和跨文化沟通能力的国际工程人才，为企业的国际化发展提供有力的人才支撑。

四　未来发展方向

（一）深化国际合作与交流

企业应积极拓展与国外高校及工程公司的合作，以此作为提升国际工程人才培养质量的重要途径。首先，通过设立联合培养项目，与国外知名高校合作，共同设计并实施涵盖工程技术、项目管理、跨文化沟通等多个方面的国际工程人才培养项目，使员工全面掌握国际工程领域的核心知识和技能，获得国内外双重教育资源，增强国际竞争力。其次，建立与国外高校及工程公司的访问学者交流机制，让员工有机会进行短期或长期的学习和研究，以提升其学术水平，并促进国内外工程领域的学术交流与合作。最后，与国外工程公司合作共同开展前沿技术的研发和应用，引进国际先进的技术和理念，为员工提供实践机会，让员工在实际操作中学习国际工程项目的先进管理经验和运作模式。通过这些合作项目的实施，企业可以充分利用国内外资源，有效拓展员工的国际视野，提升其跨文化沟通能力，为培养具有国际竞争力的工程人才奠定坚实基础，进而推动企业国际工程项目的发展。

（二）推动国际标准化进程

在当今全球化的国际工程市场中，标准化已成为推动行业发展的核心趋势，对于提升企业国际竞争力具有至关重要的意义。为了在国际市场中树立良好的品牌形象并赢得客户信任，企业必须加快与国际工程标准的接轨，积极推动自身的标准化进程。这一进程不仅有助于企业规范内部管理，提高项目执行效率，而且是企业赢得国际认可的关键。首先，企业应积极引入国际先进的工程管理体系，如 ISO 9001 质量管理体系和 PMBOK 项目管理知识体系，这些体系为企业提供了科学、系统的管理方法，有助于实现工程项目的规范化、标准化管理，从而优化资源配置，提升项目管理效率。其次，采用国际标准进行项目管理和质量控制，如 FIDIC 合同条款、ASTM 材料标准、IEC 电气标准等，提供统一的项目管理规范和质量评价标准，有助于确保工程项目的质量和安全，同时增强企业在国际市场上的互认性，降低运营风险。再次，推动国际标准化进程还需要员工具备相应的国际工程素养，企业应加强对员工的培训和教育，提升他们的国际工程知识和技能水平，让他们熟悉并掌握国际标准和应用方法，并通过参与国际工程项目实践，加深对国际工程标准的理解和运用。最后，加强与国际组织的合作与交流，参与国际标准的制定和修订工作，加入国际工程行业组织，参加国际工程会议和展览等，这些活动不仅有助于企业及时了解国际工程标准的最新动态和发展趋势，为企业自身的标准化工作提供参考和借鉴，还有助于拓展国际视野，提升企业在国际工程领域的影响力和话语权。

（三）加强国际工程人才队伍建设

为培养出既具备扎实专业知识，又熟悉国际工程项目运作流程和管理要求的复合型人才，企业必须加强与教育机构的深度合作，提升企业的国际竞争力，为教育机构提供更为丰富和实用的教学资源。紧密结合产业需求，企业应积极与教育机构共同开发国际工程专业培养项目，确保课程内容的前沿性和实用性。同时，项目涵盖最新的工程技术、项目管理方法及国际工程法规等内容，使学生能够在学习过程中接触到国际工程项目的实际操作和管理要求，确保培养的人才能够迅速适应国际工程项目的工作环境，并在实际工作中发挥应有的作用。企业应邀请业内专家参与教学，提供实践指导和案例分享，增强教学的实用性和针对性，使学生可以更加深入地了解国际工程项目的实际操作和管理要求，提高自己的专业技能和实践能力。此外，企业还可以与教育机构共同建立实习基地和研发中心，提供研发空间和资源支持，使学生亲身体验国际工程项目的运作流程和管理要求，锻炼自己的实际操作能力，为学生提供更多的实践机会和研发平台。

企业必须强化实践与案例教学，提供真实的国际工程项目案例，让员工能够在实践中深化对理论知识的理解。通过设立实习基地，企业与国内外知名工程公司合作，使员工亲身体验国际工程项目的运作流程，了解不同文化背景下的项目管理模式，从而在实践中提升自己的专业技能和跨文化沟通能力。此外，企业还可以组织国际工程项目模拟竞赛，让员工在模拟环境中进行实际操作和角色扮演，以检验员工对理论知识的掌握程度，锻炼他们的团队协作能力和问题解决能力。通过模拟竞赛，员工在较为安全的环境下积累实战经验，为未来的国际工程项目做好准备。企业还可以利用现代信息技术，如 VR/AR 技术，使员工如临其境地体验国际工程项目的各个环节，营造沉浸式学习环境，提高员工的学习效率，激发他们的创新思维和解决问题的能力。

企业在激烈的全球化国际市场中，必须拥有一支高素质、具备国际视野和实战能力的国际工程人才队伍。在资金投入方面，企业应高度重视并设立专项基金，引进国际先进的教学资源和高端的培训设施，资助员工积极参与国际工程领域的各类研讨会、学术会议及专业培训活动，专项用于支持国际工程人才培养项目的实施。企业应设立奖学金和助学金，鼓励更多员工积极参与国际工程人才培养项目，激发学习热情，提高参与度。在人力投入方

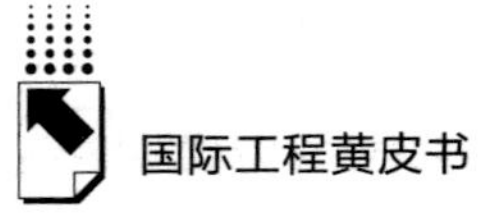

面，企业应配备一支由资深国际工程专家和教学经验丰富的专业人员组成的培训团队，全面负责国际工程人才培养项目的规划、实施及效果评估工作，为员工提供专业且有针对性的培训和指导。同时，企业还应积极营造互相学习、互相交流的良好氛围，鼓励员工之间开展经验分享和心得交流，进一步提升专业技能和综合素质。在物力投入方面，企业应注重提供先进的培训设施和实践平台，如建设配备现代化教学设备的培训中心、模拟国际工程项目的实践基地等，为员工提供一个能够身临其境、亲身体验国际工程项目运作流程的实战环境，使员工更深入地理解和掌握国际工程项目的操作流程和管理方法，在实践中不断锻炼和提升自身的实战能力和综合素质。

（四）建立完善的激励机制

为有效激发员工参与国际工程人才培养项目的积极性和创造性，企业必须建立一套完善且高效的激励机制，以吸引、保留并培育这一关键人才群体。第一，企业应设立明确的奖励制度，既包括物质层面的激励，如奖金、奖品等，也涵盖精神层面的肯定，如颁发荣誉证书、授予荣誉称号等，激励全体员工积极学习、追求卓越，进而营造出一种积极向上的学习氛围和良性竞争态势。第二，企业应为员工提供清晰的职业发展规划和晋升机会。对于在国际工程项目中表现出色、具备巨大潜力的员工，企业应优先给予晋升机会和职业发展路径规划，激发员工的职业发展动力。第三，企业还需强化落实与监督。一是建立完善的考核机制，对员工的绩效进行客观、公正的评价。二是加强对激励机制的宣传和推广，确保员工充分了解和认同这些机制。同时，企业还应定期对激励机制的效果进行评估和调整，以确保其能够适应不断变化的市场环境和员工需求，从而持续发挥激励作用。

参考文献

宋绮婷、黄润彬、黎彦：《“一带一路”背景下国际工程项目管理复合型人才培养机制探析》，《低碳世界》2022 年第 6 期。

琚倩茜：《“一带一路”倡议背景下国际工程管理高质量人才培养路径探索》，《大学》2022 年第 7 期。

杨药等：《“一带一路”背景下国际化应用型工程人才培养研究——以大连海洋大学中新合作办学项目为例》，《大学教育》2022 年第 2 期。

麻晓宇：《新形势下国际工程承包企业人才培养机制探索》，《国际工程与劳务》2021 年第 9 期。

张义琢、李育枢：《面向国际工程项目基层管理的高职技术技能型人才培养的探索与实践》，《职业》2021 年第 1 期。

张炜等：《“一带一路”背景下的工程科技人才培养暨第十三届科教发展战略国际研讨会综述》，《高等工程教育研究》2019 年第 1 期。

Y.15
国际工程建设标准研究报告（2024）

住房和城乡建设部标准定额研究所*

摘　要： 随着全球经济的发展，科技革新和产业变革加速演进，标准已成为提升国家竞争力和影响力的重要手段。近年来，随着国际工程建设项目数量不断提升、规模不断扩大，工程建设标准化工作越来越得到国际社会的关注和重视。不论是标准化起步较早的欧美发达国家，还是发展中国家，都在推动工程建设标准化发展，构成了多元、融合的国际工程建设标准新格局。本报告通过调查研究，对国际工程建设标准的发展和应用情况进行了总结，介绍了国际工程建设标准的类型和各地区标准应用、标准化发展情况，梳理了当前我国参与制定城乡建设领域国际标准的情况及承担ISO国内技术对口单位情况，列举了涵盖房屋建筑、交通、铁路、电力、石油、建材、电子、冶金等多个领域的中国工程建设标准海外项目的应用案例，为了解、掌握国际工程建设标准的发展现状提供参考。针对中国工程建设标准存在的问题，提出了制定国际化的中国工程建设标准化发展战略、建立中外工程建设标准化合作机制、构建中国工程建设标准国际化平台、建立中国标准属地化机制和完善中国工程建设标准体系等对策建议。

关键词： 工程建设标准　国际化　“一带一路”

---

* 执笔人：毛凯，住房和城乡建设部标准定额研究所副研究员，研究方向为工程建设标准化研究与管理；赵霞，住房和城乡建设部标准定额研究所高级工程师，研究方向为工程建设标准化研究与管理；姜宇，住房和城乡建设部标准定额研究所助理工程师，研究方向为工程建设标准化研究与管理。

一　国际工程建设领域标准应用情况

标准是参与全球治理、参与国际竞争的重要抓手，标准化工作受到了国内外的高度重视。世界各国结合自身经济社会发展情况和现实需求制定和使用相应的标准，共同构筑了多元、丰富的标准应用格局。工程建设标准作为标准的重要组成部分，是保障建设活动、促进国家经济发展和提升国家影响力的重要支撑。近年来，国际工程建设项目数量不断提升、规模不断扩大，工程建设标准的需求日益提升。目前，已有部分国家基本形成了较为成熟、稳定的工程建设标准供给和应用模式，全球工程建设标准化工作正有序推进、快速发展。

（一）工程建设标准类型

按照标准的不同使用需求和管理需求，标准通常可按照阶段、层次、属性、性质、对象等进行分类。按照标准的适用范围，可将其划分为国际标准、区域性标准、国家标准、行业标准、地方标准、团体标准、企业标准等。其中，国际标准和国家标准使用率较高，国际标准得到了广泛的认可，主要包括 ISO 标准和 IEC 标准。欧美发达国家一般采取转化国际标准的方式实现本国的应用；一些欠发达国家则是直接在项目中使用国际标准，以国际标准作为认证认可、检验检测的重要依据。同时，伴随工程建设标准化的深入发展，各国对标准化工作的重视显著增强，陆续制定了适用于本国发展的国家标准，比如，制定时间较早、技术指标较为成熟的英国标准（BS）、美国标准（ANSI）、日本标准（JIS）、法国标准（NF）等，以及起步较晚、近些年制定的越南国家标准（TCVN）、泰国工业标准（TIS）等。区域性标准的应用也较为广泛，在部分地区有较高的影响力和认可度，比如，欧洲标准（EN）实现了在其成员国国内的转化和使用，EN 在各成员国应用的标准中占很高的比例，独联体跨国标准在中亚国家、俄罗斯等一直延续使用，已成为相应国家标准体系的重要组成部分。相较于国际标准、国家标准，行业标准和地方标准的法律效力和权威性较低，适用范围较窄，一般是对国家标准做针对性补充和延伸，在标准的技术内容制定上更为细致、专业，比如，俄罗斯行业标准是对没有国家标准而又需要在俄罗斯全国某个行业范围内统一的技术要求制定的标准，为过渡性标准，有可能上升为国家标准；再如，我国各省、自治区、直辖市的地方标准和城乡建设、水利、石油、交通运输等行业标准，是国家标准的补充和细化。团体标准和企业标准是社会团体和企业主导制定的标准，为自愿性标准，团体标准和企业标准的技术指标要求的前瞻性和先进性更高，各项规定没有强制性要求，有利于推动标准的使用和标准化交流合作。目前，我国正努力改变标准由政府单一供给模式，鼓励团体和企业根据行业发展和市场需求，主动承接政府转移的标准，制定新技术和市场缺失的标准，供市场自愿选用。促进市场标准与政府标准配套和衔接，形成优势互补、良性互动、协同发展的工作模式。构建以强制性标准为引领、推荐性标准为补充、自愿性标准为辅助的新型标准体系。

（二）工程建设标准应用现状

工程建设标准应用受到国家经济发展、基础建设能力、科技水平和历史环境等因素的综合影响，因此各国工程建设标准化情况不尽相同。本报告按照地理位置将世界大致划分为东南亚、南亚、西亚、中亚、非洲、欧美发达国家、独联体国家及中东欧国家等，分别介绍其工程建设标准应用概况。

1. 东南亚

东南亚国家基础设施水平不均，工程建设标准化水平差异较大，标准应用情况复杂多样。新加坡、马来西亚两国工程建设法律法规体系较为完善，在标准的使用上一般采用本国标准和英国标准。越南、印度尼西亚、菲律宾正在探索建立本国的工程建设法律法规体系，在标准的选用上可使用高于本国标准的国外标准。柬埔寨、缅甸、老挝基础设施建设和经济发展水平相对落后，工程建设标准化体系建设尚未起步，在标准的应用上多采用英国标准和美国标准等。近年来，东南亚地区经济发展较为快速的越南，正逐步建立技术法规，分为国家技术法规（QCVN）、地方技术法规（QCDP），包括一般性技术法规、安全技术法规、环境技术法规、生产技术法规和服务技术法规。技术法规作为底线性限量要求，保证国家、人身、环境安全和卫生健康。标准作为达成技术法规要求、提高对象的质量与效果的技术文本，自愿采用，越南一般应用国家标准和公司、组织标准（TC），以及技术水平高于本国的国际标准和发达国家标准。

2. 南亚

南亚国家受到经济水平的限制，基础设施建设水平整体低于世界平均水平。标准主要由属于政府单位的标准化机构主导制定，鼓励标准的利益相关者如行业协会、科研院校、企业等积极参与，但尚无行业组织和非官方机构组织主导制定标准。南亚国家工程设计领域受英国影响较大，普遍使用英国标准，其中建筑、供电、给排水、消防等领域长期采用英国标准。

3. 西亚

西亚地区大多数国家基础设施建设较为完善。西亚国家由于经济发展水平不同，标准化水平也各不相同。以色列和沙特阿拉伯经济发达，工程建设市场非常成熟，两国均具备科学、完善的标准体系。伊朗标准体系尚不完善，自有规范较少且不全面，一般采用其他国家标准。以色列自身有一套严谨先进的标准体系，基本不采用其他标准。阿联酋、沙特阿拉伯以英国标准和美国标准为主导，欧洲标准及本国标准为补充。

4. 中亚

中亚国家受地理位置和技术水平的影响，整体经济发展和基础设施建设水平仍较低。中亚五国的标准体系深受俄罗斯的影响。多数国家自身并无完备的技术标准体系。比如，乌兹别克斯坦本国标准数量较少且不成体系，一般应用国际标准、区域组织标准（独联体跨国标准和欧洲标准）和发达国家标准等对本国标准进行补充。安全、环保、劳工保护等要求均采用当地国标准或国际标准。

5. 非洲

非洲国家的发展状况有较大差异，基础设施整体较为薄弱。由于历史原因，非洲很多国家延续原殖民地宗主国的法律法规体系，自身并无完整的标准体系。尼日利亚、塞拉利昂、利比里亚、喀麦隆、南非等主要应用英国标准，科特迪瓦、乍得、卢旺达、中非、多哥、加蓬等主要应用法国标准。较为特殊的是埃塞俄比亚，工程建设标准体系几乎空白，对工程建设标准的应用无特殊的限制和依赖，标准的应用途径呈现多元性和融合性。

6. 欧美发达国家

欧美发达国家主要是指欧洲部分发达国家和美国、加拿大等。欧美发达国家经济发展程度、整体科技实力位居世界前列，工程建设标准化工作较为深入，始终处于领跑状态，基础设施建设较为发达，各国工程建设标准较为完善且体系完备，基本建立了国际通行的技术法规与技术标准。欧洲部分发达国家作为欧盟成员国，工程建设标准的应用受到欧盟条例的影响，在标准的使用上一般选用转化欧盟的标准和国际标准或采用本国标准。比如，德国一般使用转化欧盟的标准、转化国际标准和德国标准。再如，美国建筑技术法规与技术标准形式上分离，通过技术法规引用标准做到内容上的衔接。美国建筑标准一般分为自愿一致性标准、政府专用标准、私营行业标准、国际标准和军用标准等，技术法规援引大量的自愿一致性标准实现规定技术细节的目的，自愿一致性标准可以看作技术法规的重要组成。

7. 独联体国家及中东欧国家

独联体国家及中东欧国家中俄罗斯、塞尔维亚、保加利亚、罗马尼亚、匈牙利、捷克、斯洛文尼亚、爱沙尼亚、立陶宛等中东欧国家基础设施建设相对完备，对基础设施建设的需求与其他区域相比相对较低。中东欧大部分国家的标准曾经受西欧诸国与苏联的交替影响。随着中东欧众多国家加入欧盟，这些国家的标准受欧盟的标准的影响愈加显著。独联体各国标准大部分由苏联标准转化而来，还有少部分标准经国际标准修改后转化。比如，俄罗斯对标准的使用偏保守，对本国标准保护意识强，在传统优势领域一般应用本国国家标准、行业标准、企业标准和特殊技术条款等。但是新兴技术、先进科技领域发展较为缓慢，在高速铁路、信息技术等新兴行业领域，俄罗斯一般采用国际标准、区域性标准、独联体跨国标准等。

二　住房城乡建设领域国际标准情况

国际标准作为全球经贸合作和技术交流的通用语言，影响着全球80%的贸易和投资，在推动科技创新、消除技术壁垒、增进国际合作等方面发挥着重要作用。中国作为国际标准化组织（ISO）的常任理事国之一，正积极参与国际标准的制定和推广，以提升产品和服务的国际竞争力，并在全球经济中发挥更大的作用。中国在国际标准制定方面的参与度和影响力正在不断提升，通过积极参与国际标准化活动，推动中国标准走向世界，同时推动国内标准的国际化，以促进国内外市场的互联互通和产业的高质量发展。

ISO是全球世界上规模最大、最具影响力的国际标准化机构，成立于1947年2月23日，总部设在瑞士日内瓦，管理机构设在瑞士日内瓦，拥有来自全球的165个成员国。ISO的组织结构包括全体大会、理事会、技术管理局、中央秘书处等。最高权力机构是ISO全体大会，每年召开一次。ISO中央秘书处负责处理日常事务。ISO的标准制定过程包括提案、前期研究、起草、投票、审定和发布等环节。

中国是ISO的创始成员国之一，积极参与ISO的活动，并在多个技术委员会中担任重要角色。国家标准化管理委员会作为国务院标准化主管部门，统一组织和管理我国参与ISO的各项工作，并代表中国参加ISO和国际电工委员会（IEC）组织。住房和城乡建设部作为行业主管部门，受国家标准化管理委员会委托，分工管理我国住房和城乡建设领域ISO和IEC国际标准化工作。

截至2023年底，住房和城乡建设领域承担了30余个ISO国内技术对口单位管理工作（见表1），发布了城乡建设领域国际标准625项（见表2），培养了10余位专家担任ISO技术委员会重要职务，推荐了一批ISO注册专家实质性参与标准编制和管理工作，有效提升了我国在国际标准制修订工作中的话语权。

表 1 住房和城乡建设领域国际标准化组织机构情况

序号	技术委员会/分技术委员会编号	分技术委员会名称	国内技术对口单位
1	ISO/TC10/SC8	建筑文件(construction documentation)	中国建筑标准设计研究院有限公司
2	ISO/TC59	建筑和土木工程(buildings and civil engineering works)	中国建筑标准设计研究院有限公司
3	ISO/TC59/SC2	术语和语言协调(terminology and harmonization of languages)	中国建筑标准设计研究院有限公司
4	ISO/TC59/SC13	建筑和土木工程的信息组织和数字化(organization and digitization of information about buildings and civil engineering works)	中国建筑标准设计研究院有限公司
5	ISO/TC59/SC14	设计寿命(design life)	中国建筑标准设计研究院有限公司
6	ISO/TC59/SC15	住宅性能描述的框架(framework for the description of housing performance)	中国建筑标准设计研究院有限公司
7	ISO/TC59/SC16	建筑环境的可访问性和可用性(accessibility and usability of the built environment)	中国建筑标准设计研究院有限公司
8	ISO/TC59/SC17	建筑和土木工程的可持续性(sustainability in buildings and civil engineering works)	中国建筑标准设计研究院有限公司
9	ISO/TC59/SC18	工程采购(construction procurement)	中国建筑标准设计研究院有限公司
10	ISO/TC59/SC19	装配式建筑(prefabricated building)	中国建筑标准设计研究院有限公司
11	ISO/TC59/SC20	建筑和土木工程的韧性(resilience of buildings and civil engineering works)	中国建筑标准设计研究院有限公司
12	ISO/TC71	混凝土、钢筋混凝土和预应力混凝土(concrete, reinforced concrete and pre-stressed concrete)	中国建筑科学研究院有限公司
13	ISO/TC71/SC1	混凝土试验方法(test methods for concrete)	中国建筑科学研究院有限公司
14	ISO/TC71/SC3	混凝土生产和混凝土结构施工(concrete production and execution of concrete structures)	中国建筑科学研究院有限公司

续表

序号	技术委员会/分技术委员会编号	分技术委员会名称	国内技术对口单位
15	ISO/TC71/SC4	结构混凝土性能要求（performance requirements for structural concrete）	中国建筑科学研究院有限公司
16	ISO/TC71/SC5	混凝土结构简化设计标准（simplified design standard for concrete structures）	中国建筑科学研究院有限公司
17	ISO/TC71/SC6	混凝土结构非传统配筋材料（non-traditional reinforcing materials for concrete structures）	中国建筑科学研究院有限公司
18	ISO/TC71/SC7	混凝土结构的维护与修复（maintenance and repair of concrete structures）	中国建筑科学研究院有限公司
19	ISO/TC71/SC8	混凝土和混凝土结构的环境管理（environmental management for concrete and concrete structures）	中国建筑科学研究院有限公司
20	ISO/TC86/SC6	空调器和热泵的试验和评定（testing and rating of air-conditioners and heat pumps）	中国建筑科学研究院有限公司
21	ISO/TC98	结构设计基础（bases for design of structures）	中国建筑科学研究院有限公司
22	ISO/TC98/SC1	术语和符号（terminology and symbols）	中国建筑科学研究院有限公司
23	ISO/TC98/SC2	结构可靠性（reliability of structures）	中国建筑科学研究院有限公司
24	ISO/TC98/SC3	荷载、力和其他作用（loads, forces and other actions）	中国建筑科学研究院有限公司
25	ISO/TC142	空气和其他气体的净化设备（cleaning equipment for air and other gases）	中国建筑科学研究院有限公司
26	ISO/TC161	燃气和/或燃油控制和保护装置（controls and protective devices for gas and/or oil）	中国市政工程华北设计研究总院有限公司
27	ISO/TC162	门、窗和幕墙（doors, windows and curtain walling）	中国建筑标准设计研究院有限公司
28	ISO/TC165	木结构（timber structures）	中国建筑西南设计研究院有限公司
29	ISO/TC205	建筑环境设计（building environment design）	中国建筑科学研究院有限公司

续表

序号	技术委员会/分技术委员会编号	分技术委员会名称	国内技术对口单位
30	ISO/TC224	饮用水、污水和雨水系统及服务(service activities relating to drinking water supply, wastewater and stormwater systems)	深圳市海川实业股份有限公司
31	ISO/TC268/SC1	智慧社区基础设施计量(smart community infra structures)	中国城市科学研究会
32	ISO/PC305	可持续无排水管道环境卫生系统(sustainable Non-sewered Sanitation Systems)	上海市环境工程设计科学研究院有限公司
33	ISO/PC318	社区规模的资源型卫生处理系统(community scale resource oriented sanitation treatment systems)	上海市环境工程设计科学研究院有限公司
34	ISO/TC 341	供热管网(heat supply network)	中国城市建设研究院有限公司

资料来源：住房和城乡建设部标准定额研究所，下同。

表 2　截至 2023 年底已发布住房和城乡建设领域国际标准统计结果

单位：项

序号	技术机构	数量
1	建筑文件(ISO/TC10/SC8)	16
2	建筑和土木工程(ISO/TC59)	96
3	混凝土、钢筋混凝土和预应力混凝土(ISO/TC71)	71
4	空调器和热泵的试验和评定(ISO/TC86/SC6)	27
5	结构设计基础(ISO/TC98)	21
6	土方机械(ISO/TC127)	152
7	空气和其他气体的净化设备(ISO/TC142)	24
8	燃气和/或燃油控制和保护装置(ISO/TC161)	16
9	门、窗和幕墙(ISO/TC162)	22
10	木结构(ISO/TC165)	49
11	建筑施工机械与设备(ISO/TC195)	18
12	建筑环境设计(ISO/TC205)	40
13	升降工作平台(ISO/TC214)	9
14	饮用水、污水和雨水系统及服务(ISO/TC224)	22
15	智慧城市基础设施计量(ISO/TC268/SC1)	26
16	城市和社区可持续发展技术委员会可持续流动与交通(ISO/TC268/SC2)	2
17	固体回收燃料(ISO/TC300)	12

续表

序号	技术机构	数量
18	可持续无排水管道环境卫生系统（ISO/PC305）	1
19	社区规模的资源型卫生处理系统（ISO/PC318）	1
合计		625

三　中国工程建设标准海外项目应用典型案例

随着我国各领域对外开放政策持续深化，“一带一路”建设、中国—东盟自由贸易区、中国—中亚峰会、金砖国家峰会等为我国与国际合作提供了机会，拉近了我国与伙伴国家的关系。近年来，中国的科技水平迅猛发展，对外援助及合作的工程项目持续增多，涵盖了房屋建筑、交通、铁路、电力、石油、建材、电子、冶金等多个领域，分布于东南亚、中亚、东欧、非洲、南美洲等多个地区。中国工程建设标准也依托项目合作在海外得到应用，形成了一些典型案例，收获了不少经验。

（一）房屋建筑领域

巴西某广场二期项目是实现中巴双方深化政治互信、加强互利合作的重要平台，也是中巴双方拓展文化、教育和交流合作的重要载体。

该项目采用了《绿色建筑评价标准》（GB/T 50378—2019），建立了以“安全耐久、健康舒适、生活便利、资源节约、环境宜居、提高与创新”为指标的评价体系，为海外项目应用提供了技术和标准保障。项目建成后将成为莫尔兹比港的城市标志性建筑，为改善当地商业办公、住宿条件和提升城市形象起到积极作用，对中巴合作交流具有重要的促进作用，是中巴两国友好关系的重要象征。

（二）城市轨道交通领域

越南河内某城市轨道项目、伊朗德黑兰某地铁项目、哈萨克斯坦阿斯塔纳某轻轨项目、以色列特拉维夫某轻轨运营维护项目、埃及某城市郊铁路项目、莫斯科某地铁项目、巴基斯坦拉合尔某轨道交通项目，采用了《轻轨交通设计标准》（GB/T 51263—2017）和《城市轨道交通自动售检票系统工程质量验收标准》（GB/T 50381—2018）以及相关系列标准。

这些项目的竣工极大地增强了中国产品、中国工程“走出去”的信心和能力，带动了中国技术、中国产品、中国标准“走出去”。改善了当地公共交通状况，解决了当地就业问题，培养了一大批当地高技能人才，促进了城市经济的发展。同时大大增进了中国与当地的经济往来，提高了中国城市轨道交通的实力和地位。

（三）有色金属领域

印度尼西亚某红土镍矿项目，项目合同约定在满足印度尼西亚有关环保、安全等强制标准及规范的基础上，依据成本控制原则，优先采用中国标准。该项目主要包括选矿工程、冶炼工程、尾渣深海掩埋工程、硫磺制酸工程、石灰石工程、燃煤电厂、给排水系统、供配电系统、总图运输、公用及辅助系统等。

在该项目实施过程中，设计团队实施应用了涉及工艺、收尘、土建、仪表、电气、给排水、总图等各专业的几十余项中国标准，以标准带动技术、工程服务走出国门。该项目是中国与印度尼西亚合作共建“一带一路”的生动范例，是中国技术优势和印度尼西亚资源优势的成功结合。

（四）建材领域

尼日利亚某硅酸钙板项目，采用《纤维增强硅酸钙板工厂设计规范》（GB 51107—2015）。该项目通过精准分析国际市场，结合我国企业自身优势，积极围绕健康、绿色、创新等领域开展合作，高起点谋划，确立了培育新材料板块硅酸钙板产业境外新增长点的目标。

该项目是共同落实推进“一带一路”及“国际产能合作”倡议的总体部署、积极落实集团国际化运营、加快产能“走出去”步伐的具体体现，是我国企业深耕海外属地化经营的典范，为畅通国内国际双循环提供有力支撑，也是中国标准引领硅酸钙板投资业务走向世界舞台的重要标志。

（五）公路领域

喀麦隆克里比某高速公路项目中，中喀项目企业共同签订工程总承包（EPC）合同，合同中规定采用《公路路线设计规范》（JTG D20—2006）。该项目是克里比地区最主要的交通运输走廊，为克里比深水港货物向喀麦隆北部及东部的运输提供通道。

该项目利用国内先进、国际通用且符合项目实际需要的软件系统，依靠自主创新研发的“数字化集成设计成套技术、协同设计平台、数字化出版平台”等新技术进行测设过程数字化管理，引进多款数字化、智能化软件开展结构计算和水文计算，充分利用高新技术以提高设计质量。

（六）铁路领域

亚吉铁路在设计、建造、设备采购、咨询、监理等方面均采用中国标准，并且均由中方企业执行。该项目线路全长 752.7km，因满足城际列车开行需求设置为双线段，其余段落均为单线段。项目设计最高时速为 120km，项目总投资约为 40 亿美元。

该项目的顺利实施，标志着中国铁路全产业链正式走向非洲，实现了中国铁路从单纯设备出口到标准输出的转变。

（七）煤炭领域

巴基斯坦某露天煤矿项目，采用以《煤炭工业露天矿设计规范》（GB 50197—2015）、《煤炭工业露天矿工程建设项目设计文件编制标准》（GB/T 50552—2010）、《露天煤矿岩土工程勘察规范》（GB 50778—2012）等为代表的煤炭行业工程建设国家标准。

该项目是“一带一路”框架下的能源合作重点项目，为煤炭行业国际工程业务的拓展起到了重要支撑作用。项目建成后为巴基斯坦当地 400 万户居民供电，为当地将近 2 万人解决就业问题。与此同时，有利于促进区域内经济活动，带动巴基斯坦塔尔地区的社会和经济可持续发展，对保障巴基斯坦国家能源安全、降低大宗商品价格波动的影响有重要意义。

（八）冶金领域

马来西亚某综合性钢厂工程，采用《混凝土结构设计规范》（GB 50010—2010）、《建筑地基基础设计规范》（GB 50007—2011）、《室外给水设计标准》（GB 50013—2018）、《室外排水设计标准》（GB 50014—2021）、《工业循环冷却水处理设计规范》（GB 50050—2007）、《钢铁企业节水设计规范》（GB 50506—2009）、《工业电视系统工程设计规范》（GB/T 50115—2019）、《连铸工程设计规范》（GB 50580—2010）、《板带轧钢工艺设计规范》（GB 50629—2010）、《炼钢工程设计规范》（GB 50439—2015）、《钢铁工业资源综合利用设计规范》（GB 50405—2017）、《工业电视系统工程设计标准》（GB/T 50115—2019）、《钢铁企业节能设计标准》（GB/T 50632—2019）等 100 余项中国标准。

该项目为“一带一路”国际产能合作项目，为促进当地工业及经济发展、增进两国人民相互了解、强化两国关系做出重大贡献。同时是东南亚地区建设大型钢铁联合企业的需求与中国先进的冶金技术、生产及管理技术的完美结合，推动了钢铁冶金领域中国标准进入马来西亚市场，提高海外市场对中国标准的认可度。

（九）石化领域

哈萨克斯坦某炼油厂芳烃项目，采用《石油化工可燃气体和有毒气体检测报警设计标准》（GB/T 50493—2019）。该项目在设计和施工过程中，严格按照 GB/T 50493—2019 要求开展设计选型、设备采购和施工安装可燃气体和有毒气体检测报警系统及其现场检测器，既符合当地政府的安全、消防和应急响应的监管要求，又满足最终用户的安全生产要求。

该项目为石化企业生产“安、稳、长、满、优”奠定了良好基础，大大减少了火灾爆炸和人身伤害等安全生产事故，为哈萨克斯坦政府带来了丰厚的经济与社会效益，也为我国工程建设标准系列成为知名的国际标准系列做出了积极贡献。

（十）电子领域

老挝某消防系统工程项目，采用《网络互联调度系统工程技术规范》（GB 50953—2014）。该项目按照我国标准和老挝消防的技术要求，建立老挝国家级、省级、县级三级消防指挥体系，建设了老挝国家消防总局指挥中心、相关通信保障基础支撑系统及国家消防信息化联动指挥调度软件平台，解决了老挝消防设备短缺、业务手段落后、架构体系缺失、监管手段单一等问题。

该项目的建成提高了老挝国家消防情报接处警的效率和能力，促进了老挝国家大力发展消防基础设施建设、信息化调度平台建设以及消防人员的素质培训等，形成了一个覆盖全国的信息化联动调度平台。

（十一）广播电视领域

南苏丹某广电设施项目，采用《广播电视工程设计图形、符号及文字符号标准》（GY/T 5059—2021）、《广播电影电视工程技术用房一般照明设计规范》（GY/T 5061—2015）、《广播电视录（播）音室、演播室声学设计规范》（GY/T 5086—2012）、《广播电视工程工艺接地技术规范》（GY/T 5084—2011）、《广播电视中心技术用房室内环境要求》（GY/T 5043—2013）、《广播电视中心制作播出专用局域网工程技术规范》（GY/T 5090—2015）、《中、短波广播发射台设计规范》（GY/T 5034—2015）、《广播电视SDH数字微波线路勘察设计规范》（GY/T 5092—2016）、《广播电视中心声学装修工程施工及验收规范》（GY/T 5087—2012）等中国广播电视领域标准。该项目是南苏丹共和国成立后向我国申请援助的广播电视设施成套项目。2018年3月该项目开始实施，2022年10月竣工验收。主要建设内容为新建电视演播制作楼和发射机房，实现一套中波广播节目的有效覆盖。

该项目的落成进一步改善了南苏丹广播电视设施，显著提高了其电视节目制作水平，扩大了广播电视覆盖范围，有效提升了南苏丹政府的影响力，为南苏丹广电事业向现代化、网络化、智能化发展奠定了坚实的基础。

四 中国工程建设标准国际化发展的对策建议

改革开放以来，特别是党的十八大以来，随着我国基础制造业和基础设施建设的技术不断成熟，国外对我国工程建设技术的需求日益强烈，对中国方案的呼声和需求愈加强烈，中国企业和中国项目陆续走出国门。作为中国技术的重要引领和载体，中国工程建设标准也陆续在部分国家项目中得到应用。但受体制机制不同、国家间标准化思维认识不同和国际环境等影响，中外工程建设标准国际化合作尚处于探索阶段，中国工程建设标准尚在“走出去”的起始阶段。目前，国家层面的战略引领、专项支持、机制建立、实施保障等方面还有不少的问题需要解决，亟须统筹部署。结合我国标准化改革和工程建设标准化发展需求，提升中国标准在海外工程项目中的认可度和采信度，还需重点加强以下工作。

1. 顶层规划，制定国际化的中国工程建设标准化发展战略

应立足我国工程建设技术发展现状和国家标准化发展战略，将工程建设标准作为支撑对外工程的重要手段。在国家层面上，需要加快制定中国工程建设标准化发展规划和战略，围绕加强顶层设计的研究，做好系统布局谋划，加强战略重点方向设计，夯实战略基础保障，积极推动实施中国工程建设标准化战略，并研究制定配套的实施细则和行动方案，为标准国际化发展提供指引。

2. 全面部署，建立中外工程建设标准化全面合作机制

在标准化战略的引导下，进一步明确管理机制，建立健全工程建设标准国际化人才培养、经费支撑、实施保障等相关配套机制，加大标准化战略的落实力度。在人才培养方面，聚焦重点领域和行业，强化激励措施，培养了解和掌握国际标准规则的复合型人才，打造一支“懂技术、懂标准、懂外语、懂外交”的标准国际化人才梯队。在经费支撑方面，加大标准国际化研究和合作的财政支持力度，拨付专项资金用于标准国际交流合作和人才培养。在构建长效交流机制方面，强化中外政府间标准互认协议、政策对话与协调、联合制定标准等合作机制。鼓励我国企事业单位、科研院所、社会团体、高校加强与国际各国及区域性标准化组织的交流与合作，共同推进跨国标准的发展。

3. 互联互通，构建中国工程建设标准国际化平台

逐步扩大中国工程建设标准“朋友圈”，形成统一的国家级工程建设标准国际化平台，稳步推进标准国际化平台建设。积极推进我国检验检测机构及实验室达到国际标准的检验检测标准并获得认证，协助有标准化需求的当地国建立以中国检验检测标准为基础的本地实验室，推动我国工程建设全产业链、体系化“走出去”。积极参与国际标准活动，了解国际标准的制定规则。与国际标准化机构和学者建立联系，共同深化标准国际化的研究、引进、制定和教育等活动，加强中国标准与国际标准的融合互鉴，提高中国标准的国际认可度，降低中国标准在海外应用转化的成本。

4. 因国施策，有步骤地建立中国标准属地化机制

针对不同国家和地区的基础设施建设情况和需求，以我国优势技术为引领，推动标准应用。在沿袭各国标准使用习惯和保护意识的基础上，研究采取不同的策略，有步骤地建立中国标准属地化机制。同时，基于中国标准在当地国的应用案例，依托中国先进成熟的技术，与当地相关部门交流合作，共同编制属地化标准，为中国标准属地化应用提供规范权威的指导。

5. 完善体系，提升中国标准的国际兼容性

加快推进我国工程建设标准化改革，构建我国工程建设新型标准体系，实现与国际通行的技术法规和技术标准接轨。同时，完善中国工程建设标准外文版的同步翻译体系，健全标准英文版等多语种版本的翻译发行。建立高效的翻译工作机制，提升标准外文版翻译质量，优化、调整、翻译、转化为在当地适用的标准。还应及时建立标准外文版专家库、术语库，统一发布标

准外文版、中国标准海外应用情况及分析等。利用各种渠道，加大中国工程建设标准外文版的宣传力度。

参考文献

杨瑾峰主编《工程建设标准化实用知识问答》，中国计划出版社，2004。

郝江婷：《中国工程建设标准海外应用情况分析及对策》，《标准科学》2019 年第 1 期。

郝小影、张化强：《国际工程项目管理的发展趋势与应对策略探讨》，《安徽建筑》2018 年第 3 期。

刘晓明、蒋建平、朱东锋：《以团体标准推动产业转型升级的路径及实践》，《中国战略新兴产业》2018 年第 44 期。

彭飞：《东盟国家工程建设法规与标准体系研究》，《工程建设标准化》2023 年第 5 期。

史育龙：《共建“一带一路”多边合作：进展、挑战与路径》，《当代世界》2024 年第 10 期。

宋健：《工程建设标准化：引领“中国建造”高质量发展》，《工程建设标准化》2021 年第 8 期。

宋琍琍、胡超元：《基于标准化视角的境外经贸合作区建设研究》，《对外经贸实务》2023 年第 12 期。

孙灿：《“标准化”全球治理：“一带一路”标准联通与中国的对外开放》，《印度洋经济体研究》2020 年第 4 期。

王博：《工程建设标准国际化的实践与思考》，《工程建设标准化》2022 年第 5 期。

张芳：《中国工程建设标准国际化发展现状及建议》，《工程建设标准化》2022 年第 12 期。

赵慧明、崔娜娜：《俄罗斯联邦标准化管理体制及特点研究》，《中国管理信息化》2017 年第 19 期。

《国务院关于印发深化标准化工作改革方案的通知》，中国政府网，2015 年 3 月 26 日，https：//www. gov. cn/zhengce/zhengceku/2015-03/26/content_9557. htm。

《一文讲透标准的分类》，山东省装备制造网，2024 年 2 月 28 日，https：//sdszbzz. com/jingjiyaowen/2024-02-28/4665. html。

重大工程篇

Y.16 老挝南欧江六级水电站项目经营报告（2024）

中国水电建设集团十五工程局有限公司*

摘　要：　南欧江六级水电站位于老挝丰沙里省，是南欧江“一库七级”梯级规划的第六个梯级，集防洪、灌溉、发电和生态于一体的大型综合性水利水电工程，总装机180兆瓦，最大坝高85米，坝体采用全断面软岩填筑，填筑比例达81%，是目前世界上最高的土工膜面板堆石坝。主体工程2012年10月开工建设，首次在全断面软岩高堆石坝上应用复合土工膜防渗技术，成功解决硬岩坝料匮乏、防渗系统变形适应性、坝体全断面软岩填筑、防渗

* 执笔人：杨丹涛，中国水电建设集团十五工程局有限公司工程技术带头人，国际工程公司质量科技部负责人，研究方向为国际工程施工行业质量与科技管理等；李宜田，中国水电建设集团十五工程局有限公司国际工程公司党委书记，首席技术专家，研究方向为国际工程施工管理、面板堆石坝施工等；李小峰，中国水电建设集团十五工程局有限公司国际工程公司常务副总经理，正高级工程师，研究方向为国际工程施工管理、商务管理等；宋康乐，中国水电建设集团十五工程局有限公司国际工程公司党委副书记，高级政工师，研究方向为国际工程项目合规管理等；马文振，中国水电建设集团十五工程局有限公司国际工程公司项目总工程师、高级工程师，研究方向为国际水电工程施工管理等。

体系检修不便等工程难题。工程建设全部采用中国标准、中国技术、中国方案、属地化管理、绿色施工，2017 年 1 月 1 日全部工程完工。自 2015 年底蓄水发电以来，南欧江水电站已持续安全运行 9 年，提高了下游防洪能力，为改善河道航运、减少水土流失、保护生态平衡发挥了积极作用，有良好的社会效果，为老挝经济社会发展提供了源源不断的绿色电能保障。

关键词： 复合土工膜面板　软岩填筑　中国标准　属地化管理　绿色施工

一　项目背景

能源是国民经济的命脉，是人类生存和发展的物质基础，在构建新发展格局中发挥重要作用。中国水电建设集团十五工程局有限公司（以下简称“中国水电十五局”）作为能源基础设施建设的骨干央企，主动服务国家战略，积极践行“双碳”目标，强化核心技术攻关，推动共建“一带一路”高质量发展，在加快构建新发展格局中积极展现央企担当。通过“走出去”与各国发展战略对接与耦合，挖掘区域内市场潜力，促进投资和消费，创造需求和就业机会，增进沿线各国人民的人文交流与文明互鉴，让各国人民相逢相知、互信互敬，共享和谐、安宁、富裕的生活。

中国水电十五局作为我国最早“走出去”的央企之一，1997 年进入老挝市场，承建了一大批具有示范性和带动性的可再生能源重大项目与标志性工程，获得了老挝政府的高度肯定和认可。

南欧江流域面积达 2.56 万平方千米，河道全长 475 千米，水能指标优良，是老挝政府极力推进开发的水能资源基地。项目建成后，电量全部售给老挝国家电力公司，有效促进老挝北部地区电网建设升级，满足老挝本地市场需求，助力老挝电力出口创汇和电力区域一体化进程。为老挝经济社会发展及中老铁路建设运营等重大项目提供稳定优质的电源，是流域性项目开发建设的一个亮点，也将成为中老电力能源合作的新典范。同时，电站建设有助于逐渐改善项目周边的基础设施条件，促进生态环保、地方扶贫开发、相关产业及公益事业发展，刺激劳动就业，有效带动当地社会和经济的快速发展。

二　项目概况

老挝南欧江流域梯级开发项目是中国电建首次在境外获得整个流域开发权和全流域整体规划开发的项目，采用 BOT 形式开发。南欧江全流域梯级总装机容量为 1272 兆瓦，年均发电量为 49.66 亿度，按“一库七级”规划方案，分两期进行投资开发。其中，一期项目（二、五、六级水电站）总装机容量为 540 兆瓦，年平均发电量为 20.92 亿度，总投资为 10.35 亿美元；二期项目（一、三、四、七级水电站）总装机容量为 732 兆瓦，年均发电量为 28.74 亿度。

电站位于老挝丰沙里省，建于湄公河在老挝境内最大支流南欧江上，坝址距丰沙里市 27 千米，距老挝首都万象市 828 千米，距中国昆明市 1040 千米。电站是集防洪、水利、发电和生态于一体的大型综合性水利水电工程。工程采用径流式开发，以发电为主，坝高 85 米，库容 4.1 亿立方米。

工程建设施工分前期“三通一平”等辅助系统和电站主体工程施工两大阶段。前期项目主要有进场公路、跨南欧江大桥、运行村（业主营地）、砂石料厂、石料开采场、弃渣场等；主体工程施工包括场内道路、溢洪道、大坝、厂房、引水系统、泄洪防空洞、机电安装、安全监测以及移民安置工程等。

三　工程建设的合法性

2012 年 6 月 10 日时任中共中央政治局常委、中央纪委书记贺国强和老挝国家副主席本扬·沃拉吉共同见证中国水电与老挝签署南欧江流域梯级水

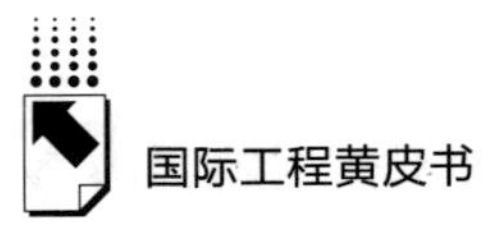

电站项目（一期）特许经营协议和购电协议仪式，协议的签署为二期项目开发提供了法律保障。

（一）工程资金来源及合同额

项目资金主要来自两方面，即项目资本金、国家开发银行长期借款。项目合同额为 37320 万美元。

（二）项目建设方式

项目采用 BOT 方式投资建设，建设期 4 年，商业运行期 29 年，运行期满后无偿转让给老挝政府。

四　市场分析

（一）老挝电力市场

老挝是东盟地区水能蕴藏量最丰富的国家之一，境内山川河流众多，水能资源丰富，绝大部分水能资源来自湄公河干流及其主要支流。同时，境内山地多、河流落差大，具有较好的水电开发条件。老挝政府提出打造东南亚“蓄电池”的发展定位，致力于发展电力产业，加快水电站建设。

湄公河上游为中国的澜沧江，流经老挝的长度为 1865 千米，占总长度的 44%。老挝政府预计全国水电开发潜力为 26 吉瓦，预计到 2025 年将完成 12 吉瓦水电开发，到 2030 年将完成 20 吉瓦水电开发。

泰国、越南、柬埔寨等周边邻国旺盛的电力进口需求一直是助力老挝经济增长、推动电力行业发展的主要动力之一，其 70%的发电量用于出口。

老挝与邻国的电力贸易主要以两种方式进行，一种是“点对网”的模式，该模式下电站不连入老挝本国电网，由邻国架设专网直接接入其国内的电网送电；另一种是“网对网”的模式，该模式下电站先直接接入老挝国内电网，由老挝国内的电网连接邻国电网送电。

（二）市场竞争压力

自老挝提出建立东盟“能源基地”、中南半岛“蓄电池”的规划以来，众多中资电力企业积极参与老挝电力市场的发展，其中不乏中国电建、南方电网、中国葛洲坝集团股份有限公司等大型电力企业。

凭着过硬的工程技术和高效的管理能力，中资企业一举拿下诸如南欧江梯级水电站、老挝北部电网建设、老挝万象电网升级等关键项目，中资企业已成为老挝电力市场建设的主力军。

随着市场的发展，近几年中资企业开始遇到困难，比较常见的是工程款拖欠、发电费用结算拖欠等严重影响现金流的情况。不难发现，所有矛头都直指老挝负责国内电力投资、输配电管理的唯一国有大型企业——老挝国家电力公司（EDL）。

（三）国际形势

2023 年 10 月老挝总理宋赛 · 西潘敦在接受记者专访时表示，共建“一带一路”倡议与老挝国家经济社会发展规划深度对接，为老挝发展带来实实在在的利益，老中共建“一带一路”已成为共同推进“一带一路”建设的成功典范，像老挝这样的发展中国家在实施各种发展项目之前，会做充分的研究和规划，注重债务管理。老挝吸引了来自 53 个国家的投资，政府采取有效措施推动经济健康发展。老挝和中国是山水相连的邻国，两国友谊深厚。当前，双方各部门各层级交往频繁，各领域务实合作成果丰硕，中老铁路、高速公路改变老挝面貌，合作领域不断拓宽。老方将继续同中方深化全面战略合作，始终走在高质量共建“一带一路”前列。中老铁路连接老挝、中国以及本地区其他国家，为跨境货物运输、贸易、投资、旅游创造了良好的条件，并促进就业，为老挝经济发展做出贡献。

老挝是一个发展水平较低的国家，尤其是在建设需要大量投资的基础设施方面，面临诸多困难。因此，老挝积极参与包括共建“一带一路”在内的各种次区域、区域和国际合作，以吸引友好国家的投资。

老挝从一开始就积极支持和参与共建“一带一路”。中老两国都十分重视中老经济走廊建设，赛色塔综合开发区、万象至中老边境高速公路、水电站等项目将不断为老挝经济发展增添动力。

五　项目建设过程

（一）项目工期

（1）2012 年 10 月 1 日开工，2016 年 10 月 30 日完工。

（2）2016 年 12 月 25 日通过项目完工验收委员会完工验收，2017 年 11 月 30 日通过老挝能源管理部门的完工验收。

（3）2023 年 1 月 16 日通过电站工程竣工验收委员会竣工验收。

（二）工程参建方

（1）EPC 总承包单位：中国水电（香港）控股有限公司。该公司是中国电建集团海外投资有限公司的全资子公司。

（2）设计单位：中国电建集团昆明勘测设计研究院有限公司。该公司承担工程设计任务，包括预可行性研究、可行性研究、基本设计阶段、最终可行性研究、招标设计、施工图设计等。

（3）施工单位：中国水电建设集团十五工程局有限公司。该公司主要负责电站主体工程土建、金属结构安装工程施工。

（4）监理单位：中国水利水电建设工程咨询西北有限公司。该公司主要承担电站建设工程监理任务。

（5）设备制造商：重庆水轮机厂有限责任公司、中国水利水电第十工程局有限公司、浙江华东机电工程有限公司、无锡俊达机电设备制造有限公司。

（6）安全监测单位：中国水利水电第八工程局有限公司。该公司承担电站建设期安全监测设施埋设和监测工作。

（7）生产运行单位：中电建国际水电运行和维护项目联营体（由中电建水电开发集团有限公司与中国水利水电第十工程局有限公司组成）。该公司负责电站的运行和维护工作。

（8）竣工安全鉴定单位：中国水利水电科学研究院。其承担电站的工程竣工安全鉴定工作。

（三）主要建设历程

（1）2012年10月1日，主体工程开工。

（2）2014年1月26日，实现大江截流。

（3）2014年3月31日，厂房第一仓混凝土浇筑。

（4）2014年2月23日，大坝填筑开始。

（5）2014年10月25日，大坝填筑至472.10米高程。

（6）2014年11月27日，大坝一期土工膜铺设完成。

（7）2015年3月29日，大坝填筑至511.9米高程。

（8）2015年5月10日，大坝二期土工膜铺设完成。

（9）2015年9月30日，电站通过蓄水安全鉴定。

（10）2015年10月8日，电站下闸蓄水。

（11）2015年12月10日，1#机组首次启动成功。

（12）2016年10月30日，完工，具备发电条件。

（13）2016年11月30日，通过老挝能源管理部门的完工验收。

六　劳工属地化管理

（一）属地化内涵

人员属地化是一切属地化的核心。所有的属地化最终都需要本地人员来实施。海外投资企业要立足海外长期发展，人力资源属地化管理是海外市场属地化管理的重要组成部分，也是海外市场经营管理的核心竞争力之一，不仅可以节约企业人工成本，提高经济效益，还有利于企业扩大海外市场规模，促进企业长期稳定发展。同时，对于海外投资项目东道国而言，若大量外籍员工涌入，势必给东道国国内的就业造成较大压力，尤其是很多国家失业率居高不下，一些不具备技术能力的人员就业尤其困难。当前，一些发达东道国已明确规定除外国投资方可派驻少量外籍高管人员外，严禁使用其他外籍员工；近年来一些欠发达或发展中东道国对外资投资项目使用外籍员工的限制愈加严格，这种趋势还在加剧。在这种情况下，通过教育培训东道国人员的方式实现人才属地化，可使当地员工满足我们的需要。

（二）老挝属地化要求

据老挝媒体报道，在 2022 年 12 月 9 日的第九届国会第四次常会中，劳动与社会福利部公布失业率为 18.5%。在各省和经济特区内仍需要大量劳动力，但是缺乏劳动力供应。根据老挝驻泰国曼谷大使馆信息，有 152424 名老挝工人在泰国，包括因新冠疫情滞留的，也包括在限制措施取消后以游客或非法移民身份前往的。目前，老挝劳动力市场仍存在缺乏统一的就业技能培训、各时期的劳动力与市场需求不符、劳动力需求不够明确、技能培训资源不足等问题。对此，老挝政府设定了一些目标，包括继续实行促进就业的国家战略，推动农业、工业、服务业联合发展等，以改善就业环境，促进社会就业。

为满足老挝群众的就业需求，老挝政府对外籍劳工进入有严格规定。《老挝劳动法修正案》规定外籍体力劳动者不能超过单位和项目劳动者总人数的 15%，脑力劳动者不能超过单位和项目劳动者总人数的 25%。规定工作期限为 2 年，可续期 2 年，最长不能超过 4 年。超过 4 年者不予批准工作证、居住证和工作签证，需间隔 2 年后才可再申请。自 2023 年 10 月 1 日起，老挝最低工资标准为 160 万基普。

南欧江六级水电站项目用工实行属地化管理，通过技术培训，让当地技术人员真正理解中方的设计、制造、建设、运维技术，让中国的技术理念在老挝生根发芽。属地用工比例达85%，涵盖钢筋工、模板工、焊工、司机、轻重型机械操作手、翻译、会计、医生等十六类岗位。该项目为老挝培养了大批技术人员，提供了数千工作岗位。也降低了项目人工成本。

另外，老挝当地大部分员工在假期安排、宗教信仰方面有特殊需求不愿意工作。因此，项目根据劳动法规定，同时结合工期安排等，提前合理配置劳动力资源。

（三）属地化管理要点

为更好地使用东道国人力资源，在东道国人力资源属地化管理方面需要注意以下几方面问题。

1. 尊重东道国的文化和习惯，促进中外员工的文化交流

要充分尊重当地法律和文化习惯，必须做到人格上相互尊重，文化上相互包容，提高中外员工对企业核心价值观的认同度，增进中外员工的文化交流，进一步增强外籍员工对企业的归属感。

2. 注重人文关怀和心理疏导，提高东道国员工对企业的忠诚度

在东道国员工的管理上，要提倡人文关怀和心理疏导相结合的管理方式，充分考虑东道国员工的内在需求，切实关心、关怀东道国员工的生活，帮助他们缓解工作压力，提高对企业的忠诚度，从而激发东道国员工的创造力，使其心情舒畅、充满活力地为企业发展做出贡献。

3. 加强制度建设，完善东道国员工的管理体系

要结合企业实际和当地法律法规，有针对性地建立和完善员工的录用、使用、考勤、休假、岗位考核及奖惩制度，把制度尽可能细化到每个管理环节和每个岗位，在工作中切实体现“以理服人，用制度管人”的原则。在制度执行过程中，无论是对中方员工还是对东道国员工，都要一视同仁，做到一碗水端平，保证制度的严肃性和公平性。充分调动东道国员工的工作积极性，对“不干事”或“干不了事”的人员给予相应惩罚，采用优胜劣汰的用人机制。

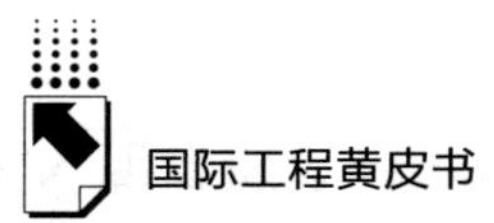

4. 加强教育培训工作，提高东道国员工的岗位技能素质

企业应建立东道国员工培训的长效机制，强化内部员工培训工作，增强自身造血功能，根据企业发展有计划、有目标地开展培训教育活动，提高东道国员工的整体素质，同时，还要注重对东道国员工的企业主人翁意识和团队精神的培养，以适应企业发展的人才需要。

老挝南欧江六级水电站项目海外属地化管理实践案例入选《中央企业社会责任蓝皮书》，助力中国电建斩获中央企业“海外履责金牛奖”。2018年2月和9月，由中国社会科学院大学企业责任研究中心指导，面向国内外，在首届“一带一路”中老合作论坛及分享责任世界行2018——中国电建老挝站暨中国电建社会责任成果发布会上正式发布《中国电建老挝可持续发展报告及映像志》，授予中国电建“社会责任示范基地”，这是首个海外履责示范基地，南欧江六级水电站项目的履责及实践是其中的主要内容和实践亮点。

七 项目施工关键技术

（一）主要施工难点

（1）复合土工膜面板堆石坝设计坝高85米，枢纽区无高质量坝体填筑料，大坝的体型、面板结构、分区及坝料平衡是项目管控重点和难点。

（2）坝体填筑料来自距坝址24千米的拉哈料场，料场砂岩层薄且零星分布，弱风化砂岩料场，岩性为灰黑色钙质板岩及变质钙质长石细砂岩，板岩单层厚20~30米，变质细砂岩单层厚8~20米。坝料开采难，运输路线长，运输成本高。

（3）电站场区主要地层岩性为钙质板岩，强度低、软化系数高。大坝坝料板岩为灰黑色粉砂质板岩，平均干密度为2.68克/厘米^3，平均干抗压强度为22.14兆帕，平均湿抗压强度为8.14兆帕，平均软化系数为0.39，属软岩。在同类坝型中该坝坝高突破国内外规范，国内外无类似工程实例，且土工膜铺设于软岩坝体表面，受力状态更加复杂。

（4）总填筑方量为 193 万立方米，板岩填筑方量为 157 万立方米，软岩填筑比例高达 81%，是世界上最高的土工膜面板堆石坝，也是软岩填筑比例最大的面板堆石坝。复合土工膜锚固带及焊接技术要求高。

（5）防浪墙用在大坝及河道顶部，在防浪、防洪、阻水方面意义重大。防浪墙需现浇施工，由于防浪墙施工与土工膜铺设范围较近，任何防护均不能保证施工期间对土工膜起到有效保护，此外坝体软岩比例高，坝体沉降，但受制于防浪墙混凝土单位体积较小，双层模板结构，施工成本较大、周期较长，坝顶防浪墙易出现变形、裂缝。坝顶防浪墙施工也是项目的重点及难点。

（二）技术措施

针对上述特点，项目组积极开展技术攻关，精心组织，解决了施工难题，取得了很好的效果。

1. 碾压试验

碾压试验检测严格按《碾压式土石坝施工规范》（DL/T 5129—2013）、《土石筑坝材料碾压试验规程》（NB/T 35016—2013）、《水电水利工程粗粒土试验规程》（DL/T 5356—2006）进行。

2. 软岩坝体设计

为尽可能使用工程区开挖料，控制坝体断面，在综合分析国内外工程实例和技术文献的基础上，项目组通过室内试验、现场试验、数值分析等方法对板岩堆石料物理力学特性、坝体分区及坝料碾压填筑标准、复合土工膜选型、复合土工膜防渗系统设计、坝体碾压工艺、挤压边墙与复合土工膜锚固带施工工艺、复合土工膜铺设与质量检测工艺、大坝监测及数值反演预测等进行系统研究，完善复合土工膜软岩高面板堆石坝的设计方法与流程，采用无覆盖复合土工膜面板堆石坝防渗系统施工工艺与质量检测工艺。大坝防渗引进瑞士 Carpi 公司复合土工膜新型材料和防渗体初步设计方案，并与 Carpi 公司共同完成复合土工膜安装和检验，具有较强的代表性与创新性。

3. 坝料开采及运输措施

将弱风化板岩作为主堆石料补充料源。拉哈石料场为板岩和砂岩互层相间状，按照分层剥离、分层采取的方案开采，根据岩石出露和勘探孔地质情况，规划爆破孔深，确定科学合理的爆破参数，保证大坝坝料开采、堆存、石料粒径、级配等基本满足设计和施工要求。坝料运输路线较长，对运输设备进行升级，采购 80 多辆自卸汽车。成立道路维护工作小组，每天进行道路维护。安排车辆维修人员每天沿线巡查，出现问题及时对车辆进行维修，保障大坝填筑料的供应。

4. 高比例软岩坝体填筑措施

施工前，通过现场碾压试验结合室内试验，获取上坝料碾压后的物理力学参数，经过设计院专项试验讨论会审核，将设计 3B 区分为 $3B_1$、$3B_2$两个区，并增设水平排水区，从而使大坝填筑分区得到进一步优化，顺利完成板岩（软岩）筑坝材料现场碾压试验，进而通过计算分析确定坝体最终设计分区、坝料设计指标及填筑标准，成功解决施工难度大和大坝填筑安全性等问题，确保大坝的填筑质量。目前，坝体沉降变化基本趋于稳定。

5. 挤压墙和锚固带及复合土工膜施工技术

挤压边墙采用挤压机挤压成型，坝体两端与趾板连接的部位，留出 50 厘米的伸缩槽，为后续土工膜铺设留出适应坝体变形的储备量。挤压边墙表面平整度的要求：使用 2 米的水平尺量测，最大不平整度控制在 50 毫米内，不规则部位最小球面半径为 300 毫米。

锚固带施工。锚固带所用材料为 SIBELON－CNT3750，锚固带材料分两层，由膜（PVC）和无纺土工布黏合组成，膜的厚度为 2.5 毫米，无纺土工布规格是 500 克/米^2。锚固带跟随挤压边墙的上升逐层安装，一层挤压墙，一段锚固带，锚固带每一段长 165 厘米、宽 42 厘米，相邻两条锚固带之间的距离是 6 米。锚固带固定于挤压边墙内，上下层锚固带采用热风枪焊接，焊接设备为专用焊接枪，焊接作业时设备的温度、档位及焊接时焊接枪行走速度等均按照要求设定。

采用意大利 Carpi 公司专利产品和技术。面板防渗体系所用复合土工膜材料为 SIBELON-CNT5250，分两层，由膜（PVC）和无纺土工布黏合组成，膜的厚度 3.5 毫米，无纺土工布规格 700 克/米^2，出厂为卷筒包装，最大长度可达 85.0 米，宽度为 2.1 米。首次采用复合土工膜锚固带固定于挤压边墙，确保土工膜面板施工质量，形成复合土工膜防渗面板施工工法。

6. 防浪墙采用预制装配式混凝土结构技术

防浪墙按照“现浇（底板）+预制（墙体）+现浇（三角部分）”的方式进行施工。底座采用现浇施工，单块长 12 米，墙体采用预制，单块长 3 米，待预制墙体及底座混凝土强度达到要求后，拼装成型并进行固定，同时进行底座与预制墙体接茬二期混凝土浇筑施工。该工艺墙体可以与底座同时安排施工，吊装速度较快，且墙面光滑平整，施工效率和外观质量优于现浇工艺。预制防浪墙技术对软岩坝体沉降有较好的适应性，解决了现浇防浪墙坝体混凝土裂缝难题。

（三）技术成果

依托项目出版发行国家行业施工规范团体标准 1 项，国家行业施工工法 1 项，省部级施工工法 1 项，发明专利 4 项、实用新型专利 7 项（见表 1），发表论文 40 篇。

（1）《土工膜面板堆石坝技术规范》（T/CEC 5034—2021）施工规范。

（2）“竖井吊炮开挖施工工法”（中国电力建设企业协会）施工工法。

（3）“堆石坝复合土工膜防渗面板施工工法”（中国电力建设集团）施工工法。

（4）“复合土工膜面板全断面软岩堆石坝关键技术”获得 2019 年度电力科技创新奖二等奖。

（5）“复合土工膜面板全断面软岩堆石坝关键技术”获得中国大坝工程学会科学技术进步奖二等奖。

（6）“软岩堆石高坝土工膜防渗”获得云南省科学技术进步奖二等奖。

表1　施工工法及专利

<table>
<tr><th>序号</th><th>名称</th><th>授权机构</th><th>级别</th></tr>
<tr><td>一</td><td colspan="3">施工工法</td></tr>
<tr><td>1</td><td>竖井吊炮开挖施工工法</td><td>中国电力建设企业协会</td><td>行业</td></tr>
<tr><td>2</td><td>堆石坝复合土工膜防渗面板施工工法</td><td>中国电力建设集团</td><td>省部级</td></tr>
<tr><td>二</td><td colspan="3">发明专利</td></tr>
<tr><td>1</td><td>大型隧洞变截面段砼衬砌施工方法</td><td rowspan="4">国家知识产权局</td><td rowspan="4">国家级</td></tr>
<tr><td>2</td><td>一种土石坝内部变形非接触式监测方法</td></tr>
<tr><td>3</td><td>一种用于监测面板堆石坝最大沉降的装置及方法</td></tr>
<tr><td>4</td><td>水电站大坝防浪墙结构</td></tr>
<tr><td>三</td><td colspan="3">实用新型专利</td></tr>
<tr><td>1</td><td>筛分系统立轴式冲击制砂机防尘装置</td><td rowspan="7">国家知识产权局</td><td rowspan="7">国家级</td></tr>
<tr><td>2</td><td>水电站大坝反向排水封堵装置</td></tr>
<tr><td>3</td><td>无动力自浮浮筒拦污漂装置</td></tr>
<tr><td>4</td><td>溢洪道防掏装置</td></tr>
<tr><td>5</td><td>一种用于监测面板堆石坝最大沉降的装置</td></tr>
<tr><td>6</td><td>一种用于面板堆石坝坝面的防渗结构</td></tr>
<tr><td>7</td><td>一种组合坝</td></tr>
</table>

（四）新技术推广应用

新技术的推广应用情况如表2所示。

表2　新技术推广应用情况

新技术	工程部位
1.5 土工合成材料应用技术	复合土工膜面板堆石坝
1.6 复合土钉墙支护技术	引水隧洞、导流洞、放空洞
1.11 高边坡防护技术	大坝、溢洪道、厂房高边坡
2.3 自密实混凝土技术	压力钢管回填混凝土
2.5 纤维混凝土	大坝防渗板混凝土

续表

新技术	工程部位
2.8 预制混凝土装配整体式结构施工技术	大坝防浪墙
3.3 大直径钢筋直螺纹连接技术	放空洞竖井钢筋混凝土衬砌
3.5 有黏接预应力技术	溢洪道、厂房后边坡
4.4 组拼式大模板技术	溢洪道边墙及闸墩
4.15 隧道模板台车技术	导流洞衬砌
5.2 厚钢板焊接技术	压力钢管
6.7 管道工厂化预制技术	压力钢管制造
8.7 聚氨酯防水涂料施工技术	大坝防渗板
9.8 结构安全性监测（控）技术	大坝安全监测

（五）项目获奖情况

（1）在 2023 年 8 月 27~31 日由中国和巴西两国大坝委员会共同主办的第五届堆石坝国际研讨会暨巴西大坝委员会学术年会上，南欧江六级水电站获得第五届堆石坝“国际里程碑工程奖”。

（2）荣获 2020~2021 年度中国建设工程鲁班奖（境外工程）。

（3）荣获 2017 年度云南省优秀工程设计一等奖。

（4）荣获 2020 年陕西省建设工程长安杯奖（省优质工程）。

（5）荣获 2017 年度中国电建优质工程奖。

（6）获得老挝政府社会经济发展贡献奖等 4 项奖项。

项目获奖情况如表 3 所示。

表 3　项目获奖情况

序号	名称	颁奖机构	级别
一	科技进步奖		
1	复合土工膜面板全断面软岩堆石坝关键技术（2019 年度二等奖）	中国大坝工程学会	国家行业
2	高土石坝复合土工膜面板防渗关键技术研究（2018 年度三等奖）	中国电机工程协会	

续表

序号	名称	颁奖机构	级别
3	软岩堆石高坝土工膜防渗（2017 年度二等奖）	云南省政府	省部级
4	高土石坝复合土工膜面板防渗关键技术研究（2018 年度一等奖）	中国电力建设集团	
二	科技创新奖		
1	复合土工膜面板全断面软岩堆石坝关键技术（2019 年度二等奖）	中国电力企业联合会	国家行业
三	优秀工程设计奖		
1	2017 年度云南省优秀工程设计一等奖	云南省住房和城市建设厅	省部级
四	安全生产奖		
1	2013 年度中国水利水电建设股份有限公司安全生产优秀项目部（集体）	中国电力建设集团	省部级
五	工程质量奖		
1	2020~2021 年度中国建设工程鲁班奖（境外工程）	中国建筑业协会	国家级
2	2017 年度中国电建优质工程奖	中国电力建设集团	省部级
3	2020 年陕西省建设工程长安杯奖（省优质工程）	陕西省建筑业协会	
4	2016 年陕西省工程建设优秀质量管理小组二等奖	陕西省建筑业协会	
六	老挝当地政府奖		
1	移民安置工作贡献奖（2014 年度）	老挝政府	—
2	社会经济发展特殊贡献奖（2014 年度）	老挝政府	—
3	会议支助奖（2014 年度）	老挝政府	—
4	社会经济发展贡献奖（2014 年度）	老挝政府	—

八　设备制造及供应

（一）设备输出

老挝南欧江六级水电站所有机电设备、金属结构均由中国公司制造、安装。

（二）设备制造

进水口与放空洞固定卷扬式启闭机、溢洪道单向门机、尾水台车、放空洞弧形工作闸门、溢洪道弧形工作闸门的制造等由重庆水轮机厂有限责任公司、中国水利水电第十工程局有限公司、常州液压成套设备厂有限公司、浙江华东机电工程有限公司、无锡俊达机电设备制造有限公司等承担。

（三）设备安装

各参建单位主要承担电站主体工程金结机电安装。

九　工程使用标准

（一）工程施工标准

工程建设主要执行中华人民共和国国家标准，依据电力行业、能源行业、水利行业、建筑行业、交通行业、材料行业标准进行施工及质量验收，推动中国标准“走出去”。

大坝执行《混凝土面板堆石坝施工规范》（DL/T 5128—2009），金属结构执行《水电水利工程钢闸门制造安装及验收规范》（DL/T 5018—2004），机电设备安装执行《机械设备安装工程施工及验收通用规范》（GB 50231—1998）、《电气装置安装工程旋转电机施工及验收规范》（GB 50170—2006）等。

（二）验收标准

工程竣工验收执行中国及老挝相关规程规范与技术标准，主要包括《水电工程验收规程》（NB/T 35048—2015）、《水利水电建设工程验收规程》（SL 223—2008）、《水电水利单元工程质量评定》（DL/T 5113.1—2019）、《水电建设项目文件收集与档案整理规范》（DL/T 1396—2014）、《水电工程建设征地移民安置验收规程》（NB/T 35013—2013）、《水电工程竣工决算专项验收规程》（NB/T 10146—2019）、《水电水利工程项目建设管理规范》（DL/T 5432—2009）、*Lao Electric Power Technical Standards*（December 2018）。

（三）企业标准化

（1）项目设计管理认真执行中国电力建设集团《国际工程项目勘察设计工作标准》。

（2）项目营地按照中国电力建设集团《国际工程项目营地建设安全标准》，中国水电十五局《项目临建设施建设管理规定》《混凝土构件预制场标准化建设规定》建设。

（3）施工的关键工序、特殊过程执行中国水电十五局《项目部施工现场标准化》。

工程严格按照中国标准设计、制造、施工、验收，完全符合或优于老挝标准。

十　实施效果

（一）坝体应力变形分析

采用三维非线性有限单元法，堆石体计算模型采用 E-B 模型，计算结果表明，复合土工膜面板堆石坝竣工期最大沉降为 80. 18 厘米，位于坝体中部约 1/2 坝高处，下游水平位移为 23. 02 厘米。蓄水后，最大沉降略有增加，坝体最大沉降为 80. 32 厘米（为坝高的 0. 91%），向下游最大水平位移 29. 91 厘米；正常蓄水期坝体最大主应力为 0. 86 兆帕，最小主应力-1. 83 兆帕。在正常运行期上、下游坝坡的计算最小安全系数分别为 1. 769、1. 392，规范允许安全系数为 1. 350；在施工期上游坝坡的计算最小安全系数为 1. 395，规范允许安全系数为 1. 250；水骤降时上游坝坡的计算最小安全系数为 1. 512，规范允许安全系数为 1. 250；在地震工况下，上、下游坝坡的计算最小安全系数分别为 1. 337、1. 166，规范允许安全系数为 1. 150。从计算结果可以看出，各工况下坝坡满足规范要求。

（二）中老两国政府高度评价南欧江流域电站的开发建设

老挝南欧江流域梯级水电站项目按南欧江“一库七级”的规划方案建设，“一库七级”规划方案就是将南欧江七级水电站的一个高坝大水库作为“龙头”蓄水，有效控制并充分利用南欧江水资源，实现“一库蓄水、七次发电”的良好经济效果。同时，该方案土石方开发量小，能将工程施工带来的环境影响减到最小，实现“最少的原居民搬迁、最少的耕地林地淹没、最小的环境影响”。“七级联动”的运营调节方式在流域生态系统保护方面起到重要作用，水电站建成后对调节流域内季节性旱涝，提高下游防洪能力，改善河道航运，减少水土流失，保护生态环境发挥积极作用，同时实现良好的社会效益。该方案得到老挝政府和国际环境组织的认可，赢得了当地移民群众的良好口碑，得到很多国际非政府组织、国际环保组织等的赞赏。

（三）尊重地方政府及移民意愿，提高当地经济发展水平

中国电力建设集团实施的是海外电力投资建设的全生命周期管理，南欧江六级水电站项目秉承“科学开发、绿色发展、坚持实施属地化发展战略，融入当地，扎根老挝”的理念，积极使用当地劳务、鼓励老挝企业参与建设，改善当地基础设施条件，开展一系列社会公益活动，助力当地民生持续改善。据不完全统计，南欧江六级水电站项目在建设期培训当地的焊工、木工、钢筋工、驾驶员、操作手、修理工等技术工种及一大批行政、翻译、工程管理等中高级人才，属地化率已达到85%以上，大大促进了劳动技能提升，使数千名属地员工掌握了技能，为以后创造幸福生活奠定基础；同时，对电站周边移民村小学开展经常性助学支教活动，赞助地方传统节日、公益捐赠、资助留学生等；为方便村民出行，项目部对场内道路全部进行硬化，修建桥梁10余座，为村庄牵引自来水和安装净水器，为当地村庄配套建设码头、市场、运动场地及医院，极大地改善了当地的基础设施条件，提升了当地教育、交通、医疗等公共服务水平。

中国水电十五局始终坚持深度开发利用属地资源，并通过发掘一批信誉好、资质硬的本土企业，将工程建设中的基础性项目、临建工程等交给属地企业实施，带动当地企业成长，促进当地生态环保、地方扶贫开发、相关产业及公益事业发展，为当地创造大量就业机会，拉动当地交通运输、建材、物流商贸、进口贸易等多个行业快速发展，有效带动当地社会和经济快速发展，实现互利共赢，保障项目的可持续性。

（四）采取有效环保措施，推进环保绿色施工管理

中国水电十五局把履行社会责任融入工程建设全过程，在项目建设过程中，严格执行东道国环境保护相关法律法规及特许经营协议中环境责任条款，按照国际标准“就高原则”执行环保标准，防止环境污染和破坏，以促进自然环境、人文环境与经济环境共同发展。为保护生态环境，水电十五局坚持施工道路全天不间断洒水降尘，在施工场地、场内道路两旁植树；施工残料、废机油集中分类回收处置；在砂石系统生产区域，架设喷雾机雾化空气，有效控制在石料破碎、转运跌落过程中产生的粉尘扬尘问题，设置污水、废水沉淀池，生产废水均经多级沉淀后，循环利用于洒水降尘，实现“零”排放，确保不对河流造成污染；建立标准化垃圾集中处理池，生活区按要求定期开展污水监测工作，各营地建立油水分离池，配置分类垃圾桶和集中存放池，确保无污染、无破坏。“生产废水零排放、生活污水达标排放、固体垃圾回收处理、噪声扬尘降到最低”的管理目标得到有效落实。同时，认真开展坝料平衡和料场勘测研究，减少弃料并做好弃料堆存规划，有效减少弃料占地面积；优化坝料开采方案等，节约施工成本300多万元。分区域实施基坑、砂石料系统和拌和站废水处理及利用；完善节能、环保、降尘、降噪设施。

在实施过程中突出中国电力建设集团品牌效应，获得老挝国家电视台、万象时报、新华社、中央电视台、中新社、凤凰卫视等多家老中权威媒体的实地采访报道，成为传播中国海外电力投资企业责任理念和推介项目的经典案例。中国电力建设集团承办2018年“7.26”中国电力日海外会场主题活

动，承办 2018 中国电建老挝站暨社会责任成果发布会，承办首届“一带一路”中老合作论坛之能源产业合作与发展平行论坛，参与第四届“世界水谷”论坛交流，多渠道、多形式宣传中国企业正面形象。《家在青山绿水间》《澜湄花正开》等摄制组到场拍摄录制，中国电力建设集团品牌广泛传播，助力讲好“一带一路”故事、发出“电建强音”。

（五）项目建设经济效益

历经五年耕耘，从夯基垒台、立柱架梁到落地生根、持续发展，南欧江六级水电站项目已取得一系列重要成果。截至 2024 年 12 月 31 日，该项目已安全运行 3297 天，2017~2024 年平均装机利用小时数为 2104 小时，南欧江梯级水电站项目装机容量占老挝电网装机容量的 25.8%，2024 年发电量占老挝全国用电量的 22%。2017~2022 年，电站年平均装机容量利用小时数为 1956 小时。当前南欧江梯级水电站项目发电量约占老挝全国用电量的 1/3，是老挝北部电网系统的“骨干”电源和重要的调峰电厂。

南欧江六级水电站项目已安全、稳定、连续运行多年，运行状况良好，成为老挝具有示范性和带动性的可再生能源重大项目和标志性工程。项目投产使老挝政府把老挝打造成“东南亚地区蓄电池”的构想逐步得以实现，对南欧江流域及湄公河洪涝灾害起到调控作用，加快了老挝乃至东盟的经济发展。

参考文献

《碾压式土石坝施工规范》（DL/T5 129—2013）。

《土石筑坝材料碾压试验规程》（NB/T 35016—2013）。

《水电水利工程粗粒土试验规程》（DL/T 5356—2006）。

《混凝土面板堆石坝施工规范》（DL/T 5128—2009）。

《水电水利工程钢闸门制造安装及验收规范》（DL/T 5018—2004）。

《机械设备安装工程施工及验收通用规范》（GB 50231—1998）。

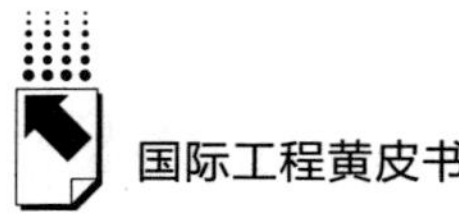

《电气装置安装工程旋转电机施工及验收规范》（GB 50170—2006）。

《水电工程验收规程》（NB/T 35048—2015）。

《水利水电建设工程验收规程》（SL 223—2008）。

《水电水利单元工程质量评定》（DL/T 5113. 1—2019）。

《水电建设项目文件收集与档案整理规范》（DL/T 1396—2014）。

《水电工程建设征地移民安置验收规程》（NB/T 35013—2013）。

《水电工程竣工决算专项验收规程》（NB/T 10146—2019）。

《水电水利工程项目建设管理规范》（DL/T 5432—2009）。

龚维群、董常文、喻建清：《老挝南欧江六级电站土工膜面板坝堆石料试验研究》，《云南水力发电》2023 年第 4 期。

李胜会、耿兴强、张一凡：《从产业链到价值链的升华——电建海投投资开发老挝南欧江梯级电站项目纪实》，《施工企业管理》2017 年第 6 期。

Y.17 援非盟非洲疾控中心总部项目经营报告（2024）

中国土木工程集团有限公司*

摘　要： 援非盟非洲疾病预防控制中心总部（一期）项目是习近平主席在2018年9月中非合作论坛北京峰会上对外承诺的“援非旗舰项目”，受到国家领导人和各方高度关注，政治外交意义重大。该项目工期紧迫、技术复杂、专业众多、实施难度大、协调工作重，而新冠疫情等因素又给施工带来难以预料的挑战，中国土木工程集团有限公司自始至终高度重视，充分调动国内外优势资源，做好疫情防控、二次深化设计、物资运输、人员派遣、分包管理、内外协调等方面的工作，根据现场实际情况不断优化施工工序和施工进度计划，确保工期目标的实现。同时在深化设计、施工工艺、工程进度、施工组织及协调配合等方面运用BIM技术进行管理，提高了施工质量，加快了施工进度。通过BIM技术在项目施工阶段的应用，提高工程信息化管理水平，同时提高工程管理效率。中国土木工程集团有限公司以高度政治责任感和强烈的使命感，经受住了各种考验和挑战，为援外事业交出了一份完美答卷，兑现了习近平主席在2018年中非合作论坛上提出的“重点援建非洲疾控中心总部项目”的庄严承诺。

关键词： 援非　中非合作　国际工程　BIM技术

---

* 执笔人：阳松，中国土木工程集团有限公司总经理助理兼援外部总经理，高级工程师，研究方向为工程建设行业、企业与项目管理、项目评价等；郑浩，中国土木工程集团有限公司援外部总经理助理，高级工程师，研究方向为项目施工管理、项目评价等；高葭葭，中国土木工程集团有限公司援非盟非洲疾病预防控制中心总部（一期）项目施工技术组组长，高级工程师，研究方向为项目施工管理、项目评价等。

援非盟非洲疾病预防控制中心总部（一期）项目是习近平主席在2018年9月中非合作论坛北京峰会上对外承诺的“援非旗舰项目”，是落实中非合作论坛框架内“健康卫生行动”的重要内容，是打造新时代更加紧密的中非命运共同体的重要举措。自新冠疫情发生以来，习近平主席在不同场合数次提及加快项目建设，并在2020年6月中非团结抗疫特别峰会上正式对外宣布“中方将提前于年内开工建设非洲疾控中心总部项目”。该项目受到国家领导人和中外各方高度关注，政治外交意义重大，是中非友谊和团结协作的又一标志性建筑。

一　项目概况

（一）受援方

本项目受援方为非洲联盟，非洲联盟（以下简称“非盟”）是集政治、经济、军事等于一体的全洲性政治实体，目前拥有55个成员国，总部设在埃塞俄比亚首都亚的斯亚贝巴。非洲疾控中心是非盟下属的事业单位，成立于2017年，是非洲大陆公共卫生体系的主导机构。

（二）项目所在地

本项目位于埃塞俄比亚首都亚的斯亚贝巴市西南方向的“非洲村”，距非盟总部约10公里，距机场10公里，距离市中心约30分钟车程。

亚的斯亚贝巴是埃塞俄比亚政治、经济及文化中心，面积为540平方公里，平均海拔为2450米，最高点海拔为3000米，终年气候凉爽，平均气温为16℃，人口约400万人。亚的斯亚贝巴是埃塞俄比亚第一大城市，联合国非洲经济委员会和非洲联盟总部所在地，有“非洲政治首都”之称。

（三）工程概况

本项目包括总部大楼、实验楼和附属用房，总建筑面积为23570平方米，占地面积为 5.35 公顷。

总部大楼墙体大部分采用玻璃幕墙，大楼外立面采用穿孔铝板造型装饰，整个外立面像一双托举的双手，寓意非洲疾控中心将托举整个非洲的公共卫生事业，同时穿孔铝板可减少玻璃幕墙受到的阳光直射，减少建筑物内空调的能耗。外立面最大悬挑波浪形褶皱铝板悬挑长度为 0.5~4.5 米，外立面采用 LED 导光板，华丽的灯光加上优美的建筑曲线让该建筑成为当地的一处地标。

（四）参建单位

项目管理公司为北京市建筑设计研究院有限公司和沈阳市工程监理咨询有限公司联合体，中国土木工程集团有限公司为项目施工总承包单位。

（五）项目实施情况

项目资金来源为中国政府援助资金，合同工期为 25 个月。项目于 2020 年 12 月 25 日正式开工，2023 年 1 月 11 日项目举行了隆重的竣工仪式。项目先后获得中国驻非盟使团经商处、非盟委员会、中国驻非盟使团的感谢信等。

二　项目的重点和难点

援非盟非洲疾病预防控制中心总部（一期）项目政治意义重大，且工期紧迫、技术复杂、专业众多、实施难度大，而新冠疫情等因素又给施工带来难以预料的挑战。

1. 项目工期紧迫

为践行中方在 2020 年 6 月“中非团结抗疫特别峰会”上正式对外宣布该项目提前于 2020 年底前开工建设的庄严承诺，本项目于 2020 年 12 月 30 日前开工，并举行项目奠基仪式。项目实施期间，在中非合作论坛第八届部长级会议开幕前夕该项目实现主体结构封顶的重大节点目标，并举行封顶仪式。

2020 年 12 月 2 日，国际经济合作事务局正式授标中国土木工程集团有

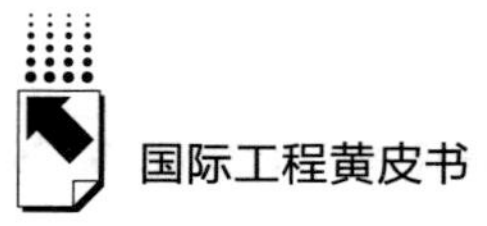

限公司承担援非盟非洲疾病预防控制中心总部（一期）项目施工总承包任务。项目授标当月即正式开工。项目合同工期25个月，为关门工期。项目工期压力贯穿项目始终。

2. 疫情防控形势严峻

埃塞俄比亚当地医疗条件较差，疫情防控效果差，感染人数居高不下，尤其每次节假日后1~2周都是当地疫情高发期，高峰时期日确诊人数超千人，其中还有大量感染者由于无力支付检测费用未参加检测而未被发现。项目的疫情防控管理工作面临很大压力。项目高峰期现场中外方员工超过千人，其中中方工人220余人，当地工人700余人，如何有效进行疫情防控关乎项目成败。

3. 劳动力组织困难

从2021年开始，国外疫情肆虐，国内各地政府对出国工作人员严格限制，对出国人员全部要求注射疫苗后才能出发，没有出国经历的劳务人员办理护照更加困难。受到机票限制，国外完成任务人员无法回国，消息传回国内后，导致后续工作人员对出国工作产生犹豫心理。而且根据相关规定，劳务人员到达工作地后要隔离一周以上并且检测没有问题才能开始工作，这也导致其工作效率严重下降。

4. 海运费暴涨，物资运输困难

疫情导致海运费暴涨，中国到埃塞俄比亚的国际运费从一个集装箱4000美元上涨到2万美元以上。疫情导致各个港口陆续封控，且封控时间不可预计，为尽快发货导致货物在各个港口之间转运，严重耽误发货时间并增加货物成本。同时国外港口作业变得缓慢，集装箱滞港时间从一周左右延长到1个月，甚至最长达到3个月，滞港和滞箱费出现大幅上涨。

5. 埃塞俄比亚发生武装冲突

2020年5月，埃塞俄比亚发生武装冲突，2021年7月冲突升级。2022年10月后，局部武装冲突仍时有发生，伴随社会动荡，通货膨胀、安全等一系列风险仍然存在，吉布提通往埃塞俄比亚的道路时常中断，严重影响了国内物资的进场进度。

6. 多因素导致物资紧张，物价暴涨

多重因素导致埃塞俄比亚的物价出现急剧上涨，2021~2022 年，水泥价格上涨 6 倍，混凝土价格上涨 4 倍，砂石料价格上涨 2 倍，柴油价格上涨 3 倍，模板等一般建筑材料价格上涨 1 倍多，食品和当地人员工资上涨 1 倍多，且水泥、柴油等关键物资极度紧缺，甚至“有钱也买不到”。

7. 施工难度大，专业领域多，专业跨度大，协调工作繁重

工程地质条件复杂，面临成桩质量控制难度较大的问题，且拟建项目对沉降变形要求较高，天然地基方案难以满足设计要求等。因 6~9 月为雨季，项目工期不容延后，需在有限的时间内完成桩基础施工。项目涉及综合业务管理系统、数据中心、实验室工艺安装、实验室设备、第三方检测等专项功能与钢结构、幕墙、智能化及消防等专业工程的多种分包事项，组织协调工作复杂且繁重。

三　攻坚克难，全力以赴，高质高效完成项目建设

自 2020 年 12 月 2 日项目中标后，中国土木工程集团有限公司领导高度重视，多次召开专题会议，对项目组织实施情况进行部署，迅速成立以集团主管领导为组长的项目实施领导小组，遴选精兵强将组建施工技术组及国内后勤组，建立了高效的内外沟通机制，明确提出争创“鲁班奖”的质量目标，按照“质量第一、创先争优、特事特办”的原则，全力组织实施该项目。

1. 做好疫情防控工作，为项目生产保驾护航

面对疫情的严峻形势，施工技术组积极落实国际经济合作事务局、驻非盟使团、埃塞俄比亚使馆、中国土木工程集团有限公司的防控要求。项目部贯彻落实“预防为先，分级管控，分层管理，及时处置”的工作原则，成立疫情防控领导小组，明确目标任务和工作原则，落实疫情防控措施。首先做好防疫宣传教育工作；严格准入制度，施工工地实行网格化封闭管理，出入口 24 小时派人值班，严禁无关人员、未佩戴口罩者、体温不合格者进入营地；做好人员管理工作，所有工作人员均佩戴口罩，保持距离，避免聚

集；建立健康监测制度，施工技术组中方人员全部接种新冠疫苗，当地员工在自愿的原则下完成疫苗接种，定期（每两周）进行一次核酸检测，避免出现群体性感染，同时储备足够的防疫物资和生活物资，并做好每日营地的消杀工作。项目实施期间未发生聚集性疫情，基本实现“两稳两争两保”防控目标，为项目的顺利推进夯实了基础。

同时为保证中方人员及时到场，项目积极联系国内各个出入境管理局或公安局，为项目相关人员出具相关证明200多份。对因病不能工作的人员给予及时治疗，在保证员工健康的同时，确保整体工效不降低。

2. 未雨绸缪，与时间赛跑

埃塞俄比亚地处非洲东部，是世界上最不发达的国家之一，经济以农牧业为主，工业基础薄弱，工业门类不齐全，结构不合理，零部件、原材料依靠进口。施工期间疫情肆虐、武装冲突再次爆发，给本就紧张的工期增添了许多不确定因素。项目重要性不言而喻，进度节点不容有失，桩机紧缺、水泥短缺、钢筋短缺成了摆在面前的三大急需解决的问题。

面对桩机缺口，项目部积极协调桩机资源，高峰时现场桩机总台数占首都亚的斯亚贝巴当地桩机总数的70%，成功突破了桩基进度瓶颈。同时不计成本协调国内空运检测设备，投入施工现场，保证检测要求。

针对水泥问题，项目部通过非盟联系水泥厂，提前锁定水泥资源。埃塞俄比亚当地水泥实行配额制，需要拿到水泥配额才能到水泥厂购买水泥。项目提前主动与非盟方沟通，由其出面协调配额事宜，有效缓解了现场水泥短缺的问题。

疫情期间国内政策限制人员赴国外工作，公司积极协调相关部门帮助项目部申请组织中国工人赴埃塞俄比亚，同时充分发挥属地化的资源优势，为项目提供急缺的人员、物资和设备。技术组成立了青年突击队，开展了桩基施工“大干50天”、基础施工“大干60天”、主体结构施工“大干100天”劳动竞赛活动。技术组全体干部职工勠力同心、夜以继日、攻坚克难、顽强拼搏，全力推进项目建设。2021年11月23日顺利举行封顶仪式，进入装饰装修阶段。为保证项目质量，每道工序坚持样板先行制度，且都在业主确认后进行。连续举行了两次质量月和图纸研究活动。2023 年 1 月 11 日，成功举行竣工仪式。

从 2021 年底开始，受到疫情影响，全球各大港口处于半停摆的状态，集装箱和货轮都滞留在各大港口，导致集装箱和货轮仓位极度紧缺，国内出现“一箱难求、一仓难求”的现象。海运仓位和租用集装箱的价格翻倍上涨。中国土木工程集团有限公司积极筹措，从各种渠道预订集装箱，在国内各个港口轮流封禁的情况下，对数量不多且前方急需的物资，每次发货前都预约好转港车辆，遇上港口封禁，立刻转运至其他港口，并联系新的海运仓位，有的货物倒运了 2 个港口才顺利发货。货物相对及时的发运也为前方项目的顺利推进打下良好的基础。同时物资发运后及时获得海运提单，前方及时和非盟方沟通，抢时间、抓节点。由于非盟是一个国际组织，所有的清关、免税工作都要通过非盟发给埃塞俄比亚外交部，再通过埃塞俄比亚外交部转发给海关等部门，这个流程较一般的援外项目要延长 2 周左右。为保证货物及时获得清关文件，技术组派遣专员办理清关事宜，每票货物都把清关手续办理时间压缩到最短。

3. 发挥 BIM 技术的优势

项目在深化设计、施工工艺、工程进度、施工组织及协调配合等方面运用 BIM 技术进行管理，通过碰撞检测，深化设计，减少图纸的错、漏、碰、缺，提高了施工图纸质量，加快了施工进度。

在图纸会审方面，通过可视化的三维数字信息模型能够更准确、快速地找出图纸存在的问题。充分利用 BIM 技术，提前排布综合管线，在有限的空间内解决全部管线排布及支架支撑问题。暖通图中未标注室内多联机标高尺寸，依据优化后的模型出具室内多联机标高图，有效地避免了不必要的碰撞问题。同时，对喷淋管道进行优化，提前解决碰撞的问题，减少管道不合理导致返工造成的浪费。在土建、装修、机电、钢结构、幕墙、精装修等方面，利用 BIM 技术进行优化。同时利用 BIM 技术在国内提前将螺旋形幕墙进行预拼装，保证幕墙现场安装的精度。在现场交底方面，通过采用 BIM 技术，在幕墙施工前对其外立面的详细施工节点进行施工模拟，保证外立面施工质量。对现场施工人员进行有针对性的安全技术交底，确保工程实施的安全性。

通过 BIM 技术在项目施工阶段的应用，提高本工程信息化管理水平，同时提高工程管理工作效率。

项目结束后，将 BIM 模型提供给非盟方，为非盟方将来对项目进行管理和运行奠定良好的技术基础。

四　项目评价

1. 充分诠释“真实亲诚”理念

项目中标不到两个星期，中国土木工程集团有限公司于 2020 年 12 月 14 日成功举行盛大的工程奠基仪式，兑现了中方在中非团结抗疫特别峰会上做出的“年内开工建设非洲疾控中心总部项目”的承诺。

项目建设期间，非盟方、埃塞俄比亚方，外交部、国家国际发展合作署、商务部、国家卫生健康委、驻非盟使团分别多次赴现场视察指导工作。在封顶仪式和竣工仪式上，中外双方领导人都对项目给予很高的评价。非盟主席法基称赞该项目是中非合作的典范。埃塞俄比亚各部委也在非盟官员的陪同下多次参观项目现场，组织相关技术人员学习参观。项目建设的高速度和高质量，得到非盟领导人和当地民众的高度赞誉。新建成的非洲疾控中心总部，已成为非洲大陆新地标、中非合作新亮点、中非友谊的新标志。

项目建设期间，中国政府网、非洲联盟官网等政府网站，《人民日报》、新华社、中央电视台、埃通社、《埃塞俄比亚观察报》等国内外主流媒体多次对项目进行了宣传报道，得到非洲国家和人民的关注与好评。

中国土木工程集团有限公司以高度政治责任感和强烈的使命感，经受住了各种考验和挑战，为援外事业交出一份满意的答卷，兑现了习近平主席在 2018 年中非合作论坛上提出的“重点援建非洲疾控中心总部项目”的庄严承诺。

2. 积极履行社会责任

在紧张施工的同时，中国土木工程集团有限公司时刻不忘履行社会责任，积极回馈当地社会。高峰期聘用当地工人超过千人，有针对性地开展技术培训，为当地大学在读学生提供实习机会，多次为当地社区小学、中学捐赠学习物资等，取得了良好的社会效益，得到国家部委、中国驻非盟使团、当地社会的高度认可。

3. 综合效果

目前，援非盟非洲疾控中心的专家和非盟聘请的各国技术专家都开始在新的疾控中心工作。援非盟非洲疾控中心总部的硬件和软件获得非盟方的一致认可。

参加非盟相关会议的官员赴疾控中心总部参观调研，对项目的建筑质量和建造速度表示赞叹。2023 年非盟首脑级会议期间，各国元首也到非洲疾控中心总部参观，并给予高度评价。中国土木工程集团有限公司通过疾控中心总部项目，为公司在埃塞俄比亚市场树立良好口碑，为后续市场开发做出重大贡献。

援非盟非洲疾控中心总部是非洲大陆第一家拥有现代化办公和实验条件、设施完善的全非疾控中心，进一步提升非洲疾病预防、监测和疫情应急响应速度，增强非洲公共卫生防控能力，切实造福非洲人民，是中非友谊和团结协作的又一标志性建筑（见图 1 至图 3）。

图 1　援非盟非洲疾控中心总部项目全景

图 2　援非盟非洲疾控中心总部内景

图 3　援非盟非洲疾控中心总部大楼

Y.18
印尼雅万高铁项目建设发展报告（2024）

中国中铁股份有限公司*

摘　要：　印度尼西亚雅加达至万隆高铁项目（以下简称“雅万高铁项目”）是中国与印度尼西亚合作建设的首条高铁线路，也是“一带一路”倡议的重要项目之一。自项目启动以来，双方秉持“共商、共建、共享”的原则，应对来自技术、环境及文化等方面的挑战，实现项目的稳步推进。雅万高铁的建设不仅促进当地基础设施升级和经济发展，也为中国和印度尼西亚两国在铁路领域的合作提供重要经验。在项目施工过程中，中方团队凭借先进的高铁技术和管理经验，帮助印度尼西亚提升了当地的铁路建设水平。雅万高铁的建设采用中国标准，实现设计、施工、设备制造和运营管理的全方位合作。项目的完成不仅将大幅缩短雅加达至万隆之间的交通时间，还将有助于加强两地之间的经济联系，促进区域内的人员和货物流动。此外，雅万高铁项目的成功推动中国铁路“走出去”战略的实施，为中国企业参与国际基础设施建设起到良好的示范作用。随着项目投入运营，预计该线路将在未来进一步带动当地经济增长，为印度尼西亚现代化建设做出贡献。

关键词：　雅万高铁　基础设施建设　“一带一路”

---

* 执笔人：胡启升，中国中铁股份有限公司印尼雅万高铁项目经理部总经理，正高级工程师，研究方向为工程建设；邹玉柱，中国中铁股份有限公司印尼雅万高铁项目经理部综合部、商务部部长，高级工程师，研究方向为工程建设。

一 项目概况

印度尼西亚雅加达至万隆高铁项目（以下简称“雅万高铁项目”）位于印度尼西亚爪哇岛西部，远期作为雅加达至泗水高速铁路的一部分，连接首都雅加达和西爪哇省省会万隆，规划线路正线全长142.3千米，共设4座车站和1座动车段，运行速度设计值为350千米/小时。雅万高铁项目是印度尼西亚乃至整个东南亚地区第一条高速铁路，也是中国高铁全系统、全要素、全产业链“走出去”第一单，更是中国“一带一路”倡议与印度尼西亚“全球海洋支点”构想对接的重要成果。项目总投资为72.76亿美元。

（一）施工任务划分

经中国中铁股份有限公司2016年6月第11次总裁办公会研究，决定成立“中国中铁股份有限公司印尼雅万高铁项目经理部”（以下简称“项目经理部”），项目经理部下设三个分部：DK85-DK114土建工程由中铁三局实施，为一分部；DK114-DK145土建工程由中铁四局实施，为二分部；全线电力及电气化工程由中铁电化局实施，为三分部。

（二）项目进展

雅万高铁项目在中国和印度尼西亚两国政府与建设团队的共同努力下，于2023年10月17日正式开通运营，取得了良好的社会效应和政治效应，被习近平总书记誉为中印尼共建“一带一路”合作的金字招牌。

2023年10月23日，KCIC和承包商联合体正式签署雅万高铁项目EPC工程总体接收证书，项目EPC范围内工程顺利交付使用。自2023年10月1日起，项目进入为期1年的缺陷责任期。

（三）奖项申报

雅万高铁项目作为一项重大的基础设施建设项目，完成建设后为当地经济发展和人民生活带来积极影响。项目经理部有意向申报相关奖项来表彰和宣传项目，进一步提升中国中铁股份有限公司的形象，具体推进步骤如下。

一是确定适合申报的奖项，例如，交通运输、基础设施建设、环境保护等。通过国家、行业协会或相关机构的网站、公告等渠道查找适合申报的奖项。

二是准备申报材料：根据奖项要求，准备相关申报材料，包括项目介绍、项目建设规模和投资情况、项目创新点和技术亮点、项目对当地经济社会的影响、项目的环境保护措施等。

三是撰写申报文案：根据奖项要求，撰写申报文案，突出雅万高铁项目的特色和亮点，重点描述项目在技术、经济、社会等方面的创新和贡献，以及项目带来的可持续发展和社会效益。

四是明确申报流程和时间：了解奖项的申报流程和时间，按照规定的方式提交申报材料，确保申报的准确性和完整性，并注意申报截止日期。

五是宣传报道：在申报成功后，利用媒体渠道进行宣传报道，提高项目的知名度和影响力。邀请相关媒体到现场进行采访报道，通过发布新闻稿或召开新闻发布会等方式，宣传项目的优势和成果。

申报过程中，严格按照奖项要求提供真实准确的信息，确保申报材料的可信度和可靠性。同时，关注公平竞争原则，遵循诚实守信的原则进行申报。

二　项目的重点和难点

雅万高铁是在地形、地质较为复杂的山区和城市内修建的一条高速铁路。它不仅具有一般客运专线的高精度性、高平顺性、高可靠性、高安全性等特征，而且还有自身独有的特点。

（一）关系复杂、沟通协调难度大

本项目由两国国有企业（中方 6 家企业，印尼方 4 家企业）组建的合资公司负责项目的前期筹备、融资、建设管理、后期运营、商业开发。中方6家、印尼方1家企业同时是本项目的承包商。中国中铁股份有限公司作为项目的出资方（股东），同时是项目的承建方，合作过程中需要参与各方紧密的协调配合。由于中国和印度尼西亚双方在文化与宗教信仰、法律法规、风俗习惯等方面不同，某些方面存在利益冲突，造成各方在沟通协调方面面临诸多困难。

（二）山区施工难度大

中国中铁股份有限公司承建的项目管段CK85+000-CK114+338段线多位于山区，沿线沟壑纵横、场地狭窄，大型临时设施、施工便道修筑较困难。材料、设备的运输受到较大的制约。

本段长29.338千米，有9座隧道和17座桥梁。桥隧相连，影响架梁通道的因素较多。本项目隧道断面小于国内高铁隧道断面，运梁过隧道困难。线路纵坡大，采用限制坡度30‰，运架梁的工效低、安全风险高。

（三）施工干扰多

中国中铁股份有限公司承建的项目管段线路位于雅加达至万隆交通走廊，多次跨越高速公路和国道，临近和下穿既有铁路。DK115+000-DK142+338段平行靠近既有高速公路，多处跨越高速匝道，一处小角度跨越高速公路正线。施工过程中行车干扰大，安全风险高。

（四）工期紧张、资金投入大

中国中铁股份有限公司承建的项目管段工程线路长、工程量大。由于工期紧张、当地资源匮乏、劳动效率低下，人员和施工设备需求量大，施工成本有所增加。

（五）征拆难度较大

项目用地性质复杂，有国有土地、私人土地、商业用地。雅万高铁项目沿线地区房屋密布，拆迁量非常大。印度尼西亚土地是私有制，全国约有一半的基建项目因为征地问题而延迟。征地问题影响基建和工业化建设速度，在印度尼西亚已是司空见惯，征地拆迁是印度尼西亚国家工程建设的一大难题。因此，征地拆迁将是影响雅万高铁项目顺利推进和按期完工的重要因素。

（六）本项目存在的主要风险点

1. 政治风险

印度尼西亚国内党派林立，每 5 年举行一次总统选举，政权更替频繁。本项目既定运营期为 50 年，建设或运营期间，新任总统或部委可能对前任倡导的重大项目提出异议。此外，项目运营期较长，随着项目经营情况发生变化，项目可能出现大幅亏损或盈利，也面临被国家征收的风险。

2. 工期延长风险

印度尼西亚土地私有制，造成业主永久征地滞后，征地成本超支。公共设施迁改包含道路、河道沟渠、电力、通信、管线等，受各种外界因素影响，业主批复延误，严重影响工程进展。合同约定的三年工期无法实现，项目总体工期一再被延误。

3. 建设期成本超支风险

由于工期大幅延长，人工费、物价上涨，将带来管理成本增加，建设期成本大幅超过投资预算。此外，印度尼西亚的法律法规规定的许可、准入等种类繁多，办理耗时长、开销大，增加了预算外支出。

4. 技术标准风险

本项目虽采用中国标准、中国技术，但也要遵循印度尼西亚当地法律法规，中国标准的国际化推广还存在一些实际困难，项目存在标准引用的风险。由于项目征拆仍存在不确定性，设计方案、外部协议还未最终确定，存在设计发生较大变更的风险。项目所在地爪哇岛位于火山地震带，地质构造不稳定，建设和运营期均存在区域沉降、火山喷发和地震灾害的风险。

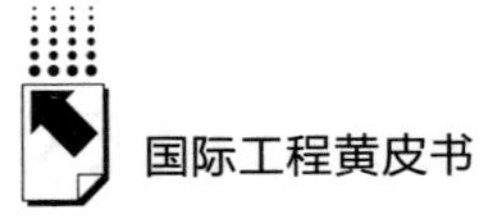

5. 运营风险

尽管高铁沿线居民多达 3000 万人，具有一定的高铁刚性需求和运量保障，但新建高铁车站周边交通设施尚不完备。2019 年 12 月，雅加达至万隆高速公路之间较为拥堵路段的高架桥业已开通，拥堵状况得到显著改善，公路运输会分流一部分高铁乘客。考虑当地民众出行习惯和高铁票价等因素，项目运营期间高铁上座率、盈利等均存在较大的不确定性。

6. TOD 开发风险

鉴于项目运营前期财务状况不容乐观，为改善项目整体财务指标，以交通为导向的 TOD 开发是项目可行性研究报告和特殊经营权协议的重要内容，高铁沿线 4 个站点的 TOD 开发总规划面积约 1820 公顷。TOD 开发不仅可以增加高铁客流量和项目现金收入，提高项目资产质量，避免项目陷入债务危机，满足项目投融资贷款协议相关财务指标要求，实现项目可持续发展，而且将带动周边区域整体发展和提升周边居民生活质量，实现项目造福当地人民的目标。高铁站点周边的 TOD 开发意义重大、刻不容缓。然而，随着雅万高铁项目的全面开工建设，项目配套的 TOD 开发模式、开发主体尚未确定，开发资金尚未落实，建设规划和建设许可更是遥不可及。

7. 新冠疫情风险

2020 年 1 月，世界各地暴发新冠疫情，中国和印度尼西亚均遭到疫情的严重影响，本项目点多、线长、面广，疫情防控难度大，项目人、材、机等各项资源难以正常组织，新冠疫情对项目的工期、成本及职工生命安全带来极大威胁。

三　项目实施过程中攻坚克难的情况

（一）风险点控制措施

1. 政治风险防控措施

鉴于本项目是中国和印度尼西亚两国政府高度关注的项目，针对项目面临的政治风险，中方团队坚决提高政治站位，增强政治敏锐性，保持与国家发展改革委、外交部、使馆、经商处的密切联系和沟通，关注当地局势，服从中国政府统一安排，根据印度尼西亚政治动向，结合项目进展情况，及时做出应对措施。针对印度尼西亚政府机构办事效率低的情况，加强与相关部门的联系，并尽量聘用当地办事人员，提高沟通效率。在项目实施过程中遵守当地法律法规，注重对社会舆情的引导，努力做好项目正面宣传，争取印度尼西亚人民对项目的认可。按照中国使馆统一安排，组织印度尼西亚社会团体和普通民众到中国、到项目现场参观交流。实施一些社会公益工程，履行企业社会责任，争取印度尼西亚社会团体和民众对项目的理解与支持。

2. 工期延长风险防控措施

科学制定施工方案，优化施工工艺，合理配置生产要素，进行技术经济比选，选择最优施工方案，严守质量安全红线，最大限度缩短工期。

3. 建设期成本超支风险防控措施

利用印度尼西亚政府对本项目的高度重视，积极协助项目公司 KCIC 尽快完成项目征地和拆迁工作，对于征拆困难的地段充分利用总统二号法令加快征拆进度。充分利用各类资源，加快完成各类准入、许可办理，实现项目建设工期目标，将项目建设期成本超支控制在合理范围内。同时，加大属地化力度，建立培训中心，培训当地员工，最大限度使用当地劳动力，降低人工成本；深化设计工作，加强现场勘查，了解项目关联业主的诉求，并与项目公司 KCIC 充分有效地沟通，进行设计变更；尽量使用当地物资替代进口物资，加强物资设备集中采购管理，降低物资采购成本。

4. 技术标准风险防控措施

做好与印度尼西亚相关方对中国标准、中国技术的解释工作，在印度尼西亚当地材料标准满足高铁技术标准的前提下，最大限度利用印度尼西亚当地市场资源，满足合同最低本地成分要求，加强对现场水文、地质、征拆情况的调查，尽早优化设计方案，保证工程质量和进度。

5. 运营风险防控措施

协助项目公司 KCIC 提前筹划好高铁与雅加达和万隆轻轨、公共汽车

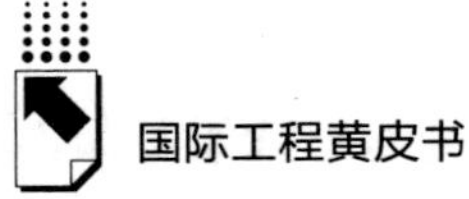

站、进站道路建设等公共交通网络接驳的配套建设方案，便捷民众乘坐高铁，同时加大高铁运营宣传力度，培养民众高铁出行习惯，完善高铁服务，提高运营初期高铁上座率，根据实际情况动态调整高铁票价和运营班次，降低运营成本，提高盈利水平。

6. TOD 开发风险防控措施

按照中国和印度尼西亚两国统一安排，协助项目公司 KCIC 推进 TOD 后续开发工作，争取实现项目可行性研究报告中有关 TOD 经济指标。

7. 新冠疫情风险防控措施

严格服从中国和印度尼西亚政府部门、业主、联合体关于疫情防控的相关规定和指令，根据疫情发展的不同阶段，采取有针对性的科学防控措施，制定应急预案，备足防疫物资，始终把职工的生命安全和身体健康放在首位，同时尽最大努力推进项目施工生产，将疫情对项目的影响降到最低。

（二）属地化经营和管理

1. 人员属地化

雅万高铁作为东南亚地区首个高铁项目，也是中国中铁股份有限公司“一带一路”沿线的标志性项目，实现了中国高速铁路从技术标准、勘察设计、工程施工、装备制造，到物资供应、运营管理和人才培训等全方位“走出去”，将对印度尼西亚现代交通体系建设起到良好的示范作用，是中国中铁股份有限公司境外业务的重要市场。

由于雅万高铁项目的复杂性，项目参与各方均面临很大的风险和挑战，主要体现在与项目干系人的沟通协作上，再加上国际项目的技术规范与标准不同，项目规模大、周期长，以及外部风险不可控等，项目经理部自成立以来，紧紧围绕“提高人员属地化管理成分，积极引进当地高层次人才”的总体思路，充分发挥人才优势，力求项目建设工作取得实效。通过结合当地法律法规要求，建立健全员工属地化管理制度以及规范化的管理体系，项目经理部印发《关于加强印尼语人才队伍培养建设的实施意见》，从而保证员工属地化管理工作持续健康发展，以充分利用和发挥属地化人才的优势与特点，降低项目管理成本。在印度尼西亚员工中积极选拔和培养一批忠实于企业、责任心强、有管理能力的人员，通过他们传递信息和思想，提高沟通能力。

（1）完善的人才选拔机制

一是与印度尼西亚当地人才招聘网站合作，大面积释放招聘信息和收集人才信息。二是接受印度尼西亚社会名流和政府官员或智库推荐，按照招聘流程甄选。三是建立人员流动和选拔机制。四是制定严格的招聘制度、流程和标准，在人员招聘上做到公开、公平、公正、科学合理，在保证人员素质和质量的基础上，引进各类优秀人才。

（2）健全的人才培养机制

根据印度尼西亚员工的职业特点，制定培养计划和方案，安排专人负责和跟进培养计划，并安排导师帮助新员工尽快成长。针对普通员工的培训计划主要包括入职阶段的价值观、文化、制度培训，以及工作阶段技能提升培训。针对管理人员的提升培训计划，主要包括管理知识和核心技能培训，通过开展不同类型的培训活动，在项目经理部内部营造良好的人才培养氛围，为项目经理部的建设工作奠定坚实的人才基础。

（3）合理的人才使用机制

坚持做到用人所长、用人所愿、专才专用、偏才偏用、大才大用、小才小用，实现人尽其才，才尽其用。同时在岗位的安排上，既考虑其专业技能，又考虑其兴趣和个性特点，尽可能将其安排到合适的岗位上，做到让各类人才各得其所、用当其时、才尽其用，合理地使用各类人才。

（4）丰富多样的人才保留机制

项目经理部在制定印尼籍员工管理制度时，充分考虑人才保留政策和激励制度。首先在项目经理部内部营造良好的工作环境和工作氛围，其次针对不同类别的人才，制定等级分明的薪酬档位（含薪酬和福利政策），开展多种多样的员工活动，如座谈会、员工生日集体分蛋糕活动，让员工充分感受项目经理部对他们的关怀，增强员工的归属感。

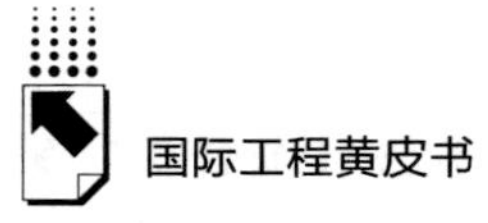

2. 采购属地化

项目经理部从项目前期策划阶段就对印度尼西亚当地市场进行深入调查，结合项目合同本地采购比例不少于60%的要求，明确大宗物资如钢材、工字钢、钢板、水泥、碎石、河沙、粉煤灰、外加剂统一集采，在当地招标采购。而对于其他需求量因各分部施工需求差异较大的物资，由分部自行采购，如管桩、土工布、柴油等。对于需要进口的物资除了离岸物资设备可以申请免税进口，其他物资设备需正常清关进口。在“四电”专业物资设备上，物资清单总计453项，原计划进口274项，本地采购179项。经市场调查后，确认需进口项降为223项，本地采购项增加至230项。

3. 合规属地化

雅万高铁项目的合规属地化主要是指在法律、监管、税收等方面必须符合印度尼西亚的规定和要求。强调遵守当地的法律法规，按照当地的规范开展经营活动。确保中国中铁股份有限公司在印度尼西亚合法合规运营，并避免违反当地的法律法规而产生风险和纠纷。具体来看，合规属地化包括以下几方面内容。

（1）法律合规

遵守印度尼西亚的法律法规，包括劳动法、知识产权法、环境法等。同时，遵守特定行业的监管规定，如金融机构需要遵循银行法、证券法等。

（2）税收合规

按照印度尼西亚的税法规定，申报和缴纳相应的税款，并按照规定提交相关的税务文件和报表。

（3）数据隐私保护

遵循印度尼西亚的数据保护法规，确保用户的个人信息得到妥善保护，并防止数据泄露和滥用。

（4）金融合规

遵循当地金融监管机构的规定和要求，确保风险控制和合规经营。

通过遵守印度尼西亚的法律法规和规范，有效降低项目风险，保护企业利益，并实现可持续发展。

四　项目评价

（一）经济效益

项目前期，中国政府与日本政府针对此项目的竞争异常激烈，中方最终以更具竞争力的优惠条件赢得该项目，成果来之不易；因与日方竞争，项目建设投资在启动阶段应控制在初步设计概算范围内，尽管承包商的报价高出初步设计概算较多，但 KCIC 要求承包商必须以初步设计概算确定项目 EPC 合同价格。由于初步设计概算基于 2016 年 3 月的基期价格编制，其中部分成本要素与印度尼西亚市场实际情况存在一定偏差，造成项目 EPC 合同价格偏低，尤其是土建工程存在较大的亏损风险。此外，项目执行过程中受到 KCIC 征地拆迁和资金支付滞后及新冠疫情等因素影响，承包商增加较多额外支出。

针对本项目特殊复杂的外部商务背景，项目经理部高度重视项目管理工作，开源节流，在严控各项支出的同时，群策群力，以“日拱一卒”的韧劲，最大限度争取项目计价收入。从项目经理层面来看，虽然计价收入取得了相对较好的成绩，但由于项目初步设计概算价格的先天不足，计价收入仍不能充分覆盖项目各项支出，项目施工期间，在股份公司和各参建子企业国内总部的大力支持下，经理部牵头各参建单位攻坚克难，最终确保项目如期竣工。

由于 KCIC 对承包商的后续计价支付还存在较大不确定性，项目总体盈亏情况目前还难以确定。从当前情况分析，如果后续剩余计价能按合同正常支付，参建的中铁四局、中铁电气化局的盈亏情况预计能基本持平；参建的中铁三局由于其工程管段位于山岭地区，施工环境较差，负责施工的隧道工程各项资源短缺，实际成本大幅高出初步设计概算，另外，中铁三局响应两国政府有关部门要求，顾全大局，支援了原属 WIKA 的帕达拉朗车站和 DK69 路基抢险加固工程等，在项目建成通车的最后冲刺阶段，体现了央企担当，保障了项目关键节点目标的实现，受到国铁集团和两国有关部门的嘉奖，但这期间发生的部分额外成本难以按原合同清单进行确权，预计中铁三局将存在一定程度的亏损。

（二）社会效益

雅万高铁的建设使得人员流动变得更加便捷，促进了城市之间的人口交流和文化交流。也为旅游业发展带来机遇，增加了游客流量和收入。

（三）环境效益

雅万高铁项目对环境的影响也需要关注。项目建设过程中，需要进行环境保护和生态恢复工作，减少对自然环境的破坏。同时，高铁的使用可以减少道路交通拥堵和尾气排放，对环境具有积极影响。

（四）合同履约

雅万高铁作为“一带一路”标志性项目，自开工以来，项目经理部坚决贯彻落实习近平总书记关于雅万高铁的重要指示批示精神，以及中印尼两国领导人历次通话达成的重要共识，积极落实国家发展改革委等有关部门的具体要求，遵照国铁集团的决策部署和安排，克服征拆、疫情、资金等多重困难。按照 EPC 合同和联合体约定的工程范围，项目经理部已经完成初始合同份额的 100%，并基本获得对应竣工计价支付，合同履约情况良好。

项目经理部应两国政府和项目业主的要求，对帕达拉朗车站工程等进行大力支援，为项目顺利推进做出巨大努力，受到各方的高度认可，印度尼西亚海统部为项目经理部颁发奖状。

五　项目收尾工作

雅万高铁项目作为一个基础设施建设项目，项目经理部制订收尾工作计划主要考虑以下六个方面。

项目验收和竣工：确保项目按照合同要求完成，并通过相关部门的验收。完成所有必要的手续和程序，包括提交竣工报告、验收材料等。

设备清理和拆除：对于项目中使用的设备和临时设施，要进行清理和拆除。按照合同要求，对设备进行退还或处置，并对场地进行清理、修复和恢复原貌。

材料和资源回收：对于项目中仍有价值的材料和资源，如钢材、混凝土等，可以考虑进行回收利用，以减少浪费和保护环境。

人员安排和遣散：根据项目的实际情况，进行人员的安排和遣散。对于裁撤的项目管理团队和相关人员，结合个人意愿安排其参与其他项目，或者按照合同约定进行遣散和办理离职手续。

资料整理和归档：对项目相关的资料和文件进行整理和归档，保存好重要的信息和数据，以备日后参考和使用。

宣传和总结：项目收尾工作完成后，将进行宣传和总结工作，并向相关部门展示项目的成果和影响。发布退场报告，总结项目的成功经验和教训，并提供对未来类似项目的建议和见解。

在项目的收尾计划中，应充分考虑合同规定、法律法规以及环境保护等方面的要求，确保退场过程的合法性和可持续性。与相关部门和单位进行沟通和协商，确保退场计划的顺利实施。

结　语

雅万高铁项目是中国和印度尼西亚两国合作的一项重要成果，对印度尼西亚的经济社会发展具有重要意义。项目建设和运营已取得显著成效，为印度尼西亚提供了高效便捷的交通选择。然而，项目也面临一些挑战和问题，需要相关方面共同努力解决。未来，印度尼西亚政府应继续加大投资力度，提高项目管理水平，确保项目的可持续发展，为印度尼西亚的经济和社会发展做出更大贡献。

Y.19
阿联酋巴布油田综合设施项目建设报告（2024）

中国石油工程建设有限公司*

摘　要： 本报告介绍了中资企业在“一带一路”重要节点阿联酋开展大型油田开发项目——巴布油田综合设施项目的基本情况。该项目是中资企业在国际市场承建的最大油田开发工程，项目建设体量大、技术标准严、施工组织难度大、原油处理指标苛刻。项目质量优异，管道一次焊接合格率超过99%，投产调试一次成功；累计实现6600万安全工时；项目建设和运营无“三废”排放，无安全环保事故。项目始终努力探索技术和管理创新，相继获得省部级科技进步奖一等奖、优秀设计一等奖、优质工程金奖、国家专利22项。项目投产后各装置实现安全平稳运行，各项指标均达到设计要求，为当地创造直接经济效益近60亿美元，拉动国内物资出口超一亿美元，劳务输出超3000人。项目在新冠疫情之下的高质量、高标准交付，树立了中国工程建设企业在国际市场的品牌形象，对持续深化中阿两国能源合作有深远意义，扩大了“一带一路”的战略影响力。

关键词： “一带一路”　油田开发　能源合作　巴布油田

---

* 执笔人：朱健，中国石油工程建设有限公司海湾地区公司总经理，高级工程师，研究方向为工程建设、企业与项目管理、项目质量评价等；吴家熬，中国石油工程建设有限公司海湾地区公司常务副总经理，高级工程师，研究方向为工程建设、企业与项目管理、项目质量评价等；李阿伟，中国石油工程建设有限公司海湾地区公司常务副总经理，高级工程师，研究方向为工程建设、企业与项目管理、项目质量评价等；林莉，中国石油工程建设有限公司质量安全部高级主管，高级工程师，研究方向为工程建设、企业与项目管理、项目质量评价等；刘洛夫，中国石油工程建设有限公司海湾地区质量部经理，高级工程师，研究方向为工程建设、企业与项目管理、项目质量评价等。

一　工程概况

（一）项目背景

近年来，阿联酋经济结构调整和多元化改革，为中国企业推动“一带一路”建设和投资带来更多商机。在国际经济复苏进程缓慢的背景下，阿联酋更加看重中国等新兴市场，希望搭上经济发展的快车，在能源领域与中国石油工程建设有限公司开展全面合作，吸引中国资金与技术，推动本国基础设施建设和工业化进程。在中东地区，中国石油工程建设有限公司紧抓“一带一路”建设带来的重大历史机遇，积极开拓海外市场，从跟随者、参与者到引领者，越来越多的建设项目得到国际石油公司的认可和赞赏。

巴布油田位于阿布扎比西南 160 公里沙漠区域，油田区域面积为 1125 平方公里。该油田自 1993 年开始生产，是阿联酋最大的油田，也是阿布扎比国家石油公司陆上公司（ADNOC Onshore）180 万桶/日产能的主力油田之一。巴布油田综合设施 EPC 项目是 ADNOC Onshore 的旗舰项目，该项目通过对油田综合设施实施改扩建，将原油产量提升到 45 万桶/日。中国石油工程建设有限公司利用中东的市场资源和成功执行项目的经验，经过三轮激烈竞争成功中标，于 2017 年 11 月 12 日与 ADNOC Onshore 签订巴布油田综合设施 EPC 总承包项目（BIFP）合同，合同金额为 17.6 亿美元，合同工期为 42 个月。

巴布油田综合设施项目是中国石油工程建设有限公司重组整合后在阿联酋获得的首个大型上游建设项目，被列入集团 2018 年 13 个重点工程建设项目。

（二）工程范围和工程量

项目工作范围包括 60 个站场、195 口井、988 公里站外管线和 183 公里输电线路的新建和改扩建工程。

（1）对已建的 1 个 BCDS 进行改扩建。BCDS 已有 7 列原油处理装置（1~5 列原油处理装置产量为 6.3 万桶/日，于 1993 年建成；6~7 列原油处理装置产量为 7.5 万桶/日，于 2004 年建成），本项目新增第 8 列原油处理装置（产量为 10 万桶/日）。原油 API 为 41℃~42℃，伴生气含硫化氢，含量约为 11%；其中，最大的 H2S 油层占比约 20%，油气比为 1600~3800。

（2）对已建的 10 个 RDS 进行改扩建，其中 5 个 RDS（RDS1、RDS4、RDS6、RDS8、RDS9）新增脱水功能。

（3）新建站场包括 4 个 PAD，以及 11 个 Mini PAD、11 个 Well Bay 和 4 个注水站；改扩建站场包括 19 个注水站。

（4）新建站外油井 43 口（站内外油井总数为 112 口），新建站外注水井 35 口（站内外水井总数为 83 口）。

（5）改扩建站外油气集输/注水管线 988 公里，其中新建集输管线 784 公里，拆除和更换线路集输管线 204 公里。

（6）新建 33KV 架空输电线路 183 公里。

（三）项目技术质量标准

项目技术标准体系遵循 ADNOC 技术质量标准体系，项目执行由工程和项目部门的一名副总裁领导。项目合同中规定了适用的项目规范，包括 ADNOC 技术规范，ADNOC 对壳牌标准 Shell DEP 的增补，壳牌标准 Shell DEP 和 SHELL MESC。项目合同中规定适用的 Shell DEP 版本。项目由业主和 PMC 组成联合管理团队，代表业主负责项目执行。项目对技术和质量标准的管理非常严苛，对合同技术和质量规范的任何偏离，都要经过业主总部技术中心的在线批准，如果没有以往 ADNOC 项目应用的成功经验，通过业主审批的概率非常小。

项目合同中的质量标准如下：

ISO 9001：2015-Quality Management System-Requirements；

SHELL DEP 82.00.10.10-GEN. Project Quality Assurance；

ADNOC EP 30.99.97.0006.1-Project Quality System Requirement（PQSR）。

（四）项目获奖情况

项目累计实现6600万安全工时；项目是疫情期间当地市场唯一按期投产的大型项目；项目先后获中施企协科技进步奖一等奖，省部级科技进步奖一等奖4项，中施企协工程建设项目设计水平评价一等成果及省部级优质工程金奖，国家优质工程金奖；获专利22项、技术秘密4项、软件著作权2项，出版专著1部；项目获“一带一路”国际项目大奖；项目获全球三维建模竞赛金阀门奖；项目营地被评为海外工程杰出营地。

二 项目重点和难点

阿联酋是油气高端市场，标准高、要求严，市场竞争激烈，对项目执行产生全方位影响，特别给安全、进度和成本带来巨大压力。阿联酋油气建设市场长期被西方公司垄断，巴布油田综合设施项目是阿布扎比国家石油公司于2017年推出的最大陆上油田开发项目，是“一带一路”倡议下中阿两国政府能源合作的超大型EPC项目。中国石油工程建设有限公司历经两年跟踪，与国际知名EPC承包商意大利Saipem公司、英国Petrofac公司、西班牙TR intecsa公司、韩国SK公司、日本JGC公司同台竞争，成功中标。中国石油工程建设有限公司拿下该项目十分不易，但是项目执行的成本压力巨大，要想在阿联酋市场生存和发展，可谓步履维艰。

（一）项目自然条件恶劣

项目所在地位于阿联酋沙漠腹地，气候炎热，夏季室外气温高达50℃，多风沙，气候恶劣，严重影响施工效率，对施工吊装、高空作业等影响较大。每年6~9月政府强制中午12：30~15：00休息，每年的斋月有30天时间从业主到施工现场当地员工的工作时间每天不超过6小时，施工效率大大降低，由于项目必须严格执行业主的作业票证管理制度，作业时间不能灵活调整，变相缩短了施工周期。

施工区域点多面广，跨度大，施工管理复杂。项目区域长 45 公里、宽 25 公里，覆盖整个巴布油区，单向通勤时间均在 30 分钟以上，加大了施工现场管理的难度。

（二）业主施工作业管理严格

项目施工地点均位于车间生产区内，安全风险高，巴布油区是硫化氢含量最高的区域，施工活动受到阿联酋政府和业主的严格监管，施工必须严格按照程序执行，这在一定程度上延缓了施工进程。本项目前期的拆除改造工作、老厂区扩建改造、停产连头等工作均受到业主的严格监管，所有施工活动必须通过票证管理系统批准，需要大量的票证管理员、票证协调员等，而且红区作业票必须在 48 小时前申请，车间对施工场地、安全措施等条件确认后才能给作业票，施工进展受到不同程度的影响。

人员、设备动迁要求高，界面管理多。项目施工地点受到业主的军事管理，加大了界面管理的难度。人员和设备必须办理油区入场证方能通过军事检查站，人员的体检、安全培训、入场证办理等基本需要 3 周以上。施工设备的动迁需要经过第三方的完好性检查，各项审查合格后方能向业主报验，动迁流程基本在 4 周左右。这延长了施工资源的动迁时间，提高了对施工计划的要求，间接增加了项目成本。由于项目用地和项目管线、电缆等要穿越军事围栏等，需要办理各项审批手续，大大增加了项目界面管理难度，一般情况下批准需要 3~6 个月时间。每天施工人员进场，需要经过军事检查站，通行时间较长，进而缩短了有效的施工作业时间。

（三）技术标准规范要求严格

项目在执行 BS、API、ASME、ASTM、ISO 等国际标准的基础上，还需执行 ADNCO Onshore 企业规范。各专业执行标准多，而且混杂，包括国际标准、业主企业标准、业主对国际标准的增补、项目规范等，各标准中还存在众多矛盾的地方，造成执行困难，澄清时间长。主要质量人员、安全人员、施工管理人员等必须经过业主面试，业主面试条件苛刻，对人员资历、资质要求很高，需要有业主项目工作经验、大型公司工作经验、油气行业工作经验等，中方人员很难通过面试，外籍当地招聘人员面试也较困难，给项目管理带来不小的麻烦。

（四）项目国际化程度高，多国籍、多文化融合的项目管理难度大

项目用工当地化（国际化）程度较高，多国籍、多文化融合的项目管理环境给项目管理团队带来一定的挑战。项目所在国阿联酋要求提高项目国际化用工水平，项目不仅要发挥中方骨干人员的核心作用，也要充分利用当地工程建设人力资源市场，借鉴当地的施工经验和管理经验，助力项目执行。项目国际化比例超过85%，涉及巴基斯坦、印度、埃及、约旦、英国、巴勒斯坦、俄罗斯、委内瑞拉、意大利等20多个国家，中方企业和中方管理人员如何融入和带领多元文化的国际化团队，消除文化和理念差异，成为一门必修课。项目部倡导团结协作的国际化团队氛围，摒弃差异，相互尊重包容，让他们了解中方企业文化，用自身实力赢得尊重和认同，为外籍员工赋能，让他们发挥主观能动性，发挥他们的语言和经验优势。中方员工在项目执行过程中也要向外籍员工学习，积累管理经验，培养人才。

不仅项目管理人员当地化，项目施工人员也大量招聘和使用本地员工。高峰时本地员工有9300多人，提高了阿联酋的社会就业率，是中阿产能合作项目的典范。项目施工人员以自有内部中方人员为关键施工力量，大量雇佣第三国施工人员，大大降低施工成本，但是加大了施工管理的难度，第三国施工人员主要来自印巴地区，施工技能不高、施工人员管控难度大等，项目部增加对其岗位技能的培训，利用中方施工人员“传帮带”，使其满足项目施工要求。由于业主要求和项目当地化要求，项目部同时把大量的专业工作、施工任务分包给当地施工承包商，如GRE管线安装、地勘、土建施工等，这也加大了国际分包商分包管理、使用管理的难度。

（五）现场施工组织管理难度大

项目的地域跨度大，工艺装置复杂，参加项目施工的人员和分包商众多，这给施工现场管理带来巨大挑战。按照流程和物理位置将现场划分为四个区域，实现分区控制、化整为零，根据施工先后顺序各个击破。施工管理人员根据施工需要，尽快设置施工临时设施，开展前期的部分拆除和改线工作，使项目能尽快开展土方平整作业，为项目前期土建施工创造良好的条件。施工管理人员每天要协调业主、车间、作业票等外部事务，也要根据施工现场需求，协调急需的设计图纸、工程材料等，以现场需要为主，充分发挥设计采购施工一体化优势，提升项目施工组织管理水平。

项目部成功实现业主提出的首油目标和停产连头目标。业主项目中期提出要实现首油和部分停产连头目标，实现部分站场和油井投产的目标。时间非常紧张，项目部通过认真梳理，确定了设计文件、关键材料、施工准备的细节，全程跟踪落实，最终成功实现了部分油井投产的目标，完成首油站场的停产连头任务。

（六）采用模块化设计和工厂化深度预制与建造

在策划阶段，巴布油田综合设施项目提出对关键管汇、压缩机、化学加药单元、仪表风氮气发生单元、外围场站的配电室/控制室等采用模块化设计、工厂化建造、一体化安装的执行策略。项目从设计源头开始，联系供货商等，实现设备撬块化。实现撬块化设计、建造、整体到货、安装，大大减少了现场施工量、加快了工程进度、节约了成本、提高了交付质量。

提高工艺管道和钢结构场外工厂预制水平。油田地面建设涉及大量管道和钢结构焊接，这也是工厂化预制的重要内容。面对紧张的工期和施工现场严苛的施工管理，为缩短工期、控制现场施工安装成本，项目部大力推进工艺和钢结构预制工作，努力在阿联酋寻找业主短名单内的预制承包商，项目部加强与设计和施工现场的协调，在满足施工现场工序要求的条件下，尽快完成设计，开展场外的预制工作，为预制件按时到达现场创造条件。

（七）克服疫情的影响顺利交付项目

新冠疫情对项目实施产生巨大的影响。巴布油田综合设施项目是一个国际化项目，人员用工全球化，物资采购全球化，疫情对项目的人员流动和物资采购造成巨大影响。供应厂家以国际供货商为主，疫情直接导致各国口岸关闭，全球供应链运转停滞。作为劳动密集型行业，施工高峰期项目有 1 万多人，来自十几个国家，疫情防控难度大。项目需要的人员和物资不能按时到位，项目组织面临困难。项目部只有做好准备，克服困难，安抚现场施工人员情绪，加大疫情管控力度。高峰期项目员工超万人，住宿、乘车、餐饮、盥洗等生活场所人员密集，作业场所人员流动性大，聚集性感染风险大。项目部始终把员工的生命安全和身体健康放在首位，通过采取系统性防控措施，加强对重点人群、重点场所的防控，精准施策，有效地防控了疫情，保护了员工的身体健康，同时没有因为疫情停工停产，为项目生产经营目标的实现创造了条件。多数人员不能按时休假，生理和心理上承受了很大的压力，为项目做出巨大贡献。人员滞留期间，项目部将加强对员工的关心关爱，帮助员工缓解精神压力，解决实际困难，维护队伍稳定。按照时间节点完成各项工作，巴布油田综合设施项目成为疫情期间 ADNOC Onshore 范围内唯一按期完成的大型项目，并作为承包商代表，在业主的防疫会议上进行经验交流，让业主对公司的项目执行能力和交付能力有了新的认识。

三　项目执行策略

（一）项目目标

从项目策划阶段开始就确立建成高端市场典范工程，质量安全受控，按期交付，有可观的经济效益，培养一批国际化人才的目标。项目启动以后，按照“以我为主、国际化和伙伴关系”的原则，巴布油田综合设施项目部打造了以中方人员为骨干、外籍员工为主体的管理团队，充分利用公司 E、

P、C 一体化优势，构建了各专业、多层面相互沟通交流的会议机制。在各级领导的关心指导下，着力做好前期各项准备工作，保证整体进度，质量安全受控，项目在效益、进度、质量和安全等方面都取得了良好的成绩，全面完成项目预设的四大目标。

（二）项目组织与管理模式

巴布油田综合设施项目部新设置 4 个区域项目部，提升了项目管理效率。巴布油田综合设施项目部下设综合管理部、设计管理部、采购管理部、施工管理部、开工试运部、合同管理部、计划控制部、HSE 管理部、QA/QC 部、文控部，共 10 个职能部门。

巴布油田综合设施项目部为项目主任负责制，项目主任直线管理项目部各个部门和 4 个区域项目部。各个部门分设中方经理 1 名、外籍经理 1 名，工程师若干，除跟业主联系紧密的个别部门外，基本上以中方经理为主、外籍经理为辅，既确保项目和部门的整体运行，又可以充分发挥外籍经理的语言以及沟通优势。

巴布油田综合设施项目部组织机构和新型管理模式，在项目运行过程中发挥了巨大作用。项目部大量雇用外籍管理人员，密切了与业主各个部门的沟通，又为项目降低了人工成本和缩短了动迁周期。由区域项目经理牵头，组织各部门相关专业人员集中处理区域项目问题，既提高了项目运行效率，又为项目节省了宝贵的管理资源。各区域项目部现场办公，既同各分包商紧密联系，又可以第一时间掌握现场情况，及时解决各种问题和突发情况，保证项目平稳运行。

（三）执行策略

根据合同要求，巴布油田综合设施项目部克服设计工作量大、人员运迁周期长、原材料价格上涨带来的不利因素，积极与业主沟通，逐步实现理念融合、体系融合，确保项目按计划运行。在设计管理上，充分发挥中国石油工程建设有限公司自有设计力量，整合国际优势设计资源，全面开展工程详细设计工作，同时加大与采购团队密切配合和现场的技术支持力度。采购方面，依托公司采购中心全球采购能力，以及多年在阿联酋实施工程的国际采购经验和积累的国际供应商资源，全球化采购与本土化采购相结合，不断提高国际采购效率。在施工管理上，实施划区域管理，将整个项目按区域和功能分成4个子项目，按业主确定的投产目标，合理统筹现场施工作业，管理人员提前进驻现场，掌握一手资料，提前筹划，开工前完成所有审批程序。核心管理人员靠前指挥，加大管理力度，建立一日两会制度，早安排、晚落实。合理谋划、超前部署，计划为纲、层层压实。在质量管理上，建立健全质量管理体系，编制质量管理文件，对设计、采购、施工等实施全过程质量控制。

（四）资源整合

中国石油工程建设有限公司抽调具有丰富经验的技术和管理人才组建巴布油田综合设施项目部，作为项目执行的主体。在项目部的总体管理下，根据公司内外优质资源情况对各主要工作进行统一调度。

勘察测量、现有设施建模：由华东岩土分公司执行，根据其技术和能力，在项目部统一管理下，由其代表项目部在当地寻找勘察测量合作伙伴，降低成本和加快动迁。

详细设计：由中国石油工程建设有限公司中东设计中心执行，优先调集现有人力资源，对不足部分通过外部招聘和第三方临时雇用的方式进行补充。

采购：在项目部的统一组织下，统筹公司内部和公司采购中心的力量，进行国际招标和采购。考虑到项目物资采购规模巨大，库房管理任务繁重，项目中心库房建设和运营由中油七建公司负责。

施工：以公司内部任务分配单的形式分配给中油一建公司和中油七建公司，工艺、管道、设备等核心施工内容，分别由中油一建公司和中油七建公司自有安装队伍独立完成。对于土建等辅助性施工内容，分别由中油一建公司和中油七建公司根据当地市场资源进行多种形式的分包。中油一建公司作业范围包括巴布中央脱气站（BCDS），#1、#3、#4、#6、#7、#10 远程脱气站和邻近的井场、单井与管线等。高峰期计划中方员工约 2000 人，外籍员工约 4500 人。中油七建公司的作业范围包括#2、#5、#8、#9 远程脱气站和邻近的井场、单井管线等，计划中方员工约 1200 人，外籍员工约 2500 人。

高压输电线路：根据业主招标的分包准入要求，对油田 183 公里的高压输电线路，由当地分包商 NCC 执行，该公司是中国石油工程建设有限公司在当地的长期合作伙伴，是一家经验丰富的油田输电线路承包商。高峰作业时期总人力达 1500 人。

试运：巴布油田综合设施项目部进行总体的组织策划和管理，由分包商中石油管道局试运投产公司进行具体操作和实施。

四　项目业绩

在合同签订后，中国石油工程建设有限公司充分发挥人才、技术等优势，充分调动各方资源，特别是 2020 年初新冠疫情发生后，全球各地都采取了各种防控措施，对人员动迁和采购供应链造成严重影响，大量人员动迁受阻，预订的设备和材料到货延期。巴布油田综合设施项目团队克服各种难以想象的困难，积极与业主沟通，采取集中资源优先满足业主稳产和增产的要求，按照合同计划先后实现首电、停产连头、首油一期、首油二期、BCDS 投产等一个个节点目标。项目执行期间在经营绩效、合同履约、国际高端市场大型项目的管理和运作、社会拉动效应等方面都取得了良好的成绩。

（一）合同履约

原合同工期为 42 个月，自 2020 年初新冠疫情发生以来，项目部克服了国内外人员动迁冻结、采购和物资供应链中断、现场营地被封锁的重重困难，及时调整和优化项目执行策略。在确保巴布油田稳产增产的前提下，项目部对投产顺序进行了局部调整且获得了业主批复 10 个月的疫情工期补偿，在疫情最严重的这两年里，项目部集中优势资源逐个打歼灭战，并于 2022 年 2 月 28 日获得业主签发的项目临时验收证书（PAC）。项目虽然在关键时期遭受了疫情带来的严重不利影响，但是疫情期间广大党员干部一直坚守前线并靠前指挥，体现了一个负责任大公司的责任担当和出色的项目执行能力，为疫情防控期间该国的社会和经济稳定做出突出贡献。经过巴布油田综合设施项目的磨炼，中国石油工程建设有限公司与 ADNOC Onshore 各个层级都建立起了良好的伙伴互信关系，尤其是获得 ADNOC Onshore 高层的认可，对后续中国石油工程建设有限公司乃至其他中资企业承揽更多阿联酋的大型项目奠定良好的基础。项目主要的节点如下所示。

（1）2020 年 6 月 24 日：33kV 高压输电线路Ⅰ送电成功。

（2）2020 年 12 月 1 日：首油Ⅰ期成功投产。

（3）2020 年 12 月 31 日：首油Ⅱ期成功投产。

（4）2021 年 4 月 15 日：RDS1 成功投产。

（5）2021 年 5 月 19 日：中心处理站投产成功。

（6）2021 年 7 月 12 日：RDS4 成功投产。

（7）2021 年 8 月 25 日：RDS8 成功投产。

（8）2021 年 8 月 25 日：RDS9 成功投产。

（9）2021 年 8 月 29 日：RDS5 成功投产。

（10）2021 年 11 月 29 日：33kV 高压输电线路Ⅱ送电成功。

（11）2022 年 2 月 28 日：项目 PAC 证书签署。

（二）优良的质量业绩

项目部应建立涵盖设计、采购、施工和试运开车各阶段的管控措施，以确保质量控制措施得到成功落实，项目实施过程中全面完成质量目标：项目未发生较大质量事故；项目按照合同 100%履约；设计输入都经过评审和批准；到货物资检验率 100%且记录完整；项目长输管线焊接合格率为 98.03%，工艺管线焊接合格率为 98.79%；投产区域均一次投产成功。

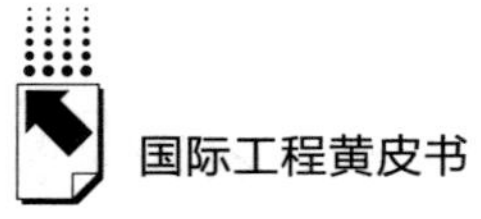

（三）HSE 业绩

中国石油工程建设有限公司坚持“以人为本、预防为主、全员负责、持续改进”的方针，按照“管理要严、检查要勤、宣传要广、培训要细”的要求、中石油集团公司“反违章六条禁令”和“HSE 管理九项原则”以及 ADNOC Onshore“生命保护条款”精神，开展 HSE 日常管理工作。HSE 目标完成情况：工业生产一般事故 0 起；交通亡人责任事故 0 起；火灾、爆炸事故 0 起；Ⅲ级及以上环境事件 0 起；中方员工被绑架或致死事件 0 起；巴布油田综合设施项目已累计完成超 6600 万安全工时，中国石油工程建设有限公司被 ADNOC Onshore 评为 HSE 管理优秀承包商。

（四）疫情防控业绩

2020 年初新冠疫情发生，项目部领导高度重视，多方筹集防疫物资，严格落实各项防疫工作。项目部立即成立疫情防控组织机构，明确防疫职责，实行领导干部分区负责制度，确保公司疫情防控要求得到贯彻执行。结合现场工作实际和疫情发展变化情况，一手抓疫情防控，一手抓生产经营，做到“两不误、两促进”。自新冠疫情防控工作从应急状态转为常态化以来，零星散发和局部聚集性病例频发，高致病性和强传染性变异新冠病毒肆虐，根据《中国石油工程建设有限公司新冠肺炎疫情防控常态化工作方案》、中石油集团公司《新冠肺炎疫情防控常态化工作方案》和《新冠肺炎疫情防控特殊敏感时段升级管理方案》等文件制定了巴布油田综合设施项目的常态化疫情防控方案。疫情防控精准科学，项目执行期间项目部员工实现了零感染和零死亡的目标。

五　项目评价

（一）提升了高端市场大型项目运作和管理能力

巴布油田综合设施项目体量大，作为 EPC 项目的主体，其设计、采购和施工的单项工作量巨大，项目高峰时期参建的总人数超过15000人，现场直接参建人数超过12000人，这些员工来自30多个国家，而项目部管理人员不到200人，项目运行期间借助现代化的管理手段，确保各个环节有序衔接。通过该项目中国石油工程建设有限公司积累了国际大型项目的管理经验，并且培养和锻炼了一大批懂业务、精通外语的复合型人才，为中国石油工程建设有限公司未来在中东地区的发展奠定了坚实的人才基础。

项目设计文件达到18596份，须设计批准的厂家文件有14440份，高峰实际保持近500人的设计团队，所有文件都必须经过业主PMC团队的严格审批。

各类物资采购订单数量为138个，总采购金额达6亿美元，供应商遍布全球。采购询价、技术澄清、订单下达、催交检验都要严格符合业主的过程控制要求。

现场施工除中国石油工程建设有限公司自有的3家施工单位外，还有各类施工分包和专业分包单位，参加现场施工的人数高峰时期达12000人。

（二）社会拉动效应

通过该项目，大批国内的供应商合作伙伴在中国石油工程建设有限公司的推动下进入阿联酋市场，得以在ADNOC Onshore的高端平台上获得展示和锻炼的机会，带动国内生产企业的转型和升级，转向更高附加值的产品生产和供应，带动国内物资出口超1亿美元，为后续打开国际市场奠定基础。如国内生产抗酸钢管的企业天津钢管厂，生产冶金复合管的沧州隆泰迪和苏州锐迈，生产管线阀门的温州伯特利等厂家。在项目实施过程中，各大生产企业均十分重视，集合各自技术力量和生产能力，按时交付大量设备和材料，对项目的稳定运行提供了极大的支持，在国际舞台上与中国石油工程建设有限公司共同展现了中国公司的整体实力。

项目执行期间为提高ICV值，大量订单和服务合同交给当地的厂家和分包商执行，如玻璃钢管线、3LPP管线防腐、复合管预制等，拉动当地的就业和经济增长。另外，项目部雇用大量来自不同国家的技术、管理和劳务

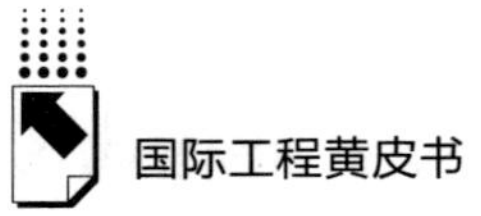

人员，经过长期磨合，逐步使他们了解并融入中国公司的企业管理和企业文化之中，使中国石油工程建设有限公司在阿联酋人才市场树立良好的口碑，提高了对国际化人才的吸引力，为提高中国企业乃至中国的国家形象和国际地位起到良好的示范和引领作用。

项目投产后各装置实现了安全平稳运行，各项指标均达到设计要求，原油产量稳定在 45 万桶/日，为当地创造直接经济效益近 60 亿美元，劳务输出超 3000 人。项目的高质量、高标准交付，树立了中国工程建设企业在国际市场的品牌形象，对持续深化中阿两国能源合作有深远意义，扩大了“一带一路”的战略影响力。

Y.20
卡塔尔卢塞尔体育场项目建设发展报告（2024）

中国铁建国际集团有限公司*

摘　要： 随着科技水平的提升和体育事业的不断发展，近年来我国建设了多座综合性的大型体育场馆，不少企业已经在综合性体育场的设计施工领域掌握了许多关键技术。但我国从未举办过世界杯赛事，我国企业不仅缺乏建造世界杯体育场的成功经验，对世界杯体育场馆的建设标准研究也不充分。2022年卡塔尔世界杯主场馆卢塞尔体育场是中国企业首次以设计施工总承包商身份承建的世界杯体育场，也是近年来中国企业参与建设的最具国际影响力的项目之一。该体育场在项目规模、投资总额、实施难度、技术先进性和国际化水平等各项指标方面，均已超过国家体育场鸟巢。卢塞尔体育场项目在策划、设计和施工过程中，完全按照国际足联要求和国际标准，并攻克了多项技术难题，全面系统地应用了BIM技术，不仅顺利实现竣工，保证了工程质量和安全，实现了进度和费用优化目标，还为中国企业承建世界杯体育场积累了大量先进技术和宝贵经验。本报告从国际足联设计标准对比分析、大型钢构受压环梁空中安装与合龙关键技术、超大跨鱼腹式索网提升技术和全生命周期BIM技术应用四个方面分别进行分析，希望为中国企业未来承建大型赛事体育场馆提供一些参考。

* 执笔人：王雷，中国铁建国际集团有限公司高级工程师，研究方向为国际工程项目管理；黄韬睿，中国铁建国际集团有限公司高级工程师，研究方向为国际工程项目管理；杨世杰，中国铁建国际集团有限公司高级工程师，研究方向为国际工程项目设计与技术管理；张健，中国铁建国际集团有限公司高级工程师，研究方向为国际工程项目BIM管理；丁言兵，中国铁建国际集团有限公司工程师，研究方向为国际工程项目安全管理。

关键词： 世界杯体育场 大跨度钢结构 鱼腹式主索网结构 BIM 技术 智慧建造

引 言

2022 年卡塔尔世界杯主场馆卢塞尔体育场是中国企业首次以设计施工总承包商身份承建的世界杯主场馆，也是目前中国企业建造的规模最大、技术最先进、国际化水平最高、实施难度最大、专业集成度最高的现代化专业足球场。作为卡塔尔 2022 年世界杯的主场馆，卢塞尔体育场在 2022 年 11~12 月承办了世界杯小组赛、半决赛、决赛和闭幕式等重大赛事活动，并在 2024 年 1~2 月承办了亚洲杯揭幕战和决赛，成为全世界 50 亿观众的关注焦点和无数球迷的足球圣殿。

本项目由中国铁建联合卡塔尔当地企业 HBK 以设计施工总承包商身份承建，项目于 2016 年 11 月 21 日开工，2022 年 9 月 30 日完工，耗时 2100 多天，包括设计、采购、建造和调试测试各个环节。中方参建人员超过千人，由来自全球 15 个国家的 110 家大型企业、4600 多名中外建设者协作完成，是中国企业进军国际顶级赛事体育场馆承包市场的标志性项目。

一 工程概况

（一）地理位置

卢塞尔体育场是 2022 年卡塔尔世界杯的主场馆，位于多哈以北约 15 公里的卢塞尔新城。卡塔尔从南至北全长 160 公里，东西宽约 80 公里，总面积为 1. 15 万平方公里，常住人口约 300 万人，与沙特阿拉伯接壤，与巴林隔海相望，相距仅 30 公里左右，首都为多哈。卡塔尔是君主立宪制的酋长国，国家元首称“埃米尔”。

（二）工程地质与气候

卡塔尔半岛位于基层岩石上的沉积岩厚度超过 10 米，表层土包含砂砾、碎石和小石块。场地总体上平整，海拔为 4.05~7.09 米，平均海拔为 5.60 米。第一层为回填土，多为 0.64 米厚的浅褐色到褐色的黏性砂质砾石；第二层为残积土，多为 0.32 米厚的致密、浅褐色到褐色黏土质、多沙、粗细混合、棱角到次棱角砾石，第三层为 6.19 米厚的弱中强度、浅灰褐色至灰褐色、细粒、白云质石灰岩，其中夹杂灰绿色泥沙；第四层为 5.71 米厚的弱中强度、浅棕黄色、细粒石灰岩，其中夹杂铁色、浅棕黄色泥沙；第五层为 2.82 米厚的弱中强度、浅灰褐色、伪角砾石灰岩，其中夹杂浅灰绿色泥沙、杂质和深黑色硅石；第六层为 12.20 米厚的弱强度至极弱强度、白色至浅棕色、多层的灰屑岩、钙质灰屑岩和灰泥岩；第七层为极弱强度、灰棕色至深褐色钙质灰屑岩，夹有弱强度灰屑岩和软弱层灰绿色泥沙。

卡塔尔属热带沙漠气候，气候炎热，沿岸潮湿。该地四季不分明，4~10 月为夏季，是一年中持续时间最长的季节。7~9 月气温较高，可达 45℃。冬季凉爽干燥，最低气温为 7℃。年平均降水量仅为 75.2 毫米。

（三）工程范围和要求

卢塞尔体育场总占地面积约 100 万平方米，包括体育场、媒体中心、广播中心、庆典中心、停车场、商业接待区、检票口、票务中心、祈祷房等，如图 1 和图 2 所示。

体育场建筑面积为 19 万平方米，包括酋长观赛室、超级 VIP、普通 VIP、包厢、标准比赛场地等（见图 3）。该体育场基础采用钢筋混凝土筏板基础；上部看台为钢筋混凝土框架、剪力墙核心筒结构，预制钢筋混凝土看台板；外围为钢结构，由压环桁架、V 形主钢结构和三角形幕墙结构组成；屋顶为大开口马鞍面造型的鱼腹式索膜结构。

卢塞尔体育场的功能要求主要包括以下几个方面。一是符合国际足联标准的体育场；二是 8 万张无视线遮挡座椅，在世界杯举行期间容纳观众

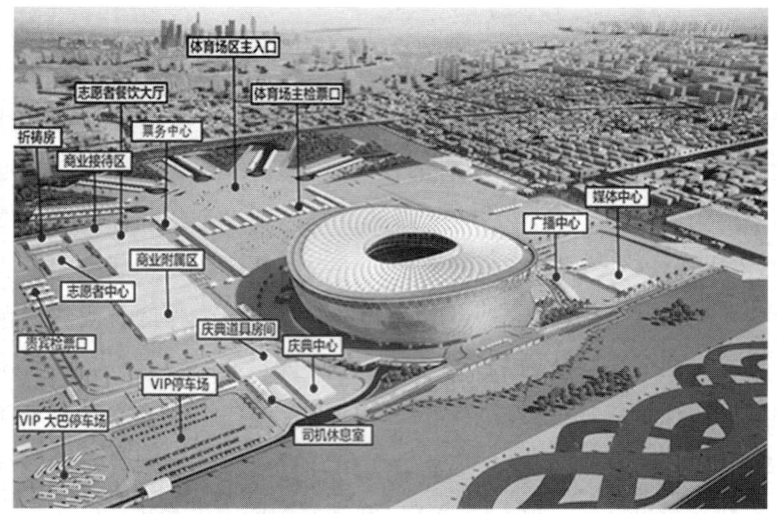

图 1　项目规划布置

图 2　项目效果

92100 人；三是有空调的外部座位；四是专属的普通 VIP 客人和超级 VIP 贵宾休息区；五是所需的 MEP 系统和服务；六是比赛场地、球队房间、进场区、退场区、卫生间、观众席、记者区、记分板以及其他附属设施（含外圈平台）。

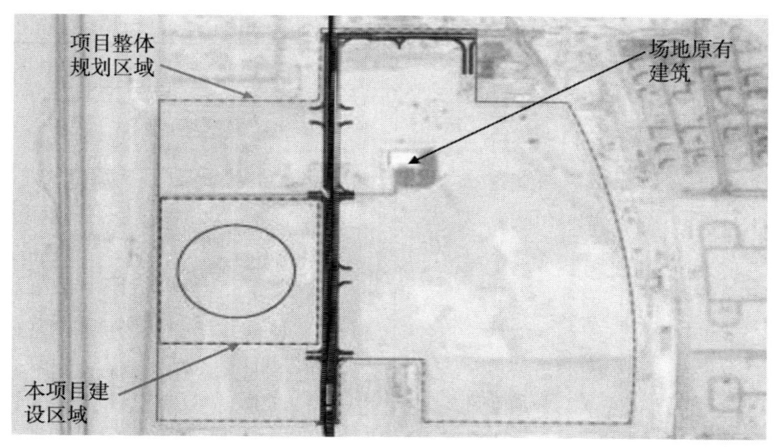

图 3　项目建设区域

其他特殊要求：设计需考虑赛后改造和二次利用，全过程 BIM 要求和绿色环保 GSAS 要求。

项目主要技术标准包括业主要求、合同技术规范、卡塔尔施工规范（QCS）等。

（四）项目参建方

项目主要参建单位和主要专业分包单位如表 1 和表 2 所示。

表 1　主要参建单位

参建方	中文名称	英文名称	国家
建设单位	2022 年卡塔尔世界杯资产建设与传承最高委员会	Supreme Committee for Delivery & Legacy	卡塔尔
项目监理	特纳国际中东卡塔尔分公司	TIME Qatar	美国
施工监理	路易斯·伯格工程咨询公司	Louis Berger International Inc.	美国
总承包商	中国铁建+HBK 联合体	HBK-CRCC JV	中国、卡塔尔
设计总包	澳昱冠设计咨询公司	Aurecon Group	澳大利亚

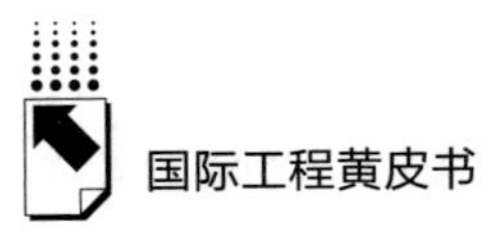

表 2　主要专业分包单位

分包方	专业	英文名称	国家
设计分包	体育建筑	AFL	英国
设计分包	钢结构	北京建院	中国
设计分包	暖通	Hilson Moran	意大利
设计分包	内装	MYAA	西班牙
设计总包	照明	Lighting Group	黎巴嫩
设计总包	音视频	AVC Group	英国
设计总包	餐饮	Falcon	美国
施工分包	主体钢构	精工国际	中国
施工分包	屋面索膜	巨力集团	中国
施工分包	索网张拉	北建工	中国
施工分包	机电工程	HBKE	卡塔尔
施工分包	体育专项	泛华体育	中国
施工分包	幕墙工程	Alutec	卡塔尔
施工分包	膜材工程	江苏海勃	中国

二　工程特点、重点和难点

（一）工程特点

1. 项目影响力大

国际足联世界杯是象征足球界最高荣誉、具有最大知名度和影响力的足球赛事，与奥运会和 F1 方程式并称为世界顶级三大体育赛事。作为世界杯决赛场馆，卢塞尔体育场是全世界几十亿球迷的关注焦点和足球圣殿。该项目受到中国政府、卡塔尔政府和国际足联的高度关注，国际足联主席、卡塔尔首相等高层领导多次亲临现场考察指导。新华社、央视、《人民日报》和《环球时报》等国内外主流媒体对卢塞尔体育场项目的相关报道已高达数千次。

2. 国际化程度高

本项目是全球最高规格的专业足球场，需要整合全球最优质的建筑业资源，因此本项目建立了国际化的项目管理和实施团队，并引入全球最优质的分包商、供应商、咨询机构、专业人才、物资设备和技术方案。本项目管理人员和劳务人员来自全球20余个国家，参建单位来自全球30余个国家，物资设备来自全球50余个国家，成为目前世界上管理难度最大和国际化水平最高的超大型工程之一。项目团队通过提升国际化水平实现了对全球优质资源的整合，采用先进的国际化管理体系突破了语言文化、宗教信仰和风俗习惯等方面的差异。中国铁建与卡塔尔当地合作伙伴建立的“优势互补、风险共担、利润共享”的紧密型联营体管理模式，已成为中国企业“走出去”管理模式创新以及与海外企业强强联合的典范。

3. 项目规模大

体育场观众容量为92100人（中国国家体育场鸟巢观众容量为91000人），是世界上规模最大的专业足球场之一。

4. 项目建设标准要求高

本项目是世界最高规格足球赛事主场馆，设计施工标准达到国际最高水平，目前我国在该领域的标准规范尚属空白，需要严格满足英标、美标、国际足联FIFA和卡塔尔的4个标准体系，并统一采用国际最先进的项目管理体系。

5. 智慧建造技术与智能化水平高

卢塞尔体育场是世界上首个在全生命周期中深入应用BIM技术的世界杯主场馆项目，也是中国企业首次在海外深入应用BIM技术的大型体育场。卢塞尔体育场是目前世界上BIM投入最大的项目之一，也是世界上全生命周期数字化与智能化程度最高的建筑之一。本项目已成为世界范围内融合多项新技术的智能建造优秀案例，为中国企业的BIM国际化树立了典范。

（二）工程重点

1. 世界杯顶级体育场馆设计施工标准体系

本项目在实施过程中深入研究了世界杯体育场功能设计和系统分类标准，并在工程实践中对看台布置、观众视线、集散通道、环境温度和草坪培植等专项标准与新技术进行了创新应用。

2. 超大型国际项目的管理模式创新与资源整合

项目团队对国际化超大型项目的组织管理模式进行探索和创新，充分发挥紧密型联营体“优势互补、风险共担、利润共享”的特点，带领国内全产业链行业领军企业走出海外，勇担央企重任。

3. 全生命周期 BIM 技术创新应用

本项目在规划设计、施工建造、运营维护和赛后改建的项目全生命周期深入应用 BIM 技术，从而实现项目全生命周期的效益最大化。

4. 绿色设计施工技术创新应用

本项目严格遵循国际足联指定的最高级别的绿色建筑施工标准（GSAS），确保项目在绿色施工和可持续发展方面达到世界最高水平。

（三）工程难点

1. 项目复杂度高、实施难度大

本项目的单件 450 吨超大钢结构运输吊装难度世界之最，项目部成功应用 1600 吨级履带吊配合穿心千斤顶技术实现单机起吊精准就位；本项目的大型钢结构施工误差不超过 3 毫米，为世界同类项目最高等级施工精度控制标准；本项目是目前世界上专业接口最多、技术最先进、系统集成度最高的体育场之一，包含 30 多个专业大类、45 个专项设计、99 个机电子系统和 500 多个分专业 BIM 模型；本项目位于中东地区，夏季气温极高（最高气温接近 50℃，地表温度接近 70℃），施工环境极其恶劣。

2. 全生命周期 BIM 应用难度大

本项目设计团队在全生命周期应用 BIM 技术，由 500 多个专业模型实现100%正向设计。应用深度涵盖LOD200的方案设计、LOD300的施工图设计、LOD400的深化施工图设计和LOD500的竣工图设计。本项目建立了统一数据环境（CDE），保证了BIM数据向建造管理系统（BMS）和资产管理模型（AIM）的有效传递。主要BIM软件超过30种，涵盖国际主流建模软件、专业分析软件和BIM平台等，主要建模软件为Revit和Tekla，整合软件为Navisworks。对全球所有设计分包商、施工分包商和供应商在进场前就进行BIM能力的系统测评，采用BIM技术促进管理流程和建造模式的优化，运用BIM技术近百项。

3. 世界级技术难题攻关

项目团队围绕体育场设计施工过程中的多项重大技术难题进行持续攻关，在世界杯顶级体育场馆建设领域打破西方垄断并取得一系列全球领先的科技创新成果，先后获得北京市科技进步奖一等奖、华夏建设科学技术奖一等奖、建筑创新应用大奖等多个奖项，多项技术经专家鉴定达到国际领先水平。

4. 新材料、新技术、新装备、新工艺的创新应用

本项目对多项世界领先的新材料、新工艺等进行研发和创新应用，包括纳米隔热保温涂料、新型单元铝板幕墙、水冷看台空调技术、模块化运输车（SPMT）技术、1650吨级超大型履带吊和穿心千斤顶吊装技术、高精度3D激光扫描技术、工业化全预制看台梁板技术、世界顶级足球场草坪培植和养护技术、新型节水灌溉技术、超大跨度鱼腹式屋面索网整体提升施工技术等。

三　国际足联与中超规程设计标准对比分析

目前，我国足球场建设领域的主要标准为中国足球协会在2013年发布的中超规程，而对世界杯赛事等高规格专业足球场馆的设计标准暂未有正式设计规程出台。因中超联赛为我国足球赛事的顶级联赛，该规程代表了我国顶级足球赛事体育场的技术标准。为顺利推动卢塞尔体育场项目实施，项目团队对FIFA世界杯体育场的主要技术指标与中超规程进行了对比研究。

（一）球场区

FIFA 标准与中超规程中对球场尺寸的要求都为 105 米×68 米，比赛场地及配套设施和设备都应遵守国际足球协会理事会颁布的《足球竞赛规则》。比赛场地区域包含球场及球场四周附属区，比赛场地尺寸为 125 米×85 米，球场与草皮的尺寸为 115 米×78 米。球场区示意如图 4 所示。

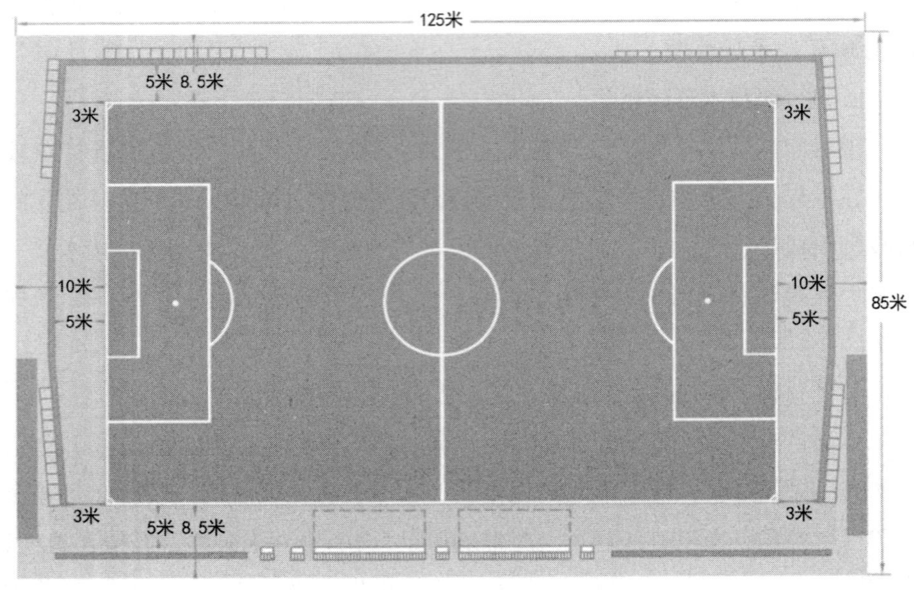

图 4　球场区示意

FIFA 标准中规定球场应为天然草皮或人工草皮。对于天然草皮，应保证必要的排水和灌溉设施，寒冷地区还应配备草坪地下加热系统，对于体育场微环境、光照阴影、风和空气对天然草皮产生的影响必须进行建模分析。虽然目前大部分顶级足球赛事仍旧选用天然草皮，但由于人造草皮技术的不断发展，人造草皮的优势正在逐渐显现，因此 FIFA 标准对人造草皮相关内容进行了详细论述。对于人造草皮，应严格遵照《FIFA 足球草皮测试手册》（FIFA Testing Manual for Football Turf）、《FIFA 足球草皮质量计划》（FIFA

Quality Programme for Football Turf）和《FIFA 足球草皮质量计划要求手册》（FIFA Quality Programme for Football Turf Handbook of Requirements），由通过 FIFA 认证的“优选供应商”（FIFA Preferred Producer-FPP）或“合格供应商”（FIFA Licensees）实施。人造草皮球场在完成由 FIFA 认可的第三方机构进行的实验室测试和现场测试后，可获得“FIFA Quality”或“FIFA Quality Pro”认证。其中，“FIFA Quality”认证有效期为 3 年，主要针对普通赛事球场；“FIFA Quality Pro”有效期为 1 年，主要针对各类高规格赛事专业球场。

FIFA 标准还对替补席、广告板以及观众与球场隔离措施等内容进行了明确规定。对于世界杯体育场，FIFA 标准要求每队替补席不应少于 23 个席位，广告板高度应为 0.9～1 米，反对使用不可逾越的围栏和屏幕作为观众隔离措施。

中超规程中与本部分内容对应的主要为第一章，规定球场必须为天然草皮，设计施工必须按照国家质量监督检验检疫总局 2006 年发布实施的《天然材料体育场地使用要求及检验方法》。表 3 为 FIFA 标准与中超规程中有关球场区的主要技术标准对比情况。

表 3　球场区主要技术标准对比

序号	对比内容	FIFA 标准	中超规程
1	草皮类型	天然或人工	天然
2	球场尺寸	105 米×68 米	105 米×68 米
3	草皮外延	每侧 5 米	每侧 1.5 米
4	草皮设计施工标准	《FIFA 足球草皮测试手册》等	《天然材料体育场地使用要求及检验方法》
5	替补席	每队 23 个	每队 14～20 个
6	球员通道	宽 4～6 米，长 15 米	未说明

（二）球队区域

FIFA 标准中规定世界杯体育场应在主看台一侧至少设置 2 个（最好设

置4个）相同配置的球队区域，球队区域的面积至少应达到250平方米，包括80平方米的更衣室、40平方米的信息室、50平方米的卫浴设施、30平方米的教练办公室、25平方米的装备管理室和25平方米的茶点区，每个球队区域旁边还应设置至少100平方米的室内热身区。裁判员休息室应按照性别分别设置，应能满足7~9名（5~7名男性，2名女性）裁判的使用。球队区域旁还应设置1个50平方米以上的球员医疗室、1个36平方米以上的兴奋剂检查室、2个40平方米的球童更衣室、1个300平方米以上的青年计划房间（FIFA Youth Program Room）等。

中超规程中与本部分内容对应的主要为第二章，同样对球队区域、裁判员休息室和各类功能用房的位置、数量、面积和配套设施进行了规定。表4为FIFA标准与中超规程中有关球队区域主要技术标准的对比情况。

表4　球队区域主要技术标准对比

序号	对比内容	FIFA 标准	中超规程
1	球队区域	2~4个,每个面积为250平方米	2~4个,每个面积为80平方米
2	球队区域内各房间	给出详细规定	未说明
3	裁判员休息室	2个,男性裁判员休息室面积为29~40平方米,女性裁判员休息室面积为19平方米	2个,每个面积为30平方米
4	球童更衣室	2个,每个面积为40平方米	40平方米
5	室内热身区	每队1个,每个面积为100平方米	未说明
6	兴奋剂检查室	面积为36平方米	面积为20平方米

（三）观赛区域

为观众带来安全、舒适和便捷的观赛环境是体育场设计的重要原则。在世界杯体育场中，为给观众带来极致的观赛体验，FIFA标准主要对以下内容进行了详细规定：应设置屋顶，防止日晒雨淋；观众座椅的尺寸、形式、间距、舒适性和观众视线标准；卫生设施的位置、数量及布置形式；餐饮设施的种类、位置、数量和尺寸；物流、存储设施的相关要求；公共广播系统、声学要求、计分与大屏幕；残疾人与视听障碍观众座席；票务与电子门禁系统。

中超规程中与本部分内容对应的主要为第七章，表 5 为 FIFA 标准与中超规程中有关观赛区域主要技术标准的对比分析。

表 5 观赛区域主要技术标准对比

序号	对比内容	FIFA 标准	中超规程
1	看台及座椅	详细规定了观众座椅的尺寸、形式、间距、舒适性和观众视线	禁止使用临时看台，座椅靠背不低于 30 厘米
2	卫生设施	每 1000 名男性配备 3 个马桶、15 个小便池和 6 个洗手池，每 1000 名女性配备 28 个马桶和 14 个洗手池	每 200 人配备 1 个马桶，每 150 人配备 1 个小便器
3	餐饮设施	详细规定了种类、位置、数量和尺寸	未说明
4	大屏幕	至少 2 个，每个面积为 70 平方米	未说明
5	残疾人座椅	占比为 0.5%～1.0%	未做数量要求

四　大型钢结构受压环梁安装工艺与合龙控制关键技术

卢塞尔体育场的外部主结构由 48 个 V 形香蕉柱和 24 节马鞍形闭合压环组成。当 48 根 V 形香蕉柱安装完毕后，压环便坐落在其 V 形柱顶部。24 节压环分为 4 个部分和 4 个合龙段，可以看作 4 条“龙”，每条龙又分为龙头、龙身和龙尾，每两条龙之间是合龙段（见图 5）。

（一）合龙段设置的意义

合龙段设计的意义主要体现在以下三方面：一是可以进行平衡施工，几个工作面可以同时启动，不存在相互制约的问题；二是合龙段可以更好地控制结构安装误差，使整个结构的安装误差最小化；三是可以更好地释放内应力，使结构整体更稳定和安全。

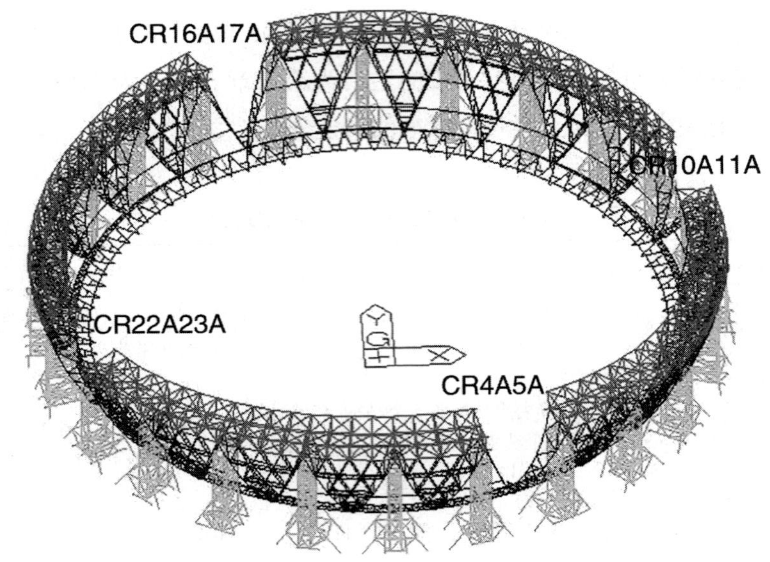

图 5　卢塞尔体育场合龙段的设置示意

（二）设计思路

大跨度钢桁架结构在需要形成闭环结构时，一般会设置两个或多个合龙位置，这通常取决于结构的尺寸、施工难度以及精度控制标准。国内很多体育场一般会设置两个合龙段，这样一方面可以更好地释放结构内部的应力以及变形，另一方面有利于精度的控制。而考虑到体育场压环为异形构架且尺寸较大，所以设计了 4 个合龙段，4 个合龙段均匀地将整个封闭压环分为 4 个部分。设计 4 个合龙段主要是考虑受力分析以及最大限度减少安装偏差。

本项目在设计初期对设置 2 个合龙段和 4 个合龙段的不同方案进行了对比分析。通过计算压环和 V 柱的最大承载力，以及压环和 V 柱的变形情况，最终确定了 4 个合龙段。为对合龙形式做出准确判断，设计人员对 2 个合龙段和 4 个合龙段分别进行了受力分析和变形分析。

1. 受力分析

2 个合龙段压环最大受力为 86 兆帕，V 柱最大受力为 126 兆帕；4 个合龙段压环最大受力为 79 兆帕，V 柱最大受力为 94 兆帕，发现 4 个合龙段的受力更小。

2. 变形分析

2 个合龙段下，压环的最大变形为 48.0 毫米，V 柱的最大变形为 37.6 毫米；而 4 个合龙段下，压环的最大变形为 37.0 毫米，V 柱的最大变形为 33.0 毫米。

通过对比 2 个合龙段和 4 个合龙段下压环与 V 柱的受力变形情况可知：4 个合龙段的方案更优，同时 4 个合龙段更有利于加快施工速度。

（三）合龙段施工精度控制措施

1. 测量

除合龙段以外的 20 榀压环安装完成后，利用高精度 3D 激光扫描仪对已安装压环和地面合龙段进行扫描，扫描对象主要有两部分：一部分是高空的位置关系，另一部分是地面上拼装压环的尺寸和空间位置。扫描完成后，现场工程师会根据实际结果进行 3D 匹配。正常情况下，地面上的位型和尺寸偏差不会超过 3 毫米，但是高空中无胎架支撑应力，会产生重力下挠和应力变形，导致管口的实际位置与理论位置存在三维方向的偏差，这会对合龙的对接造成一定影响。

除 3D 扫描外，在实际施工过程中利用红外线全站仪进行精准定位。每一个阶段的位型和状态是不一样的，由此计算出合龙状态下的理论位型，从而在高空进行微调，以不断满足设计位型。

2. 操作平台

为保证构件的对接精度和后续的焊接质量，在构件吊装前，提前设计安全可靠的高空操作平台（见图 6）。高空操作平台包括两部分：一部分是压环和 V 形柱对接的半永久性钢结构围栏，另一部分是压环和压环对接口的脚手架平台。

3. 温度控制

根据卡塔尔的气候特点，确定合龙时的温度为 25°±5°，以尽量减少温

图 6　高空操作平台

度变化对钢结构整体变形的影响。现场施工时，尽量在傍晚太阳落山后进行合龙焊接，调整好位型后，再进行最终焊接。

温度对合龙段构件变形的影响如表 6 所示。

表 6　温度对合龙段构件变形的影响

单位：毫米

构件	节点	图纸坐标			温度荷载变形量		
		X	Y	Z	DX	DY	DZ
CR16A17A	5759	−74656.7	134708.1	62685.8	6.7	27.9	11.8
	6223	−42519.0	148234.3	64689.7	−25.6	15.9	12.1
	12538	−38817.7	133299.0	67353.5	−25.0	11.8	18.9
	12540	−36887.3	131846.7	75453.2	−24.9	14.1	23.0
	12542	−41451.4	148857.8	72934.2	−27.4	19.1	15.7
	12544	−75952.4	134536.1	70142.8	5.9	31.1	14.8
	12545	−67160.3	119306.2	72843.1	7.3	25.6	21.7
	12547	−66812.7	121702.7	64974.4	8.8	24.2	17.7
CR4A5A	6222	42519.0	−148234.3	64689.7	25.5	−15.1	12.5
	12609	36875.0	−131850.9	75454.1	24.6	−13.3	23.0
	12611	38817.7	−133299.0	67353.2	24.7	−11.0	19.0
	12613	41434.4	−148863.6	72935.5	27.2	−18.2	16.0
	12615	66812.7	−121702.7	64974.4	−9.2	−24.0	17.6
	12617	67117.4	−119327.3	72847.4	−7.8	−25.5	21.8
	12619	75916.7	−134553.8	70146.2	−6.3	−30.9	15.0
	12678	74656.7	−134708.1	62685.8	−7.0	−27.7	11.7

4. 吊装设备的选择

最终合龙段的吊装设备选1250吨和1650吨的大型履带吊，同时1000吨吊车作为备用。选择更大型吊机是因为考虑到对接可能需要更长的时间，大型吊机长时间带载的安全系数更高。

5. 对接口处理控制

设置合龙段的目的是更好地控制安装偏差，将偏差控制在合理范围内。一般的对接口是直接进行匹配和焊接，但是在对合龙段的地面拼装时需要设计过渡板，这样可以减少在空中的大量无用调节，使安装更易操作。

（四）指导意义

1. 合龙段数量设置的思路

合龙段数量设置其实是设计和施工中最大的难点，因为合龙段并不是越多越好或者越少越好，必须达到一个平衡。一方面要符合设计要求且经过受力计算；另一方面要降低施工过程难度，保证施工过程顺利进行。本项目在参考了数个类似项目后，通盘考虑前期施工过程和最终的应力释放，确定合龙段的数量为4段。

2. 合龙段位置设置的思路

合龙段的位置主要是考虑受力最小且最稳定，兼顾施工便捷性等因素。本项目钢结构呈马鞍形，所以合龙段位置选在四个角，受力相对稳定且较小。

五　超大跨度鱼腹式主索网体系整体提升施工关键技术

（一）双层轮辐式主索网结构

体育场外观呈碗状，边缘为马鞍形，钢结构压环标高：+61.035米～+76.600米，结构投影面积为75000平方米。体育场直径约309米，屋盖中间有一个圆形开孔，直径为 122 米，东西两侧设置有天眼。整个体育场环向每 7.5°为 1 根主轴线，逆时针方向共设置 48 根主轴线，并按照建筑结构伸缩缝划分为 8 个区，球场草坪划分为第 9 区，如图 7 所示。

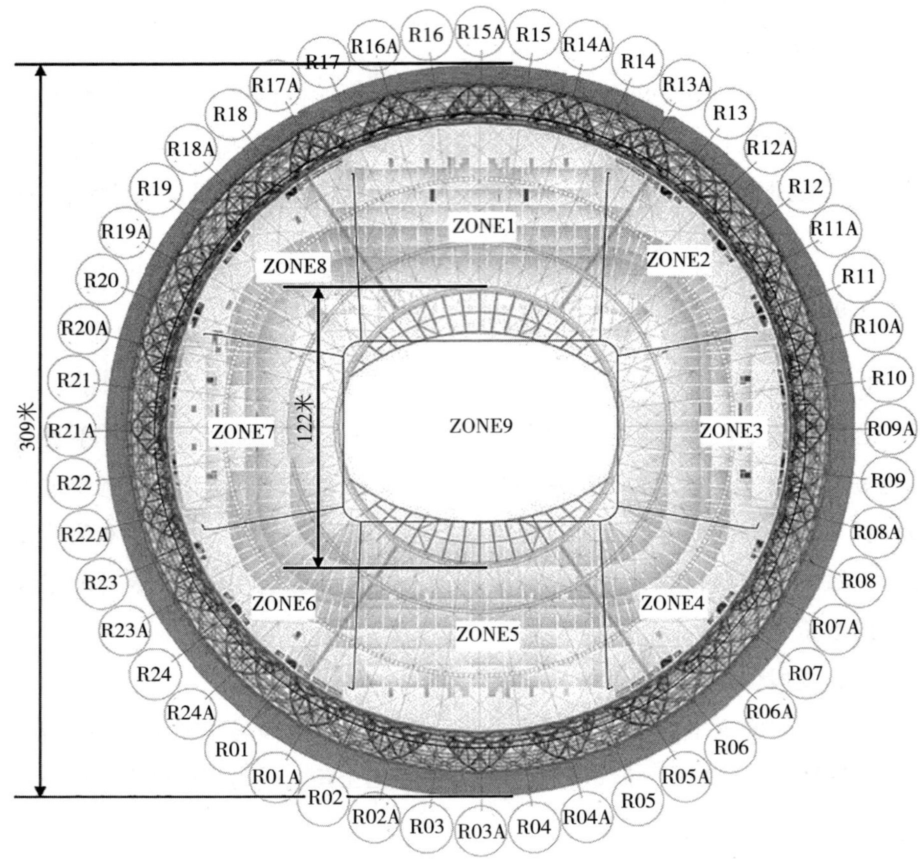

图 7　体育场屋面结构俯视图

双层轮辐式主索网是整个体育场屋面荷载的主要承重结构，如图 8 所示。主索网重 2320 吨，采用双层轮辐式张力结构，不同于国内外常用的只有单个拉环或压环的双层环张力结构，本项目的双层轮辐式主索网张力结构采用了双层拉环和双层压环，并与 48 榀鱼腹式径向索桁架连接而成。每榀鱼腹式径向索桁架由 4 根径向索与交叉节点板及 4 根撑杆连接而成。其鱼腹式交叉索网跨度达到274米，是世界上同类型索网体系中最大跨度的索网屋面单体建筑。

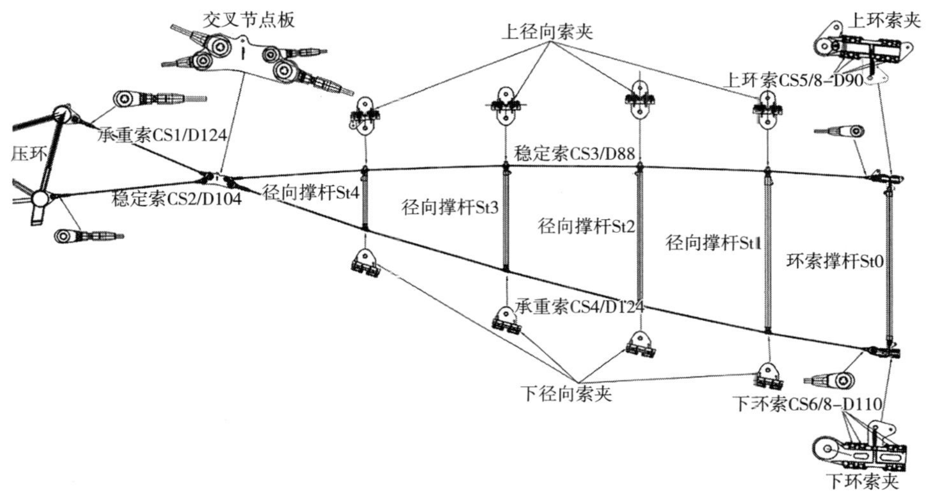

图8 索网结构示意

（二）提升方案对比

结合本工程实际情况，遵循方案的可行性、安全性和经济性选定最终实施方案。

1. 方案1：满堂式支架加两阶段径向索提升

本项目首先考虑传统的满堂式支架方案。通过满堂式支架平台铺设上下环索并安装环索索夹、环索撑杆及其交叉索和交叉节点板，先提升CS2（径向索），CS3（稳定索）直至就位并穿销轴锚固，其间完成径向撑杆安装。接着提升CSl（径向索），CS4（承重索）直至就位并穿销轴锚固。

根据项目实际情况，满堂式支架的搭设面积约50000平方米，高度为2~70米，虽然高出20米时可考虑采用钢结构框架，但是分析此方案施工荷载对预制看台板的作用发现，在看台板设计期间需额外考虑该部分作用，且方案本身对支架模板的用量巨大，经济性上没有优势，而且满堂式支架对看台板的占用时间较长，影响看台板上其他专业作业，所以未被采用。

2. 方案2：3阶段径向索提升

该方案第 1 阶段提升 CS2（径向索），CS3（稳定索）带上环索，直至就位并穿销轴锚固；第 2 阶段提升径向索 CSl（承重索）直至就位并穿销轴锚固，其间需要完成撑杆安装；第 3 阶段提升 CS4（承重索）直至与交叉节点板连接并完成销轴安装。

3. 方案3：上环索提升加两阶段径向索提升

该方案第 1 阶段利用临时工装钢绞线提升上环索系至 17 米的高空；第 2 阶段提升 CS1（径向索），CS4（承重索）直至就位并穿销轴锚固，其间需要完成撑杆安装；第 3 阶段提升 CS2（径向索），CS3（稳定索）直至就位并穿销轴锚固。

4. 方案2和方案3的优缺点分析

优点分析：

方案 2：不需要额外的环索提升工装、千斤顶及钢绞线，只需要每个轴线的双顶工装、千斤顶及钢绞线；省去了压环上环索提升所需的拱杆耳板；省去了上环索索夹提升所需的拱杆耳板；径向撑杆安装时，上径向索已经张拉到位，不需要额外的缆风绳，而且径向撑杆会更稳定。

方案 3：不需要在交叉节点板上增加提升耳板。

缺点分析：

方案 2：交叉节点板上增加提升耳板困难，且不切割影响美观，切割则涉及高空操作，而且节点板被动受力很大，不允许用割枪切割；CS3（稳定索）与交叉节点板的冲突存在对索及其锚具的面外弯矩，可能导致索跳丝和索头损坏。

方案 3：环索提升工装、千斤顶及钢绞线需要额外的成本支出；压环和环索索夹上拱杆耳板需要额外设计和加强，会产生额外的费用；径向撑杆安装不稳定，且需要额外的缆风绳固定。

综合考虑方案 2 和方案 3 的优缺点，并结合项目实际情况，方案 2 在交叉节点板上增加提升耳板的方案不易实现，方案 3 需要额外增加的成本经过测算满足预算要求，而且比较容易实现，最终选择方案 3 进行径向索提升。

（三）关键施工技术及其控制要点

主索网整体提升按照方案 3 实施，整个施工过程分成 9 道工序。在压环设计阶段一定要考虑主索网提升的工装耳板，并与压环同步加工和施工。

工序 1：径向索铺设和环索支撑架安装。铺设 CS3（径向索）、CS4（径向索）和环索，提升临时钢绞线用缆风绳固定，以防止滑落。该工序开始前要完成展索工装的设计和供货、径向索临时固定装置和环索支撑架的设计。另外，每束提升钢绞线的下料必须是左捻和右捻各一半。

工序 2：上环索系及其提升工装安装。上环索系铺设和安装包括上环索铺设、索夹吊装及环索入槽后精调、索头连接、安装索盖及其螺栓紧固、钢绞线挤压锚固并与环索提升叉耳及千斤顶工装连接、叉耳与压环承重索耳板和上环索夹的拱杆耳板分别连接、CS3（径向索）的固定端索头与上环索夹连接。该工序需要注意环索入槽时索夹的位置，要严格按照工厂标定的位置安装，偏差控制在 3 毫米以内；环索索头调节丝杆长度的复核；钢绞线与千斤顶连接前先安装梳理板，待整体与环梁上的拱杆耳板连接后，梳理板从钢绞线上端疏落至下端后再与环索提升耳板连接。

工序 3：上环索提升。上环索提升并脱离环索支撑架，上环索继续提升，直至各轴线达到仿真模拟的位置，采用全站仪扫描法实测后与模拟的位形拟合，对偏差较大的轴线进行微调。该工序要注意当上环索系脱离环索支撑架时要提前排除可能影响其脱离的构件，并在脱离过程中逐个检查确认。提升过程中各轴线的最大索力不应大于模拟计算中最不利工况下对应的索力。

工序 4：下环索系和撑杆交叉索安装。下环索铺设、索夹吊装及环索入槽后精调、索头连接、安装索盖及其螺栓紧固、安装环索撑杆、安装交叉索。该工序同样要注意环索入槽时索夹的位置和环索索头调节丝杆长度复核。

工序5：下环索系脱离支撑架。钢绞线挤压锚固并与承重索提升叉耳及千斤顶工装连接、叉耳与压环上的工装耳板连接、铺设CSl（承重索）并与提升工装连接，吊装交叉节点板到支撑架分别与CSl（承重索）固定端和CS3（径向索）、CS4（径向索）可调端的索头连接，CS4（径向索）的固定端索头与下环索夹连接，提升上环索系并通过撑杆和交叉索带动下环索系脱离支撑架。该工序开始前需要完成交叉节点板支撑架的设计，在交叉节点板和其支撑架一起吊装到看台板上时必须用缆风绳固定，确保安全。

工序6：交叉节点板和CS4（径向索）脱离看台板。为缓解CS4（径向索）提升过程中对预制看台板墙体的水平推力，承重索提升至交叉节点板脱离看台板后，需要交替提升承重索和上环索工装直至CS4（径向索）陆续脱离看台板。

工序7：径向索撑杆安装。当48个轴线的CS4（径向索）全部脱离看台后，开始从外场向内场对称安装径向索撑杆STl~ST4，每根撑杆用2根环向缆风绳固定，每根撑杆顶部用吊带与环索钢绞线连接，避免撑杆在安装过程中倾覆。考虑工序8提升过程中可能出现的相邻轴线不同步的情况，根据计算，缆风绳的下料长度需要额外增加100毫米。

工序8：承重索提升就位并安装销轴。完成所有撑杆安装后，提升承重索直至CSl（承重索）索头距压环耳板2.5米左右处，拆除上环索提升工装及钢绞线，避免与CSl（承重索）提升工装冲突，后继续提升CSl（承重索）直至就位并安装销轴。上环索提升工装未拆除前，在承重索提升期间，需要穿插提升上环索工装以便随时对环索系和径向撑杆起到缆风绳的作用，确保提升过程的稳定性。

工序9：稳定索提升就位并安装销轴。CSl（承重索）完成销轴安装后，拆除其提升工装，工装叉耳与CS2（径向索）的工装耳板连接，千斤顶及反力架与CS2（径向索）可调端索头连接，CS2（径向索）固定端索头与交叉节点板连接，完成所有连接并检查无误后开始提升CS2（径向索）直至就位并安装销轴。

（四）施工过程全景模拟仿真计算及提升工装选择

采用 Midas 软件建模并分析计算，按照工序分别对上环索、承重索和稳定索在单轴线提升工装失效、单轴线快于其余轴线、两相邻轴线快于其余轴线等施工过程中可能出现的不利情况进行模拟计算，分析各种可能出现的不利工装及其可能组合，确定最不利荷载工况组合及其索力，并记录关键工序对应的索力及上环索位形。考虑到屋面主索网的对称性，所有分析计算只考虑 1/4 屋面对应轴线。

1. 上环索提升时最不利工况组合及其工装选择

通过全景模拟仿真计算可以确定，上环索提升工装的最大荷载出现在工序 5，下环索系安装完成并通过环索撑杆与交叉索连接为一体，然后提升环索工装，使下环索系脱离环索支撑架。

分别分析 15A、16、16A、18A、21A 等受力最大轴线在单轴线提升工装失效、单轴线比其余轴线快 0.5 米和两相邻轴线比其余轴线快 0.5 米的工况下产生的最大索内力，考虑温度荷载（经分析对索力产生的影响可忽略不计）和风荷载的可能组合，最终确定 16A 轴线比其余轴线提升快 0.5 米的工况和风荷载作用下的组合是最不利工况组合，对应荷载为 1051kN。考虑不小于 2 倍的安全系数，工装的最大承载能力按 2500kN 设计，如图 9 所示。

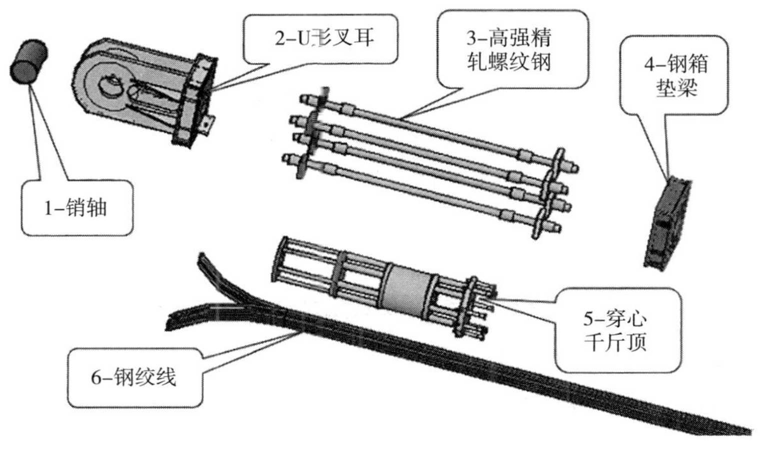

图 9　上环索提升工装示意

2. 承重索提升时最不利工况组合及其工装选择

承重索提升工装的最大荷载出现在工序 8，当 CSl（承重索）销轴中心到耳板中心的距离接近 0.5 米时，在单轴继续提升至穿销轴的过程中，该轴线索力最大。

分别分析 15A、16、16A、18A、19、21、21A 等受力最大轴线在单轴线提升工装失效、单轴线比其余轴线快 0.5 米和两相邻轴线比其余轴线快 0.5 米的工况下产生的最大索内力，考虑温度荷载（经分析对索力产生的影响可忽略不计）和风荷载的可能组合，最终确定 15A 轴线提升工装失效时的工况和风荷载作用下的组合是最不利工况组合，对应荷载为 2636kN，对应下环索各索夹分段间的不平衡力为 71kN，远小于环索与其索夹之间试验所得摩擦力值 105kN，对应 CS4（径向索）各索夹分段间的不平衡力为 19kN，远小于承重索与其索夹之间试验所得摩擦力值 490kN。考虑不小于 2 倍的安全系数，工装的最大承载能力按 5300kN 设计，如图 10 所示。

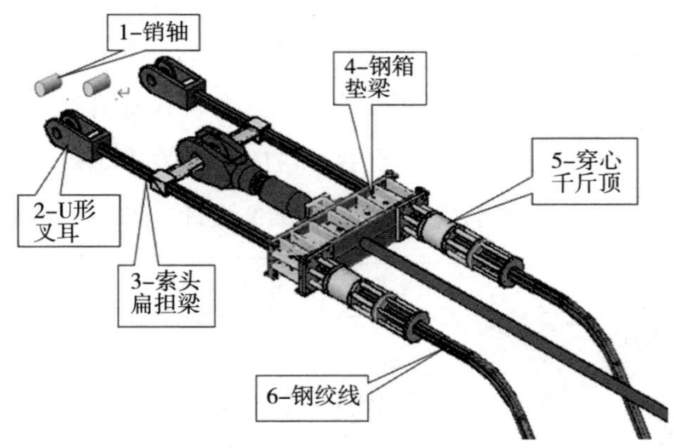

图 10　径向索提升管工装示意

3. 稳定索提升时最不利工况组合及其工装选择

稳定索提升工装的最大荷载出现在工序 9，CS2 销轴中心到耳板中心的距离接近 0.2 米时，在单轴继续提升至穿销轴的过程中，会使该轴线索力最大。

分别分析15A、16、18A、19、21、21A、22等受力最大轴线在单轴线提升工装失效、单轴线比其余轴线快0.1米和两相邻轴线比其余轴线快0.1米的工况下产生的最大索内力，考虑温度荷载（经分析对索力产生的影响可以忽略不计）和风荷载的可能组合，最终确定22轴线提升工装失效时的工况和风荷载作用下的组合是最不利工况组合，对应荷载为2209kN，对应下环索各索夹分段间的不平衡力为44kN，远小于环索与其索夹之间的试验所得摩擦力值105kN，对应CS4各索夹分段间的不平衡力为20kN，远小于承重索与其索夹之间的试验所得摩擦力值490kN。考虑到施工先后顺序，承重索工装满足该最不利工况组合下的荷载要求，故采用与承重索相同的工装。

4. 液压提升系统选择

本项目采用的液压提升系统是智能同步液压提升系统，是由工具锚具、主提升顶、智能液压泵站、智能主控操作站等组成的一种钢绞线提升、引力系统，如图11所示。它可以连续提升重量较大的物体或面积较大的物体，达到设计所需的高度。

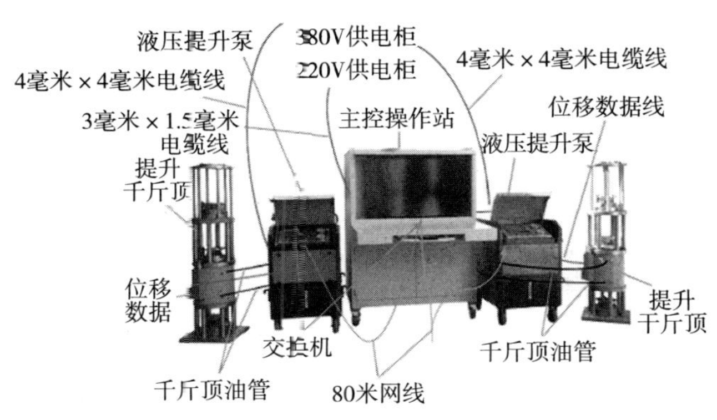

图11　智能同步液压提升系统

该液压提升系统具有平稳、多站点同步、安装方便、安全可靠等特点。千斤顶夹持钢绞线由机械夹具夹持，当提升过程中出现异常故障警报、油压异常、位移同步超差等现象时，锚具都能正常工作。

（五）施工监测与精度控制

1. 提升过程中位形和索力监测

提升过程中位形主要采用全站仪扫描法监测，在智能主控操作站设置对应工序，设计索力对应的油表压力值，同时在各液压提升泵站安排熟练技术工人操作。针对提升阶段的全景模拟仿真计算，确定各阶段提升过程中各相邻轴线允许的最大位移偏差及其对应的索力，在实际提升过程中严格按照该数值进行控制，确保提升工装的结构安全和整个屋面主索网的稳定性。在上环索提升过程中，各轴线的最大索力控制在 250kN 内，对应压力油表读数应为 4.8MPa（单个顶活塞面积为 52050 平方毫米），因此在智能主控操作站设置最大油表压力值为 5MPa。

当上环索提升至 17 米左右时，采用全站仪扫描法实测上环索各索夹的空间位置，与模拟的理论索夹空间位置拟合比对，及时发现偏差较大的轴线并指导现场调整位形，为环索间撑杆的安装提供最佳位形。在承重索提升过程中，各轴线的最大索力控制在 1250kN 以内，对应压力油表读数为 12MPa（双顶的活塞面积为 104100 平方毫米，智能主控操作站设置最大油表压力值为 12MPa），提前预警该工序提升工装故障导致的过大索力，并指导现场提升操作人员及时发现问题。同时，采用全站仪扫描法实测下环索各索夹的空间位置，与模拟的理论索夹空间位置拟合比对，及时发现偏差较大的轴线并指导现场调整位形。

2. 提升就位时位形和索力监测

承重索提升就位后，各轴线的就位索力最大值为 1731Mpa。稳定索提升就位后，各轴线的就位索力最大值为 1715MPa，如图 12 所示。采用全站仪扫描法测得对应下环索索夹位形数据并与设计位形拟合，如图 13 所示。通过位形和索力双控的方式，确保双层轮辐式屋面主索网提升至设计位置并销接锚固。

3. 主索网精度控制

环索到位后的水平偏差为 50 毫米，竖向偏差为 100 毫米，索力偏差为 0.1 倍设计索力。

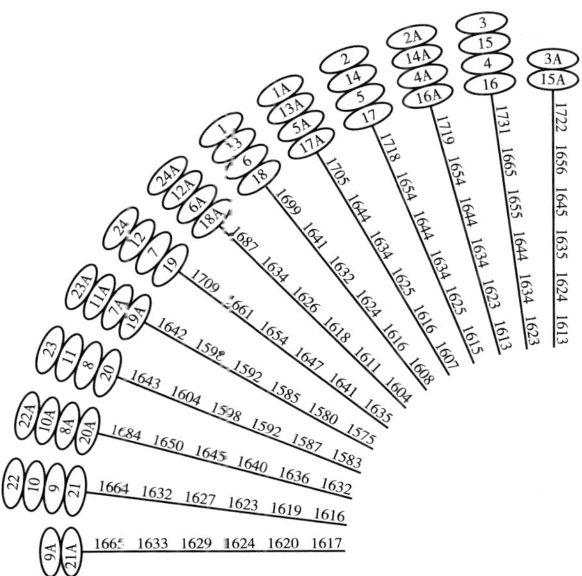

a. CS1和CS4 就位穿销轴后设计索力（单位：kN）

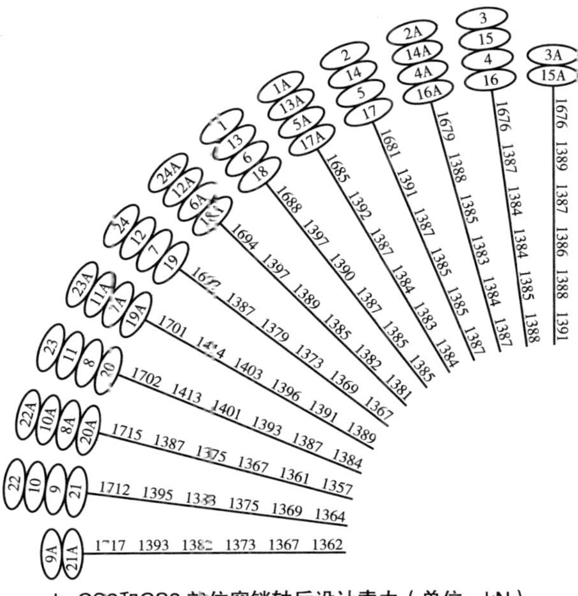

b. CS2和CS3 就位穿销轴后设计索力（单位：kN）

图 12　承重索和稳定索各轴线索力

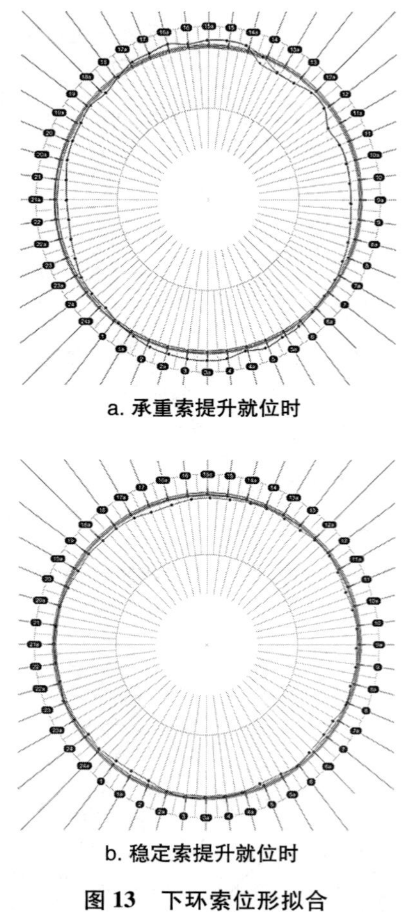

a. 承重索提升就位时

b. 稳定索提升就位时

图 13　下环索位形拟合

（六）经验总结

通过卢塞尔体育场双层轮辐式全张力屋面索网提升方案比选，采用上环索提升加两阶段径向索提升方案，进行模拟计算，严格按照计算结果进行施工，并同步监测索力和位形，控制安装精度。通过全过程施工控制可得到如下结论。

一是大型复杂结构的施工方案选择很关键，方案选择的合理与否直接关系该结构的施工安全、经济和进度。同时，选定方案后需要结合现场实际和资源情况等进一步优化工序安排。本项目选定上环索提升加两阶段径向索提升方案，最早的版本是考虑 CSl 就位后在高空安装径向撑杆，经过专家论证后，为承重索脱离看台后在低空安装径向撑杆，降低了安装风险及对吊装设备的需求，提高了安装工效。

二是大型复杂结构的施工仿真分析对施工安全的保证非常重要，对施工顺序、施工造价甚至施工图设计会产生较大影响，通过仿真分析施工过程中的不安全因素，找到最不利荷载工况组合，以便合理调整设计施工方案。

三是提升工装及其提升设备的选择对施工产生重要影响。本项目采用的提升工装科学合理，设计简洁且安全方便。

四是施工监测和精度控制方面，本项目严格按照全景模拟仿真计算，对提升开始直至安装就位全过程进行索力和位形监测，并科学选择全站仪扫描法进行全过程辅助监测和校验，避免施工过程中出现精度失控和潜在安全问题。

六　项目全生命周期 BIM 技术应用

（一）BIM 技术在设计阶段的应用

1. BIM 全球多点协同设计

项目选择 Revit 软件进行 BIM 建模，采用 Bentley 公司的 Project Wise 作为协同管理平台，开展全专业协同 BIM 设计，即正向 BIM 设计。通过该平台提供的集成和协同环境，可实现对各类模型文件高效准确的管理。结合良好的访问机制，使项目各方在一个统一的平台上协同工作，同时结合云技术，使全球范围内不同国家的设计团队能够实时同步沟通和交流。本项目的模型设计采用链接协同的方式，设计人员独立进行部分设计，对于需要进行系统设计的部分，可以将其他部分模型的文件通过链接的方式接入本模型文件，这种协同设计方式就是链接协同。通过链接协同，设计人员可以将本模

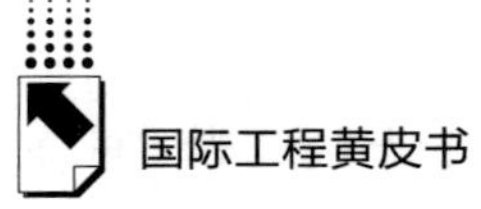

型与其他模型结合在一起，完成设计，但是设计人员没有编辑操作其他设计人员模型的权限。这种方式在大型结构模型协同设计中的应用具有速度快的优势，并且适用于不同专业、不同单体之间的协同设计，解决了全球多点难协同的问题，实现了100%正向设计，所有图纸均从模型中直接导出，并在交由业主审批前开展联合会审，显著提升了不同专业间的协同效率和图纸质量，也为后续设计施工一体化和进度控制奠定基础，初步形成数字化孪生模型，实现全球范围的异地协同工作。

2. 多因素数字模拟仿真分析

在设计阶段，本项目的一大亮点是以BIM技术为基础，结合数字模拟仿真技术，进行多方案优化设计，如图14所示，包括客流量模拟分析、日照情况模拟分析、观众视线模拟分析、场内微环境模拟分析、现场照明模拟分析、标语可视度模拟分析等。通过BIM模型对上述因素进行模拟分析，充分利用BIM模型的优势，满足各方需要，达到最佳效果。设计阶段的仿真分析结果作为设计优化的主要依据，能显著降低设计优化成本，提高项目设计效率。仿真分析的参数取值和结果分析离不开设计、施工与运维等专业人员的经验和判断。最终在保证功能和舒适度的前提下，将EPC建设投资额降低约40%。

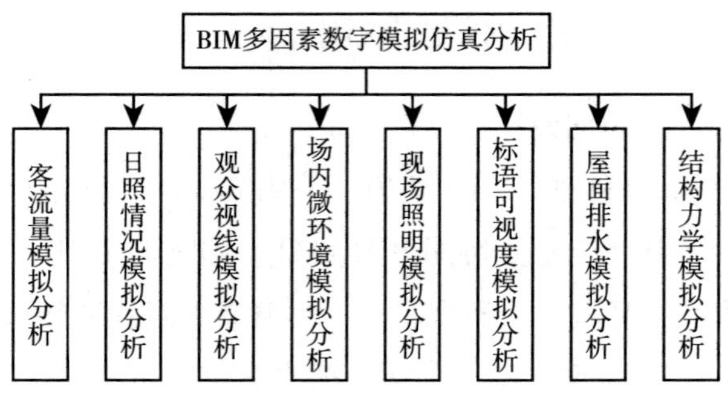

图14　BIM多因素数字模拟仿真分析

3. 快速优化结构设计方案

BIM技术能够直观高效地模拟建筑结构和其他专业的实体，优化较复杂的工程建筑结构方案。在复杂的建筑工程设计中，BIM 技术以动态的形式将整体建筑结构等表现出来，更直接地对建筑结构的尺寸、空间、颜色等参数进行对比分析，及时发现建筑结构设计中存在的质量问题，确定更加完善的方案，从而采取有效的优化措施。同样，在设计过程中可以利用 BIM 平台技术模拟施工过程，并基于水暖电综合模型，按照使用功能对建筑结构进行反优化，及时发现设计中不合理的地方，并修改设计方案，避免返工，提升建筑结构设计的质量和效率。对本项目中的混凝土结构，在进行优化时取消了先前设计的地下室，改为裙房结构；BIM 技术与数字模拟仿真技术相结合，对项目主体钢结构进行优化设计，图 15 为主体钢结构优化前后对比；利用 BIM 和 Naviswork 软件对体育场模型进行碰撞检查与管线排布模拟分析，通过导出冲突检查报告，及时进行设计优化。

图 15　主体钢结构优化前后对比

4. 碰撞检测

在本项目 BIM 建筑结构设计中，各专业搭建好模型后，运用软件的碰撞检测技术对模型中各构件、设置之间存在的位置碰撞冲突进行自动检测。碰撞检测的主要内容是对结构设计是否同建筑专业方案存在冲突、是否与机电专业设施设备位置、管线排布净高等方面的要求相一致。在 Revit 环境下，需要通过碰撞检测软件进行结构构件、专业设置等各个方面的碰撞检测。建筑结构设计的碰撞检测包括设计与专业方案冲突检测、设计与机电设施设备位置冲突检测、设计与管网排布合理性冲突检测等。在 Revit 中，通过将 Revit 中的结构模型、机电模型等导入 Navisworks 软件中，可以先设置完成各类碰撞检测的判断条件，然后进行各类主体模型的自由选择碰撞检测，检测完成即生成碰撞检测报告。通过将结构设计模型与建筑、机电等不同专业模型进行碰撞检测，能够及时发现建筑结构设计中各专业设计的冲突，并出具相应的碰撞检测报告。设计人员根据检测报告进行冲突纠正，优化调整BIM模型，最终达到各专业之间的零碰撞，以避免在后期实际施工中各专业发生冲突，造成重新返工，延缓施工进度，降低施工效率，增加施工成本。

（二）BIM 技术在施工建造阶段的应用

1. 施工场地优化布置

项目使用 BIM 技术，首先对施工现场进行模拟分区，找到最佳的分区策略，满足现场组织流水施工的要求，以及制定图纸分包方案，如图 16 所示。为防止施工过程中发生冲突或碰撞，减少二次搬运造成的人力物力损失，可

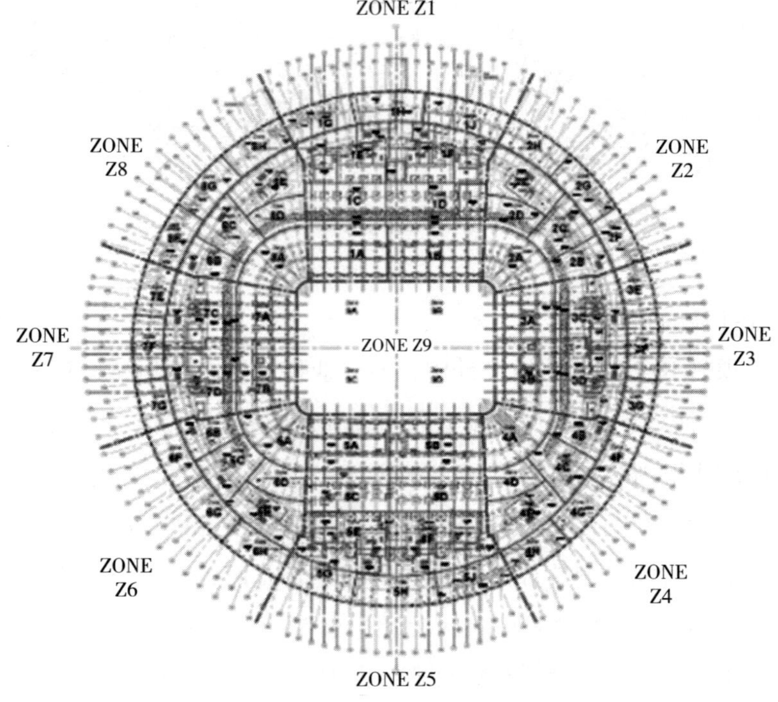

图 16　制定图纸分包方案

以建立施工现场的 BIM 模型，进一步考虑预制构件等材料的布置和现场人员、物资的运输安全问题。此外，施工现场场地布置需要综合考虑包括施工进度、成本、质量、安全在内的施工实际情况，如图 17 所示。通过层次分析法和模糊综合评价等方法选择最佳场地布置方案，为提高大型体育场施工场地布置水平提供借鉴。利用 BIM 技术还可以优化场内塔吊的布设位置及高度，检查塔吊的覆盖范围及冲突情况。本项目看台结构施工时，在场内布置 8 台塔吊，在屋面结构施工时塔吊移动到场外，利用 BIM 技术做碰撞检查，合理设置塔吊位置和高度（见图 18）。

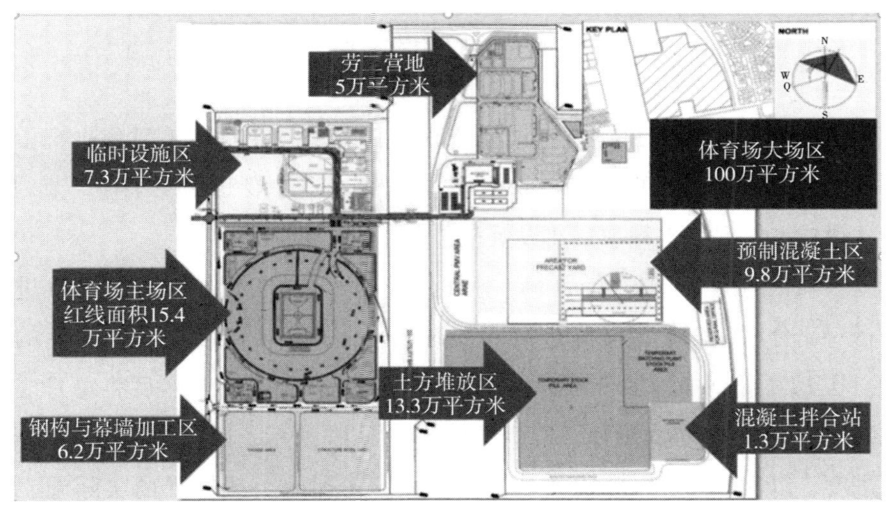

图 17　施工场地优化布置

2. BIM4D 进度控制

在 BIM 技术的实际应用中，创建工程项目 3D 模型，即可对项目整体进行分解。另外，通过创建 4D 模型，可模拟施工进度计划方案，提前模拟施工过程中可能出现的各类问题，并制定相应的应急处理方案，对原有施工进度计划方案进行优化调整。另外，对施工过程进行模拟分析，对施工进度以及施工成本进行动态管理，通过应用碰撞检测以及冲突分析，可有效解决工程项目设计以及施工中存在偏差的问题，避免在实际施工中发生设计变更而

图 18 塔吊优化布置

导致工期延长。利用 BIM 技术创建工程项目模型，并对施工过程进行模拟分析，可对施工方案的实际落实情况进行分析优化，保证施工工期，节约项目建设成本，提高工程项目建设效益。

本项目运用 P6 和 Navisworks 等软件进行 4D 施工模拟，并与基准进度进行对比分析，以掌握实际进展并及时进行调整。本项目结合总工期的要求，在 BIM 模型中增加分部分项工程计划完成日期属性，然后将每月应完成的工程通过 3D 模型展示，直观便捷，如图 19 所示。BIM 团队每月更新施工进度，以 3D 模型的形式展示实际进度。管理人员根据现场实际施工进展，在 Revit 中每天更新进度模型，并与基准计划模型进行对比分析，以直观显示两者的差别，利用 BIM 全面掌握实际进展，为业主和总包商控制进度提供参考，如图 20 所示。

3. BIM5D 成本控制

本项目采取 BIM5D 对成本进行管理和控制。BIM5D 施工管理软件是在 4D 模型的基础上，增加成本信息，以便进行更全面的施工管理。相比于传统的算量，在项目进行中将 Revit 模型导入算量软件，再将提取的工程量通过组价完成工程造价，减少算量误差，提高工作效率。在建模时即遵从英国皇家特许测量师学会的新量测规则（NRM2），利用 Revit 的明细表功能直接

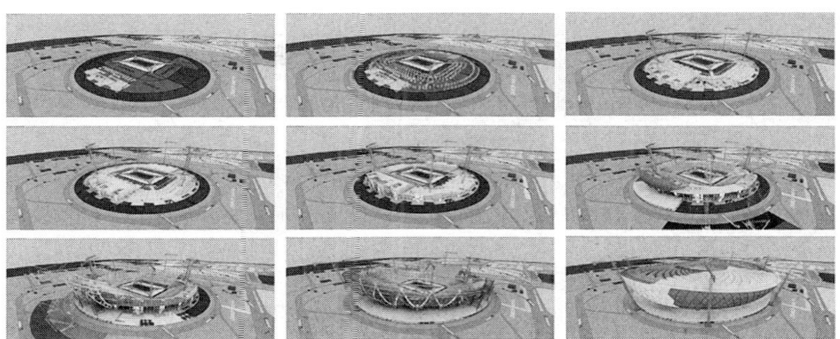

图 19　施工进度模拟监控

图 20　计划进度（左）与实际施工进度（右）对比

导出准确的工程量，实现 5D 工程量自动提取，可直接用于成本核算与物资采购，为采购部门提供精确的材料工程量清单，同时做好成本控制。

4. 施工质量控制

吊装质量控制：本项目作为卡塔尔“一号工程”，质量要求较高，精度控制成为重中之重。结合现场的 8 个施工分区，根据总体施工部署、结构传力路径及安装工艺，同时考虑土建及内场钢构的交付顺序，利用 BIM 模拟优化大型构件吊装、屋顶提升、空调机组垂直运输等施工技术方案，模拟主体钢结构的吊装顺序及确定合龙段的位置。为验证吊装方案的可行性，BIM 团队对其进行了三维模拟，初步拟定的吊装方案满足现场吊装需求。通过对传统吊装方案和其他先进方案的技术制约、风险以及健康和安全影响进行评估后，引入穿心千斤顶吊装方案，以实现智能质量控制。

路线模拟：通风空调处理机等较大设备需要运送至相应设备房间，为确保运送线路上具备足够的通过空间，在设备提升前，首先利用 BIM 技术进行运输模拟，确保运送路线可行，如图 21 所示。

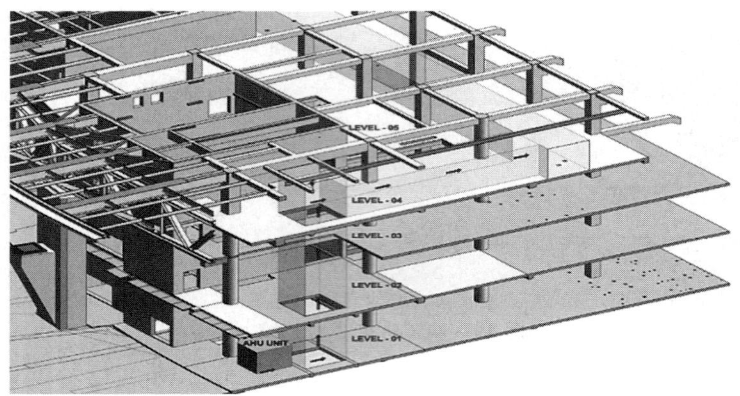

图 21　空调机组垂直运输模拟

与 AR、VR 技术相结合：本项目质量控制中，BIM 技术创新应用还体现在与 AR 技术和 VR 技术的融合应用。利用移动设备扫描现场，将 BIM 模型与现实场景共同显示在屏幕中，可以检查碰撞冲突和进行施工进展比对，如图 22 所示。利用移动设备将模型在现场实时展示，可以准确且直观地对现场工人进行交底，如图 23 所示。

图 22　用 AR 设备扫描现场

图 23　现场工人交底

5. 施工安全管理

本项目搭建了 BIM 安全管理平台，应用于建筑工程安全管理工作，平台的设计主要包括风险预警和应急管理两个方面。BIM 技术建筑安全管理平台在建筑施工动态监控中的应用，能够实时监控建筑的施工全过程，对建筑安全管理进行风险识别和动态追踪，对建筑施工安全管理工作进行实时控制，实现人员统筹、施工安全、施工质量、施工进度的信息化管理，指导建筑施工，能够检查高层建筑的安全性、现场施工质量，做到及时反馈、及时处理。

（三）BIM 技术在运维阶段的应用

1. 运维数字化和信息化

为便于赛后改建和运营维护，本项目采用数字化交付的形式，于竣工时以多种格式交付资产信息模型（AIM），包括建造过程和资产运维的主要信息。利用 3D 扫描仪对体育场所有空间和结构进行数字逆向建模，为后期运维提供真实建筑竣工后的点云数据，为数字化运营奠定良好基础。利用 Revit 或 Navisworks 以国际通用的 COBIE 格式生成所有空间、设施和设备的结构化表单，可作为基础数据直接导入运维管理系统，帮助业主实现项目后期运维的有效管理，如图 24 所示。对于赛后改建的问题，利用 BIM 技术制定拆除看台梁板施工方案，制定赛后场馆二次利用的平面功能布置、景观绿化改造等方案，最大限度降低建筑全生命周期成本。

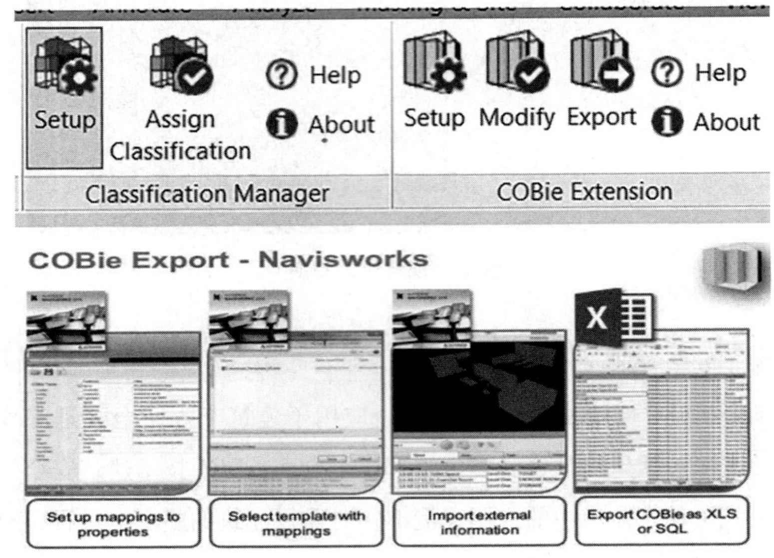

图 24　利用 Revit 和 Navisworks 创建 COBIE

利用 Revit 直接生成主要空间、设施和设备资产的二维码，并将其制作成金属材质电子标签固定在相应部位。在后期运维阶段，可以通过 BIM 360 Field 等软件扫描金属二维码，建立物理实体与后台数字模型的对应关系。在项目建设和运营期，以 BIM 技术为基础，采用物联网技术和现代通信技术，对重点结构构件进行健康监测，为结构安全保驾护航。例如，项目竣工交付时提供设备的标签信息，生成资产标签后，Revit 软件将通过内部开发插件自动生成对应的二维码，并在表格中汇总相关数据。后期运维可直接利用移动设备快速获取资产信息。

2. 运维阶段 BIM 模型三维可视化

本项目将物联网技术与计算机技术相结合进行运维阶段的数据采集和处理，研究利用摄像头监控危险品、危险区域等，同时进行实时的场景交互，通过基于物联网技术的传感器网络对建筑物中的水泵、空调、配电箱、管线等设备数据及温度、湿度等室内环境数据进行实时传输，实现数据连通，达到在三维网页中三维模型的动态就是建筑真实环境的运营管理效果，实现集能耗管理、设备维护、应急管理、数据统计分析等于一体的智能管理。

通过建立智能建筑运维平台，为体育场在正常使用状态下的三维可视化运维管理和监控方面有需求的相关部门提供技术参考。平台的建立也能为世界杯体育场运维监控综合服务的应用提供数据汇集、综合信息处理、融合与服务、数据共享与交换、应用服务管理等服务。世界杯体育场智能建筑运维平台能够充分利用建筑的信息开展服务，并与本项目的监控系统、咨询平台位置服务和监控数据转换支撑服务进行有效集成，为社会化咨询服务提供有力支撑。

3. 建造和运营过程智能监测

本项目的智能监测包括能耗监测和结构安全监测。

能耗监测：通过能耗监测模块的数据挖掘、分析，进一步强化、完善管理制度，提高建筑运维的管理水平，做好能耗统计、审计、公示、监测工作，最终达到节能降耗的目标。能耗监测与分析模块系统主要是在建筑能耗方面进行全面监控，将传感器设置在建筑的多个关键节点，并汇总到 BIM 系统中，基于 BIM 运维平台，进行能源可视化分析，可直接出具报表。这使得物业管理人员避免了重复性抄表的工作。实时能耗报警，快速提供可落地的方案，达到节约能源、减少能耗的目的。并且 BIM 技术可以进行能耗分析，对不合理的资源使用情况进行整合处理，为制定合理的节能措施、调整方案提供依据，不仅有利于经济社会的可持续发展，而且将节能理念应用在施工日常管理活动中。

能耗监测与分析模块系统包括能耗监测、能耗报警、能源可视化分析三大功能模块。能耗监测与分析模块系统可进行能耗数据的查询，包含实时查询、分组历史值查询、同类建筑单位面积分项用能查询、同类建筑人均分项用能查询以及自定义建筑用能查询等。提供多种查询结果的报表导出功能，方便将查询结果作为节能监管部门日常文档的一部分提交。对用水用电情况进行分析并绘制相应的图表，系统可生成丰富多样的图表，包括折线图、柱状图、饼图、二维表等。

结构安全监测：结构健康监测系统集传感器技术、结构分析计算、计算机技术、网络通信技术等高新技术于一体，长期用于结构损伤和状态评估，满足运维需求。图 25 为体育场结构智能监测系统。

基于物联网的世界杯体育场结构健康监测系统以数据采集与传输层、数据处理与分析层、数据储存层和用户交互层为核心层，采用无线传输和物联网等通信技术、结构力学等力学方法、信号处理分析算法和搭建 BIM 模型等技术手段，最终形成健康评估体系，实现监测数据、评估结果与 BIM 模型协同可视化。数据采集层监测数据主要为传感器网络自动化监测数据以及人工巡检的监测数据，数据传输层通过局域网与小型数据库将传感器网络采集的监测数据传输到终端数据库。数据的处理与分析层对数据采集层中不同类型、体量的监测数据进行处理，以适应不同数据挖掘的需求。数据分析的目的是实现体育场结构健康的全自动、实时监测评估，具体通过不同的算法实现。数据的储存层为体育场结构健康监测系统的数据库，由采集与传输层数据整合重构而来，是监测数据的集合。用户交互层用于处理获取的监测数据，通过 BIM 输出界面可以实现评估结果与体育场 BIM 模型协同可视化。

BIM 模型是由工程师在施工过程中开发，而传感器包含在 BIM 模型中。将 BIM 模型导入平台中，从而在平台上实现建筑物模型和传感器模型的 3D 可视化。此外，传感器采集的结构信息被传输到平台上，实现结构监测信息的可视化。然后平台的处理模块对收集到的结构信息进行处理，得出结构诊断结果并在平台中显示，用于维护和决策。

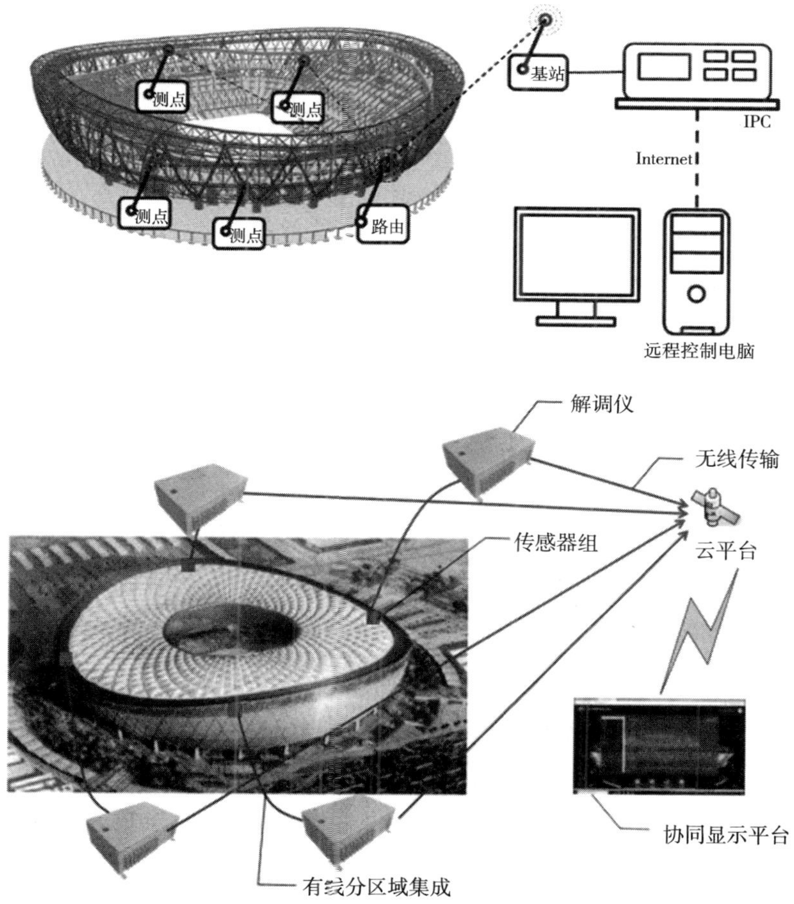

图 25　体育场结构智能监测系统

4. BIM 与其他系统的集成应用

为持续发展并为项目绩效做出贡献，BIM 技术必须在项目生命周期的所有阶段与其他技术充分集成。BIM 技术可与多种智能化管理模块系统集成，充分发挥其优势。包括新风系统智能化管控模块系统接入、空调系统智能化管控模块系统接入、设备资源管理模块系统接入和应急预警模块系统接入等。

七　项目效益和社会意义

（一）项目效益

经过一系列关键技术的突破和创新技术方法的运用，卢塞尔体育场项目不仅实现了绿色施工和节能减排目标，更大幅降低了项目全生命周期的成本，并且已成为目前世界上绿色施工水平最高和最为节能环保的体育场项目之一，相关节能减排与绿建指标达到国际领先水平。在设计阶段，本项目提出 208 个设计优化项，节约项目造价近 40%；通过在施工执行过程中对施工方案进行不断优化节约成本超 1 亿元；设计采用淡化海水占比达到 99.95%，混凝土构件养护时使用保湿养护膜配合养护，节水率在 95% 以上；设计使用可循环水 TSE 达 31 万立方米，占比为 50.7%；施工期间节省的用水量超过定额用水量的 25%；通过严格贯彻落实一系列节能措施，本项目能源消耗比定额用量节省超过 10%；通过发明高抗滑移能力的索夹节点，索夹重量降低 30%；通过结构体系优化，屋盖索结构用索量为 1004 吨，单位面积用索量仅为 17.4 千克，屋盖钢结构用钢量为 1235 吨，单位面积用钢量仅为 21.4 千克。屋盖采用的大跨度索结构，施工效率高、工期短，现场无焊接、无大型机械装备，大幅降低施工过程的材料使用和碳排放。利用 BIM 技术进行大场区布局和交通流线优化，以减少施工用地占用，绿色设计施工与环境安全达到国际领先标准。

（二）社会意义

卢塞尔体育场项目是中国企业进军国际顶级赛事体育场馆承包市场的标志性项目，是中国企业在海外承建的影响力最大和好评率、曝光度、关注度最高的超大型工程项目之一，成为“中国智造”走向高端国际市场的“国家名片”。该项目受到国际足联和各国领导人的高度评价，全球媒体争相报道，数十亿观众在世界杯期间为卢塞尔体育场的中国技术和中国方案“点赞”，取得了不可估量的社会效益。2021 年，卢塞尔体育场被卡塔尔中央银行印制在 10 里亚尔第五套纸币上，成为首个由中国企业承建的登上国家货币的海外体育场项目。2022 年，卢塞尔体育场再次登上 22 里亚尔的世界杯纪念币，受到全世界球迷的热捧。

本项目已获得中国铁建优质工程奖，并获得国家级质量管理成果奖 4 项、省部级质量管理成果奖 3 项、中国铁建优秀质量管理成果奖 5 项。先后获得“北京市科学技术进步奖一等奖”“华夏建设科学技术奖一等奖”“建筑创新应用大奖”“工程建设行业高推广价值专利大赛特等奖”“工程建设项目绿色建造施工水平三星级评价（最高等级）”“国际足联绿色建筑评价体系 GSAS 设计施工（DB）五星级认定和施工管理 A＊级（最高级）认定”“全球工程与技术奖入围奖”“金砖国家可持续发展目标解决方案佳作奖”等一系列国际级、国家级奖项，并获得“全国工人先锋号”“火车头奖杯”等一系列国家级荣誉称号。该项目出版的科普绘本《奇迹体育场》，经中共中央宣传部、国家新闻出版署评定，入选“2023 年主题出版重点出版物选题”，成为近年来中国企业、中国技术、中国方案、中国产品和中国文化走向海外和中外融合的“精品项目”、“明星项目”与“标杆项目”。

参考文献

黄韬睿：《卢塞尔体育场钢结构测量方法及精度控制》，《施工技术（中英文）》2024 年第 14 期。

杨世杰：《卢塞尔体育场项目投标策略与重难点浅析》，《工程建设与设计》2018 年第 9 期。

张健：《2022 世界杯主场馆 BIM 模型命名体系与划分标准研究》，《施工技术》2021 年第 8 期。

Abstract

International engineering is an important measure to actively practice the country 's " go global " opening strategy. It has great signifiance for engineering enterprise to promote the high-quality development of " the Belt and Road " and participate more fully in international cooperation in a broader scale, more fields and deeper level, in order to enhance core competitiveness of " going out, penetrate the local market, innovate and upgrade ". According to the U. S. : ' Engineering News Record (ENR) ' data in 2024, the number of Chinese engineering construction enterprises on THE TOP 250 INTERNATIONAL CONTRACTORS remains the same as 2023. Turkey ranks second with 40 companies on the list, and the United States ranks third with 39 companies on the list. The total international revenue of Chinese listed companies is 122. 97 billion US dollars in 2024, rose by 4. 3 % year-on-year, which is accounting for 24. 6 % of the total international revenue of all listed companies. French companies on the list ranked second with 84. 9 billion US dollars, which ocuppies 17% . Spanish companies on the list ranked third with 59. 38 billion US dollars, accounting for 11. 9 %. The US companies on the list ranked fourth with 34. 27 billion US dollars accounting for 6. 9 %.

The objectives of this book is to focus on the development form of the world economy, which takes the international engineering construction and contracting market as the research object. Further more, It through research the development trend of international engineering, analyzing construction investment policies, discussing the engineering construction environment of different countries, proposing engineering contracting suggestions and countermeasures for main countries and industries, exploring the hot and difficult issues in international engineering construction. It takes major construction projects with international influence as cases study, taking major projects with international influence undertaken by Chinese enterprises as cases, analyzing the common problems in the international engineering construction and contracting market. It provides reference for some enterprises which want to "go global" through typical cases of internationalization development.

Moreover, the special topic consists of five parts. At the part of Country focus on main international engineering markets such as Laos, Saudi Arabia, Algeria, Malaysia, Indonesia. By analyzing the economic situation, laws and regulations, economic and trade policies, business environment, development trends of the construction market, to promote enterprises to participate in international competition. At the part of policy concentrates on China's international engineering outward investment policy, China's foreign labor cooperation policy, etc. Through policy interpretation to promote China's international contracting engineering to keep healthy, orderly, high-quality development, in order to ensure the compliance and security of foreign economic cooperation. The section of industry discuss about oil, transportation, electric power, etc. By constructing of international energy engineering to promote international energy cooperation, improve energy efficiency and ensure global energy security. Through constructing of international transportation engineering to improve the intelligent, green and diversified level of the transportation industry. Ultimately achieving the global sustainable development goals. The segment of special topic debates the international engineering construction project risk response suggestions, exploration and practice of international engineering talent training, international engineering standards research, etc. It is beneficial for Chinese standards to 'go global' and enhance the core competitiveness of enterprises in the international market, by cultivating talents who should include ability of international perspective, Cross-cultural communication and management skills and so on. It is useful for international engineering enterprises to effectively avoiding risks, preventing and controlling risks, resolving risks, in order to improve the international operation level. The last part is mainly focus on major project such as The Nam Ou 6 HPP Project in Laos, China-aided Africa Center for Disease

Control and Prevention Headquarter (Phase I) project, Jakarta-Bandung High-Speed Railway Project in Indonesia, Bab Integrated Facilities Project in UAE, Lusail Stadium project in Qatar, ect. It promotes Chinese technology, Chinese standards and Chinese equipment to "go global" by strengthening infrastructure construction. It can also promote trade facilitation and industrial upgrading, in order to Promote the economic development of countries participating in the Belt and Road Initiative.

Keywords: International Engineering; The Belt and Road Initiative; Construction Enterprises; High-quality Development

Contents

Ⅰ General Report

Abstract: This report summarizes the development of Chinese international contractors in international engineering market from 2013 to 2023. The main purpose of this report is to focus on analyzing the development situation in the past five years, especially in 2023. It includes the position of Chinese enterprises in the international engineering market and their development in different areas. It selects the development of international engineering in 10 major markets, such as Pakistan. Moreover, it provides a detailed analysis of 10 characteristics to present Chinese contracted engineering enterprises. The main markets for Chinese international contractors are Asia and Africa. With the development of the European and American markets, the imbalance situation in the global market is gradually improving. This report analyzes the latest situation in the international engineering market and finds that overseas' mining and industrial projects invested by Chinese investors are new opportunities for Chinese international contractors.

Keywords: International Engineering; Overseas Investment; Foreign Contracted Engineering Enterprises

Ⅱ Country Reports

Y.2 Development Report of International Projects in Laos

Abstract: It is worth noting that Laos currently represents China's largest engineering contracting market within ASEAN, while China is also Laos' largest trading partner and a significant source of foreign investment. Laos greatly values China's investment and technical support for major infrastructure projects, while China also sees great value in Laos' expansive construction market, regarding it as a key partner in the Belt and Road Initiative. The opening of the China-Laos railway has created a solid foundation for enhancing rail connectivity across the Indochina Peninsula, which has the potential to provide significant opportunities for Chinese companies to broaden their reach in Laos' engineering contracting market. This article aims to provide a comprehensive overview of Laos' national conditions, including its legal, policy, cultural, and economic environment, with particular focus on the business climate, current market dynamics, representative projects, and future market prospects. It also examines potential legal risks and offers recommendations for risk mitigation.

Keywords: Business Environment; Construction Market; Laos

Y.3 Saudi Arabia International Engineering Development Report (2024)

Abstract: The Saudi market is large in scale, broad in scope, high in standards, and fierce in competition. Chinese-funded enterprises generally have a short history and lack experience in entering the Saudi market. Most enterprises do not have a sufficient understanding and mastery of local laws and regulations, industry standards, technical specifications, and business practices. They often lack adequate preparation and research for projects, resulting in many detours. This article comprehensively and objectively reflects the economic situation, laws and regulations, economic and trade policies, business environment, development trends of the construction market, the entire life cycle of engineering construction projects, and the prospects for the development of the engineering contracting market—issues that enterprises interested in going global are concerned about. It includes in-depth analysis through case studies. It aims to assist enterprises that are interested in going global and engaging in foreign investment cooperation, to enhance the international business capabilities and levels of enterprises, to address various risks and challenges, and to play a greater role in promoting high-quality development of foreign investment cooperation.

Keywords: Business Environment; Construction Market; Saudi Arabia

Abstract: Algeria is a country with traditional friendship and cooperation with China. The cooperation between the two countries in the field of project contracting began in the 1980s. At present, Algeria is one of our country's largest overseas project contracting markets. Under the "Belt and Road" initiative, Chinese companies have actively participated in the infrastructure construction in various fields in Algeria, covering transportation, energy, water conservancy, industry and other fields, and have undertaken a number of high-quality projects, which have promoted local economic and social development and have been widely praised. However, affected by the epidemic and the international economy, the international engineering contracting market is turbulent. Chinese companies need to grasp the policy advantages and industry development trends and continuously improve their internal competitiveness in order to continue to maintain their advantages in the field of engineering contracting in Algeria. The focus of this article is to introduce the Algerian engineering contracting market, analyze the development status, propose risks and countermeasures, and look forward to the future of the Algerian engineering contracting market. It is hoped that Chinese companies will win better development prospects in Algeria.

Keywords: Project Contracting Market; Risks and Responses; Algeria

Abstract: Overseas operation is an important way for Chinese enterprises to realize their enterprise development strategy, participate in the construction of the "the Belt and Road", and promote mutual benefit and win-win between China and other countries in the world. Malaysia is a relatively developed economy in ASEAN, and it is also an economy with rapid economic growth in ASEAN. In recent years, the Malaysian government has been committed to improving the investment environment, perfecting investment laws and strengthening investment incentives to attract foreign investment into related industries in Malaysia. Due to Malaysia's complete investment legal system, alignment with international standards, and standardized operational processes in various industries, coupled with its unique geographical advantages such as proximity to the Strait of Malacca and radiation to ASEAN, India, and the Middle East markets, it has attracted companies all over the world including Chinese enterprises, to invest and operate in Malaysia. The estimated size of the Malaysian construction market in 2024 is 38.55 billion US dollars, and it is expected to reach 58.1 billion US dollars by 2029, with a compound annual growth rate of 8.55% during the forecast period (2024~2029). Due to the significant market share held by major international players, the competitiveness of the Malaysian construction market is relatively weak.

Keywords: Overseas Operations; Engineering Contracting Market; Chinese Engineering Construction Companies

Y.6 Indonesia Engineering Contracting Market Development Report (2024)

SHANDONG ELECTRIC POWER ENGINEERING CONSULTING INSTITUTE CORP., LTD. / 099

Abstract: In recent years, the economic and trade cooperation between Indonesia and China has deepened, becoming an important engine for mutual benefit and win-win cooperation between the two countries. The report highlights that with increased infrastructure investment and the government's promotion of large-scale construction projects, the engineering contracting market in Indonesia is rapidly expanding. The primary drivers of the market include the growing demand for industrialization and the influx of international capital. Additionally, the Indonesian government's policy support in improving transportation, energy, housing, and labor sectors has further fueled market growth. However, the market still faces several challenges, including increased project management complexity, labor shortages, and fluctuations in material costs. Moreover, intense market competition and the complexity of legal regulations also pose challenges for market participants. Overall, with continued economic growth and strengthened policy support, the engineering contracting market in Indonesia is expected to maintain robust growth in the coming years, offering vast opportunities for industry participants.

Keywords: International Engineering; Project Management; Market Competition; Energy Infrastructure; Sustainable Development

Ⅲ Policy and Regulation Reports

Y.7 China International Engineering Foreign Investment Policy Report (2024)

China Association of Construction Enterprise Management
Hangzhou Creative Intelligence Consulting Co., Ltd. / 118

Abstract: With the acceleration of Chinese enterprises' overseas investment, the Chinese government has introduced a series of laws, regulations, and guiding documents aimed at regulating the behavior of enterprises in foreign investments and ensuring that investment activities are orderly, safe, and efficient. This report provides a comprehensive perspective on the regulatory environment for Chinese enterprises' overseas investments by thoroughly summarizing and analyzing the framework and evolution of China's international engineering and overseas investment policies. The report details a range of regulatory documents issued by key departments such as the Ministry of Commerce (MOFCOM), the National Development and Reform Commission (NDRC), and the State Administration of Foreign Exchange (SAFE), covering procedures for filing, approval, or registration of overseas investments. It also highlights special requirements for financial institutions and state-owned enterprises (SOEs) engaging in overseas investments. Furthermore, the report analyzes policies in critical areas such as overseas investment supervision, guidance on investment directions, statistics and reporting, financing and financial support, risk prevention in foreign operations, compliance and guidance for overseas business, and supervision of state-owned assets. The report looks ahead to future policy trends and concludes that China's regulatory framework for overseas investment is progressively improving, forming a multidimensional and refined management structure that guides enterprises to rationally and safely "Go-global," while emphasizing compliance and risk prevention.

Keywords: Overseas Investment; Regulatory Framework; Compliance; Risk Prevention and Control

Y.8 China Foreign Contracted Projects Policy Report (2024)

China Association of Construction Enterprise Management

Hangzhou Creative Intelligence Consulting Co., Ltd. / 160

Abstract: In recent years, with the rapid development of China's overseas contracting engineering industry, the Chinese government has placed significant emphasis on policy guidance and regulation in this field. This report delves into the policy system of China's overseas contracting engineering sector, systematically reviewing the comprehensive policy framework from project filing and approval, business statistics and reporting, management of dispatched personnel and labor, to guidelines for high-quality development, social responsibility, and regulatory norms. The report focuses on key regulations and guiding documents that support the stable advancement of the industry, including foundational laws such as the "Regulations on Overseas Contracting Engineering" and the "Measures for Filing and Approval of Overseas Contracting Engineering Projects," which lay a solid legal foundation for the industry. Additionally, developmental policies such as the "Notice on Promoting High-Quality Development of Overseas Design Consultancy" and the "Guidance on Promoting High-Quality Development of Overseas Contracting Engineering" further clarify the direction and path for high-quality development in the sector. These policies aim to promote healthy, orderly, and high-quality development in the overseas contracting engineering industry while ensuring compliance and safety in foreign economic cooperation. The report concludes that future policies in China's overseas contracting engineering sector will increasingly focus on "high-quality development," emphasizing the overall trend towards innovation-driven, green development, compliance management, and risk prevention.

Keywords: Overseas Contracting Engineering; Policy Framework; Compliance Supervision; High-Quality Development

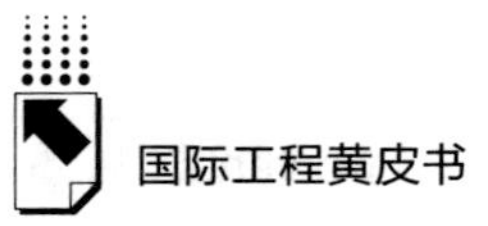

Y.9 China Foreign Labor Service Cooperation Policy Report (2024)

China Association of Construction Enterprise Management
Hangzhou Creative Intelligence Consulting Co., Ltd. / 173

Abstract: With the deepening implementation of the "Belt and Road" initiative, China's overseas labor cooperation market has continued to expand, but it also faces a series of challenges, such as illegal labor intermediaries, infringement of workers' rights, and disputes involving overseas labor. To address these issues, the Chinese government has introduced multiple regulations and policies aimed at establishing a standardized, orderly, and safe environment for overseas labor cooperation. This report systematically reviews the core regulations and guiding documents formulated by the Chinese government in the field of overseas labor cooperation, starting from fundamental regulations such as the "Regulations on Overseas Labor Cooperation" and delving into detailed management rules such as the "Interim Measures for the Management of Risk Disposal Reserve Funds for Overseas Labor Cooperation" and the "Notice on Strengthening the Categorization and Management of Personnel Engaged in Overseas Investment and Cooperation." By tracing the development trajectory of these policies, we gain insights into the underlying logic and policy orientation. The core objectives of these regulations and policies include: (1) strengthening market supervision to maintain order; (2) safeguarding the legitimate rights and interests of laborers, providing them with robust legal protections; and (3) promoting the healthy development of the overseas labor market to enhance the international competitiveness of Chinese labor brands. The government hopes that through the implementation of these policies, it can create a virtuous environment that not only protects the rights and interests of laborers but also fosters the healthy development of the overseas labor market, thereby providing stronger support and assurance for the "Go-global" strategy.

Keywords: Overseas Labor Cooperation; Policy System; Labor Rights; Risk Prevention

Ⅳ Industry Reports

Y.10 International Petroleum Engineering Development Report (2024)

China Petroleum Engineering &Construction Corporation / 182

Abstract: This report provides an in-depth analysis of the segments in oil and gas industry. The Middle East has outstanding energy potentials. The cooperation in energy between China and the Middle East is significant, and the contract amounts under construction increased in 2023. Central Asia is rich in oil and gas resources. The industry is monopolized by state-owned enterprises but foreign investment is raising. The oil and gas potentials are great in Africa but face challenges such as low exploration. The renewable energy field also has growth potential. The Latin American market is booming. It is rich in oil resources but faces technical difficulties. In Southeast Asia, countries develop differently in oil and gas industry. For example, Indonesia and Malaysia are rich in resources. Singapore is a refining and trading hub. Segmented professional fields like oil and gas field surface engineering, long-distance pipeline engineering, having their own characteristics and challenges. Major Chinese-funded enterprises including central state-owned enterprises and private enterprises have many projects at home and abroad. In future prospective, market demands in different regions are different. For 2024, international oil prices will be difficult to rise sharply. The supply and demand of crude oil is relatively loose. The combination of new energy and traditional oil and gas is an important orientation.

Keywords: Oil and Gas Industry; Energy Cooperation; New Energy; Sustainable Development

Y.11 International Engineering Development Report for the Transportation Industry (2024)

China Communications Construction Company Limited / 205

Abstract: In recent years, driven by global economic growth and evolving geopolitical dynamics, the global transportation construction industry has begun to exhibit diverse patterns of development. Markets in Southeast Asia, the Middle East, and Africa have demonstrated robust activity, while Chinese enterprises have primarily concentrated in Latin America within the American market. The Central Asian market continues to emphasize the energy engineering sector, and there is a strong demand for port facility upgrades across Europe. Chinese central state-owned enterprises, such as China Communications Construction Company (CCCC), China State Construction Engineering Corporation (CSCEC) and China Railway Construction Corporation (CRCC), have established a significant presence across these global markets. They have delivered high-quality projects like the East Coast Rail Link (ECRL) Project in Malaysia and the Bogotá Metro Project in Colombia, which have helped to build a positive reputation for Chinese enterprises overseas.

In the new era, the development of the technology industry and regional economic disparities have driven trends such as digitization and intelligence in the Asia, privatization and the construction of large-scale, specialized ports in Africa, and a preference for small-scale yet impactful projects in the Americas. These trends present both opportunities and challenges to the development of Chinese enterprises in the new era. In response to the increasing risks associated with policies, regulations, economic conditions, and localization in international markets, Chinese enterprises should prioritize enhancing there qualifications, fostering win-win partnerships, conducting robust risk management practices, strengthening financial collaborations, improving localized operation capabilities, and engaging in effective public relations efforts to mitigate and navigate external risks successfully.

Keywords: Southeast Asia; Africa; Middle East; Intelligence; localization

Y. 12 Development Report on International Engineering Projects in the Electric Power Industry (2024)

Guohua (Jiangsu) Wind Power Co., Ltd

Beijing Chuangcheng Times Consulting Services Co., Ltd.

Economic and Technology Consulting Branch Company, *CHD* / 230

Abstract: With the expansion of the international engineering market and advancements in technological capabilities within the electric power industry, coupled with the ongoing progress in intelligence grids, renewable energy utilization, and power storage technology, the power industry's green transformation and efficient operation are steadily advancing. Following years of engineering technology research and practice, the Chinese electric power industry has demonstrated strong competitive advantages in design, equipment manufacturing, and engineering construction, playing an increasingly vital role in international engineering. Driven by economic development, Asia, Africa, and Latin America have emerged as the primary markets for China's electric power industry's international engineering projects. These regions exhibit a substantial demand for infrastructure construction, offering ample opportunities for cross-border investment and cooperation among enterprises. By enhancing international cooperation and technological innovation, we can capitalize on future development opportunities. This report delves into the current state of international engineering in the electric power industry, providing valuable reference for those involved in international engineering investment and construction.

Keywords: Intelligent Power Grid; International Engineering; Power Industry

Ⅴ Special Reports

Abstract: Over the past decade since the Belt and Road Initiative was proposed, Chinese companies have achieved remarkable results in undertaking and implementing many overseas projects. In recent years, as the world is undergoing unprecedented changes in a century, international engineering projects are increasingly displaying complexity and uncertainty alongside global development and changes. Under the current environment where the international economy is slowly recovering, the risks faced by Chinese international engineering enterprises in overseas operations are increasing. This paper explores the challenges arising from international environment, non-traditional security, legal compliance, and other aspects. It deeply analyzes the causes and potential impacts of eight risks, including political risk, exchange rate and foreign exchange control risk, economic development risk, cost and expense risk, compliance management risk, cash flow risk, non-traditional security risk, and production capacity risk. It also puts forward suggestions for risk control objectives, strategies, and solutions. Finally, based on the above risks and countermeasures, this paper provides an outlook on the risk management of international contracting for construction.

Keywords: International Engineering; Risk Management; Countermeasures

Abstract: This report focuses on the exploration and practice of cultivating international engineering talents within enterprises, analyzing the current status and challenges. In terms of the current status, some enterprises have achieved certain results in cultivating international engineering talents through cooperation with domestic and foreign universities and engineering companies, such as establishing international partner networks and jointly developing educational and training programs. However, enterprises still face numerous challenges in the cultivation process. Regarding the challenges, the main issues include the lack of a systematic cultivation strategy, inadequate cross-cultural communication skills, and limited practical opportunities. Specifically, enterprises lack a long-term vision and planning in talent cultivation, leading to a disorganized training process; they overly focus on imparting professional skills and theoretical knowledge while neglecting the cultivation of cross-cultural communication skills; and due to constraints in funding, safety, management, and other aspects, it is difficult to provide sufficient overseas practical opportunities for talents. In response to the aforementioned issues, the report proposes the following countermeasures and suggestions for enterprises to cultivate talents: Firstly, build an internal international engineering talent cultivation system within enterprises, achieve deep integration of course content with enterprise practice, strengthen systematic practical training and its alignment with international projects; secondly, enhance policy guidance and industry cooperation, strive for national policy support, deepen cooperation and exchanges with the international engineering community, and jointly explore more effective funding models and resource allocation methods; thirdly, optimize resource allocation and incentive mechanisms, increase investment in talent cultivation, establish effective incentive mechanisms and promotion channels to stimulate employees' career development motivation; fourthly, strengthen cross-cultural communication and team building, improve employees' cross-cultural communication skills, build international teams, and attract and retain talents with diverse cultural backgrounds and professional skills.

Keywords: International Engineering; Talent Training; Cross-cultural Communication; University-Enterprise Cooperation

Y.15 Research Report on International Engineering Standards (2024)

Research Institute of Standards and Norms Ministry of Housing and Urban-Rural Development / 292

Abstract: With the development of the global economy, scientific and technological innovation and industrial change accelerate the evolution, standards have become an important means to enhance national competitiveness and influence. In recent years, with the continuous increase in the number and scale of international engineering construction projects, the standardization of engineering construction has been paid more and more attention by the international community. Whether it is developed countries in Europe and the United States that started standardization earlier, or developing countries, are promoting the development of engineering construction standardization, forming a new pattern of diversified and integrated international engineering standards. Through investigation and research, this paper summarizes the development and application of international engineering construction standards, introduces the types of international engineering standards and the application and standardization development of standards in various regions, and sorts out the current situation of China's participation in the formulation of international standards in the field of urban and rural construction and the situation of domestic technical counterparts of ISO. The application cases of Chinese engineering construction standards overseas projects covering housing construction, transportation, railway, electric power, petroleum, building materials, electronics, metallurgy and other fields are listed to provide reference for understanding and mastering the development status of international engineering standards. Finally, in view of the problems existing in China's engineering construction standards which are still in the initial stage, this paper puts forward some countermeasures and suggestions, such as formulating the internationalization strategy of China's engineering construction standards, establishing Sino-foreign cooperation mechanism, establishing the internationalization platform of China's engineering construction standards, establishing the localization mechanism of Chinese standards and improving the system of China's engineering construction standards.

Keywords: Engineering Construction Standards; Internationalization; The Belt and Road

Ⅵ Major Engineering Reports

Abstract: The Nam Ou 6 HPP is the 6th cascade of the "one reservoir and seven levels" of the Nam Ou River which is located in Phongsaly Province in Laos. It is a large-scale comprehensive water conservancy and hydropower project and integrating flood control, irrigation, power generation and ecology. It has a total installed capacity of 180MW and a maximum dam height of 85m. The dam body is filled with full-section soft rocks, with a filling ratio of 81%. It is currently the highest geomembrane face rockfill dam in the world. The main project commenced in October 2012. The composite geomembrane anti-seepage technology was adopted for the first time in the full-section soft rock high rockfill dam, which successfully solved the engineering problems such as the lack of hard rock dam materials, the deformation adaptability of the anti-seepage system, the soft rock filling of the full section of the dam body, and the inconvenience of the anti-seepage system maintenance. The construction of project adopted the Chinese standards, Chinese technologies, Chinese solutions, localized management and implemented the concept of green construction. The entire project was completed on 1st January, 2017. Since the impoundment and power generation at the end of 2015, it has been operating safely for 9 years, increasing the downstream flood control capacity, improving river navigation, reducing soil erosion, and protecting the ecological balance. It has played a positive role, good social effects, and provides a steady supply of green electricity for the economic and social development of Laos.

Keywords: Compound Geomembrane Facing Slab; Soft Rock Materials; China Standard; Localized Management; Green Construction

Abstract: PROJECT on China-Aided Project of the Africa Centre for Disease Control and Prevention Headquarters Building (Phase I) is a flagship project of Sino-African cooperation that was pledged by President Xi Jinping at Beijing Summit of the Forum on China-Africa Cooperation (FOCAC) in September 2018. This project has garnered significant attention from national leaders and all parties due to its substantial political and diplomatic importance. The project faced a tight schedule, complex technical requirements, multiple professionals, significant implementation challenges, and extensive coordination. Additionally, unforeseen challenges, such as the COVID-19 pandemic, further complicated the construction process. From the outset, China Civil Engineering Construction Corporation (CCECC) placed great emphasis on this project, leveraging both domestic and international resources to their fullest extent. The team ensured the successful management of pandemic prevention measures, secondary design refinements, material shipments, personnel deployment, subcontractor management, and internal and external coordination. They continuously optimized the construction sequence and schedule based on the realities on the ground, ensuring the timely completion of the project. Furthermore, CCECC utilized Building Information Modeling (BIM) technology in various aspects of the project, including detailed design, construction processes, project scheduling, construction organization, and coordination. This use of BIM technology significantly enhanced the quality of construction, accelerated progress, and improved the overall efficiency of project management during the construction phase, raising the level of information management. With a strong sense of responsibility and mission, CCECC has withstood various tests and challenges, delivering an impeccable result in the realm of China-aid. This project has successfully fulfilled President Xi Jinping's solemn commitment made at the 2018 FOCAC to construct the Africa CDC Headquarters as a key aid initiative.

Keywords: Aid Africa; China Africa Cooperation; International Engineering; BIM

Abstract: The Jakarta-Bandung High-Speed Railway (HSR) project is the first HSR line jointly built by China and Indonesia, and it is an important part of the Belt and Road Initiative. Since the project was launched, both sides have adhered to the principles of "joint consultation, joint construction, and joint sharing," overcoming numerous challenges in technology, environment, and cultural differences, achieving steady progress. The construction of the Jakarta-Bandung HSR has not only upgraded local infrastructure and stimulated economic growth but also provided valuable experience for China and Indonesia's cooperation in the railway sector. During the construction process, the Chinese team leveraged its advanced HSR technology and management expertise, helping Indonesia enhance its railway construction capabilities. The project adopts Chinese standards, covering design, construction, equipment manufacturing, and operational management in a comprehensive collaboration. Upon completion, the Jakarta-Bandung HSR will significantly reduce travel time between the two cities and strengthen economic ties, facilitating the flow of people and goods within the region. Additionally, the success of the Jakarta-Bandung HSR project has advanced China's strategy of "going global" with its railway industry, setting a positive example for Chinese enterprises participating in international infrastructure development. With the project soon to be operational, it is expected to further drive local economic growth and contribute to Indonesia's modernization efforts.

Keywords: Jakarta-Bandung HSR; Infrastructure Construction; Belt And Road

Y.19 Report on Execution of Bab Integrated Facilities Project in UAE (2024)

China Petroleum Engineering &Construction Corporation / 354

Abstract: This report presents the execution of the Bab Integrated Facilities Project, a large-scale oilfield development undertaken by Chinese enterprises in the UAE, a key node of the Belt and Road Initiative. This project is the largest oilfield development project contracted by Chinese companies in the international market,

advancements, China has built many large multipurpose stadiums in recent years. Many companies have mastered key technologies in the design and construction of multipurpose stadiums. However, China has never hosted the World Cup, and Chinese companies not only lack the successful experience of building World Cup stadiums, but also have insufficient research on the FIFA standards of World Cup stadiums. The Lusail Stadium project, which is the main venue for the 2022 Qatar World Cup, is the first time that Chinese company have undertaken the design and construction of a World Cup stadium as the general contractor. It is also one of the most internationally influential projects that Chinese companies have participated in recently. In terms of various indicators such as project scale, total investment, implementation challenges, technological advancement, and international cooperation, the Lusail Stadium project has surpassed the Bird's Nest National Stadium. During the planning, design, and construction phases of the Lusail Stadium project, the requirements of FIFA and international standards were fully implemented, and many technical difficulties were overcome. With the systematically implementation of BIM technology, the project was completed successfully, the quality and safety of the project were guaranteed, the progress and cost optimization goals were achieved. Furthermore, Chinese companies accumulated a lot of advanced technology and valuable experience in building World Cup stadiums. This paper introduces the FIFA design standards comparison analysis, the key technologies of installing large scale steel structure compression ring at height, the super large span fish-tail cable net tensioning technology, and the full life cycle application of BIM technology, providing the reference to Chinese companies to build World Cup stadiums again in the future.

Keywords: Fifa Stadium; Large Span Steel Structure; Fish-tail Main Cable Net Structure; BIM Technology; Intelligent Construction

皮书

智库成果出版与传播平台

皮书定义

皮书是对中国与世界发展状况和热点问题进行年度监测，以专业的角度、专家的视野和实证研究方法，针对某一领域或区域现状与发展态势展开分析和预测，具备前沿性、原创性、实证性、连续性、时效性等特点的公开出版物，由一系列权威研究报告组成。

皮书作者

皮书系列报告作者以国内外一流研究机构、知名高校等重点智库的研究人员为主，多为相关领域一流专家学者，他们的观点代表了当下学界对中国与世界的现实和未来最高水平的解读与分析。

皮书荣誉

皮书作为中国社会科学院基础理论研究与应用对策研究融合发展的代表性成果，不仅是哲学社会科学工作者服务中国特色社会主义现代化建设的重要成果，更是助力中国特色新型智库建设、构建中国特色哲学社会科学“三大体系”的重要平台。皮书系列先后被列入“十二五”“十三五”“十四五”时期国家重点出版物出版专项规划项目；自 2013 年起，重点皮书被列入中国社会科学院国家哲学社会科学创新工程项目。

皮书网

（网址：www.pishu.cn）

发布皮书研创资讯，传播皮书精彩内容
引领皮书出版潮流，打造皮书服务平台

栏目设置

◆ **关于皮书**

何谓皮书、皮书分类、皮书大事记、
皮书荣誉、皮书出版第一人、皮书编辑部

◆ **最新资讯**

通知公告、新闻动态、媒体聚焦、
网站专题、视频直播、下载专区

◆ **皮书研创**

皮书规范、皮书出版、
皮书研究、研创团队

◆ **皮书评奖评价**

指标体系、皮书评价、皮书评奖

所获荣誉

◆ 2008 年、2011 年、2014 年，皮书网均在全国新闻出版业网站荣誉评选中获得“最具商业价值网站”称号；

◆ 2012 年，获得“出版业网站百强”称号。

网库合一

2014年，皮书网与皮书数据库端口合一，实现资源共享，搭建智库成果融合创新平台。

皮书网

“皮书说”
微信公众号

S 基本子库
SUB DATABASE

中国社会发展数据库（下设 12 个专题子库）

紧扣人口、政治、外交、法律、教育、医疗卫生、资源环境等 12 个社会发展领域的前沿和热点，全面整合专业著作、智库报告、学术资讯、调研数据等类型资源，帮助用户追踪中国社会发展动态、研究社会发展战略与政策、了解社会热点问题、分析社会发展趋势。

中国经济发展数据库（下设 12 专题子库）

内容涵盖宏观经济、产业经济、工业经济、农业经济、财政金融、房地产经济、城市经济、商业贸易等12个重点经济领域，为把握经济运行态势、洞察经济发展规律、研判经济发展趋势、进行经济调控决策提供参考和依据。

中国行业发展数据库（下设 17 个专题子库）

以中国国民经济行业分类为依据，覆盖金融业、旅游业、交通运输业、能源矿产业、制造业等 100 多个行业，跟踪分析国民经济相关行业市场运行状况和政策导向，汇集行业发展前沿资讯，为投资、从业及各种经济决策提供理论支撑和实践指导。

中国区域发展数据库（下设 4 个专题子库）

对中国特定区域内的经济、社会、文化等领域现状与发展情况进行深度分析和预测，涉及省级行政区、城市群、城市、农村等不同维度，研究层级至县及县以下行政区，为学者研究地方经济社会宏观态势、经验模式、发展案例提供支撑，为地方政府决策提供参考。

中国文化传媒数据库（下设 18 个专题子库）

内容覆盖文化产业、新闻传播、电影娱乐、文学艺术、群众文化、图书情报等 18 个重点研究领域，聚焦文化传媒领域发展前沿、热点话题、行业实践，服务用户的教学科研、文化投资、企业规划等需要。

世界经济与国际关系数据库（下设 6 个专题子库）

整合世界经济、国际政治、世界文化与科技、全球性问题、国际组织与国际法、区域研究 6 大领域研究成果，对世界经济形势、国际形势进行连续性深度分析，对年度热点问题进行专题解读，为研判全球发展趋势提供事实和数据支持。

法律声明

“皮书系列”（含蓝皮书、绿皮书、黄皮书）之品牌由社会科学文献出版社最早使用并持续至今，现已被中国图书行业所熟知。“皮书系列”的相关商标已在国家商标管理部门商标局注册，包括但不限于LOGO（ ）、皮书、Pishu、经济蓝皮书、社会蓝皮书等。“皮书系列”图书的注册商标专用权及封面设计、版式设计的著作权均为社会科学文献出版社所有。未经社会科学文献出版社书面授权许可，任何使用与“皮书系列”图书注册商标、封面设计、版式设计相同或者近似的文字、图形或其组合的行为均系侵权行为。

经作者授权，本书的专有出版权及信息网络传播权等为社会科学文献出版社享有。未经社会科学文献出版社书面授权许可，任何就本书内容的复制、发行或以数字形式进行网络传播的行为均系侵权行为。

社会科学文献出版社将通过法律途径追究上述侵权行为的法律责任，维护自身合法权益。

欢迎社会各界人士对侵犯社会科学文献出版社上述权利的侵权行为进行举报。电话：010-59367121，电子邮箱：fawubu@ssap.cn。

社会科学文献出版社